SCHUMACHER · LEBEN BRECHTS

Universal Bibliothek

BIOGRAFIEN

Ernst Schumacher

LEBEN BRECHTS

1988

Verlag Philipp Reclam jun. Leipzig

Mit 193 Abbildungen
ausgewählt von Renate Schumacher

ISBN 3-379-00305-0

Lizenzausgabe des Verlages Philipp Reclam jun. Leipzig mit Genehmigung des Henschelverlages Kunst und Gesellschaft, Berlin

Text und Bilder nach:
Ernst und Renate Schumacher: Leben Brechts in Wort und Bild
Henschelverlag Kunst und Gesellschaft, Berlin 1981
(3., durchgesehene und erweiterte Auflage)
Für die vorliegende Taschenbuchausgabe wurden Text und Bildteil neu durchgesehen und gekürzt

Reclams Universal-Bibliothek Band 1070
2. Auflage
Umschlaggestaltung: Friederike Pondelik
Lizenz Nr. 363. 340/107/88 · LSV 8013 · Vbg. 30,4
Printed in the German Democratic Republic
Grafischer Großbetrieb Völkerfreundschaft Dresden
Gesetzt aus Garamond-Antiqua
Bestellnummer: 661 199 0
00600

I Von Augsburg über München nach Berlin (1898–1924)

Am Ende des Jahrhunderts, in dem die Bourgeoisie ihre Herrschaft über die Erde ausdehnte und sich gleichzeitig in einen unerbittlichen Kampf mit dem Todfeind, den sie selbst gezeugt hatte, dem Proletariat, verwickelte, wurde Eugen Berthold Brecht am 10. Februar 1898 in Augsburg im Haus Auf dem Rain Nr. 7 geboren.

Sein Vater Berthold Friedrich Brecht, 1869 in Achern in Baden als Sohn eines Lithographen geboren, kam 1893 nach Augsburg, trat als kaufmännischer Angestellter in die Haindlsche Papierfabrik ein, wurde 1901 Prokurist, 1917 kaufmännischer Direktor dieser Firma. 1897 heiratete er in Pfullingen die zwei Jahre jüngere Sophie Brezing, Tochter eines Stationsvorstehers aus Bad Waldsee in Württemberg. Der Prokurist Berthold Brecht war entsprechend seinem sozialen Aufstieg in die Mittelklasse liberal-konservativ. In der

Hochzeitsbild von Brechts Eltern Wilhelmine Friederike Sophie und Berthold Friedrich Brecht

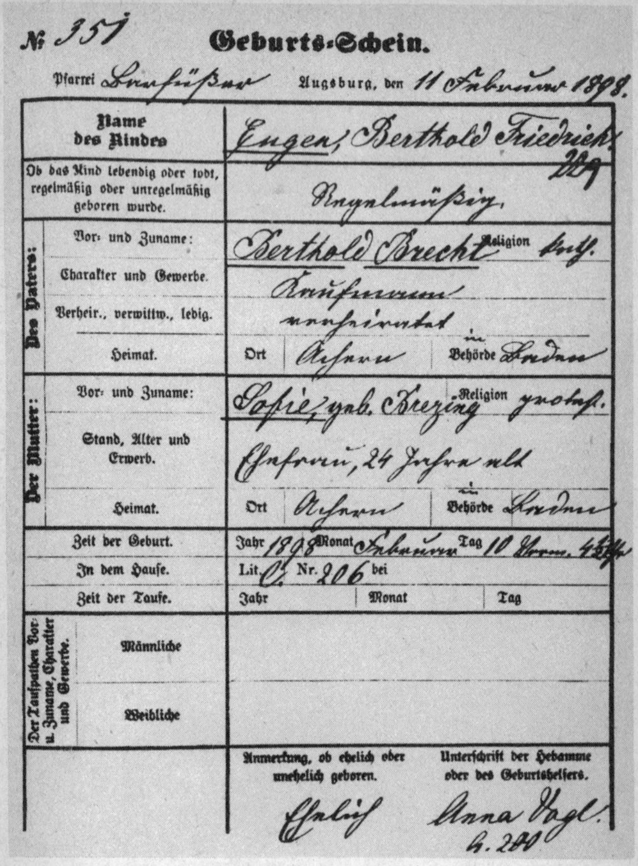
№ 351 **Geburts-Schein.**

Pfarrei Barfüßer Augsburg, den 11 Februar 1898.

Name des Kindes		Eugen, Berthold Friedrich
Ob das Kind lebendig oder todt, regelmäßig oder unregelmäßig geboren wurde.		Regelmäßig.
Des Vaters:	Vor- und Zuname:	Berthold Brecht Religion kath.
	Charakter und Gewerbe.	Kaufmann
	Verheir., verwittw., ledig.	verheiratet
	Heimat.	Ort Achern Behörde in Baden
Der Mutter:	Vor- und Zuname:	Sofie, geb. Brezing Religion protest.
	Stand, Alter und Erwerb.	Ehefrau, 24 Jahre alt
	Heimat.	Ort Achern Behörde in Baden
Zeit der Geburt.		Jahr 1898 Monat Februar Tag 10 [illegible]
In dem Hause.		Lit. C. Nr. 206 bei
Zeit der Taufe.		Jahr Monat Tag
Der Taufpathen Vor- u. Zuname, Charakter und Gewerbe.	Männliche	
	Weibliche	
	Anmerkung, ob ehelich oder unehelich geboren.	Unterschrift der Hebamme oder des Geburtshelfers.
	Ehelich	Anna Vogl. L. 200

Geburtsschein

Familie wie in der Fabrik bestand er auf Autorität und Ordnung. Mit seiner Frau kam er offensichtlich gut aus. Er wurde führendes Mitglied der Augsburger „Liedertafel“ und des Anglervereins, und er zählte nach Erwerb des Augsburger Bürgerrechts, das das Wahlrecht einschloß, im Jahre 1911 zu den honorablen Bürgern. 1900 zog die Familie in die sogenannte „Kolonie“ um, eine – nach dem Vorbild der Fugger – gemeinnützige Stiftung der Firma Haindl für ihre

Angestellten in der Klaucke-Vorstadt, nahe dem Stadtgraben, dem Stadtweiher, den Lechauen. In der Bleichstraße 2 wuchsen die beiden Brecht-Söhne zwar in bourgeoisem Milieu, aber auch in Gesellschaft von Kindern von Fabrikarbeitern und kleinen Angestellten auf.
„Aigihn", wie Brecht nach seinem Vornamen Eugen gerufen wurde, besuchte ab 1904 die Barfüßer-Volksschule. 1908 wurde er in das Königlich-Bayerische Realgymnasium an der „Blauen Kappe", einem auf die praktischen Fächer orientierten humanistischen Schultypus, aufgenommen. Dort brachte er mit dem „Notabitur", das er vor Ostern 1917 ablegte, die erste Stufe seiner Ausbildung hinter sich.
Nach kurzem Kriegshilfsdienst immatrikulierte er sich am 2. Oktober 1917 an der Philosophischen Fakultät der Ludwig-Maximilians-Universität in München, belegte aber gleichzeitig Vorlesungen an der Medizinischen Fakultät; in der ersten hörte er auch bei dem Außerordentlichen Professor Artur Kutscher, um den sich aufstrebende oder anerkannte Literaten sammelten. Brecht brachte es zu ganzen vier Semestern Studium. Da er bereits im Sommersemester 1921 keine Vorlesungen mehr belegte, wurde er am 29. November 1921 exmatrikuliert. Die gutbürgerliche Laufbahn, die sein Bruder mit Erfolg beschritt und es dabei zum Ordentlichen Professor an der Technischen Hochschule Darmstadt brachte, wurde zugunsten des ungewissen Einzugs in die Walhalla, auf den der Vater wiederholt ungläubig-ironisch anspielte, aufgegeben.
Am Ende der Augsburger Kindheits- und Jugendjahre standen äußere Unordnung und inneres Chaos. Aber gleichzeitig war zu dieser Zeit Brechts dichterisches Profil so klar ausgeformt, wie es das Schillers war, als er der Karlsschule und dem Elternhaus entfloh, und an eben diesen Schiller fühlten sich viele Zeitgenossen erinnert, wenn sie das scharfgeschnittene, asketisch und fanatisch wirkende Gesicht des jungen Brecht betrachteten, der in die *großen Städte* aufbrach, zu den „Universitäten des Lebens".
Brecht hatte eine nicht nur materiell unbesorgte, sondern auch freundliche Kindheit und Jugend. Seine Mutter hing innig an ihm, wie er an ihr; der Vater ließ ihm viele Freiheiten; in seinem *Zwinger*, später auch *Kraal* genannt, in der Mansarde des Hauses in der Bleichstraße, hatte er die „sturmfreie

Brecht, Augsburg 1899

Brecht mit seiner Mutter und seinem Bruder Walter

Bude", die er brauchte. Die Großeltern Brezing, die gegenüber wohnten, waren ihm wie die Großeltern des Vaters in Achern, die er gelegentlich aufsuchte, sehr zugetan. Das Aneignen von Wissen bereitete ihm bei seinen Geistesgaben keine Schwierigkeiten; ohne besonderen Eifer vermochte er

sich immer im Vor- und Mittelfeld der Klasse zu halten. Wenn die Verhältnisse dann schließlich doch nicht so waren, daß sich Brecht mit ihnen abfinden konnte und wollte, dann muß nach den tieferliegenden objektiven und subjektiven Gründen gefragt werden.
Im nachhinein stellten sich für Brecht selber vor allem die Erziehung in der Schule und die entsprechende des Elternhauses als unverträglich mit der Entfaltung seiner Persönlichkeit dar. In den „Flüchtlingsgesprächen", die Brecht 1941 im Exil in Finnland schrieb, verbindet der Physiker Ziffel, der hier für Brecht räsoniert, seine lebhafte sinnliche Erinnerung an die Kinder- und Jugendjahre in der Vorstadt, das Herumtreiben in der Natur, die Umtriebe in der Stadt, das Herumgetriebenwerden von den Süchten und Leidenschaften der Reifezeit, mit scharfen Hieben auf die autoritäre Struktur der Familie *(Solange du deinem Vater die Füße unter den Tisch streckst, verbitt ich mir solche Ansichten),* vor allem aber auf die der Schule. Der namentlich erwähnte Lehrer Herrenreiter wird zum Stellvertreter des *Unmenschen,* der die Schüler nach seinem Ebenbild erzog. Der Schüler lernte *alles, was nötig ist, um im Leben vorwärts zu kommen,* also heucheln, schwindeln, untertänig sein und andere *mittlere Untugenden*[1].
Den Lehrgegenständen nach erhielt Brecht ein solides Wissen, von der Antike (Latein war obligatorisch) bis zum Imperialismus des deutschen Kaiserreiches. Wenn er später den „Caesar"-Roman schrieb oder das Hörspiel „Das Verhör des Lukullus", dann die Oper „Die Verurteilung des Lukullus" verfaßte, konnte er auf Tacitus' „Germania", Ciceros Rede gegen Catilina, Sallusts Beschreibung der Verschwörung des Catilina zurückgreifen, die er im Original zu lesen hatte. Zu seiner Pflichtlektüre gehörten unter anderem Shakespeares „Julius Caesar", Corneilles „Cid", Molières „Gelehrte Frauen". Die großen Dramen der deutschen Klassik bestimmten die Lehrpläne der Oberklassen. Aber jeder dieser Lehrgegenstände wurde im Geiste der feudal-bürgerlichen Ideologie vermittelt. Besonders der Geschichts- und Deutschunterricht waren vom Hurrapatriotismus und bürgerlichen Idealismus geprägt.
Es war folgerichtig, daß Brechts erste Beiträge in der Schülerzeitung „Die Ernte" (1913/14) und in der Beilage „Der

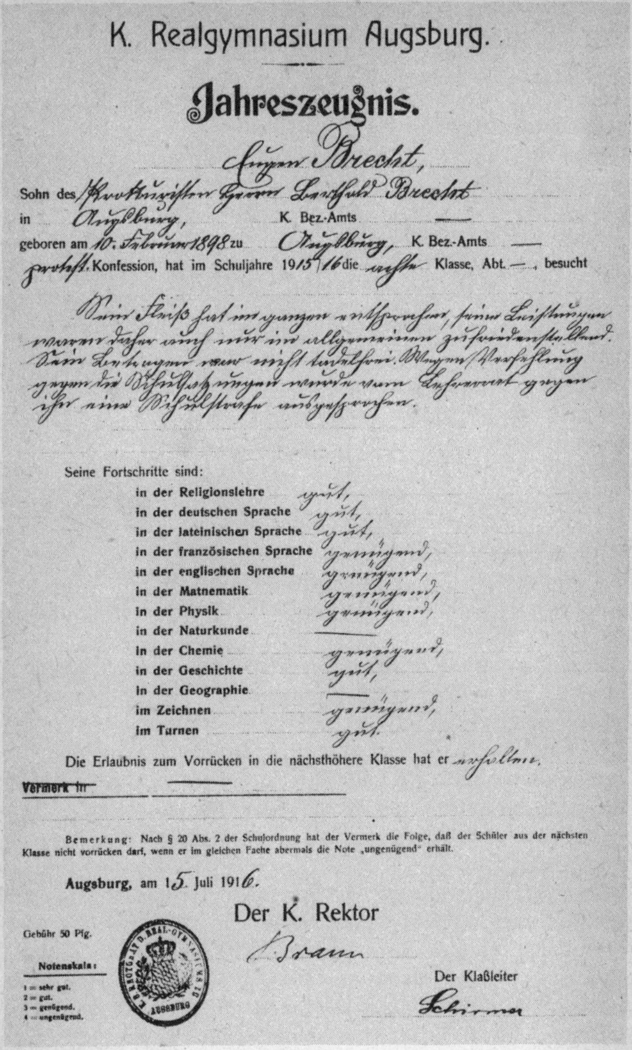

K. Realgymnasium Augsburg.

Jahreszeugnis.

Eugen Brecht,

Sohn des Prokuristen Herrn Berthold Brecht

in Augsburg, K. Bez.-Amts —

geboren am 10. Februar 1898 zu Augsburg, K. Bez.-Amts —

protest. Konfession, hat im Schuljahre 1915/16 die achte Klasse, Abt. —, besucht

Sein Fleiß hat im ganzen entsprochen, seine Leistungen waren daher auch nur im allgemeinen zufriedenstellend. Sein Betragen war nicht tadelfrei. Wegen Verfehlung gegen die Schulsatzungen wurde vom Lehrerrat gegen ihn eine Schulstrafe ausgesprochen.

Seine Fortschritte sind:

in der Religionslehre	gut,
in der deutschen Sprache	gut,
in der lateinischen Sprache	gut,
in der französischen Sprache	genügend,
in der englischen Sprache	genügend,
in der Mathematik	genügend,
in der Physik	genügend,
in der Naturkunde	—
in der Chemie	genügend,
in der Geschichte	gut,
in der Geographie	—
im Zeichnen	genügend,
im Turnen	gut.

Die Erlaubnis zum Vorrücken in die nächsthöhere Klasse hat er erhalten.

~~Vermerk in~~ —

Bemerkung: Nach § 20 Abs. 2 der Schulordnung hat der Vermerk die Folge, daß der Schüler aus der nächsten Klasse nicht vorrücken darf, wenn er im gleichen Fache abermals die Note „ungenügend" erhält.

Augsburg, am 15. Juli 1916.

Der K. Rektor

Braun

Gebühr 50 Pfg.

Notenskala:

1 = sehr gut.
2 = gut.
3 = genügend.
4 = ungenügend.

K. Rektorat d. Real-Gymnasiums zu Augsburg

Der Klaßleiter

Schirmer

Brechts Jahreszeugnis 1915/16

Postkarte „Zum Besten des Roten Kreuzes und der Kriegsfürsorge"

Erzähler" zu den evangelisch-liberalen „Augsburger Neuesten Nachrichten" (1914–1916), die er unter dem Namen Berthold Eugen veröffentlichte, diesen Einfluß widerspiegelten, besonders wenn sie sich auf patriotische Gegenstände bezogen.

Aber schon in den ersten dieser „Kriegsbriefe" vom 18. September 1914 wies er auf die hungernden, auf die „Fürsorge" angewiesenen Arbeiterfrauen und -kinder hin, die er auf dem Zeughausplatz anstehen sah. 1916 drohte ihm die Relegierung von der Schule, weil er die Verfechter des Horazischen Spruches, es sei süß und ehrenvoll, fürs Vaterland zu sterben – obligatorisches Aufsatzthema jeder Sekunda –, als *Hohlköpfe* bezeichnete.

Geht man den Spuren der Bildung nach, die für Brechts Kunstauffassung und Kunstproduktion wichtig wurden, so ergibt sich aus den Vermerken Brechts wie seiner Freunde, daß sich der Realgymnasiast quer durch die Weltliteratur las und daß dafür die Buchhandlung Steinicke mit ihrer Leihbibliothek und die Städtische Leihbibliothek eine größere Bedeutung gewannen als schulische Pflichtlektüre, Schulbuch und Schulbibliothek. In seinem *Zwinger,* unter den Augen des sinnlichen Baal, Verkörperung der Lebensgier, den der Jugendfreund Rudolf Caspar Neher für ihn gezeichnet hatte, verschlang er die Klassiker der Weltliteratur, aber auch die der Philosophie (z. B. Spinoza, aber auch Nietzsche); er las Geschichtsdarstellungen (darunter die des amerikanischen Unabhängigkeitskrieges und der Französischen Revolution). Von Bedeutung wurde diese Privatlektüre, worin der Genuß die Basis der Bildung war, vor allem deshalb, weil Brecht jene Dichter kennenlernte, die in der Schule verpönt oder nicht beachtet wurden. Da waren beispielsweise die französischen Naturalisten, vor allem Zola, oder die „Poètes maudits“ wie Rimbaud, Verlaine. 1918 las er zum ersten Male Villon, und zwar in der Übersetzung von K. L. Ammer, die er später in der „Dreigroschenoper“ unbefangen als sein geistiges Eigentum behandelte; er las den realistischen Strindberg, den er zeit seines Lebens hochachtete, ferner Hamsun und Dostojewski. Für seine eigene poetische Entwicklung wurde auch die Lektüre von Kipling wichtig. Neben den deutschen Klassikern, die er in der Schule kennenlernte, interessierten ihn Kleist und Grabbe, Hebbel und Nestroy. Offensichtlich lernte Brecht auch expressionistische Dichtungen kennen, wie sie vom Kurt-Wolff-Verlag und anderen, dem Neuen zugewandten Verlagen mit beachtlicher Reklame verbreitet wurden. Neben den Dichtungen Rilkes war es das lyrische wie das dramatische Werk Frank Wedekinds, das Brecht faszinierte, das ihn zum Nachmachen antrieb, ihm half, seine für ihn kennzeichnende Ausdrucksweise zu finden. Moritat, Bänkellied, Chanson, aber auch überkommene Formen wie Ballade und Volkslied eignete sich Brecht vor allem über Wedekind an, dem er nach dessen Tod im März 1918 zusammen mit seinen Freunden einen eigenen Gedenkabend widmete und dessen Beerdigung auf dem Münchner Waldfriedhof er mit den Versen beschrieb:

Sie standen ratlos in Zylinderhüten
Wie um ein Geieraas. Verstörte Raben.
Und ob sie (Tränen schwitzend) sich bemühten:
Sie konnten diesen Gaukler nicht begraben.[2]

Wenn für Brechts Durchbruch als Stückebearbeiter und Regisseur 1924 die Bearbeitung und Aufführung von „Leben Eduards des Zweiten“ an den Münchner Kammerspielen wichtig wurden, so war er durch die Lektüre von Marlowes „Dr.

Faustus“ in diesen Jugendjahren von vorshakespearescher Dramatik bekannt geworden. Wie sehr er neben Kleist und Grabbe vor allem Büchner schätzte, wurde von ihm immer wieder bezeugt. Auch Gerhart Hauptmann machte auf ihn Eindruck.

Eine von Brecht ebenfalls wiederholt hervorgehobene Bedeutung gewann das Buch der Bücher, die Bibel. Brecht ließ sie sich am liebsten von seiner Großmutter Brezing vorlesen, und las sie selbst, gleichsam säkularisiert, als Sammlung von aufregenden Geschichten, Generationskonflikten, Mord und Totschlag, Liebesgeschichten, gipfelnd im „Hohen Lied der Liebe“. Seine Tagebücher aus jenen Jahren weisen aus, wie er das Buch Samuel und andere ausgekostet hatte. In diesen Augsburger Jugendjahren nahm er seine hymnischen Anbetungen des Fleisches und der Natur in der biblischen Form der „Psalmen“ vor. Seiner grotesk-realistischen Bloßstellung der militaristischen „k. v.-Maschine“ von 1917/18 gab er den Titel „Legende vom toten Soldaten“. Auch in anderen frühen

Die Bibel,
oder
die ganze
Heilige Schrift
des alten und neuen
Testaments,
nach der deutschen Uebersetzung
D. Martin Luthers.

Mit Stereotypen gedruckt.

Leipzig,
bey Wilhelm Ambrosius Barth.

Bibel
der Familie Brecht

Gedichten gebrauchte er protestantische und katholische Ausdrucksformen und Riten, wenn er ihnen die Bezeichnung *Liturgie, Exerzitien* und *Bittgänge* gab. Die Sammlung der kräftigsten, auch am meisten die Mentalität des jungen Brecht kennzeichnenden Jugendgedichte erfolgte in der Form der Gesangs- und „Gebetterbücher“ und bekam nicht nur den Titel „Die Hauspostille“, sondern hatte auch die Struktur der damals landläufigen religiösen Erbauungsbücher. Das war aber erst 1927. Auch das ganze spätere Werk war durch Rhetorik, Metaphorik und Emblematik des Alten und des Neuen Testaments geprägt. Für die „Hitler-Choräle“, erstmals in der Sammlung „Lieder Gedichte Chöre“ in den Editions du Carrefour 1934 in Paris herausgegeben, diente Brecht eine Sammlung altdeutscher Kirchenlieder unmittelbar als Vorbild. Die „Visionen“, in denen er vor dem zweiten Weltkrieg die sich abzeichnenden Kräftekonstellationen zwischen den bürgerlich-demokratischen und den faschistischen Staaten und der Sowjetunion ins weltgerichtliche Bild brachte, waren von der Apokalypse Johannis inspiriert.

Brecht, Herbst 1916

Brecht, 1916

Als sich der fünfzehnjährige Brecht erstmals dramatisch versuchte, trug das in der Zeitschrift „Die Ernte" veröffentlichte Werk bezeichnenderweise den Titel „Die Bibel" und ließ im Kern das Verfahren erkennen, das später für den ausgereiften Dramatiker bestimmend wurde: eine Vorlage umzustülpen und sie auf ihr materialistisches Wesen zu bringen. Im vorliegenden Falle war es Hebbels „Judith", und die Kritik, die der Realgymnasiast übte, richtete sich der Sache nach gegen das protestantische Beharren auf „das Wort": Es wäre besser, das junge evangelische Mädchen opferte sich den Gelüsten des katholischen Feldherrn im Dreißigjährigen Krieg, statt daß die Stadt wegen der Verweigerung in Schutt und Asche gelegt wird.

Aber der außerschulischen literarischen Bildung des jungen Brecht lagen auch wesentlich trivialere Gestaltungen zugrunde. Zu Karl May kamen immer umfangreicher Romanhefte wie „Der Räuberhauptmann Fetzer", Kriminalromane und „unsittliche" Literatur, die er sich neben Steinickes Buchhandlung in der Leihbibliothek von Melcher in der Heiligkreuzgasse besorgte, falls er sie nicht vom Hausmädchen bekam. Die Sucht für Kriminalromane blieb ihm lebenslänglich.

Eine nicht geringe Rolle für die Art, wie er Gedichte schrieb und über sie sich und die Welt bewußt machte, spielten die Lieder aus der Küche, gängige Volkslieder wie „Die lustigen Holzhackerbuben", volkstümliche Balladen wie die vom „Seemannslos", Kinderlieder wie „Wer will unter die Soldaten" und die zeitgenössischen Operettenschlager und andere Schnulzen, vermittelt über Grammophonplatten.

Wenn in den Arbeiten Brechts „die Vorstadt" einen auffälligen Platz in der künstlerischen Emblematik einnahm; wenn sie bis in sein letztes Stück, „Turandot oder der Kongreß der Weißwäscher" (1954), stellvertretend stand für plebejische, in der marxistischen Phase Brechts für proletarische Existenz, für soziale Aufsässigkeit, schließlich für den Herd der Revolution, aber auch freie Lebensformen und Beziehungen, die das Attribut menschlich verdienten, so bildeten dazu die Erfahrungen des jungen Brecht in der Klaucke-Vorstadt und anderen Vororten Augsburgs, später auch Münchens (hier auf seine spezifische Weise Schwabing), die Grundlage. Hier in der Vorstadt schaute der junge Brecht dem Volk aufs Maul; hier prägte er sich die Sprüche ein, die zu Sprichwörtern gerannen; er klopfte sie selber in dem „Datschiburgerisch" (so die spöttische Bezeichnung der Altbayern für Augsburgerisch) mit, das er zeit seines Lebens beibehielt; er

Brecht in der Szene „Die Oktoberfest-Schaubude“ mit Karl Valentin und Liesl Karlstadt in Valentins Orchester, um 1920

entdeckte das Lechrainerische als Kunstmittel. Valentin, der „Linksdenker“, lehrte ihn dann; und durch Hašeks „Abenteuer des braven Soldaten Schwejk“ wurde ihm später übergreifend bestätigt, was Umgangs- und Volkssprache für die literarische Gestaltung hergaben. Brecht prägte ganze Dialoge seines ersten Stückes, „Baal“, mit den Redewendungen, die er von Proleten, Fuhrleuten, Viehtreibern auf der Straße, in den Wirtschaften und dort, wo sich die Leute am liebsten treffen, auf den Volksfesten, hörte. Hier war er Mensch, hier durft' er's sein: auf dem Augsburger Plärrer, der im Frühjahr und Herbst jedes Jahres stattfand, auf der Jacober und Lechhauser Kirchweih, dem Friedberger Volksfest, in München dann auf dem Oktoberfest und auf der Auer Dult.
Die Schiffsschaukel mit ihrem energischen Schwung und Überschlag wurde ihm zum Sinnbild für das Auf und Ab des Lebens. Die Verschmelzung von Vorstadt, Natur, Volksfest und ungebärdigem Weltgefühl war in Versen wie diesen ausgedrückt:

Und die Musik der Äcker, im Sonnenschein nackt
In den strahlenden Himmel der Jugend aus grellen
Tierischen Pauken, göttlichen Tschinellen
Der Plärrer mit seinem betrunkenen Takt.[3]

Auf dem Plärrer, dann, als er Student war, auf der „Wiesn“ in München, hatte der junge Brecht sein nachwirkendes Urerlebnis des Schau-Geschäfts. Bei „Durchsicht meiner ersten Stücke“, die er 1952 in Buckow in der Märkischen Schweiz begann, erinnerte sich Brecht neben der Karusselle des Plärrers auch der Panoramen, *die krude Bilder zeigten wie „Die Erschießung des Anarchisten Ferrer zu Madrid“ oder „Nero betrachtet den Brand Roms“ oder „Die Bayerischen Löwen erstürmen die Düppeler Schanzen“ oder „Flucht Karls des Kühnen nach der Schlacht bei Murten“. Ich erinnere mich an das Pferd Karls des Kühnen. Es hatte ernorme, erschrockene Augen, als fühle es die Schrecken der historischen Situation.*[4]
Die Schaubude, in der Geschichte und Geschichten in Bildern gezeigt wurden; der Moritaten-Sänger, der mit dem Zeigestock die Bildertafeln erläuterte, die *Orgeln nach der Elektrizität*[5]; das Panoptikum mit seinen Kuriositäten und

Frank Wedekind

Monstrositäten; die verzerrenden Vexierspiegel; das mechanische Bioskop; die Billigen Jakobe mit ihren Ausschreiermanieren; das Lukas-auf-den-Buckel-Hauen; das Herzeigen des Bizeps durch die Athleten; die Zurschaustellung der Artistinnen vor Beginn der Vorstellung – all das prägte Brechts spätere Vorstellungen eines epischen, demonstrativen, volkstümlichen Theaters vor.

Das bürgerliche Stadttheater, in das der junge Brecht ebenfalls zu jeder Gelegenheit lief, degenerierte gegenüber diesem Jahrmarktstheater zu gehobener „Schmiere", wirkte auf ihn gekünstelt und steril. Auch das Puppentheater, auf dem Brecht in seinen Schülerjahren zusammen mit seinen Freunden immerhin so anspruchsvolle Stücke wie „Freischütz" und „Oberon", „Hamlet" und „Faust", „Leonce und Lena", aber auch den „Biberpelz" und Teile aus Wedekind-Stücken aufführte, vermochte sich gegenüber dem Rummelplatz-Theater nicht zu behaupten.

Als Student in München lernte der junge Brecht dann die Volkstheater in den Bierhallen und Sälen (wie etwa in der Blumenstraße) kennen, in denen während der Vorstellung geraucht und gegessen werden konnte. Er drang in die Kabaretts und Brettl von der Art des „Simplicissimus" ein; und er trat schließlich in der „Wilden Bühne" der Trude Hesterberg in Berlin im Bewußtsein auf, der einzig legitime Nachfolger Frank Wedekinds zu sein. Immer wieder studierte er, wie Karl Valentin *todernst* mit der größten Trockenheit aus den allerbanalsten Situationen paradoxalen Witz herausholte. (*Hier wird gezeigt die Unzulänglichkeit aller Dinge, einschließlich uns selber.*[6]) Als er 1921 am Ende seiner Augsburger Jahre zu den ersten bewußten Reflexionen über Zweck und Formen eines Volkstheaters ansetzte, stieß er auf jene Kategorie, die er später allen Ansprüchen, das Theater solle belehren, voransetzte – nämlich auf die der Unterhaltung: *Seit zum ersten Male billige Bretter über Schnapsfässer gelegt wurden und zwei Burschen öffentlich irgendeinen Handel austrugen, war die Unterhaltung der Zuschauer das bezahlte Ziel.*[7]

Schon wenig vorher, im September 1920, kündigte er an: *Wenn ich ein Theater in die Kluven kriege, ich engagiere 2 Clowns. Sie treten im Zwischenakt auf und machen Publikum. Sie tauschen ihre Ansichten über das Stück und die Zuschauer*

Charlie Chaplin in einer Szene des Films „City Lights“

aus. Schließen Wetten ab über den Ausgang. Alle Samstag ist Deuxière im Theater. […] Die Clowns reden über die Helden wie Privatpersonen. Lächerlichkeiten, Anekdoten, Witze.[8]
Brecht erläuterte den Zweck: *Dadurch sollen die Dinge auf der Bühne wieder real werden. Zum Teufel, die* D i n g e *sollen kritisiert werden, die Handlung, die Worte, die Gesten, nicht die Ausführung.*[9]
Es brauchte nur noch der Stummfilm mit seinen Slapsticks, seinen Blödeleien, seiner Zeitraffer- und Zeitlupentechnik, es brauchte nur noch die clowneske Figur des „kleinen Mannes“ Chaplin dazuzukommen, um im jungen Brecht die Vorstellung eines nichtillusionistischen, in letzter Instanz verfremdenden Theaters entstehen zu lassen.
Was dazu das „Orchestrion“ für die Musik bedeutete, stellten die Zeichnungen Nehers für die Auffassung einer selbständig deutenden, realistischen Bildkunst dar. Wenn der junge Brecht von den *starken Fleischen* Rubens’ immer weiter

abrückte, wenn er mit *barock* abtat, was ihm formal ungebändigt und unbewältigt schien, und Neher in langen Briefen ins Feld entwarf, wie er sich Figuren *einfach* und *groß* vorstellte, so zeigte sich, daß der Brecht der Augsburger Jahre von der expressionistischen Formzertrümmerung weit entfernt war und vielmehr einem sehr gegenständlichen, aber „harten" Realismus huldigte.
Für das Denken in Bildern wurde bereits zu dieser Zeit für Brecht die Fotografie entscheidend. In ihr sah er die Realität pur. Die Sammlung einprägsamer, das Wesen der Wirklichkeit erfassender Fotografien läßt sich bis in diese Jahre zurückverfolgen.
Brechts Fähigkeit, Menschen anzuziehen, sie an sich zu fesseln, sie auch auszunützen, entsprach seiner Fähigkeit, ihnen zu geben, ihre Fähigkeiten zu entbinden, sie schöpferisch zu machen. Die Brecht-Clique – in Augsburg hieß sie „Blase" –, die sich bildete, als Brecht auf das Realgymnasium ging, bestand vornehmlich aus Söhnen und Töchtern bürgerlicher und kleinbürgerlicher Eltern.
Die Ausnahme bildete Georg Pfanzelt, von Brecht Orge genannt, schriftlich immer als George erwähnt, was aber gesprochen schlicht Schorsch ergab, vier Jahre älter als Brecht, hinkend, Sohn von Leuten, die jeden Pfennig umdrehen mußten, Brechts anerkanntes plebejisches Gewissen, sein Merck, nur daß er es nicht wie dieser zum Kriegsgerichtsrat, sondern nur zum kleinen Angestellten bringen sollte. Nach dem zweiten Weltkrieg erkundigte sich Brecht sofort nach ihm, ließ ihm Care-Pakete zukommen, traf sich mit ihm im September 1949, als er das erste und letzte Mal nach seiner Rückkehr nach Deutschland die Heimatstadt besuchte (die ihn im übrigen *ziemlich kalt* ließ). Aber die produktiven Anstöße, die Brecht aus dieser Freundschaft bezog, erlahmten schon mit dem Einzug Brechts in die *großen Städte.*
Dagegen blieb die Freundschaft mit Rudolf Caspar Neher lebenslänglich fruchtbar, die 1913 begann, als Neher, Sohn eines Oberlehrers, auf das Realgymnasium kam, da er in einer anderen Schule sitzengeblieben war. Brecht wurde für Neher der Treibende, der ihm auch kunstgeschichtlich viele Kenntnisse vermittelte. Gleichzeitig versinnbildlichte aber Neher Brechts eigene Menschenbilder. Wenn es je ein Porträt Brechts gab, das ihn gleichzeitig als Prototyp des abgehärte-

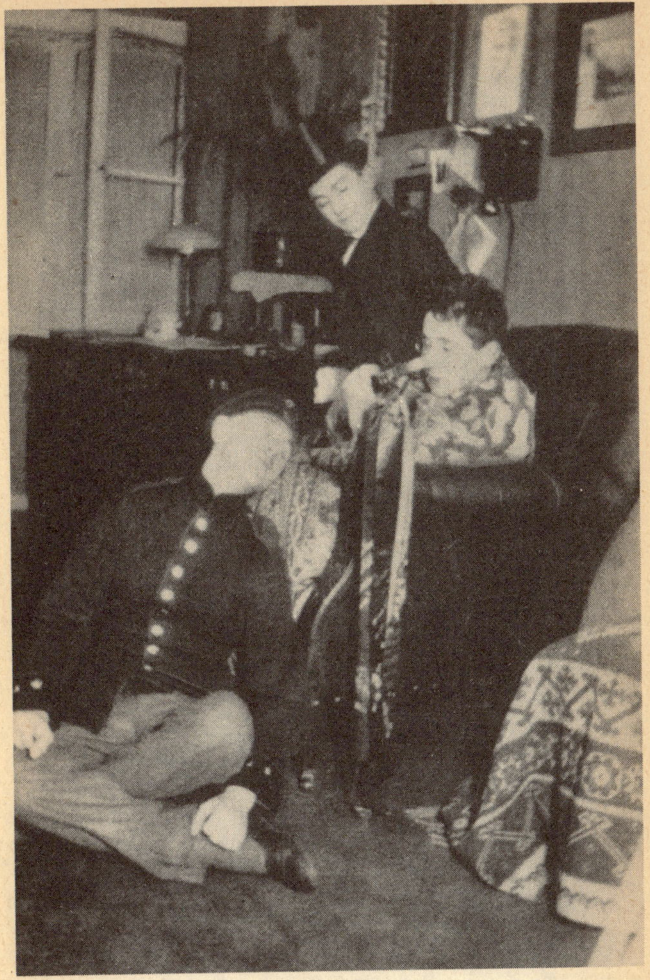

Otto Müllereisert, Georg Pfanzelt, Brecht

ten, um nicht zu sagen verhärteten, illusionslosen, aus der Vereinzelung einen Kult machenden *Städtebewohners* erscheinen ließ, dann sollte es Nehers Bildnis vom *Wasserfeuermensch* sein, das Brecht in die „Hauspostille" aufnahm und

Brecht, Otto Müllereisert, Georg Pfanzelt (stehend) und Otto Bezold, 1917

dessen Vernichtung im Kriege er nach den zweiten „großen Zeiten" ein kurzes Gedicht widmen sollte. Neher wurde für Brecht der ideale Bühnenbildner, weil er in Menschen dachte, die szenische Gestaltung aus dem handelnden Menschen heraus entwickelte, die Entwürfe in einer skizzenhaften Unschärfe ließ, subtile Farben verwendete.

Ein anderer aus der Brecht-Clique, Otto Müller, später Müllereisert genannt, wurde Mediziner und gehörte vierzig Jahre später als Facharzt für Inneres zum Ärztekollegium, das den Tod Brechts bestätigte. Bei anderen hielt die Freundschaft nur Jahre, wie bei Hanns Otto Münsterer, der ebenfalls Arzt wurde. Einige fielen. Die meisten gingen politisch eher nach rechts, statt wie Brecht nach links; so Otto Bezold, der für Brecht die beiden Totenköpfe aus einem Karrner stahl, mit denen sich Brecht 1918 fotografieren ließ, und der nach dem zweiten Weltkrieg in München Minister der konservativen Bayernpartei wurde.

Für Brecht waren diese Freunde sein erstes Publikum. Ihnen sang er, sich auf der Gitarre begleitend, die Gedichte und Lieder vor. Einigen seiner Freunde half er bei der Produktion eigener Gedichte und Kompositionen. Die „Brecht-Abende",

die vor allem in „Gablers Taverne“ veranstaltet wurden, waren die geselligen Höhepunkte. Die Clique brachte den Mädchen Ständchen und fiel den braven Bürgern wegen ihres Gehabes in Straßen und Lokalen auf die Nerven. Gemeinsam wurde die Natur genossen, aber auch disputiert und Kunst bewertet. Hier erwies sich die Clique als Vorform des Kollektivs, das sich Brecht in Berlin wie in verschiedenen Orten des Exils schuf.
Sie begann auch mehr und mehr die Familie zu ersetzen, aus der sich Brecht herauslöste, auch wenn die Mansarde über der elterlichen Wohnung in der Bleichstraße ein beliebter Treffpunkt der „Blase“ blieb. Brecht hatte sicher eine sehr innige Neigung zu seiner Mutter. Sie, die an Unterleibskrebs dahinsiechte, war vom Talent „Aigihns“ und seiner Berufung überzeugt; aber sie litt unter dem „unsittlichen“ Lebenswandel des Sohnes, bezeichnete ihn wegen bestimmter Gedichte als „Pornographist“ und sagte ihm wohl auch, er werde sie

Caspar Neher in Flandern, 1917

Brecht mit seinem Bruder Walter, Frühjahr 1917

noch unter den Boden bringen. Als sie in den ersten Maitagen des Jahres 1920 nach langem Siechtum knapp neunundvierzigjährig starb, vermerkte Brecht: *Ich liebte sie auf meine Weise, aber sie wollte auf die ihre geliebt sein.* [10] Später fand er, sie sei *die rebellierende Protestantin in der Familie* gewesen. Das heißt, er verdankte wohl ihr das Bestteil seines Wesens.

Der Vater sah dem Treiben der „jungen Stierl" mit Gelassenheit zu, solange seine bürgerliche Reputation nicht darunter litt. Er ließ zu, daß die literarischen Versuche seines Sohnes von Schreibkräften seines Büros geschrieben wurden, verbat sich aber, daß die erste Fassung von „Baal" (1918) unter dem richtigen Namen seines Sprößlings, der seine Beiträge seit 1916 mit Bert Brecht signierte, erscheinen sollte. Das Verhältnis zwischen Vater und Sohn geriet in dem Maß in die Krise, wie der Sohn weder das Physikum zuwege brachte noch als Dichter durchgreifenden Erfolg hatte, aber vor allem, als er seine „Weibergeschichten" nicht auf die übliche Weise in Ordnung zu bringen wußte. Der Konflikt kam zum Ausbruch, als die Arzttochter Paula Banholzer von Brecht geschwängert wurde und dann, um dem Gerede der bürgerli-

chen Gesellschaft in Augsburg zu entgehen, in Kimratshofen im Allgäu am 30. Juli 1919 einem Knaben das Leben schenkte, der in Verehrung für Wedekind auf den Vornamen Frank getauft wurde. Da Brecht sich einer Ehe nicht gewachsen fühlte, wurde das Kind zu fremden Leuten in Pflege gegeben. Vater Brecht weigerte sich, es in seinem Haushalt aufzunehmen, stellte sich aber später ganz gut mit dem Jungen. Auch Helene Weigel nahm sich nach ihrer Bekanntschaft mit Brecht Franks an, bis ihn die leibliche Mutter, die 1924 einen Kaufmann heiratete, 1935 zu sich nahm. Frank wurde kaufmännischer Angestellter. 1943 fiel er als Soldat der faschistischen Wehrmacht an der Ostfront.
So wie seine Freunde führte Brecht ein freies Liebesleben, praktizierte Moral frei nach Nietzsche, verbrämte sie durch Poesie. Einige der Gedichte, die auf diese Weise entstanden, gehören inzwischen zur poetischen Schatzkammer der Deutschen, wie etwa die „Erinnerung an die Marie A.“, in der Brecht seine Verbindung mit der Friseurtochter Marie Rose Aman aufhob. Was Dauer und Tiefe solcher Beziehungen betraf, so war dafür die Wendung aus dem Gedicht „Vom armen B. B.“ von 1922 gültig:

In mir habt ihr einen, auf den könnt ihr nicht bauen.[11]

Es erübrigt sich, auf andere Beispiele solcher Beziehungen einzugehen, die, wie vor allem die Tagebücher jener Jahre beweisen, mit heftiger Leidenschaft, mit innigsten Gefühlen und wildester Eifersucht erlebt und verdrängt wurden. Sie bestätigen nur, was die einen als polygame Veranlagung Brechts entschuldigen, die anderen als laxe Sexualmoral verurteilen.
Im Herbst 1922 war Brecht jedenfalls soweit, sich der Konvention zu beugen und die Sängerin und Schauspielerin Marianne Zoff zu heiraten, als sie zum zweiten Mal von ihm schwanger wurde. Sie war fünf Jahre älter als Brecht und stellte für ihn dank ihrer Schönheit und Wärme auch einen Ersatz für die verstorbene Mutter dar. Aus der Ehe ging am 12. März 1923 die Tochter Hanne hervor, die später unter dem Namen Hiob eine bekannte Darstellerin in Brecht-Inszenierungen wurde. Tatsächlich war die Ehe schon beim Abschluß tot. Die 1927 erfolgende Scheidung war nur ein formaler Akt. 1923 nahm Brecht die Verbindung mit Helene

Brecht, 1917

Weigel auf, die er in Berlin kennenlernte. Sie hielt spannungsreich fürs ganze Leben vor.
Die Verhältnisse zu anderen Frauen, die Brecht seitdem einging, waren durch eine schwer unterscheidbare Einheit von Liebes- und Arbeitsbeziehungen bestimmt, die sich gegensei-

tig bedingten. Das Buch darüber, das den vielen entspräche, die über „Goethe und die Frauen“ geschrieben wurden, ist noch nicht geschrieben. Klar ist jedoch, daß Brecht durch diese wechselnden intimen Beziehungen zum anderen Geschlecht, die in Augsburg begannen, um in den folgenden Jahrzehnten vielfach fortgesetzt zu werden, in seinem dichterischen, seinem schöpferischen Talent immer wieder befruchtet wurde. Daß er seine „pornographischen“ Gedichte, die er als seine *Achillesverse* apostrophierte, wie Goethe die seinigen unter Verschluß hielt und daß sie erst jetzt veröffentlicht werden konnten, kennzeichnet nur die fortwirkende Befangenheit gegenüber dem Geschlechtlichen, deren Überwindung sich Engels vom Proletariat erhoffte.

Daß Brechts Selbstverwirklichung mit der ihn umgebenden *Spießerei* immer weniger zu vereinbaren war, tat er auch äußerlich kund. Zunächst gab er sich auf herkömmliche Weise als Bohemien, dann mehr und mehr proletenhaft, spartanisch bis zum Asketischen. Wenn er in den „Flüchtlingsgesprächen“ unter den Benennungen, die ihm und seinesgleichen zuteil wurden, den echt „datschiburgerischen“ Ausdruck *Stenz, verrotteter und Gigerl*[12] festhielt, so war damit die eine Seite seines damaligen Aussehens und Gehabes beschrieben. Für die andere ist die Äußerung einer Sekretärin des Vaters aufschlußreich, der junge Brecht sei offensichtlich bemüht gewesen, „möglichst unkorrekt daherzukommen, auf die Art, wie sich die Hettenbacher Kommunisten zeigten: die Hosen hochgezogen, die Hände tief in die Taschen gesteckt, so richtig verschroben“[13]. In einem Brief an Neher bekannte er mit Nachdruck: *Und ich bin Materialist und ein Bazi und ein Proletarier und ein konservativer Anarchist [...]*[14].
Je weniger er sich in der Lage zeigte, ein „anständiger Mensch“ im bürgerlichen Sinne zu werden, um so mehr kultivierte er den Typus des Außenseiters: *Häßlich, frech, neugeboren, aus dem Ei* (1920).[15] Er wünschte auf seinem Grabstein die Inschrift stehen zu haben:

hier ruht
B. B. Rein. Sachlich. Böse.[16]

Brecht hat zwanzig Jahre später, als er in der Emigration für die von Wieland Herzfelde in Gang gebrachte Herausgabe seiner Gesammelten Werke im Malik-Verlag auch die Jugendgedichte neu durchsah und ordnete, zu Recht darauf hingewiesen, daß er insgeamt *konventionell begonnen* habe: mit Liedern zur Gitarre, deren Verse zugleich mit der Musik entworfen worden seien; mit Balladen, dann mit Psalmen, Sonetten und Epigrammen. Für die Produktion nach dem ersten Weltkrieg wies er auf den Song hin, der *wie ein volkslied der großen städte auf diesen kontinent*[17] kam. Entscheidend war, was er in diesen Formen ausdrückte. Bringt man diese lyrischen Selbstäußerungen auf einen weltanschaulichen Nenner, so offenbarten sie auf der einen Seite einen unbändigen Vitalismus, der immer stärker antimetaphysisch, materialistisch bestimmt war, auf der anderen Seite einen Fatalismus, der bis zum konsequenten Nihilismus, gesellschaftlich zum Anarchismus, ging.

Wenn eines der frühen Gedichte, das der Schwester Nehers gewidmet war, „Romantik" hieß, so kennzeichnete es Herkunft wie Richtung dieser frühen Dichtungen. Das spätere „Timbuktu", „Tahiti" und „Mahagonny" waren nur entferntere poetische Ortungen in der Nachfolge Rimbauds und Kiplings. Weiter weg von der Wirklichkeit als in der „Ballade von den Abenteuern" ließ sich 1917 und in der „Ballade von den Seeräubern" im Jahre 1918 kaum dichten. „Die Legende der Dirne Evelyn Roe" von 1917 war wie manch andere Ballade eine Mischung aus Rimbaud und Wedekind. Den weltanschaulichen Eskapismus, der mit dem Nihilismus kokettiert, drückte die Schlußstrophe des „Lieds der müden Empörer" von 1918 aus:

Wir tanzten nie mit mehr Grazie
Als über Gräber noch.
Gott pfeift die schönste Melodie
Stets auf dem letzten Loch.[18]

Ein kreatürlicher Existentialismus bestimmt die Aussage: *Die Entdeckung des Kopernikus, die den Menschen dem Vieh näherbringt, indem sie ihn von den Gestirnen entfernt,*[19] wie Brecht im August 1920 notierte, läßt ihn in den „Großen Dankchoral" einstimmen, in dem der Mensch mit dem Aas eins wird:

Lobet die Kälte, die Finsternis und das Verderben!
Schauet hinan:
Es kommet nicht auf euch an
Und ihr könnt unbesorgt sterben.[20]

„Gegen Verführung" stellt nur den vitalistischen Appell dagegen:

Laßt euch nicht verführen
Zu Frohn und Ausgezehr!
Was kann euch Angst noch rühren?
Ihr sterbt mit allen Tieren
Und es kommt nichts nachher.[21]

Das Gedicht hatte ursprünglich den Titel „Luzifers Abendlied" und stellte ein weiteres Zeugnis dafür dar, wie Brecht christliche Mythologie und kirchliche Ausdrucksformen säkularisierte. Aus der Geworfenheit des Menschen in ein sinnloses Dasein leitete Brecht den Appell zur Nachsicht und zum Mitleid ab, am schönsten vielleicht ausgeprägt im Gedicht „Von der Freundlichkeit der Welt" (ursprünglich „Lied gegen die Ansprüche"), dessen letzte Strophe lautet:

Von der Erde voller kaltem Wind
Geht ihr all bedeckt mit Schorf und Grind.
Fast ein jeder hat die Welt geliebt
Wenn man ihm zwei Hände Erde gibt.[22]

In diesem Zusammenhang sind jene Gedichte wie „Apfelböck oder Die Lilie auf dem Felde" und „Von der Kindesmörderin Marie Farrar" zu erwähnen, die Brecht aus realen Kriminalfällen jener Jahre abzog und in denen er die beschriebene Unmenschlichkeit des Elternmörders und der Kindsmörderin, *der verworfnen Schwachen,* aus der Unmenschlichkeit der sie umgebenden Verhältnisse ableitete und deshalb die Strophen des zweiten Gedichtes mit dem Abgesang versah:

Darum, ich bitte euch, wollt nicht in Zorn verfallen
Denn alle Kreatur braucht Hilf von allen.[23]

Sich gleichsam versteckend hinter der *frechen Schandvisage*[24] des *Prototyps eines Bösen,* sich wehrend gegen die Zumutungen von Elternhaus, Schule, Gesellschaft *(Was erwartet man noch von mir?)* mit der Versicherung: *Wer immer es ist, den ihr sucht: ich bin es nicht,*[25] sich zynisch gebend, begann er *zu sprechen vom Tod,* verfaßte eine „Epistel über den Selbstmord" und verstand sich schließlich als *der Nachgeborene:*

Ich gestehe es: ich
Habe keine Hoffnung.
Die Blinden reden von einem Ausweg. Ich
Sehe.

Wenn die Irrtümer verbraucht sind
Sitzt als letzter Gesellschafter
Uns das Nichts gegenüber.[26]

Das war um 1920 geschrieben. 1922 endete er dann das Gedicht „Vom armen B. B.", das die „Hauspostille" abschließt, mit folgenden Reflexionen:

8

Von diesen Städten wird bleiben: der durch sie
hindurchging, der Wind!

Fröhlich machet das Haus den Esser: er leert es.

Wir wissen, daß wir Vorläufige sind

Und nach uns wird kommen: nichts Nennenswertes.

9

Bei den Erdbeben, die kommen werden, werde ich
hoffentlich
Meine Virginia nicht ausgehen lassen durch Bitterkeit
Ich, Bertolt Brecht, in die Asphaltstädte verschlagen
Aus den schwarzen Wäldern in meiner Mutter in früher
Zeit.[27]

Brecht selbst hat die Sammlung der ausdrucksstärksten wie aussagekräftigsten Gedichte seiner Jünglings- und ersten Mannesjahre, wie sie schließlich in der „Hauspostille“ erfolgte, beim Wiederlesen im August 1940 folgendermaßen bewertet: *hier erreicht die literatur jenen grad der entmenschtheit, den MARX beim proletariat sieht, und zugleich die ausweglosigkeit, die ihm hoffnung einflößt. der großteil der gedichte handelt von untergang, und die poesie folgt der zugrunde gehenden gesellschaft auf den grund. die schönheit etabliert sich auf wracks, die fetzen werden delikat. das erhabene wälzt sich im staub, die sinnlosigkeit wird als befreierin begrüßt. der dichter solidarisiert nicht einmal mehr mit sich selber. risus mortis. aber kraftlos ist das nicht.*[28]
Dieses Zusichfinden wurde durch das Erlebnis der Novemberrevolution in Deutschland und der Bayerischen Räterepublik im Frühjahr 1919 nur bedingt beeinflußt. Brecht tat, nachdem er im Januar 1918 bei der Musterung als „dauernd garnisonsverwendungsfähig Feld“ befunden worden war, alles, um nicht mehr an die Front zu müssen. Sein Vater erwirkte im Mai noch eine Zurückstellung wegen Brechts Studium. Am 1. Oktober hatte Brecht dann als „Militärkrankenanwärter“ in einem Augsburger Reservelazarett den Dienst anzutreten. Er wurde der Station D zugeteilt, auf der Geschlechtskranke behandelt wurden. Den „Kavalieren der Station D“ widmete der schwejksches Verhalten praktizierende Brecht am 2. November 1918 eines der „Klampfenlieder“ mit dem Refrain:

O diese Weiber, Himmelherrgottsakrament!
Arg schon die Liebe, aber ärger noch der Tripper brennt![29]

Am 7. November wurde in Bayern die Republik ausgerufen, Kurt Eisner, Vertreter der Unabhängigen Sozialdemokratischen Partei Deutschlands, wurde zum Vorsitzenden des Arbeiter- und Soldatenrates und zum Provisorischen Ministerpräsidenten gewählt. Auch im Augsburger Reservelazarett wurde entsprechend zum Soldatenrat ein Lazarettrat gewählt, dem Brecht für kurze Zeit angehörte. Zehn Jahre später erinnerte er sich: *Ich bekam einen Haufen Arbeit aufgehalst [...], verfügte dann aber sehr bald über meine Entlassung.* Er

legte sein Verhalten so aus: *Ich unterschied mich kaum von der überwältigenden Mehrheit der übrigen Soldaten, die selbstverständlich von dem Krieg genug hatten, aber nicht immer imstande waren, politisch zu denken.*[30]
Nachdem Brecht am 9. Januar 1919 aus dem Militärdienst entlassen worden war, interessierte er sich zusammen mit Freunden für politische Wahlversammlungen und lernte dabei auch den Sekretär von Eisner, Fechenbach, kennen. Besonderen Eindruck machten auf ihn Lilly Krauser, die als Agitatorin für die Unabhängigen Sozialdemokraten tätig war (Höllenlili in „Happy end"), und deren Verlobter Georg Prem. Brecht diskutierte mit ihnen zunächst als *unabhängiger Unabhängiger,* trat aber dann nach eigener und anderer Darstellung kurzfristig der USPD bei. Er nahm an der von der USPD veranstalteten Trauerfeier zu Ehren der ermordeten Rosa Luxemburg und Karl Liebknecht teil, auf der Gustav Landauer die Gedenkrede hielt. Mit Neher diskutierte Brecht über „Spartakismus und Sozialismus". Brecht beteiligte sich auch am Trauerzug anläßlich der Beisetzung des am 21. Februar 1919 ermordeten Eisner in München, als er das Kriegsnotsemester besuchte.
In den ersten Revolutionsmonaten verfaßte Brecht das Stück „Spartakus", das er im März dem Mitarbeiter der Dramatur-

Begräbnisfeier des bayerischen Ministerpräsidenten Kurt Eisner, an der Brecht teilnahm, 26. Februar 1919

gie der Münchner Kammerspiele, Lion Feuchtwanger, vorlegte und das auf Ratschlag von Marta Feuchtwanger schließlich den Titel „Trommeln in der Nacht“ bekam, unter dem es bekannt werden sollte. Damals trug Brecht aus der 1918 zusammengestellten „Klampfenfibel“ auch die „Legende vom toten Soldaten“ und erstmals den „Gesang des Soldaten der roten Armee“ vor, zu dem nie die Freiheit kommt; ein Gedicht, das Brecht später in der „Hauspostille“ veröffentlichte, aber schon beim beabsichtigten Neudruck für die Malik-Ausgabe im Jahre 1938 entfernte, um einen Bezug auf die Rote Armee der Sowjetunion zu vermeiden.
Aber als am 7. April in München die erste (sozialdemokratische) Räterepublik ausgerufen wurde, an der Schriftsteller wie Gustav Landauer, Erich Mühsam und Ernst Toller führend beteiligt waren, am 13. April die zweite (kommunistische) Räterepublik errichtet und auch in Augsburg durch den Arbeiter- und Soldatenrat Vorbereitungen zur Verteidigung gegen die weißen Freikorps getroffen wurden, die aus Württemberg über die schwäbische Landeshauptstadt nach München vorstoßen wollten, hielt sich Brecht aus dem unmittelbaren politischen wie dem militärischen Kampf heraus. Doch während Neher noch die Besetzung Augsburgs durch die Weißen am Ostersonntag 1919 in einer Zeichnung feierte und Brechts Bruder und Freund Müllereisert sich den „Befreiern“ anschlossen, wagte es Brecht, den untergetauchten Spartakisten Georg Prem bei sich zu verstecken und ihm damit das Leben zu retten. Aber schon den Tag darauf schwärmte er mit Neher hauptsächlich von seinem und dessen „Baal“ („Baal tanzt! Baal frißt!! Baal verklärt sich!!! Was tut Baal?“ – so der ursprüngliche Titel), am übernächsten Tag war Brecht wieder auf dem Plärrer; während der Kämpfe um München versuchte er vergeblich reiten zu lernen. Und während am 2. Mai die besiegten revolutionären Arbeiter von München im Schlachthof zusammengetrieben und erschossen wurden, las er seinen Freunden aus der neuen Fassung des „Baal“ vor. „Larrys Ballade von der Mama Armee“ im Stil Kiplings wurde in den Tagen, in denen die Standgerichte in München ihre Bluturteile fällten, erstmals zum Vortrag gebracht, deren Kehrreim lautet: *Wenn man tot ist, kann man nur mehr stinken.*[31] Es war so, wie er selber später feststellte: *Wir alle litten unter einem Mangel an politischen*

Überzeugungen und ich speziell noch dazu unter meinem alten Mangel an Begeisterungsfähigkeit.[32] Um so bemerkenswerter war es dann, daß Brecht ab 21. Oktober 1919 im Organ der Unabhängigen Sozialdemokratischen Partei Deutschlands für Schwaben-Neuburg, dem „Volkswillen", der von Wendelin Thomas geleitet wurde, seine Theaterkritiken erscheinen ließ. Diese Zeitung erschien ab 1. Dezember 1920 als „Organ der Vereinigten Kommunistischen Partei Deutschlands (Sektion der 3. Internationale)" und wurde am 12. Januar 1921, als Brecht gerade über eine Aufführung von Hebbels „Judith" im Augsburger Stadttheater schrieb, wegen Staatsgefährdung verboten. Daß der Sohn des Direktors der Haindlschen Papierfabrik in einer kommunistischen Zeitung schrieb, mußte die Spannung zwischen Brecht und seinem Vater vertiefen. Brechts Kritiken waren keineswegs von marxistischen Gesichtspunkten bestimmt. Aber seine Kritiken zu Stücken wie Ibsens „Gespenster", Schmidtbonns „Graf von Gleichen", Schillers „Kabale und Liebe", Kaisers „Gas", Goethes „Tasso", Hauptmanns „Rose Bernd", aber auch Schwänken, Volksschauspielen und „Alt-Heidelberg" enthielten produktive Forderungen. Er verwarf die autoritäre Struktur der Theaterleitung, trat für die schöpferische Entfaltung der Persönlichkeit des Schauspielers ein, aber nicht auf Kosten der Aussage und des Kollektivs, und stellte bei seiner Einführung in „Rose Bernd" für den Augsburger Gewerkschaftsverein im Oktober 1920 Erwägungen an, daß und wie die *Arbeiter* ins Theater *hinein* sollten.

Wie sich um diese Zeit das Allgemeine mit dem Privaten verwob, geht aus der Tagebucheintragung vom 15. September 1920 hervor: *Mittags redet Papa Unsinn über den Kommunismus. Zwei Äpfel im Garten sind gestohlen, ich verteidige den Dieb: Was Bäume machen, gehört niemand. Hierauf schreit Papa, in der Zeitung stehe, die Entente-Kommission setze die Polizeistunde auf 11 Uhr fest, soweit sei es mit Deutschland wegen Leuten wie uns gekommen. Er möchte wissen, was ich schon für die Allgemeinheit getan hätte, noch rein gar nichts. Ich mache mein Physikum noch in fünf Jahren nicht. Er wollte jetzt einmal eine ernste Arbeit bei mir sehen. Das, was ich mit meiner Literatur getan hätte, halte er persönlich für gar nichts. Das müsse sich erst noch beweisen. Ich ging schnell hinaus. Ich habe noch nichts verdient.*[33]

Am Ende der Augsburger Jugendjahre war Brechts Gesamtstimmung eher düster als erhellt: *Ich laufe herum wie ein wahnsinniger Hund und kann nichts tun.*[34]
Die Ideologie, die ihm Schule und Elternhaus vermittelt hatten, wirkte gesamtgesellschaftlich weiter, trotz Revolution und Veränderung der Staatsform, und wurde von Brecht immer radikaler in Frage gestellt. Der *Bazi* wie der *Materialist* in ihm rebellierten gegen die Bürgerlichkeit, aber nur in Umrissen gerieten die realen geschichtlichen Kräfte der Veränderung in seine Sicht. Das „Épatez le bourgeois" wechselte mit Zweifeln, die bis zur Verzweiflung gingen. Er brauchte Erfolg, nachdem er schon 1917 zu einer Jugendfreundin geäußert hatte: *Ich muß berühmt werden, damit ich den Menschen zeigen kann, wie sie wirklich sind.*[35]
Aber gerade auf dem Gebiet seiner künstlerischen Arbeit, auf dem er sich sowohl öffentlichen Ruhm als auch Geld zu erringen versprach, nämlich auf dem des Dramas und des Theaters, blieb der Erfolg fürs erste aus. Dabei waren in diesen Versuchen bereits alle Talente Brechts entweder entfaltet oder im Wesen erkennbar.
Die Rede ist hier von „Baal", „Spartakus" (dann „Trommeln in der Nacht" genannt) und „Im Dickicht der Städte". Die Urerlebnisse, die den drei Stücken zugrunde lagen, fielen alle in die Augsburger und frühen Münchner Jahre. Das erste Stück, „Baal", war seiner Gestalt wie seinem Gehalt nach entworfen, noch ehe Brecht es im Frühjahr 1918 als Huldigung für den „Mörder, Straßenräuber und Balladendichter" François Villon, dann als Gegenentwurf gegen den expressionistischen, idealistischen „Einsamen" von Hanns Johst ausführte, dessen Uraufführung er Ende März 1918 in den Münchner Kammerspielen gesehen hatte.
Johst, nachmals berüchtigt wegen der Äußerung seines Helden „Schlageter": „Wenn ich Kultur höre [...], entsichere ich meinen Browning" – dementsprechend während der Nazizeit Präsident der „Reichsschrifttumskammer" –, idealisierte in seinem Stück das Leben des Dichters Grabbe. Brecht schuf mit seinem „Baal" das Gegenstück gegen *das Mystische, Geistreiche, Schwindsüchtige, Geschwollene, Ekstatische,* das er im Expressionismus sich *blähen* sah. Auch wenn er sich, wie er an Neher schrieb, ausgestoßen sehen sollte *aus dem Himmel dieser Edlen und Idealen und Geistigen, aus diesen Strindhü-*

Buchumschlag zu „Baal“, Verlag Gustav Kiepenheuer, Potsdam 1922

geln und Wedebabies,[36] stellte er dem ekstatischen Grabbe Johsts den vitalen Anarchisten, Egoisten, Materialisten Baal gegenüber. Dieser Asoziale spottet aller bürgerlichen Moral, macht sich über die zeitgenössische Dichtung lustig, verkehrt mit dem niedrigen Volk, *grast,* wie es im „Choral vom großen Baal“ heißt, *weite Felder schmatzend ab,* gebraucht die Frauen wie Handtücher, verrät seinen Freund Ekart, mit dem er, der Frauen satt, eine fleischliche Bindung versucht, bringt ihn schließlich um, wehrt sich dann gegen das Verrecken im Wald getreu seiner Maxime: *Ich kämpfe bis aufs Messer. Ich will noch ohne Haut leben, ich ziehe mich noch in die Zehen zurück. Ich falle wie ein Stier: Ins Gras, da, wo es am weichsten ist. Ich schlucke den Tod hinunter und weiß von nichts.*[37]
Baal ist scheinbar die Verkörperung des Materialismus, unter dem der Philister nach Engels „Fressen, Saufen, Augenlust, Fleischeslust“ versteht und darob sein Lieblingslied anstimmt: „Was ist der Mensch – halb Tier, halb Engel“, ein Viechskerl, bestenfalls vulgärer Materialist. Aber als Künstler ist er

gleichzeitig der verkörperte Protest gegen die Verwendbarkeit und Verwertbarkeit des Dichters in der kapitalistischen Gesellschaft.

Wir sind Schmarotzer, die letzten Menschen, die keine Diener sind, Baal und Karamasow in unserer Mitte. Was ist ein Gedicht wert: Vier Hemden, einen Laib Brot, eine halbe Milchkuh? Wir machen keine Ware, wir machen nur Geschenke.[38]

So reflektierte Brecht um diese Zeit – September 1920 – , als er den „Baal" für die abgemachte Drucklegung im Verlag Georg Müller zum dritten Mal überarbeitete und ihn als verpfuscht, als *verakademisiert, glatt, rasiert und mit Badehosen usw.*[39] betrachtete. Im Stück weist Baal das Angebot des

Chinesischer Glücksgott, von Brecht im Chinesen-Viertel von Los Angeles erworben

Großkaufmanns Mech: *Ich gebe Ihre Lyrik heraus* zurück: *Ich habe keine Hemden. Weiße Hemden könnte ich brauchen.*[40] Er, Baal, verkörpert darüber hinaus den Anspruch des Menschen, sich ausleben, nicht nur schlechthin leben zu können, den Brecht in der „Dreigroschenoper“ wieder aufnehmen wird mit Peachums Feststellung:

Das Recht des Menschen ist's auf dieser Erden
Da er doch nur kurz lebt, glücklich zu sein
Teilhaftig aller Lust der Welt zu werden
Zum Essen Brot zu kriegen und nicht einen Stein.[41]

Die positive Aufhebung dieses Glücksanspruches sollte Brecht schließlich 1941, zu einer Zeit also, als die Menschheit auf die kärglichste Glücksration gesetzt war, mit der Oper „Die Reisen des Glückgotts“ versuchen, in der die Befriedigung der „niederen“ Genüsse wie Essen, Trinken, Wohnen mit Arbeiten und Denken als den „gehobenen“ Menschenrechten in Übereinstimmung gebracht werden sollte. „Bei Durchsicht meiner ersten Stücke“ 1952 verteidigte Brecht das „Ich“ des Baal *gegen die Zumutungen und Entmutigungen einer Welt, die nicht eine ausnutzbare, sondern nur eine ausbeutbare Produktivität anerkennt. [...] Er ist asozial, aber in einer asozialen Gesellschaft.*[42]
Er gestand jedoch zu: *Ich gebe zu (und warne): dem Stück fehlt Weisheit.*[43]

Im Grunde war „Spartakus“ eine Variation des Baal-Themas, angewandt und geschickt auf die historische Stunde bezogen. Der Held dieser Komödie, die Brecht Anfang 1919 rasch hinwarf, der Soldat Kragler, ist der Baal in der zerschlissenen Uniform des Heimkehrers. Der Großkaufmann Mech verwandelt sich in den Rüstungsgewinnler Balicke, der seine Tochter Anna an den schleimigen Aufsteiger Murk verheiraten will, weil sie von ihm schwanger ist.
Die Verlegung des Schauplatzes aus der Provinz in die Hauptstadt, aus den Dorfschenken in eine *kleine Schnapsdestille*, aus dem Wald in das Zeitungsviertel Berlins kennzeichnete zwar die Gewinnung einer größeren Perspektive. Die Moral des Stückes blieb dem Wesen nach jedoch die gleiche: Kragler weigert sich anzuerkennen: *Mein Fleisch soll im*

Rinnstein verwesen, daß eure Idee in den Himmel kommt? Während die Revolutionäre zum Zeitungsviertel marschieren, setzt er sich mit der geschwängerten Anna ab: *Der Dudelsack pfeift, die armen Leute sterben im Zeitungsviertel, die Häuser fallen auf sie, der Morgen graut, sie liegen wie ersäufte Katzen auf dem Asphalt, ich bin ein Schwein, und das Schwein geht heim.*[44]

Brecht kommentierte „Bei Durchsicht meiner ersten Stücke“: *Anscheinend reichten meine Erkenntnisse nicht dazu aus, den vollen Ernst der proletarischen Erhebung des Winters 1918/19, sondern nur dazu, den Unernst der Beteiligung meines randalierenden „Helden“ an der Erhebung zu realisieren. Die Initiatoren des Kampfes waren die Proleten; er war der Nutznießer. [...] Sie waren die tragischen Gestalten; er war die komische.*[45] Er schlug deshalb *geeignete Verfremdungen* vor, um *von der Sympathie gegenüber dem Helden der Komödie zur Antipathie hinüberzuwechseln,* nachdem er es doch nicht über sich brachte, *den kleinen Scheiterhaufen zu errichten.*[46] Tatsächlich war jedoch diese Komödie von scharfem Zeitbezug, traf sie doch, erstmalig bei Brecht, einen massenhaften Vorgang, nämlich das „Nachhausegehen“ der Frontsoldaten, die Rettung der Haut nach dem Verrecken in den „Materialschlachten“, das Nichtbegreifen der historischen Notwendigkeit durch die Massen der Soldaten wie des Proletariats. Brecht plädierte in den Fünfzigern für eine *relative Billigung* von Kraglers Verhalten. Das mag, gemessen an dem, was Kragler mitgemacht hat, stimmig sein. Aber Kragler wurde auch zum vorweggenommenen Mitläufer, zum „kleinen Nazi“, ohne den es die „großen“ nicht gegeben hätte.
Die Entscheidung: für *Das Bett,* wie der fünfte Akt von „Trommeln“ überschrieben war, oder für die Barrikade hatte historische Dimension. Brecht mochte, wie er Feuchtwanger erklärte, das Stück für Geld geschrieben haben. In Wahrheit stieß er damit das Tor zu einer Dramatik auf, die das Individuelle der Helden unlösbar mit der Epochenproblematik verband.

„Im Dickicht der Städte“ steht am Ende dieser Periode, der Jugend- und Studentenzeit in Augsburg und München, und reicht bereits hinein in das Erlebnis der *großen Stadt*, eben Berlins, das Brecht im Februar 1920, eingeladen von einer seiner Geliebten, erstmals kennenlernte und bei Ausbruch des Kapp-Putsches Mitte März sofort wieder verließ. Das Thema des Stückes war nicht nur, wie im Vorwort vorgegeben, der *unerklärliche Ringkampf zweier Menschen*, sondern auch und gerade der *Untergang einer Familie, die aus den Savannen in das Dickicht der großen Stadt gekommen ist.*[47]

Die epochale Entdeckung, daß eigentlich noch kein Mensch die große Stadt als Dschungel beschrieben hat, kam Brecht im September 1921, als er nachdachte, *was Kipling für die Nation machte, die die Welt „zivilisiert": Wo sind ihre Helden, ihre Kolonisatoren, ihre Opfer? Die Feindseligkeit der großen Stadt, ihre bösartige steinerne Konsistenz, ihre babylonische Sprachverwirrung, kurz: ihre Poesie ist noch nicht geschaffen.*[48] Rimbauds „Sommer in der Hölle" und Johannes V. Jensens Roman „Das Rad", der in Chicago spielt, gaben die Anregung für die Fabel. Es stellte eine romantisch-ironische, bereits neusachliche Mystifikation dar, wenn der Autor den Kampf, der zwischen dem malaiischen Holzhändler Shlink und dem Leihbibliotheksangestellten George Garga in Chicago ausgetragen wird, als *unerklärlichen Ringkampf* ausgab und im Vorwort im Stil einer Sportreportage weiter davon abriet, sich *den Kopf über die Motive dieses Kampfes* zu zerbrechen. Die Motive erweisen sich nämlich als sozial bedingt, die gesellschaftliche Wirklichkeit wirkt in den Figuren so ausgeprägt, daß das Stück bis auf den heutigen Tag von einer bestürzenden Verbindlichkeit geblieben ist, besonders für die USA, die Brecht selber gar nicht im Auge hatte, weil sein Chicago eigentlich für Berlin stehen sollte.

Es ist das Stück über die menschliche Entfremdung und über den Zerfall der kleinsten Zelle der Gesellschaft im Kapitalismus, der Familie. Wenn sich Shlink an Garga wegwirft, wenn er ihm alles Hab und Gut gibt und sich völlig von ihm abhängig macht, wenn er sich gleichsam selbst enteignet, so des Wunsches wegen, die *unendliche Vereinzelung des Menschen* zu überwinden. Shlink erkennt: *Wenn ihr ein Schiff vollstopft mit Menschenleibern, daß es birst, es wird eine solche Einsamkeit in ihm sein, daß sie alle gefrieren.*[49] Und Garga stellt fest: *Die Sprache reicht zur Verständigung nicht aus.*[50]

Aber auch keinerlei intime Beziehungen, weder die zwischen Mann und Frau noch die zwischen Mann und Mann, wie sie Shlink versucht, reichen aus, um die Selbstentfremdung aufzuheben. Wenn dieser Shlink sich und Garga als *Kameraden einer metaphysischen Aktion*[51] verstehen will, so liegen die Ursachen viel eher darin, daß er als Gelber in dieser Gesellschaft besonders isoliert ist. Sein Irrtum ist, zu glauben, durch das vergegenständlichte Wesen dieser Gesellschaft, das Geld, sich Liebe, Wärme, menschliche Beziehungen schaffen zu können. Gerade das macht ihn schließlich zum Objekt der weißen Lyncher. Die Vermarktung aller Beziehungen atomisiert die Gesellschaft zu „abstrakten Individuen", wie sie Marx und Engels in der „Heiligen Familie" konstatierten. Und gerade die von der Bourgeoisie hochgehaltene Heiligkeit der Familie wird zerstört. Wenn es im „Kommunistischen Manifest" heißt, die Bourgeoisie habe „kein andres Band zwischen Mensch und Mensch übriggelassen als das nackte Interesse, als gefühllose ‚bare Zahlung'", so wird auch das „traute Verhältnis von Eltern und Kindern" durch die Verwandlung der Kinder in „einfache Handelsartikel und Arbeitsinstrumente" zerstört.[52] Im „Dickicht der Städte" kommt die proletarische Familie zu einem sehr vergänglichen Glück nur dadurch, daß sich der Sohn auf einen Betrug einläßt, der ihn ins Gefängnis bringt, die Tochter sich verkauft. Der Vater vermag *die Liquidierung unserer Familie*[53] nicht zu verstehen. Die Mutter begreift und emanzipiert sich: Sie geht davon. Es ist die erste Mutter-Figur, die die ihr gesetzten Schranken durchbricht. Pelagea Wlassowa in „Die Mutter" wird später den politischen Horizont gewinnen, den die Maë des „Dickichts" noch nicht sieht.
„Baal" überlebt diesmal. *Allein sein ist eine gute Sache. Das Chaos ist aufgebraucht. Es war die beste Zeit.*[54] Das sind Gargas letzte Worte, ehe er nach New York aufbricht. Man kann sie als die ersten Worte Brechts nehmen, der Augsburg, Jugend und Familie hinter sich läßt, um nach Berlin aufzubrechen. Sein Talent ist voll entwickelt. Er ist in allen Formen der literarischen Produktion sicher. Er hatte sich 1921 sogar in das Medium des Films mit Kolportagegeschichten wie „Das Mysterium der Jamaikabar" einzuschreiben begonnen, auch wenn hierbei der große Erfolg ausblieb und er die Erfahrung machen mußte, die ihm zwanzig Jahre später wie-

derum zu schaffen machte, als er in Hollywood sich Stories einfallen lassen mußte, um zu Geld zu kommen: *Diese Intrigen sind so sauschwer [...].*[55] Verwirklicht (und nach Jahrzehnten wiederentdeckt) wurde freilich offensichtlich nur ein Streifen, die „Mysterien eines Frisiersalons", den Brecht 1923 zusammen mit Erich Engel und Karl Valentin auf dem Speicher eines Privathauses in München drehte. In diesem Film vermischten sich Grand Guignol und Clownerie. Höhepunkt ist, wenn der Geselle des Friseurs (Valentin) einem Kunden (Kurt Horwitz) den Kopf abschneidet, dieser wieder aufgesetzt wird und wieder anwächst. Dieser Vorgang wird variiert in der darauffolgenden Sequenz, in der Professor Moras (Erwin Faber) in einem *senegalesischen Salon* sich mit „dem Geköpften" duelliert und die in den Professor verliebte Frisiermamsell (Blandine Ebinger) den Gegner mit einem Angelhaken erneut des Kopfes beraubt.

Brecht mochte zwar (im September 1920), als er mit einem „David"-Stück nicht zurechtkam, räsonieren: *Immer mehr stört mich das Chaos meiner Papiere: Die „Sommersinfonie" ein grünes Obst, ungenießbar, „Hans im Glück" mißlungen, ein Ei, das halb stinkt. „Trommeln in der Nacht" immer am Rand der Beendung, weitab von irgendwelcher Vollendung. Die Novellen skizzenhaft hingeworfen, ungenügend ge„dichtet". „Baal" befriedigt mich nimmer.*[56]
Er mochte um die gleiche Zeit befinden: *Es ist schimpflich, Tragödien zu schreiben. Es ist so gegen alles Sträuben sicher, daß nichts mehr passiert, nichts mehr stimmt, nichts mehr wichtig ist.*[57]
Aber schon hatte er mit der Figur des Galgei, aus dem dann Galy Gay wurde, die *Vision vom Fleischklotz, der maßlos wuchert, der, nur weil ihm der Mittelpunkt fehlt, jede Veränderung aushält, wie Wasser in jede Form fließt.*[58] Schon faßte er ins Auge: *Man müßte die Nation ins Herz treffen. Jedes Stück eine Bataille.*[59] Schon vermerkte er, nachdem er Georg Kaisers „Von morgens bis mitternachts" mit Alexander Granach gesehen hatte: *Ich beobachte, daß ich anfange, ein Klassiker zu werden.* Gemeint war: *Man muß loskommen von der großen Geste des Hinschmeißens einer Idee, des „Noch-nicht-Fertigen", und sollte hinkommen zu dem Hinschmeißen des Kunstwerkes, der gestalteten Idee, der größeren Geste des „Mehr-als-Fertigen".*[60]

Brecht, 1918

Schon bestärkte er sich in der Auffassung, *daß das Wesen der Kunst Einfachheit, Größe und Empfindung ist und das Wesen ihrer Form Kühle*[61]. Am Ende dieser Selbstverständigung über die spontane, aus dem Magma der Jugend hervorgeschossene Kunstschöpfung stand die Überlegung: *Gelingt es einem von uns, das Drama zum Spiel zu machen, ohne es zu schwächen, wozu vielleicht weniger eine heroische Religion wie zu den großen mythischen Tragödien gehört als eine starke und gleichmäßige Philosophie; dann werden wir durch ein Feixen dem Gelächter entgehen.*[62]

Es sollte der lange Marsch zur Philosophie des Marxismus sein, der mit dem Einzug in die *großen Städte* verbunden war. Brecht selbst aber trat aus seiner Jugendzeit hervor wie geformt nach dem Bild, mit dem Meier-Graefe den Maler Delacroix gekennzeichnet hatte (und von dem sich Brecht in den „Tagebüchern" der Jahre 1921 und 1922 gleich zweimal *gepackt* zeigte): „Bei ihm schlug ein heißes Herz in einem kalten Menschen."[63]

II Im Berlin der Weimarer Republik (1924–1933)

Zwei Jahre nach dem ersten Weltkrieg apostrophierte Brecht Deutschland als das *Aasloch Europas.*
Wie mich dieses Deutschland langweilt! räsonierte er. *Ein verkommener Bauernstand, dessen Rohheit aber keine fabelhaften Unwesen gebiert, sondern eine stille Vertierung, ein verfetteter Mittelstand und eine matte Intellektuelle! Bleibt: Amerika!*[1]
Aber wenig später war es Brecht klar: *Man muß versuchen, sich einzurichten in Deutschland!*[2] Und dies bedeutete, in der Reichshauptstadt bekannt zu werden. Der „Provinz" konnte er nur entgehen, wenn er sich in Berlin durchsetzte.
In den folgenden Jahren reiste Brecht sechsmal nach Berlin, ehe er Anfang September 1924 endgültig übersiedelte. Bei seinem zweiten Berliner Aufenthalt, der von Anfang November 1921 bis Ende April 1922 dauerte, notierte er gleich zu Beginn: *Es ist eine graue Stadt, eine gute Stadt, ich trolle mich so durch. Da ist Kälte, friß sie!*[3]
Die große Angst vor dem kalten Chikago,[4] das für ihn Berlin war, sollte ihn nicht packen. Was ihn ergrimmte, war die Behandlung, die er in Literatenkreisen erfuhr: *Es ist aber ekelhaft, ich werde als Luft serviert (das Gewäsch schnürt mir den Hals zu).*[5]
In der Entschlossenheit, sich durchzusetzen, traf sich Brecht mit Arnolt Bronnen, Sohn eines jüdischen Gymnasialprofessors aus Wien, der Bronner hieß. Der Titel des Stückes, das Bronnen damals vorweisen konnte, lautete „Vatermord" und deutete auf das Verhältnis zu seinem Erzeuger. Bronnen hielt seinen ersten Eindruck von Brecht fest: „Der war ein vierundzwanzigjähriger Mensch, dürr, trocken, ein stachliges, fahles Gesicht mit stechenden Punktaugen, darüber kurzgeschnittenes, dunkles, struppiges Haar mit zwei Wirbeln, aus denen strähnige Halme protestierend aufstanden."[6]
Bronnen kennzeichnete auch ihren „gemeinsamen Standpunkt: Beide lehnten alles ab, was bis zu dieser Stunde gedacht, geschrieben, gedruckt worden war."[7] In Anlehnung an Bronnen erweiterte Brecht nun seinen abgekürzten Vornamen Bert zu Bertolt mit einem *t* am Schluß. Karl Kraus mo-

Brecht, 1922

kierte sich über beide als die zwei „Fasolte" der deutschen Literatur, die sich nun anschickten, die Theater und Verlage Berlins zu erobern. Bronnen bewunderte dabei „die unbeirrbar aktive literarische Betriebsamkeit des Augsburgers"[8]. Brechts erste Regie endete mit einem Eklat: Er überwarf sich bei der Inszenierung von „Vatermord" an Moritz Seelers

Brecht, Frank Warschauer, Lion Feuchtwanger, dessen Schwager Diamant, Feuchtwangers Schwester Franziska, Marianne Zoff, Marta Feuchtwanger im Berliner Lunapark 1923

„Junger Bühne" mit dem Hauptdarsteller Heinrich George. Berthold Viertel, mit dem Brecht später besonders im amerikanischen Exil und am Berliner Ensemble zusammenarbeitete, mußte die Regie übernehmen, ohne jedoch dem expressionistischen Stück zu einem Erfolg verhelfen zu können.
Brecht machte aber in diesen Monaten, von denen er einen Teil in der Charité wegen Unterernährung verbringen mußte, die Bekanntschaft wesentlicher Theaterschaffender und Verlagsleute, beobachtete Reinhardt bei den Proben zu Strindbergs „Traumspiel", konnte mit Kiepenheuer über die Veröffentlichung von „Baal" (1922) abschließen und begann mit Bronnen einen Film zu schreiben, der den Titel „Robinsonade auf Assuncion" erhielt, dank der Manipulation der Jury durch Stephan Großmann den ersten Preis bekam und unter dem Titel „Das Tal der Tränen" 1924 tatsächlich gedreht wurde. Am wichtigsten erwies sich im nachhinein die Bekanntschaft mit dem Kritiker des „Berliner Börsen-Couriers" Herbert Jhering.
Es zeigte sich aber, daß die Voraussetzung für den Erfolg auf der Berliner Szene die Durchsetzung Brechts in München sein sollte. Das geschah mit der Inszenierung von „Trommeln in der Nacht" in der Regie von Otto Falckenberg in den Münchner Kammerspielen Ende September 1922. Besonders das Bühnenbild von Otto Reigbert mit seinen windschiefen Laternen und schrägen Häusern wies den spätexpressionistischen Einfluß, unter dem die Aufführung insgesamt stand, aus. Der wichtigste Einfluß, den Brecht ausüben konnte, bestand wohl darin, daß die dem Helden Kragler in den Mund gelegte Auffassung, die Vorgänge auf der Welt-Bühne seien *gewöhnliches Theater,* szenisch-sinnliche Vergegenständlichung erfuhr:
Kragler verwahrt sich dagegen: *Mein Fleisch soll im Rinnstein verwesen, daß eure Idee in den Himmel kommt? Seid ihr besoffen?* Und fährt dann fort: *Ich hab's bis zum Hals! (Er lacht ärgerlich.) Es ist gewöhnliches Theater. Es sind Bretter und ein Papiermond und dahinter die Fleischbank, die allein ist leibhaftig,* und ruft zum Schluß zur Trommel: *Glotzt nicht so romantisch! Ihr Wucherer! (Trommel.) Ihr Halsabschneider! (Aus vollem Halse lachend, fast erstickend.) Ihr blutdürstigen Feiglinge, ihr! (Sein Gelächter bleibt stecken im Hals, er kann nicht mehr, er torkelt herum, schmeißt die Trommel nach dem Mond, der ein*

Lampion war, und die Trommel und der Mond fallen in den Fluß, der kein Wasser hat.) Besoffenheit und Kinderei. Jetzt kommt das Bett, das große, weiße, breite Bett, komm![9]

In der „Glosse für die Bühne" gab Brecht die entsprechenden Anweisungen. Ob die Empfehlung, mit der sie schließt: *Es empfiehlt sich, im Zuschauerraum einige Plakate mit Sprüchen wie: JEDER MANN IST DER BESTE IN SEINER HAUT oder GLOTZT NICHT SO ROMANTISCH aufzuhängen,*[10] bei der Aufführung in den alten Kammerspielen in der Augustenstraße wirklich befolgt wurde, ist nicht erwiesen. Klar ist aber die Tendenz: Mit der Durchbrechung der Illusion über die „heroischen Zeiten", wie sie Brecht während des Krieges vollzog, sollte die Durchbrechung der Theaterillusion Hand in Hand gehen. Die Hauptrolle des Kragler spielte Erwin Faber, in dem der junge Brecht den berufenen Nachfolger des von ihm bewunderten Alfred Steinrück sah.

Herbert Jhering wurde von Brecht in einem devoten Brief zur Premiere eingeladen. Er sprach zu Recht von einem „theatergeschichtlichen Verdienst der Münchner Kammerspiele". Für seinen historischen Blick sprach, daß er seinen

Herbert Jhering

Bühnenbildentwurf von Otto Reigbert zu „Trommeln in der Nacht“, Uraufführung in den Münchner Kammerspielen, 29. September 1922

Eindruck so zusammenfaßte: „Der vierundzwanzigjährige Dichter Bert Brecht hat über Nacht das dichterische Antlitz Deutschlands verändert. Mit Bert Brecht ist ein neuer Ton, eine neue Melodie, eine neue Vision in der Zeit.“[11]
Seine nachfolgende Entscheidung, Brecht mit dem Kleistpreis des Jahres 1922 auszuzeichnen, bereitete er mit der Bewertung vor: „Seine Dramen – schon ‚Trommeln in der Nacht‘, mehr noch ‚Baal‘ und ‚Im Dickicht‘ – sind neue dichterische Weltkörper. [...] Heute gilt es, einen Dramatiker zu verkünden, der seit Wedekind das aufwühlendste Erlebnis ist.“[12] Jhering wurde ein bedeutender Mitstreiter Brechts in der nachfolgenden Berliner Zeit. Im „Berliner Börsen-Courier“, in dem Jhering auch Feuilletonchef war, konnte Brecht in den zwanziger Jahren seine kritischen Theorien und Polemiken veröffentlichen. Das Lob Jherings schloß jedoch gleichzeitig die Verneinung durch Alfred Kerr ein, der für das „Berliner Tageblatt“ schrieb: Jhering und Kerr waren Antipoden. Kerr stand im Banne des Naturalismus, dann des Reinhardtschen „Zaubertheaters“. Er verstand Kritik als künstlerische Betätigung und war bereit, um eines

Erwin Faber als Andreas Kragler in „Trommeln in der Nacht", Regie: Otto Falckenberg, Bühnenbild: Otto Reigbert, Uraufführung in den Münchner Kammerspielen am 29. September 1922

Brecht Ende 1922 während der Proben zu „Trommeln in der Nacht“ im Deutschen Theater Berlin

Aperçus willen die Sache selbst preiszugeben. Jhering war nüchtern, trocken, sachlich, einem neuen Realismus, einem Theater zugetan, das sich mit den fortschrittlichen Kräften der Gesellschaft verband.

In Augsburg hatte Brecht eine Zeitlang das „Berliner Tageblatt“ wegen Kerr abonniert. Ihm, Kerr, hatte er die frühe Fassung des „Baal“ zugeschickt, aber zurückerhalten. Als nun „Trommeln in der Nacht“ ein Vierteljahr nach der Münchner Uraufführung im Deutschen Theater in der Regie von Falckenberg mit Alexander Granach als Kragler und Blandine Ebinger als Anna (beide kannte Brecht bereits aus

München, wie auch die blutjunge Carola Neher) aufgeführt wurde und Brecht damit zum ersten Mal in Berlin zum Zuge kam, höhnte Kerr: „Brecht nur ein Georg Kaiser, verbessert; mit Safthuberei“, und prägte das Bonmot: „Brecht ist der umgekehrte ‚Grenadier‘: er reitet dem Kaiser übers Grab.“[13] Hatte Jhering an Brecht „die beispiellose Bildkraft der Sprache“[14] gerühmt, so vermerkte Kerr übel: „Die Sprache wird bei diesem begabten Ragoutkoch ein Sammelsur.“[15] Diese Aversion gegen Brecht sollte sich die folgenden Jahre immer wieder erneuern. Bei der „Dickicht“-Inszenierung von 1924 in Berlin wird Kerr vom „Epigonen Brecht“ sprechen und sich steigern: „Ein Epigonster, ein Grabboid, Büchneroid, Stratzoid mit aktueller Firma.“[16] Die Abwertungen wurden durch den Erfolg Brechts nur härter. Zu „Mann ist Mann“ 1926 schrieb Kerr: „Nein, Brecht werde wesentlich, und ich sag's morgen.“[17] „Die Mutter“ von 1932 tat er dann schlankweg als „das Stück eines primitiven Autors“ ab, das „epische Drama“ setzte er mit „Idiotenstück“ gleich, das Schema des epischen Theaters verwarf er schließlich als „dreisten Unsinn“.[18]

Brecht wiederum sprach von der stockbürgerlichen *kulina-*

Alfred Kerr

Bildmitte: Maria Koppenhöfer, Otto Wernicke, Erwin Faber in „Das Dickicht", Regie: Erich Engel, Bühnenbild: Caspar Neher, Uraufführung im Residenztheater München, 9. Mai 1923

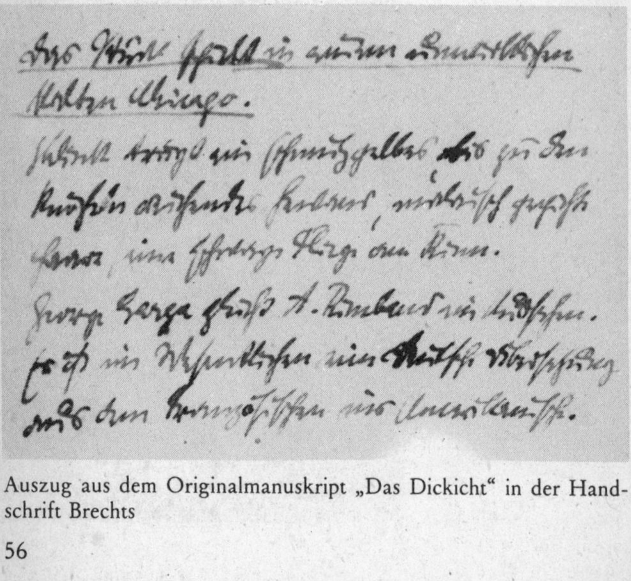

Auszug aus dem Originalmanuskript „Das Dickicht" in der Handschrift Brechts

rischen Kritik eines *Alfred Kerr;*[19] er fand, daß diese Kritik *mehr und mehr zu einer Sammlung von kulinarischen Naturlauten herabgesunken ist, einem in irgendwelche Worte gebrachten Schmatzen oder Aufstoßen;*[20] er zählte Kerr zu den *berufsmäßigen Vorschmeckern,*[21] zu den *Essern mit verdorbenen Mägen. Sie beschränken sich auf das Schlürfen von Details.*[22] Nicht einmal später in der Emigration war er bereit, Kerr zu den Verbündeten zu rechnen, obwohl Kerr bereits auf der ersten Ausbürgerungsliste der Nazis stand.

Nachdem Brecht im November 1922 den Kleistpreis in Empfang nehmen konnte, wurde für seinen Einzug in die *große Stadt* die Inszenierung von „Im Dickicht der Städte" im Residenztheater München entscheidend, die am 9. Mai 1923 erfolgte. Hier fand sich ein Kollektiv zusammen, das von Dauer sein sollte. Caspar Neher entwarf, nachdem er bereits für die Inszenierung von „Trommeln in der Nacht" in Berlin das Bühnenbild geschaffen hatte, seine verfließenden Skizzen, die körperliche Deutung, das Einnehmen von kennzeichnenden Haltungen, ermöglichen. Erich Engel war als Regisseur bestrebt, „Figuren rund [zu] machen, daß man herumgehen kann": „Es gibt für jeden Satz eine Körperhaltung, Mimik oder Gebärde, die den Naturton erzwingt. Diese Gebärden zu geben ist wichtigste Regiearbeit."[23]

Mit von der Partie war schließlich noch Jacob Geis als Dramaturg, der nach dem Eklat, den die Aufführung beim bürgerlichen Publikum auslöste, gefeuert wurde. Den Eklat provozierten die Nazis. Der „Völkische Beobachter" schrieb: „Im Theater roch es nach Foetor judaicus." Ihn zu bekämpfen, warfen „völkische" Randalierer Tränengasbomben und begannen Schlägereien im Foyer. Thomas Mann kommentierte im dritten seiner „Briefe aus Deutschland" an „The Dial" in New York im Oktober 1923 diese Vorgänge: „Aber Münchens volkstümlicher Konservatismus war auf seinem Posten gewesen. Er duldet keine bolschewistische Kunst." Wenige Wochen später sollten die Hitler-Leute auf der Straße putschen ...

Letzte, wichtigste Leistung Brechts für seine Anerkennung und Durchsetzung in Berlin sollte schließlich die Inszenierung seiner Bearbeitung von Marlowes „Eduard II." in der Gestalt von „Leben Eduards des Zweiten von England" werden. Brecht bearbeitete die formal wie inhaltlich ungebärdige

Oskar Homolka, Hans Schweikart, Friedrich Kayßler, Erwin Faber und Ludwig Donath in „Leben Eduards des Zweiten von England", Uraufführung 18. März 1924 Münchner Kammerspiele, Regie: Brecht, Bühnenbild: Caspar Neher

Historie des Shakespeare-Zeitgenossen zusammen mit Lion Feuchtwanger wiederum für die Münchner Kammerspiele. Brecht und Feuchtwanger unterstrichen die episierenden Züge, boten das Drama als Chronik, ausgewiesen durch berichtende Zwischentitel, schufen einundzwanzig Bilder, wovon allein zehn auf die Darstellung der Schlacht bei Killingworth entfielen. Thematisch handelte Brecht nochmals das Verfallensein eines Mannes an den anderen ab, diesmal des Königs an den Mann aus der Gosse, Gavestone. Bemerkenswerterweise baute er seinen Helden auf, indem er ihn in die äußerste Erniedrigung stürzte. Vor allem aber „brechtisierte" er die Sprache: Er rauhte sie, um mit Feuchtwanger zu reden, auf, „damit es gehörig holpere, bei Brecht mußten die Dinge nämlich holpern" – so Marieluise Fleißer.[24] Brecht erklärte das Verfahren später: *Ich benötigte gehobene Sprache, aber mir widerstand die ölige Glätte des üblichen fünffüßigen Jambus. Ich brauchte Rhythmus, aber nicht das übliche Klappern.*[25]
Der unregelmäßige Rhythmus der Verse war aber nicht nur *Protest gegen die Glätte und Harmonie des konventionellen Verses, sondern immer doch schon der Versuch, die Vorgänge*

zwischen den Menschen als widerspruchsvolle, kampfdurchtobte, gewalttätige zu zeigen.
Brecht führte in der „Eduard"-Inszenierung, die wieder in den Münchner Kammerspielen erfolgte, selbst Regie: *Wir wollten eine Aufführung ermöglichen, die mit der Shakespearetradition der deutschen Bühnen brechen sollte, jenem gipsig monumentalen Stil, der den Spießbürgern so teuer ist.*[26]
Nach Fleißer gebrauchte Brecht „verblüffend einfache, dabei sinnfällige Mittel, die leise an den Nerven sägten"[27]. Wie Bernhard Reich, damals Oberspielleiter der Kammerspiele und verbunden mit Asja Lacis, einer lettischen Theaterrevolutionärin, zu berichten weiß, ließ Brecht „schon damals flüchtige und falsch ausgeführte Verrichtungen nicht durchgehen" und drängte auf „das Besondere"; außerdem: „Er ließ die Fabel spielen."[28] Um auffällig zu machen, wie sich Soldaten in der Schlacht verhalten, bekam Brecht von Valentin die lakonische Auskunft: „Angst ham's, blaß san's", worauf Brecht die Darsteller sich auf dem Höhepunkt der Schlacht die Gesichter selbst weiß schminken ließ. Er selbst soll zu den Eigenschaften, die Soldaten in dieser Lage bezeigen, laut Benjamin noch hinzugefügt haben: „Müde sind's."
Das „geisterhafte" Bühnenbild, so Fleißer, schuf wieder Neher. Neben Faber als Eduard stellte Oskar Homolka den Aufsteiger Mortimer dar; hieraus erwuchs eine lebenslängliche Künstlerfreundschaft zwischen Brecht und Homolka. Mit von der Partie war der junge Hans Schweikart als Baldock, der nach dem zweiten Weltkrieg als Intendant der Münchner Kammerspiele neben Harry Buckwitz in Frankfurt den Mut hatte, Brecht auch dann zu spielen, als er von den Kalten Kriegern mit dem Verdikt des „ostzonalen Kommunisten" belegt wurde.
In der Kritik der Aufführung, die am 18. März 1924 erfolgte, traf auch hier Herbert Jhering das Wesentliche: Brecht habe sich „mit der Größe des Menschlichen und mit der großen Form" auseinandergesetzt. Das „Verschwollene, Unklare, Idealistische" des „Menschlich-Großen" habe Brecht durch „Distanz" ersetzt: „Er verkleinerte die Menschen nicht. Er atomisierte die Figuren nicht. Er entfernte sie. Er nahm dem Schauspieler die ‚Gemütlichkeit', die sich temperamentvoll anbiedert. Er forderte Rechenschaft über die Vorgänge. Er verlangte einfache Gesten. Er zwang zu klarem, kühlem

Sprechen. Keine Gefühlsmogelei wurde geduldet. Das ergab den objektiven, den ‚epischen' Stil."[29]

Die Theaterpraxis nahm damit vorweg, was Brecht im folgenden Jahrfünft zu seiner Theorie des epischen Theaters ausbauen sollte. Aber weder die Stücke Brechts noch ihre Aufführungen in der damaligen Zeit wiesen eine unmittelbare gesellschaftliche Verbindung auf. Die politische Realität Nachkriegsdeutschlands, bestimmt durch die Niederschlagung aller revolutionären Erhebungen, die Enteignung des Mittelstandes in der Inflation durch die Monopole und die Stabilisierung des Kapitalismus wurden so wenig direkt angesprochen wie der Sieg der Arbeiter und Bauern in Sowjetrußland über Konterrevolution und Intervention. Auch die Organisierung des deutschen Faschismus in Gestalt der Nationalsozialistischen Deutschen Arbeiterpartei, die 1920 in München gegründet worden war und an deren Spitze sich ein gewisser Adolf Hitler setzte, wurde von Brecht zunächst als *kavalkaden von trüben hundsföttchen* (so Bronnen gegenüber) abgetan. Immerhin: derjenige, den Brecht später nicht mehr beim Namen nennen sollte, sondern als *Wieheißterdochgleich* oder *Anstreicher* uneigentlich machte, tauchte im gleichen Brief namentlich auf: *und hitler auf dem monopterus auf moses iglstein scheißend.*[30] Im Juni 1923 besuchte Brecht mit Bronnen eine der „Großveranstaltungen" der Nazis im Zirkus Krone in München und soll sich über den Auftritt Hitlers geäußert haben: *Er hat den Vorteil eines Mannes, der das Theater immer nur vom vierten Rang aus gesehen hat.*[31] Im „Messingkauf" kam Brecht fünfzehn Jahre später darauf zurück und ließ sich über *die Theatralik des Faschismus*[32] aus.

In die ersten Proben zu „Leben Eduards des Zweiten von England" fiel der Putsch, den Hitler zusammen mit Erich Ludendorff, der Verkörperung des unbelehrbaren deutschen Militarismus, im November 1923 unternahm. Gleichgültig, ob es so war, wie sich Reich erinnerte: „Wir meinten, wir säßen in einem Provinztheater letzten Ranges und erlebten gerade den Auftritt der spanischen Wache im ‚Egmont'. Leicht belustigt verabschiedeten wir uns und gingen nach Hause. Brechts Augen glänzten spöttisch."[33] Oder ob sich Brecht mit Feuchtwanger darin einig war, man müsse München schleunigst verlassen, wenn Hitler am Ruder – beide standen jedenfalls, ohne es zu wissen, auf der Liste derer, die die Nazis verhaften wollten, Brecht wegen seiner „Legende vom toten Soldaten". Nach Bronnen begann Brecht damals seinen fiktiven Ort „Mahagonny" stellvertretend zu nennen für „jenen zynisch-dummen Stammtisch-Staat, der aus Anarchie und Alkohol die bis dahin gefährlichste Mixtur für Europas Hexenkessel zusammenbraute"[34].

Wenn Mahagonny kommt, geh ich, soll Brecht damals geäußert haben.[35] Als er das braun-schwarze München verließ, um nach Berlin zu gehen, konnte er noch nicht wissen, daß wirklich würde, was er in einem Brief an Bronnen damals noch spöttisch geschrieben hatte: *Mahagonny weist alle baiern aus,*[36] wenn sie sich nicht bräunen lassen wollten ... „Trommeln in der Nacht" und „Im Dickicht der Städte" genügten den Nazis, um Brecht zu einem „Juden" und „Unvölkischen" zu machen.

Das bürgerliche Publikum empfand schließlich auch die Uraufführung von Brechts Erstling „Baal" im Alten Theater in Leipzig am 8. Dezember 1923, bei der Alwin Kronacher die Regie führte, als einen Skandal. Ablehnung wie Zustimmung in der „Provinz", ob in Bayern oder Sachsen, reichten jedenfalls aus, daß Brecht im September 1924 als ein Mann nach

Brecht (Zeichnung von Caspar Neher)

Leopold Jessner

Berlin kam, der nicht mehr *wie Luft serviert* wurde. Brecht war zu dieser Zeit auch schon nicht mehr ganz der auftrumpfende *bidie* (Bidi oder Bitti war der Neck- und Kosenamen Brechts, mit dem ihn später auch seine Kinder anzusprechen pflegten) *mit dem leicht schurkenhaften anstrich,*[37] der seinem Freund Bronnen klarmachte:

> *die füße untern tisch und den tabak in die nase und eine*
> *freche fotze geführt*
> *solchen müssen alle dinge zum besten dienen!*[38]

Carl Zuckmayer, der zur gleichen Zeit wie Brecht von Felix Hollaender als Dramaturg am Deutschen Theater verpflichtet wurde, beschreibt ihn: „Brecht trat nur selten dort in Erscheinung, in seiner lose hängenden Lederjacke ausschauend wie eine Kreuzung aus einem Lastwagenchauffeur und einem Jesuitenschüler."[39]

Was sich an Neuem in den Künsten tat, setzte sich erstlich

Max Reinhardt

oder letztlich in Berlin durch: Dada, der Expressionismus, dann die Neue Sachlichkeit – die jeweilige Moderne hatte ihre Avantgarde in Berlin, auch die proletarische, die revolutionäre Kultur, die sich neben der herrschenden bürgerlichen in den zwanziger Jahren immer profilierter herausbildete, beginnend mit Piscators „Proletarischem Theater" in der unmittelbaren Nachkriegszeit.
In Berlin gab es rund ein Schock Theater, international am bekanntesten das Deutsche Theater Max Reinhardts; das Staatstheater am Gendarmenmarkt als die einzige vom Staat laufend subventionierte Berliner Bühne; in den Zwanzigern dann immer mehr umstritten die Volksbühne mit der größten Besucherorganisation, in der Leitung beherrscht von den Sozialdemokraten, in der künstlerischen Sphäre immer stärker beeinflußt, ja bestimmt von Sozialisten wie Karl Heinz Martin oder Kommunisten wie Erwin Piscator, schließlich gespalten. Die Masse der Theater unterlag den Gesetzen des Profits – der Konzern „Reibaro" (Reinhardt-Barnowsky-Rotter) wurde dafür stellvertretend. Neben Reinhardt, der

Wieland Herzfelde, Eva Grosz, George Grosz, Rudolf Schlichter, John Heartfield in Berlin, 1922

sich immer stärker für die Salzburger Festspiele und das Theater in der Josefstadt in Wien interessierte und seinen Stil des „schönen Scheins" gegen die neue Wirklichkeit nur mühselig zu behaupten vermochte, setzte sich nur der expressive Leopold Jessner und der ekstatische Jürgen Fehling durch, bis ihnen Erwin Piscator mit seinem „Politischen Theater" die Schau stahl. Berlin hatte aber auch eine Menge kleinerer Theater und vor allem Truppen, die sich aus, Nestroy hätte gesagt, „vazierenden" Schauspielern, Künstlern ohne festes Engagement zusammensetzten. Moritz Seelers Experimentiertheater „Junge Bühne" war die bekannteste; die „Gruppe Junger Schauspieler" lief ihr den Rang ab, die Agitprop-Truppen der Kommunistischen Partei, zu denen Berufsschauspieler und Laien gehörten, und die „Truppe 1931" kennzeichneten die proletarisch-revolutionäre Richtung.

Berlin war aber auch ein Zentrum der Presse und der Verlage. Brecht, zunächst mit Kiepenheuer verbunden, kam 1925 mit dem Propyläen-Verlag, der zum Ullstein-Konzern gehörte, ins Geschäft, der ihm für mehrere Jahre ein Fixum von monatlich 500 Reichsmark bot.

In Berlin konnte Brecht die namhaftesten Schriftsteller

Deutschlands treffen. Heinrich Mann, der von der „Menschenwerkstatt Berlin“ sprach, hatte hier seinen Sitz genommen. Alfred Döblin, dessen expressionistischen Romanen der junge Brecht ebensolche Bewunderung zollte, wie er sie seinem Roman vom kleinen Gauner Franz Biberkopf „Berlin Alexanderplatz“ zollen wird, war in den „Quartieren des Elends“ im Berliner Osten als Arzt tätig. Klabund, der Brecht ins Berliner Verlagsgeschäft eingeführt hatte, lebte hier mit Carola Neher.

Vor Brecht hatte schon Johannes R. Becher, den Brecht seit den frühen Zwanzigern aus München kannte, „Abschied von München“ genommen: „Es riß uns fort ins helle Nordgelände ...“ Ernst Toller und Erich Mühsam nahmen nach ihrer langjährigen Haft in Niederschönenfeld in Berlin ihren Wohnsitz. Der literarische Verklärer seiner Grundüberzeugung „Der Mensch ist gut“, Brechts Landsmann aus Franken Leonhard Frank, war ebenfalls hier. Zum näheren Umkreis Brechts gehörten in den folgenden Jahren die Brüder Herzfelde, Wieland Herzfelde, Leiter des Malik-Verlages, und

Brecht, 1922

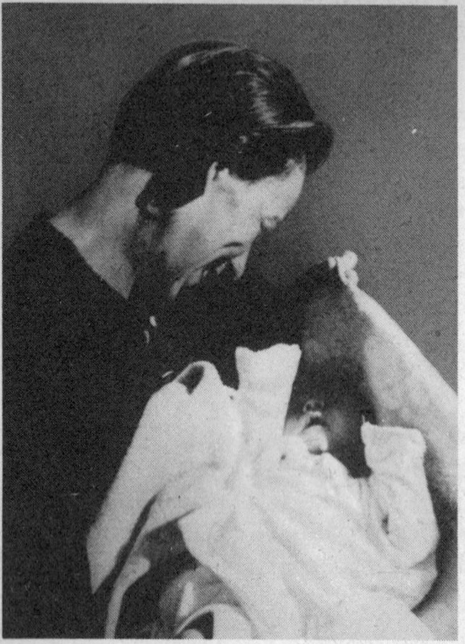

Helene Weigel und Tochter Barbara, Anfang 1931

Brecht mit seinem Sohn Stefan, 1931

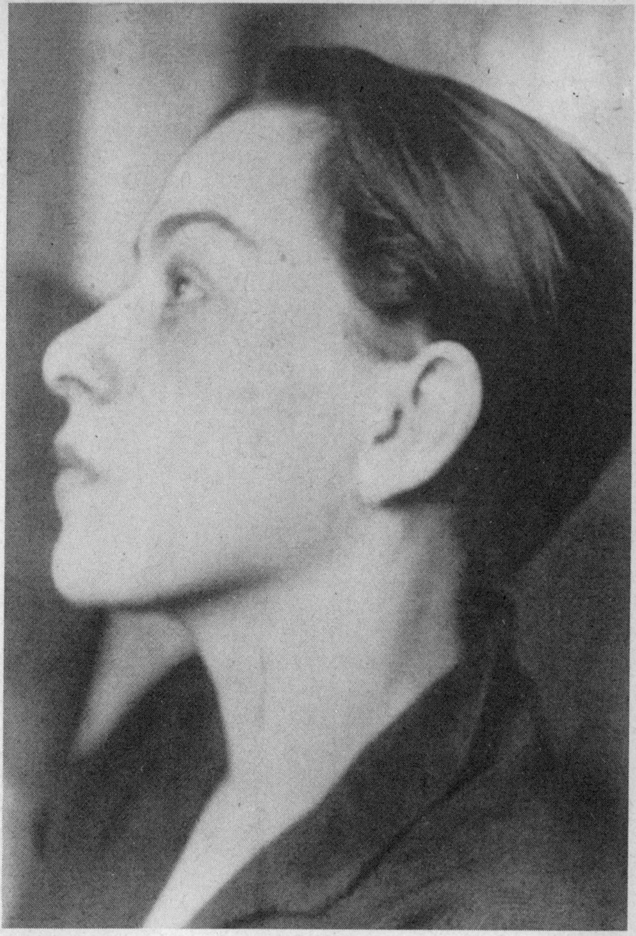

Helene Weigel, 1930

John Heartfield, der Fotomonteur, und George Grosz, Satiriker der Bourgeoisie mit dem Zeichenstift, sämtliche gewesene Dadaisten.
Mit den erwähnten Autoren, aber auch solchen wie Egon Erwin Kisch, Rudolf Leonhard, Kurt Tucholsky, tat sich Brecht in der „Gruppe 1925" zusammen.

Marieluise Fleißer, 1923

Brecht zog in die Wohnung von Helene Weigel, der Wiener Schauspielerin, die Bronnen bei der „Vatermord"-Inszenierung in Frankfurt aufgefallen war und die nun am Staatstheater engagiert war. Es war eine Atelierwohnung in der Spichernstraße 16; das *Helletier,* wie Brecht die Weigel anfangs nannte, die ihm am 3. November 1924 den Sohn Stefan gebar, nahm eine andere Wohnung. Zur Eheschließung sollte es erst im April 1929 kommen, nicht ohne mißstimmige Reaktionen der Fleißer und der Neher. Am 18. Oktober 1930 wird aus der Ehe die Tochter Barbara hervorgehen.
Brecht bildete seine erwiesene Fähigkeit, einen Kreis von Gleichgesinnten um sich zu sammeln, in Berlin aus. Zu benennen war für diese Zeit Elisabeth Hauptmann, ausgebildete Philologin, weil katholisch erzogen, nicht weniger bibelfest als Brecht, von kühlem norddeutschem Charme, poetisch und scharfsinnig in einem. Sie lieferte Brecht Vorlagen, arbeitete an Stücken mit, besorgte seine Verlagsgeschäfte. Krönung dieser Hingabe sollte schließlich die Herausgabe der Stücke noch zu Lebzeiten Brechts, nach seinem Tode die der bei Suhrkamp erscheinenden Werkausgabe sein.

Elisabeth Hauptmann, um 1926

Wichtig war damals auch Emil Hesse-Burri, der nicht nur Stücke schrieb, die Brecht für *objektives Theater* erklärte, sondern auch boxte und Brecht die Bekanntschaft des Halbschwergewichtsboxers Paul Samson-Körner vermittelte, dessen Lebensgeschichte Brecht niederschreiben wollte. Über Burri gewann Brecht verstärktes Interesse am passiven Sport, der ihn animierte, auch vom Theater *mehr guten Sport*[40] zu verlangen. Samson-Körner verdankte Brecht auch die Kurzgeschichte „Der Kinnhaken". Sie wie die anderen in jener Zeit in Magazinen und Illustrierten veröffentlichten Geschichten „Ein gemeiner Kerl" und „Die Bestie" stellten Brechts neusachliche, objektivierende Erzählweise unter Beweis, die er schon 1921 mit der im „Neuen Merkur" veröffentlichten Flibustiergeschichte „Bargan läßt es sein" angeschlagen hatte.
Für das Eindringen in die Soziologie, darüber in den Marxismus, wurde die Bekanntschaft mit dem Soziologen Fritz Sternberg bedeutsam, der damals ein Buch über den Imperialismus veröffentlicht hatte. In den fünfziger Jahren, als

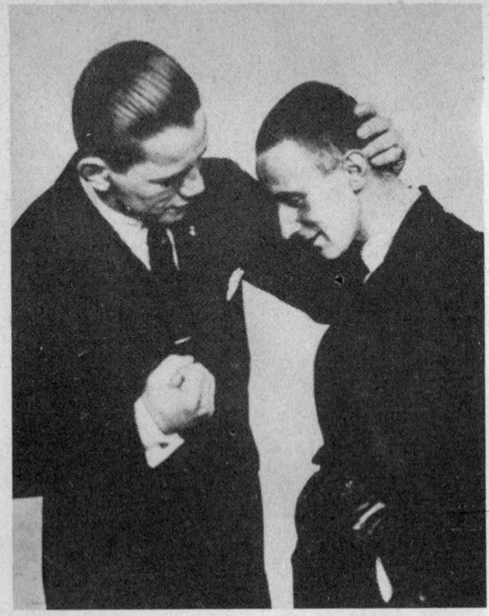

Brecht und Paul Samson-Körner, 1925

Paul Samson-Körner, Brecht, Seelenfreund, Hans Borchardt, Hannes Küpper, Elisabeth Hauptmann in Brechts Wohnung, Spichernstr. 16, 1927

Arnolt Bronnen

Brecht gegen den amerikanischen Imperialismus als den Hauptfeind der Menschheit ankämpfte, sollte Sternberg zu den Propagandisten des Kalten Krieges gehören.

Bronnen zählte nicht mehr zum Freundeskreis Brechts: Er ging den Weg nach rechts, zu den Nazis, bis ihn die faschistische Gewaltherrschaft ernüchterte. In den fünfziger Jahren kehrte er in das demokratische Berlin zurück, um sich als Theaterkritiker für Brecht und sein Ensemble einzusetzen.

Wichtig wurde für Brecht 1929 die Bekanntschaft mit Walter Benjamin, einem Philologen, dem die reaktionären Universitäten die Habilitation für seine Untersuchungen über das deutsche Trauerspiel verweigert hatten, als er sich mit dem Marxismus zu beschäftigen begann. Einfluß auf Brechts Marxismusauffassung gewann für einige Zeit auch Karl Korsch, kommunistischer Justizminister in der Thüringer Arbeiterregierung, später wegen Unverständnis für die Leninsche Revolutionstheorie, die vom Thälmannschen ZK nach 1925 vertreten wurde, aus der KPD ausgeschlossen. Brecht hörte dessen Vorträge über „Lebendiges und Totes im Marxismus" an der Marxistischen Arbeiterschule der KPD in

Brecht in seiner Wohnung Spichernstr. 16, um 1927

Berlin, neben Lehrveranstaltungen Hermann Dunckers über dialektischen und historischen Materialismus. Für die produktive Arbeit aber gewannen in den späten Zwanzigern immer größere Bedeutung der bulgarische Revolutionär und Filmemacher Slatan Dudow und der Komponist Hanns Eisler, der abtrünnige Schüler Arnold Schönbergs, der nicht nur für „Gebrauchs"-, sondern für revolutionäre Kampfmusik eintrat. In verschiedenen Stücken, die Brecht in diesen Jahren schrieb, sind einige dieser Bundesgenossen als Mitarbeiter ausgewiesen. Sie berieten mit Brecht die Revolution der Unteren im „goldenen Westen" Berlins: Brechts Wohnung in der Spichernstraße, später in der Hardenbergstraße 1A, lag im Bezirk Wilmersdorf, der damals auf tausend Einwohner mit hundertsechzig Arbeitern den niedrigsten Anteil an Werktätigen aufzuweisen hatte.
Welche Grundhaltung ihm das *kalte Chicago* Berlin abnötigte, ließ sich am besten aus dem in diesen Jahren entstehenden „Lesebuch für Städtebewohner" ersehen: *Laßt eure Träume fahren, daß man mit euch / Eine Ausnahme machen wird;*[41] *Laß es dir sagen: du bist / Das fünfte Rad;*[42] *Ihr müßt das ABC noch lernen. / Das ABC heißt: / Man wird mit euch fertig werden.*[43]

Brecht, Hanns Eisler und Slatan Dudow in Berlin, um 1930

Als *Der harte Mörtel, aus dem / Die Städte gebaut sind,*[44] tauchte schließlich der *Unbekannte Arbeiter*[45] auf, dem Brecht, so wie dem Unbekannten Soldaten, endlich ein Denkmal gesetzt sehen wollte. In Sicht geriet die unsentimentale Zusammengehörigkeit, die Solidarität derer, die nichts zu verlieren haben. Am Ende standen die proletarischen „Kranlieder“ und die „Wiegenlieder“.

Als *die natürliche / Hoffung der Welt* wird *Dieses oberflächliche neuerungssüchtige Gesindel / Das seine Stiefel nicht zu Ende trägt / Seine Bücher nicht ausliest / Seine Gedanken wieder vergißt* befunden.[46]

Brecht nahm wieder die Ableitung von Gedichten aus Zeitungsnotizen auf, so für das „Sonett Nr. I“ die Meldung über die Enthauptung des Raubmörders Josef Klein in Brechts Heimatstadt Augsburg am 2. Juli 1927. Wenig später wurde seine politische Neuorientierung deutlich in dem Gedicht „Dreihundert ermordete Kulis berichten an eine Internationale“. Der Realismus begann in einen sozialistischen Realismus überzugehen. Brecht entdeckte Berlin als die Stadt der Arbeiter, des kämpferischen Proletariats.

Für die literarische Öffentlichkeit war Brecht in diesen Jahren freilich vor allem der Verfasser der „Hauspostille“, die 1927 endlich herauskam und in der die einen die neue Offenbarung, die anderen „des Teufels Gebetbuch“ erblickten. Im Grunde spiegelte sie das Weltbild des vorberliner Brecht wider. Aber vor allem in den „Mahagonnygesängen“ mit ihren pseudoamerikanischen, plärrigen, die *Zi-zi-zi-zi-zivilis* ironisierenden Songs paßte sie genau in die „roaring twenties“ auch und gerade im neusachlichen Berlin.

Mit den jungen Lyrikern verdarb es sich Brecht um diese Zeit, als er in einem Lyrikwettbewerb der „Literarischen Welt“ den ersten Preis dem Gedicht des Radrennfahrers Hannes Küpper „He! He! Teh Iron Man!“ zuerkannte, das dieser auf den Sechstage-Rennfahrer Reggie MacNamara geschrieben hatte. Die Begründung: Dieses Gedicht habe einen *Gebrauchswert* aufzuweisen, im Gegensatz zu den eingesandten anderen jenes *empfindsamen Teils einer verbrecherischen Bourgeoisie, mit der ich nichts zu tun haben will*[47]. Er selbst scheute sich nicht, Reklamegedichte und -texte für die Industrie zu schreiben. Das Gedicht „Singende Steyrwägen“ brachte ihm ein Auto als Geschenk ein.

Brecht legte sich 1926 auch mit Thomas Mann an, der sich im Magazin „Uhu“ über „Die neuen Kinder“ ausgelassen hatte, und beschied Thomas Manns Ansicht, daß der Unterschied zwischen seiner und Brechts Generation ein geringfü-

Brecht vor seinem Steyr-Wagen

giger sei, dahin: *Dazu kann ich nur sagen, daß nach meiner Ansicht in einem eventuellen Disput zwischen einer Droschke und einem Auto es bestimmt die Droschke sein wird, die den Unterschied geringfügig findet.*[48]

Brecht attackierte aber auch Werfel, Rilke und George, die Preußische Dichterakademie und den deutschen PEN-Club, und über Arnold Zweigs Roman „Der Streit um den Sergeanten Grischa" kam er zur Beurteilung: *Dieses Buch beweist, daß beinahe nichts der Zertrümmerung des bourgeoisen Staatsapparates mehr im Wege steht als die bourgeoise Gerechtigkeit.*[49]
Gottfried Benn war für ihn *Schleim*[50],während er 1928 den

„Ulysses" von James Joyce als *ein unentbehrliches Nachschlagewerk für Schriftsteller*[51] empfand.
In der dramatischen Produktion führten die ersten Berliner Jahre zu einer Suche nach neuen Inhalten und Formen. Brecht war sich darüber klar, daß weder die Aufführung von „Im Dickicht", die unmittelbar nach seiner Übersiedlung nach Berlin in der Regie von Engel mit Fritz Kortner als Shlink und Walter Franck als Garga im Deutschen Theater stattfand, noch die Inszenierung von „Leben Eduards des Zweiten von England" Anfang Dezember 1924 im Staatstheater, bei der Jürgen Fehling Regie führte und unter anderen Werner Krauss und Agnes Straub spielten, Erfolge von Dauer sein würden.
Brecht erwog mehrere Pläne.[52] Dazu gehörte eine „Flucht Karls des Kühnen" und die Bearbeitung des Romans „Gösta Berling" von Selma Lagerlöf, mit der er den *Untergang der Romantik* anschaulich machen und *die pathetische Geste* bloßstellen wollte. Als weitere Bearbeitung war „Hannibal" von Grabbe vorgesehen; aufschlußreich war auch der Plan einer „Mahagonny-Oper".
Zu den erwogenen *amerikanischen Historien* zählte der Plan eines „Mortimer Fleischhacker", in dem der Untergang *einer Familie aus der Savannah* in einer *Geldkatastrophe* gezeigt werden sollte, zu der die Krise an der Chicagoer Weizenbörse von 1909 die Vorlage bot. Schließlich gehörte zu diesen Plänen die Fertigstellung des „Galgei", den Brecht gegenüber Münsterer schon im August 1918 erwähnte. Der ursprüngliche Titel war „Der dicke Mann auf der Schiffschaukel". Die ideelle Problematik – Verlust der persönlichen Identität durch gesellschaftliche Einwirkung – wurde in der inhaltlichen Bestimmung deutlich: *Ein einfacher Mann wird von einer zweifelhaften Sorte von Spaßvögeln getrieben, die Rolle eines Andern zu spielen.*[53] Diesen Plan führte Brecht nach seiner Übersiedlung nach Berlin als einzigen aus.
Die Ende des Jahres 1925 fertiggestellte Komödie erhielt den Titel „Mann ist Mann"; das Original erhielt Elisabeth Hauptmann zu Weihnachten 1925 als Anerkennung für ihre Mitarbeit geschenkt. Deutlich gemacht wird die Zerteilung des *Unteilbaren,* des Individuums; *Umbau* und *Umfunktionierung* des Menschen. Kipling abwandelnd, verlegt Brecht die Handlung in ein fiktives Indien: Konstruiert ist erstmals auf

ausgeprägte Weise das brechtspezifische Genre der Parabel. Träger der Handlung sind vier englische Kolonialsoldaten, die beim Ausgraben einer Pagode den vierten Mann verlieren (diesen Vorgang entnahm Brecht dem Roman „Die drei Sprünge des Wang-lun" von Alfred Döblin, den er mit Bewunderung gelesen hatte), den Packer Galy Gay überreden, sich beim Zählappell als der Abhandengekommene auszugeben und ihn, der nicht nein sagen kann, schließlich ideell umkrempeln, bis er einer von ihnen wird: ein Schlächter mit dem Messer zwischen den Zähnen, eine *menschliche Kampfmaschine.*

In der ersten Fassung benutzte Brecht die Fabel zum Abbau der Illusion über die „Persönlichkeit", die er in der Umwandlung in „Menschenmaterial" im Weltkrieg radikal zerstört sah. Höhnisch denunzierte er die angebliche Bedeutung des *Charakterkopfs*[54]. Auf nichts zu beharren und alles zu bezweifeln, lehrte er im „Lied vom Fluß der Dinge", das die Kantinenwirtin Begbick singt. Das war die ideelle Tendenz der Komödie, als sie in der Regie von Jacob Geis mit Ernst Legal in der Titelrolle 1926 im Hessischen Landestheater Darmstadt zur Uraufführung kam.

Als die Komödie im April 1927 im Radio Berlin gesendet wurde, bei der Alfred Braun Regie führte, der auch in den kommenden Jahren Brechts Stücke im Rundfunk betreuen sollte, erblickte Brecht in Galy Gay einen *neuen Typus von Mensch*, von dem er meinte: *Er wird sich nicht durch die Maschinen verändern lassen, sondern er wird die Maschinen verändern, und wie immer er aussehen wird, vor allem wird er wie ein Mensch aussehen.*[55]

Der *neue Typus* wurde sogar zum *Stärksten* erklärt, *nachdem er aufgehört hat, eine Privatperson zu sein, er wird erst in der Masse stark.*[56] Daß Gay nicht einmal durch Teilnahme an den blutigen Aktionen der Kolonialarmee Schaden nehmen, sondern gewinnen soll, war noch bestimmend bei der Inszenierung in der Volksbühne Berlin im Jahre 1928, bei der Erich Engel Regie führte und Heinrich George die Titelrolle und Helene Weigel die Begbick spielten. Erst bei der Aufführung im Staatstheater im Jahre 1931, als Brecht die Gefahr des Imperialismus und Faschismus ungleich stärker bewußt geworden war, wurde diese ursprünglich positiv veranschlagte *Umfunktionierung* des *Charakterkopfs* negativ bewertet. Der Ro-

Alexander Granach, Theo Lingen, Wolfgang Heinz, Peter Lorre in „Mann ist Mann" im Staatstheater am Gendarmenmarkt, 1931

mantizismus der Kolonialarmee wurde abgebaut, deutlich wurde, um aus der „Roten Fahne" zu zitieren, „eine ideologisch klare Kritik der imperialistischen Drahtzieher dieses Abschaums"[57]. Peter Lorre, nach Brecht Typ des neuen Schauspielers, stellte den manipulierten Kleinbürger aus. Fünf Jahre später sollte Brecht die Parabel noch genauer historisch konkretisieren: *Die Sammlung der Armee zu Kilkoa kann in den Parteitag der NSDAP zu Nürnberg verwandelt werden.*[58]

Dreißig Jahre später ließ sich die Parabel ohne Schwierigkeiten auf den „schmutzigen Krieg" des amerikanischen Imperialismus in Vietnam beziehen: „Mann ist Mann" galt noch immer.

1926 jedenfalls sah sich Brecht nach „Mann ist Mann" als Dramatiker vor folgender Lage: *Was den Stoff betrifft, so habe ich genug, um die vierzig zulässigen und nötigen Stücke zu schreiben, die den Spielplan eines Theaters für eine Generation bestreiten (aber ich glaube immer noch, daß man die Form ohne das Theater nicht festlegen sollte). Als heroische Landschaft habe ich die Stadt, als Gesichtspunkt die Relativität, als Situation den Einzug der Menschheit in die großen Städte zu Beginn des dritten Jahrtausends, als Inhalt die Appetite (zu groß oder zu klein), als Training des Publikums die sozialen Riesenkämpfe. (Die amerikanischen Historien allein ergeben im Minimum acht Stücke, der Weltkrieg ebensoviel, und was für ein Stoff und Ideenreservoir für Lustspiele ist die Produktion der deutschen Klassiker von „Faust" bis „Nibelungen"! Aber welche Fülle des Stoffes bietet überhaupt die Bearbeitung, ermöglicht durch die neuen Gesichtspunkte!)*[59]

Brecht nahm den Kampf gegen das *alte Theater* auf. Er beschimpfte es als *diese heruntergewirtschaftete, ihrer Magie beraubte alte Schindmährenmanege mit ihren weiblichen Tenören und männlichen Primadonnen, mit ihren durchwaschenen Dessous und ausgeorgelten Röhren*[60]. Die schwerwiegendste Anschuldigung war, das *alte Theater* habe *kein Interesse am Stoff,*[61] wobei der Vorwurf in gleicher Weise das Publikum betraf *(Das Publikum hat das Interesse am Stoff verloren und hält sich an die Neuheit der Verpackung*[62]) wie die Produzenten *(In Ermangelung eines neuen und dieser Zeit gemäßen Theaterstils haben die Theater die Möglichkeit gefunden, überhaupt alles aufzuführen. In allen möglichen Stilarten, aber in sorgfältiger Herausarbeitung aktueller Effekte*[63]). In bezug auf die Klassik kam er daher zur Meinung: *Man hätte unbekümmert an den Materialwert herangehen sollen.*[64] Das hieß in der Praxis: Bearbeitung, Herausarbeitung des für die eigene Zeit Wesentlichen. Über die Kritik am Stoff der Klassiker wurde jedoch Brechts eigener Ansatz deutlicher: *Die großen Einzelnen waren der Stoff, und dieser Stoff ergab die Form dieser Dramen. Es war die sogenannte dramatische Form, und dramatisch bedeutet dabei: wild bewegt, leidenschaftlich, kontradiktorisch, dynamisch.*[65]

Er verdeutlichte: *Die Leidenschaft ist es, die dieses Getriebe im Gang hält, und der Zweck des Getriebes ist das große individuelle Erlebnis. Spätere Zeiten werden dieses Drama ein Drama für Menschenfresser nennen.*[66]

Brecht aber sah ja, wie „Mann ist Mann" bewies, gerade die Individualität in Zerfall *(Die „Masse der Individuen" aber verlor ihre Unteilbarkeit durch die Zuteilbarkeit,* wird er es in

„Die dialektische Dramatik“ formulieren). Auch das große Individuum wird nur noch erklärbar, *wenn es mit großen Bewegungen großer Klassen verknüpft werden kann*[67]. Als zeitgemäßer Stoff, der den unterstellten *Appetiten* der *Herren im Parkett* dienlich sein konnte, boten sich Brecht demgemäß an: *Monographien bedeutender Männer, Aufrisse gesellschaftlicher Strukturen, exakte und sofort verwendbare Information über die menschliche Natur und heroische Darstellung des menschlichen Lebens, alles von typischen Gesichtspunkten aus, und durch die Form nicht, was die Verwendbarkeit betrifft, neutralisiert.*[68] Aber *schon zur Dramatisierung einer simplen Pressenotiz reicht die dramatische Technik der Hebbel und Ibsen bei weitem nicht aus,* lautete die Folgerung.

Das Petroleum sträubt sich gegen die fünf Akte, die Katastrophen von heute verlaufen nicht geradlinig, sondern in der Form von Krisenzyklen, die „Helden“ wechseln mit den einzelnen Phasen, sind auswechselbar usw., die Kurve der Handlungen wird durch Fehlhandlungen kompliziert, das Schicksal ist keine einheitliche Macht mehr, eher sind Kraftfelder mit entgegenwirkenden Strömungen zu beobachten.[69]

Aus dem neuen Gegenstand, dem *Stoff,* erwuchs so *das große epische und dokumentarische Theater, das wir erwarten*[70]. Historisch sah Brecht *jenes epische Element* vorgebildet bei Shakespeare *(In der Zusammenhanglosigkeit seiner Akte erkennt man wieder die Zusammenhanglosigkeit eines menschlichen Schicksals)*[71], und als *technisch beinahe vollkommen*[72] erschien ihm „Woyzeck“ von Büchner.

Bei der Erarbeitung dieser Theorie traf sich Brecht mit Bestrebungen Erwin Piscators. Dieser hatte Alfons Paquets „Fahnen“, das er im Jahre 1924 aufführte, als „episches Drama“[73] bezeichnet. „Das Drama ist uns nur insoweit wichtig, als es dokumentiert belegbar ist.“[74] Statt „Schicksalstragödie irgendeines Helden“[75] sollte der „epische Ablauf der Epoche von ihren Wurzeln bis zu ihrer letzten Auswirkung“[76] gezeigt werden. Das „dokumentarische Drama“ wurde als „Verbindung zwischen der Bühnenhandlung und den großen historisch wirksamen Kräften“[77] ausgegeben. Damit war der Sache nach „Das politische Theater“ bestimmt, das Piscator 1929 veröffentlichte.

Eben diese Zielgerichtetheit hatte Brechts „episches Theater“ damals erst noch zu gewinnen. Wenn Brecht zu Beginn seiner

Erwin Piscator, Carola Neher, Herbert Jhering und Brecht vor Jherings Haus in Berlin-Zehlendorf, 1929

Neuorientierung noch der Forderung zugestimmt hatte: *Die Welt, wie sie ist, sollte gezeigt und anerkannt, ihre eigene Schonungslosigkeit als ihre Größe schonungslos aufgewiesen werden: ihr Gott sollte sein „der Gott der Dinge, wie sie sind"*,[78] so mußte er schon bei der Bearbeitung der Biographie des amerikanischen Kapitalisten Daniel Drew, die anschaulich bewies, daß Kapital und Verbrechen untrennbar sind, erkennen, daß seine Kenntnisse über ökonomische Vorgänge nicht ausreichten. Bei der Abfassung des Stückes „Joe Fleischhacker in Chikago", das Piscator unter dem Titel „Weizen" für die Spielzeit 1927/28 ankündigte, hatte Brecht Börsenspekulationen zu behandeln. Wie Elisabeth Hauptmann festhielt, begann Brecht damals, im Juli 1926, Nationalökonomie zu lesen. Aus dem Urlaub schrieb er ihr dann: *Ich stecke acht Schuh tief im „Kapital". Ich muß das jetzt genau wissen ...*[79]

Brecht hat später geschrieben, was für ihn Marx-Lektüre bedeutete: *Dieser Marx war der einzige Zuschauer für meine Stücke, den ich je gesehen hatte [...]; es war Anschauungsmaterial für ihn.*[80]

Zur selben Zeit begann Brecht auch mit dem Studium von Werken von und über Lenin (für 1926 erwähnte er zum Beispiel Guilbeaux' Schrift „Lenin") und über den Bolschewismus (für das gleiche Jahr „Geist und Gesicht des Bolschewismus"). Die Erkenntnis ließ nicht lange auf sich warten: *Nach meiner Ansicht ist es sicher, daß der Sozialismus, und zwar der revolutionäre, das Gesicht unseres Landes noch zu unseren Lebzeiten verändern wird. Unser Leben wird mit Kämpfen gerade dieser Art ausgefüllt sein.*[81]

Die wesentliche Bedeutung dieses Studiums des Marxismus und Leninismus, das sich in sehr widersprüchlicher Form vollzog, bestand zunächst darin, daß Brecht die Geschichte als Geschichte von Klassenkämpfen zu verstehen begann. Die „Stoffe" historisierten sich auf neue Weise. Es konnte auch nicht mehr genügen, sie „objektiv" darzustellen; sie mußten in eine Form gebracht werden, die die Aufnehmenden befähigte, im Sinne der „Feuerbach-Thesen" von Marx die Welt nicht nur zu interpretieren, sondern sie zu verändern. Das war wiederum eine Klassenfrage: Nicht jedes Publikum konnte das gleiche Interesse an Veränderung der Welt haben. Brecht wurde zwangsläufig auf die Klasse verwiesen, die den meisten Grund hatte, mit dem Bestehenden unzufrieden zu sein, auf die Arbeiter. Und ebenso folgerichtig wurde er selbst zu einer aktiven Parteinahme gezwungen: für die kommunistische Bewegung, die die Interessen der Arbeiter am aktivsten vertrat.

Aus dem Kampf gegen das *alte Theater* wurde so die *Umfunktionierung* des Theaters, wurde der Kampf um künstlerische Produktionsmittel zu einem Bestandteil des politischen Klassenkampfes zur Beseitigung des kapitalistischen Systems.

Für die Selbstverständigung Brechts spielte dabei das Eindringen in die materialistische Dialektik eine entscheidende Rolle. *Auf kaltem Wege zu meiner marxistischen Einstellung gekommen,* wie er in dem „Traktat über den Mangel unserer Sprache im Kampf gegen den Faschismus"[82] später von sich feststellte, betrieb er neben dem Studium Hegels vor allem das Studium des philosophischen Nachlasses Lenins. In der materialistischen Dialektik sah er die entscheidende Möglichkeit, *gegen herrschende Ideologien die Praxis geltend zu machen*[83]. Bereits um 1929/30 entwarf er eine „Grundlinie für eine Gesellschaft für Dialektik", um *ein bestimmtes eingreifendes Denken auf allen wissenschaftlichen, politischen und künstlerischen Gebieten* zu organisieren.[84]

Lern- und Lehrtätigkeit der Mitglieder sollten zusammenfallen. Die proletarische Dialektik sollte sich von der idealistisch-bürgerlichen gerade dadurch unterscheiden. Vorbild war Lenin: *Er dachte in andern Köpfen, und auch in seinem Kopf dachten andere. Das ist das richtige Denken.*[85]

Zum Zwecke der Propagierung der Dialektik bei bürgerlichen Intellektuellen und beispielgebender Zertrümmerung falschen Bewußtseins, etwa des Heideggerschen, plante Brecht, zusammen mit Walter Benjamin, Bernhard von Brentano und Herbert Jhering, bei Rowohlt eine Zeitschrift „Krisis und Kritik" herauszugeben. Der Plan zerschlug sich. Georg Lukács erteilte dem Vorschlag der Mitarbeit eine überhebliche Abfuhr. Er verkannte die Notwendigkeit, sich auch auf solche Weise nach Bündnispartnern gegen die faschistische Ideologie umzusehen.

Noch im Winter 1932/33 diskutierte Brecht in einem Studienzirkel in seiner Wohnung über die materialistische Dialektik, wobei Brechts Meinung in bezug auf die Revolutionstheorie von der seines „Lehrers" Korsch erheblich abwich, da Korsch mehr der Spontaneitätstheorie Luxemburgs, Brecht mehr der Leninschen Auffassung des „Hineintragens" des Klassenkampfgedankens ins Proletariat anhing.

Erst mit Hilfe des historischen und dialektischen Materialismus gelang es Brecht, sein „episches Theater" gesellschaftlich zu konkretisieren. Wenn es Zweck des epischen Theaters sein sollte, *„Kurven menschlicher Geschicke" zu folgen* und den *für viele typischen Ablauf eines Menschenlebens etwa oder eines typischen Vorgangs unter Menschen* gleichsam objektiv, mit *dokumentarischem Charakter* zu zeigen, so mußte *das Hauptaugenmerk auf die Zusammenhänge der Handlungen, auf die Prozesse innerhalb bestimmter Gruppen hingelenkt werden.*[86]

Um die Dialektik dieser Beziehung zu erfassen, war nicht nur eine dialektische Weltsicht nötig, sondern es mußte eine dialektische Struktur der dramatischen Gestaltung wie der Darstellung geschaffen werden. Die *große Form,* die Brecht für notwendig erklärte, um die Beziehungen zu vereinfachen, *die heute ungeheuer kompliziert sind,*[87] wurde zum Ausdruck der *Dialektik der Realität* selber.

In den „Anmerkungen zur Oper ‚Aufstieg und Fall der Stadt Mahagonny'", die Brecht zusammen mit Peter Suhrkamp schrieb und 1930 im ersten grauen Heft der „Versuche" veröffentlichte, in denen Brecht sein Werk von da an veröffentlicht sehen wollte, stellte Brecht dann folgerichtig gegenüber:

Dramatische Form des Theaters	Epische Form des Theaters
handelnd	*erzählend*
[...]	*[...]*
Eine Szene für die andere	*Jede Szene für sich*
Wachstum	*Montage*
Geschehen linear	*in Kurven*
evolutionäre Zwangsläufigkeit	*Sprünge*
Der Mensch als Fixum	*Der Mensch als Prozeß*[88]

Das Eindringen in den historischen und dialektischen Materialismus veränderte aber vor allem das Verhältnis zum Publikum, dem gesellschaftlichen Adressaten. Die auf Spaß, Befriedigung von *großen Appetiten* gerichtete, dabei abwägende, mit Sachkenntnis urteilende Haltung, die die Zuschauer wie bei einer Sportveranstaltung auch im Theater einnehmen sollten, ging schon in der soziologischen, vormarxistischen Phase der Brechtschen Selbstverständigung in *jene kühle, forschende, interessierte Haltung, nämlich die Haltung des Publikums des wissenschaftlichen Zeitalters*[89] über. Aus ihr geht dann der Wunsch hervor: *der neue Typus Schauspieler müßte also seine Zuschauer in Moralisten und Staatsmänner verwandeln?*[90]

Schon im November 1927 zielte Brecht auf den Kern der notwendigen Veränderung: *Das Wesentliche am epischen Theater ist es vielleicht, daß es nicht so sehr an das Gefühl, sondern mehr an die Ratio des Zuschauers appelliert, nicht miterleben soll der Zuschauer, sondern sich auseinandersetzen.*[91]

Bemüht, ihren Zuschauern ein ganz bestimmtes praktisches, die Änderung der Welt bezweckendes Verhalten zu lehren, bedient sich die *antimetaphysische, materialistische, nichtaristotelische Dramatik [...] der hingebenden Einfühlung des Zuschauers keineswegs so unbedenklich wie die aristotelische und steht auch zu gewissen psychischen Wirkungen, wie etwa der Katharsis, wesentlich anders. So wie sie nicht darauf aus-*

geht, ihren Helden der Welt als seinem unentrinnbaren Schicksal auszuliefern, liegt es auch nicht in ihrem Sinn, den Zuschauer einem suggestiven Theatererlebnis auszuliefern.[92]
So faßte Brecht in den „Anmerkungen zur ‚Mutter'" diesen Funktionswechsel in den Beziehungen zwischen Bühne und Zuschauern, im weiteren Sinne zwischen Künsten und Rezipienten auf.
Kerr und andere mochten sich über die schematische Gegenüberstellung von *Erlebnis* und *Weltbild, Suggestion* und *Argument, Gefühl* und *Ratio,* die auf der einen Seite die *dramatische,* auf der anderen die *epische Form des Theaters* beim Zuschauer erwecken sollten,[93] mokieren (in denen Brecht selbst *nicht absolute Gegensätze, sondern lediglich Akzentverschiebungen* sah) – das Entscheidende war die erklärte Absicht, den Zuschauer über die verschiedenen Vermittlungen von Aufnahme und Verarbeitung zu einem aktiven, Veränderung bewirkenden Handeln in der Wirklichkeit zu befähigen. In dem grundlegenden Artikel „Die dialektische Dramatik" von 1930 wird die Wandlung definiert, die sich mit dem Kunstaufnehmenden vollziehen soll: *Er ist nicht nur mehr Konsument, sondern er muß produzieren. Die Veranstaltung ohne ihn als Mitwirkenden ist halb.*[94]
Hier wird auch deutlich, warum Brecht die aufkommende neue Sachlichkeit, das sogenannte „Zeitstück", den kritischen Realismus der zwanziger Jahre, gekennzeichnet durch eine Menge Stücke, die aus der unmittelbaren Wirklichkeit abgeleitet waren und reaktionären Erscheinungen wie den fortwirkenden Militarismus, die bürgerliche Justiz, die soziale Vernachlässigung der Jugend, das Abtreibungsverbot aufgriffen, in sicher überspitzter Form selbst für *reaktionär* befand. Es waren einmal die bloße Benennung der Symptome, statt der Bloßlegung der Ursachen des kapitalistischen Systems und das Fehlen einer Perspektive der Veränderung, zum andern die vorrangig gefühlsmäßige Ansprache der Zuschauer.
Hier lagen aber auch deutliche Unterscheidungen zum zeitgenössischen Klassenkampftheater vor. Brecht hob als Verdienst Piscators, an dessen Dramaturgiekollektiv er an der im Formalen bedeutsamen Bearbeitung von Hašeks „Schwejk" mitwirkte, hervor, daß sein neuartiger Theaterapparat, gekennzeichnet durch Elektrifizierung, Film, laufendes Band,

Mitspielen der Kulissen, *das Erfassen neuer Stoffe* ermöglichte, aber *die Requirierung des Theaters für Zwecke des Klassenkampfes [...] nicht von der Produktion, sondern von der Aufmachung (Regie) her erfolgte.* Er sah die *Übertragung revolutionären Geistes durch Bühneneffekte, die lediglich eine aktive Atmosphäre schaffen,* im Grund als *antirevolutionäres, weil passives, reproduzierendes* Theater an.[95]
Er selbst wollte tiefer ansetzen – im realen Bewußtsein der Klasse, für die er schreiben wollte. Kam er schon bei den Überlegungen „Über Stoffe und Form" vom März 1929 zur Folgerung: *Der neue Zweck heißt: Pädagogik,*[96] so richtete sich sein Interesse notwendig auf ein proletarisches Publikum, das sich durch das Durchspielen von modellhaften Situationen zu aktivem Verhalten in der Wirklichkeit befähigen sollte.
In dieser Grundüberlegung der Lehrstücke: *Die Vorführenden (Sänger und Spieler) haben die Aufgabe, lernend zu lehren,* wie er es zum Lehrstück „Die Maßnahme" im Jahre 1930 formulierte, war der Sache nach die pragmatisch-behaviouristische Komponente im damaligen Denken von Brecht überwunden: Aus dem Einnehmen von Haltungen wurde ein aktives Verhalten, das die Verhältnisse ändern sollte.
Der Zweck des Lehrstückes ist also, politisch unrichtiges Verhalten zu zeigen und dadurch richtiges Verhalten zu lehren, erklärte er zur „Maßnahme".[97]
In den Lehrstücken traten am deutlichsten, weil unmittelbarsten die neuen Inhalte, die aus ihnen selbst entstehenden, aber auch im Hinblick auf die Wirkung *montierten* Strukturen und die entsprechenden Darstellungsweisen eines *epischen Theaters* hervor. Gegenstand dieser Dramatik ist im Kern *der veränderliche und verändernde Mensch,* nicht mehr *der unveränderliche Mensch.* Die Welt wird nicht mehr nur gesehen, *wie sie ist,* sondern *wie sie wird,* das *gesellschaftliche Sein bestimmt das Denken.* Das Prinzip der *Montage,* nicht des *Organischen* bestimmt die Gestaltung.[98] Schon in der Bilanz des spätbürgerlichen Theaters, die Brecht mit dem Artikel „Letzte Etappe: ‚Ödipus'" über die Aufführung von „Ödipus" durch Leopold Jessner im Staatstheater im Januar 1929 zog, hatte er formuliert: *Die großen modernen Stoffe müssen in einer mimischen Perspektive gesehen werden, sie müssen Gestencharakter haben. Sie müssen geordnet werden*

nach Beziehungen von Menschen oder Menschengruppen zueinander.[99]
Der Schauspieler wird zum *Sittenschilderer*, der mit seinen Haltungen die Aufgabe hat, gesellschaftliches Verhalten von Menschen *auffällig zu machen*[100].
Nicht das *Milieu*, sondern das widersprüchliche Verhalten von Menschen soll interessieren. So wie die Schauspieler zerstört auch das Bühnenbild die theatralische Illusion, *literarisieren* Titel die Szene, geben Projektionen und offener Bühnenraum Aufschlüsse über den historischen Hintergrund: *Aufgabe der Illusion zugunsten der Diskutierbarkeit.*[101]
Das ist das Ziel der radikalen *Trennung der Elemente*[102] Wort, Darstellung, Musik, szenische Veranschaulichung. Alles richtet sich gegen *Magie* und *Hypnotisierversuche.*[103]
Der Zuschauer soll, so in „Die dialektische Dramatik", *einfach menschliches Material vorgeworfen bekommen, um es selber zu ordnen*[104].
Eine gewisse Austauschbarkeit der Vorkommnisse und Umstände muß dem Zuschauer das Montieren, Experimentieren und Abstrahieren gestatten und zur Aufgabe machen.[105]
Der Zuschauer soll das, was selbstverständlich, als *befremdlich* finden, er soll *befremdet* sein und *staunend betrachten.*[106]
Gefordert war *der neue Typus Mensch* also nicht nur beim Schauspieler, sondern vor allem beim Zuschauer. Es konnte nur der sein, dem die Welt, wie sie ist, nicht gefällt, im Idealfall der klassenbewußte Proletarier.
In vielem traf sich Brecht hier mit dem Agitprop-Theater der KPD und dem proletarisch-revolutionären Berufstheater der ausgehenden Weimarer Republik. Die proletarischen Spieltruppen agitierten die Arbeiter für den Klassenkampf. Die vorherrschende Gestaltungsform war die Kurzszene, die Revue, durchgespielt mit übertreibenden, vereinfachenden, typisierenden Darstellungen und Auflösung in Sprechchören. Man konnte zu Recht vom „Spielplakat" sprechen. Nachhaltig beeinflußt wurden die deutschen Agitpropgruppen durch das Gastspiel der „Blauen Bluse" aus Moskau im Jahr 1927, die sich als „Lebende Zeitung" verstand. Brecht hatte gute Beziehungen zur Berliner Agitpropgruppe „Das rote Sprachrohr" unter der Leitung von Maxim Vallentin. So arbeitete er an der „Roten Revue" „Wir sind ja sooo zufrieden" mit, die vom Kommunistischen Jugendverband getragen wurde. Be-

deutsamer ist jedoch, daß seine Lehrstücke mit ihrer in sich geschlossenen Fabel, ihrer poetischen Verdichtung und der Genauigkeit der Darstellung dem proletarisch-revolutionären Laien- wie dem Berufstheater, wie es sich mit der „Truppe 1931" unter der Leitung von Gustav von Wangenheim herausbildete, eine vorbildliche Anregung für die *große Form* gab. Wenn sich auf dem 1. Kongreß des Internationalen Arbeiter-Theater-Bundes in Moskau 1930 bei der Diskussion über „Agitpropszenen oder großes Drama" die Mehrheit der Teilnehmer, die aus kapitalistischen Ländern kamen, für die „Agitpropisierung" der Arbeitertheater aussprach, so machten gerade Brechts marxistisch orientierte Lehrstücke, besonders „Die Mutter", deutlich, daß *Kunstwert* und *Kampfwert* in Übereinstimmung gebracht werden konnten.
Ausgehend vom *Herrn in Parkett,* der seine *Kombinationsgabe* spielen können lassen soll, und endend beim klassenbewußten, an der Veränderung der Welt interessierten Arbeiter als idealem Zuschauer, konnte Brecht, wenn er andererseits das *alte Theater* nicht einfach preisgeben wollte, nur zur Forderung nach einer *Umfunktionierung* des bürgerlichen Theaters kommen.
Brecht schloß in diese einer neuen Bestimmung zuzuführenden *Apparate* auch die neuen Medien des Films und des Rundfunks ein. Die wesentliche Erkenntnisvermittlung war, daß es sich bei diesen *Apparaten* um *Produktionsmittel* handelte.[107]
In dem Maße, wie die bürgerlichen Ideologen, die an den Schalthebeln dieser *Apparate,* vor allem des Radios, saßen, es zu verhindern wußten, daß neue Inhalte an neue Zielgruppen, besonders die Arbeiterklasse herangetragen werden konnten, begriff Brecht, daß nur die volle Sozialisierung dieser Produktionsmittel die kulturellen Bedürfnisse der Massen wie die Produktionsfreiheit der Künstler gewährleisten konnte. Seine „Radiotheorie", sein *soziologisches Experiment* „Der Dreigroschenprozeß", in dem er bloßstellte, daß die bürgerliche Justiz auf alle Fälle der kapitalistischen Produktionsfirma das höhere Interesse als dem *geistigen Eigentum* der Produzenten des Drehbuchs zum Film „Die Beule" zubilligten, und die Analyse des Verhaltens der bürgerlichen Zensur gegenüber dem proletarisch-revolutionären Film „Kuhle Wampe", den Brecht zusammen mit Slatan Dudow, Ernst

Kurt Weill, um 1927

Ottwalt und Hanns Eisler im Jahre 1931/32 herstellte, ließen keine andere Schlußfolgerung zu, als daß die Kunstproduzenten nur durch den siegreichen Klassenkampf des Proletariats in den Besitz der künstlerischen Produktionsmittel wie zu ihrer eigenen Selbstverwirklichung als Künstler würden kommen können. Brechts Bestreben lief in diesen Jahren mit gutem Grund darauf hinaus, auch die progressiven bürgerlichen und kleinbürgerlichen Künstler und die hinter ihnen stehenden gesellschaftlichen Kräfte anzusprechen und für den Klassenkampf zu gewinnen.

Die großen Bemühungen um ein historisch-dokumentarisches, *objektives* Drama, wie Brecht es mit „Dan Drew (Die Eriebahn)" und „Joe Fleischhacker" anstrebte, führten zu keinem brauchbaren Ergebnis. Auch der Plan, 1927 zusammen mit Kurt Weill und dem Filmemacher Carl Koch ein dokumentarisches „Ruhrepos" für die Städtischen Bühnen Essen zu verfassen, wurde nicht verwirklicht. Erfolg hatte Brecht jedoch mit dem Songspiel „Mahagonny", zu dem Kurt Weill, Busoni-Schüler und gewandter Verarbeiter sämtlicher musikalischer Ausdrucksformen, die Musik schrieb, soweit zu den Songs nicht Melodien von Brecht selber vorla-

Probenfoto mit Lotte Lenja, Irene Eden und Brecht zur Uraufführung von „Mahagonny“ (Songspiel) während des Deutschen Kammermusikfestes Baden-Baden, 17. Juli 1927, Regie: Brecht, Dirigent: Ernst Mehlich, Musik: Kurt Weill

gen. Die Bedeutung der Aufführung bei der Deutschen Kammermusik in Baden-Baden im Juli 1927 bestand in der demonstrativen Vorführung dessen, was Brecht *Trennung der Elemente* nennen sollte. Es war eine Einübung in formales episches Musiktheater.

Durchschlagenden Erfolg hatte Brecht erst mit der „Dreigroschenoper“ im Jahre 1928. Sie war etwas ganz anderes als Ausdruck des *objektiven, dokumentarischen* Theaters, das Brecht damals erörterte. Es handelte sich um eine Bearbeitung der „Beggar's Opera“ des John Gay mit der Musik von Johann Christoph Pepusch, einem Singspiel, das im London des Jahres 1728 großes Aufsehen machte, weil Gay darin „high life“ und „low life“, Unterwelt und Oberwelt von London, gleichsetzte und Pepusch die höfische Händel-Oper parodierte und gängige Gassenhauer in die musikalische Kunstsprache aufhob. Brecht hatte die Vorlage von Elisabeth Hauptmann erhalten; Ernst Josef Aufricht gab die Bearbeitung in Auftrag, um mit dem Werk seine Direktion im Schiffbauerdamm-Theater zu eröffnen. Brecht behielt die Fabel im wesentlichen bei, die besagt, daß der Räuber Macheath vom Bettlerkönig Peachum an die Polizei ausgeliefert wird, weil er ihm seine Tochter entführt, aber, obwohl zum Tode verurteilt, zum Schluß doch begnadigt wird, formal, weil die Oper, wie die Mitspieler erklären, kein solches Ende wie eine Hinrichtung erträgt, der Sache nach, weil Unter- und Oberwelt viel zu eng miteinander verbunden sind, als daß eine solche Gerechtigkeit zugelassen werden könnte. Brecht gab der Geschichte, die er näher an die Gegenwart heranrückte, einen Zug, der zwischen angreiferischer Verhöhnung der guten Gesellschaft und einer fast lamentablen Bitte um Nachsicht schwankte:

Brief Alexander Tairows an Erich Engel nach seinem Besuch der „Dreigroschenoper“ im Schiffbauerdamm-Theater Berlin vom 15. September 1928

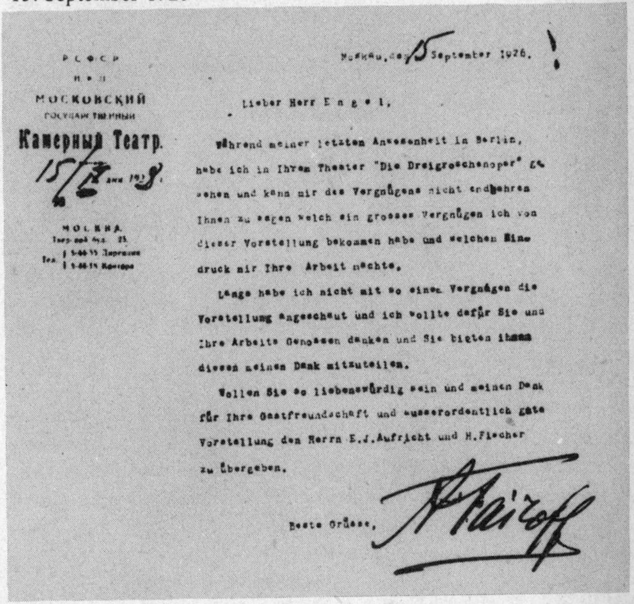

МОСКОВСКИЙ

Камерный Театр.

МОСКВА

Moskau, den 15 September 1926.

Lieber Herr E n g e l,

Während meiner letzten Anwesenheit in Berlin, habe ich in Ihrem Theater "Die Dreigroschenoper" gesehen und kann mir das Vergnügens nicht endbehren Ihnen zu sagen welch ein grosses Vergnügen ich von dieser Vorstellung bekommen habe und welchen Eindruck mir Ihre Arbeit machte.

Länge habe ich nicht mit so einem Vergnügen die Vorstellung angeschaut und ich wollte dafür Sie und Ihre Arbeits Genossen danken und Sie bieten ihnen diesen meinen Dank mitzuteilen.

Wollen Sie so liebenswürdig sein und meinen Dank für Ihre Gastfreundschaft und ausserordentlich gute Vorstellung den Herrn E.J.Aufricht und H.Fischer zu übergeben.

Beste Grüsse,

Verfolgt das Unrecht nicht zu sehr, in Bälde
Erfriert es schon von selbst, denn es ist kalt.
Bedenkt das Dunkel und die große Kälte
In diesem Tale, das von Jammer schallt.[108]

Die kritische Tendenz kam besonders in den Songs und Finalen zum Ausdruck. Brecht verwendete dabei auch Verse aus der Übersetzung von Balladen Villons durch K. L. Ammer und handelte sich damit erneut den Plagiatvorwurf von Kerr ein, den er sich schon bei „Im Dickicht der Städte" zugezogen hatte, weil er Verse Rimbauds nicht ausgewiesen hatte. Brecht entschuldigte sich mit seiner grundsätzlichen Laxheit in *Sachen* geistigen Eigentums. Tucholsky reagierte spöttisch: „Was dem einen brecht ist, ist dem andern billig." Karl Kraus entschuldigte Brecht mit „immoral sanity", und K. L. Ammer gab sich mit einem Sonett Brechts für die Neuausgabe seiner tatsächlich vergessenen Übersetzung zufrieden, in dem es hieß:

Wo habt ihr Saures für drei Mark bekommen?
Nehm jeder sich heraus, was er grad braucht!
Ich selber hab mir was herausgenommen ...[109]

Brechts Aufforderung, „Macheath" als *bürgerliche Erscheinung* darzustellen, blieb unwirksam. Wirksam wurde vor allem die Musik von Weill, die die alte Oper parodierte, die Jazz-Musik kräftig in die Gestaltung einbrachte und die Musik mit dem schnoddrigen oder gefühlvoll-karikierenden Text der Songs verschmolz. Engel als Regisseur und Neher als Bühnenbildner brachten die desillusionistischen Gestaltungsmittel zur vollen Ausprägung. Das Orchester war offen auf der Bühne plaziert. Projektionen im Hintergrund verdeutlichten die Vorgänge, Titel *literarisierten* die Geschehnisse. „Die Rote Fahne" kritisierte die mangelnde gesellschaftliche Konkretheit der „Dreigroschenoper". Das Publikum nahm sie als *kulinarisches Theater.* Der paradoxale Witz sollte darin bestehen, daß „Die Dreigroschenoper" Brechts Weltruhm begründete. Sie wurde in kurzer Zeit auch im Ausland nachgespielt, darunter von Taï-

Szenenfoto von der Uraufführung der „Dreigroschenoper“ am Schiffbauerdamm-Theater Berlin, Regie: Erich Engel, Bühnenbild: Caspar Neher, Musikalische Leitung: Theo Mackeben, Musik: Kurt Weill, 31. August 1928

Carola Neher, die die Rolle der Polly nach Roma Bahn in der „Dreigroschenoper“ am Schiffbauerdamm-Theater übernahm

row an seinem Moskauer Kammertheater. Noch in der Emigration brachte sie Brecht Geld ein, auch wenn er bei den Aufführungen um die Tantiemen kämpfen mußte, die Bloch Erben nach Berlin einziehen wollte.
„Die Dreigroschenoper" gehörte zu den ersten Stücken, die nach dem zweiten Weltkrieg in Deutschland wieder gespielt wurden. Ob mit Hubert von Meyerinck (Regie Karl Heinz Martin) in der Titelrolle bei der Aufführung im Hebbel-Theater in Berlin im August 1945 oder mit Hans Albers bei der Aufführung in den Münchner Kammerspielen (Regie Harry Buckwitz) im April 1949 oder anderswo – sie wurde als kulinarischer Evergreen genommen. Daran änderte auch nichts, daß Brecht für die Münchner Aufführung eine „Neue Ballade vom angenehmen Leben" mit Bezügen auf Göring, Schacht und Keitel schrieb und einen „Nachtrag zur Ballade, in der Macheath Abbitte leistet", verfaßte:

Und die da reden vom Vergessen
Und die da reden vom Verzeihn –
All denen schlage man die Fressen
Mit schweren Eisenhämmern ein.[110]

Aus dem Munde des Verbrechers wollte all das nicht recht wirken, die kulinarische Musik deckte auch diese Wahrheit zu. Die nostalgische Ganovenballade widerstand auch nachfolgenden Versuchen, sie sozialkritisch wirklich verbindlich zu machen. Selbst Erich Engel als Regisseur und Wolf Kaiser als Mackie vermochten daran bei der Inszenierung im Berliner Ensemble im Jahre 1960 nichts zu ändern. Und wenn Brecht im Februar 1956 bei der Inszenierung der „Dreigroschenoper" am Piccolo Teatro Milano durch Giorgio Strehler – dem er damals bescheinigte, der *bedeutendste Regisseur Europas* zu werden – geäußert haben soll: *Meine Kreise stimmen. Ein Jahrzehnt nach dem ersten Weltkrieg entstand die „Dreigroschenoper", ein Jahrzehnt nach dem zweiten Weltkrieg lebt sie in einem neuen Hexenkessel wieder auf. Wenn sie nach einem dritten Weltkrieg zurückkommt, wird man die ganze Welt für drei Groschen kaufen können,*[111] – so stimmt daran zwar die Folgerung, aber nicht der Zusammenhang von Kunstwerk und Wirklichkeit.
Als Brecht im Jahr 1930 im Drehbuch „Die Beule" Macheath

vom Banden- zum Bankenchef avancieren ließ *(... sind doch Aktien besser / Als Revolver oder Messer*[112]), bekam die Nero-Filmgesellschaft vor Gericht mit ihrer Behauptung recht, daß Brecht „eine politische Kampftendenz in den Film hineintragen wollte". Brechts Be- und Verurteilung der Verfilmung der „Dreigroschenoper" durch W. Pabst, sie sei *ein trauriges Machwerk,* ist heute schwer nachvollziehbar, wo es noch schlechtere Verfilmungen gibt.
Der Versuch, 1929 den Erfolg der „Dreigroschenoper" mit dem Singspiel „Happy end", das (vorgeblich nach einem Stück von Dorothy Lane) von Elisabeth Hauptmann stammte und zu dem Brecht zumindest die Songs, Weill wieder die Musik schrieb, schlug fehl. Auch hier erwies sich, daß die Songs um so wirksamer waren, je weniger Bezug sie zur Wirklichkeit hatten.
Erich Kästner, neusachlicher Poet aus Dresden, parodierte

Ernst Busch im Dreigroschenoper-Film 1931

sie im „Surabaya-Johnny II", „frei nach Kipling und Brecht":

> Du warst nicht englisch, Johnny.
> Du warst nicht indisch, Johnny.
> Kauft Kolonialwaren bei Bertolt Brecht!
> Surabaya-Johnny!
> Villon, Kipling, Rimbaud,
> fourniert auf Mahagonny –
> du bist der geborene „& Co"![113]

Brecht übernahm die Motive des Singspiels in seine „Heilige Johanna der Schlachthöfe", mit der er zur gleichen Zeit begann. Zuerst beendete er jedoch die Umformung des Songspiels „Mahagonny" in die Oper „Aufstieg und Fall der Stadt Mahagonny", die 1930 als *ein Versuch in der epischen Oper: eine Sittenschilderung* im Neuen Theater in Leipzig zur Uraufführung kam. Brecht verwies in den „Anmerkungen" das Opern-Genre grundsätzlich in den Bereich des Irrealen: *Ein sterbender Mann ist real. Wenn er zugleich singt, ist die Sphäre der Unvernunft erreicht.*

Er folgerte: *Der Grad des Genusses hängt direkt vom Grad der Irrealität ab.*[114]

Der Inhalt der Oper, erklärten Brecht und Weill, sei der Genuß. *Es soll nicht geleugnet werden, daß dieser Inhalt zunächst provokatorisch wirken muß. Wenn zum Beispiel im dreizehnten Abschnitt der Vielfraß sich zu Tode frißt, so tut er dies, weil Hunger herrscht.*[115]

Sie folgerten: *Im Provokatorischen sehen wir die Realität wiederhergestellt.*

Sie erklärten das Herausfordernde: Das Vergnügen *tritt hier in seiner gegenwärtigen historischen Gestalt auf: als Ware.*[116]

Die so zustande kommende Sittenschilderung *hatte nicht sentimental oder moralisch zu sein, sondern Sentimentalität und Moral zu zeigen.*[117]

Der Angriff richtete sich also gegen die *kulinarische Oper*[118], war aber in der Sache eine Parabel auf die kapitalistische Gesellschaft, die jedem alles verspricht und alles erlaubt, wenn und solange er Geld hat. Paule Ackermann, der als Holzfäller „Zaster" gemacht hat, darf in der „Netzestadt" *der Wollust der Männer / Nichts zu leiden und alles zu dürfen*

frönen, solange das Geld reicht. Als er aber im „Hotel zum reichen Mann" der Begbick drei Flaschen Whisky und eine Storestange nicht mehr bezahlen kann, wird er *wegen Mangel an Geld / Was das größte Verbrechen ist / Das auf dem Erdenrund vorkommt,*[119] zum Tode verurteilt und auf dem elektrischen Stuhl hingerichtet.
Das Schlußbild war betitelt: *Und in zunehmender Verwirrung, Teuerung und Feindschaft aller gegen alle demonstrierten in den letzten Wochen der Netzestadt die noch nicht Erledigten für ihre Ideale — unbelehrt.*
Das Schlußwort: *Können uns und euch und niemand helfen.*[120]
„Mahagonny" war somit das Abbild der anarchistischen kapitalistischen Gesellschaft. Es wurde zum Tableau der „Goldenen Zwanziger", die mit dem schwarzen Freitag der New-Yorker Börse im Oktober 1929 zu Ende gingen. Die Uraufführung fand am 9. März 1930 statt. Sie rief einen noch größeren Protest als seinerzeit „Baal" hervor. Alfred Polgar hat eine amüsante Schilderung des „Krachs in Leipzig" gegeben. Klaus Pringsheim, der Schwager Thomas Manns, begründete ihn inhaltlich: „Das ewig schlechte Gewissen der Gesellschaft, die als Premierenpublikum Parkett und Ränge zierte, fühlte es geradewegs auf sich zumarschieren, als wären es die vereinten Proletarier aller Länder."[121] Zu Weihnachten 1930 wurden die verwirrten Züge der Oper in Berlin Wirklichkeit. Etwa 500 000 Berliner waren ohne Arbeit. Zehntausende, Hunderttausende formierten sich in den Arbeitervierteln am Heiligabend zu Zügen, die in die Friedrichstraße, die Geschäfts- und Flanierstraße der Bourgeoisie, zogen, um dort gegen Hunger und Kälte zu demonstrieren. Brecht hat in seinem Essay „Über reimlose Lyrik mit unregelmäßigen Rhythmen" sich an diesen Weihnachtsabend erinnert: *Ein Zug von Proletariern marschierte durch die vornehmen Viertel des Berliner Westens und rief den Satz: „Wir haben Hunger" aus. Er war so rhythmisiert:*

— — — ∪ ∪

Wir ha ben Hun ger[122]

Aber schon die Aufführung im Theater am Kurfürstendamm im Jahre 1931, in der Brecht Regie führte, während Neher

Trude Hesterberg als Leokadja Begbick und Lotte Lenja als Jenny in „Aufstieg und Fall der Stadt Mahagonny“ im Theater am Kurfürstendamm Berlin, Regie: Brecht und Neher, Dirigent: Zemlinsky, Musik: Kurt Weill, Premiere: 21. Dezember 1931

wieder die Bühnenbilder schuf, nahm die Bourgeoisie ohne größere Schwierigkeiten hin.

Der Musikkritiker Heinrich Strobel sollte nicht einmal mit seiner Meinung recht behalten: „‚Mahagonny‘ paßt, obwohl von stärkster dramatischer Wirkung, nicht mehr an die Stelle, wo tags zuvor der ‚Parsifal‘ zelebriert wird.“[123]

Es paßte doch noch. Obwohl nämlich Weill, *den gestischen Charakter der Musik* betonend, seine Aufgabe nicht mehr darin sah, Stimmungen zu erzeugen und Untermalungen zu geben, sondern zeigen zu helfen, *was der Mensch tut,* blieben die musikalischen Gestaltungs- und Ausdrucksweisen doch zu sehr im Kulinarischen. Dabei ist bewundernswert, wie Weill tradierte Sakralmusik mit profanster Trivialmusik zu kombinieren wußte.

Brecht arbeitete mit Weill nur noch beim Ballett „Die sieben Todsünden der Kleinbürger" zusammen, das – beide Schöpfer waren schon im Exil – im Juni 1933 in Paris im Rahmen der „Balletts 1933" unter der Leitung von George Balanchine zur Aufführung kam (mit Lotte Lenja, der Frau von Weill, die bei der „Mahagonny"-Aufführung in Berlin die Jenny gespielt hatte, als Anna I und Tilly Losch als Anna II). Brecht hatte sich schon auf Hanns Eisler als Komponisten umgestellt.

Für die Findung einer *großen Form* in einer neuen, wirklichkeitsbezogenen Dramatik wie für die Lehrstücke als ein besonderes brechtspezifisches Genre hatten die Fragmente „Fatzer" und „Der Brotladen" fundamentale Bedeutung. Im dänischen Exil wird Brecht über die Bauweise des Schauspiels „Leben des Galilei" reflektieren und dabei feststellen, das Stück sei *technisch ein großer rückschritt* und *allzu opportunistisch. man müßte das stück vollständig neu schreiben, [...] alles auf planetarische demonstrationen gestellt.* Bei dieser Erwägung wird Brecht verlangen: *es wäre zuerst das FATZERfragment und das BROTLADENfragment zu studieren. diese beiden fragmente sind der höchste standard technisch.*[124]

„Fatzer 3" wurde in den ersten „Versuche"-Heften abgedruckt; „Der Brotladen" blieb unveröffentlicht. „Fatzer", seit 1927 in Bearbeitung, wandelte die Geschichte des Heimkehrers Kragler aus „Trommeln in der Nacht" ab. Fatzer wird wegen zu großem Individualismus und Unfähigkeit, sich nach der Desertation von der Westfront in die Stadt Mülheim diszipliniert und kollektiv zu verhalten, exekutiert. Die Bauweise war rein demonstrativ; das Verhalten Fatzers wird kommentiert; er selbst tritt aus dem Spiel, um zu erklären. Die Folgerungen werden in frei rhythmisierten Sentenzen gezogen.

„Der Brotladen", an dem Brecht in den gleichen Jahren arbeitete, stützte sich auf die alltäglich gemeldeten und sich vollziehenden Exmittierungen von Mietschuldnern besonders in den Arbeitervierteln. Passive Heldin ist die Witwe Queck, eine proletarische Niobe, die alle Schicksalsschläge auf sich nimmt; aktiver Held der Zeitungsjunge Washington Meyer, der bei der Verteidigung der Interessen der Queck von der Polizei erschlagen wird. Die Arbeitslosen, als ALS gekennzeichnet, bilden den kommentierenden Chor:

Nicht ohne Aussicht ist unser Kampf
Der immerwährende, um die Herrschaft selber
Im Staat und die Diktatur selber.[125]

Das niedrige Sujet wird in die *große Form* gehoben. Die Vorgänge vollziehen sich in dialektischen Umschlägen. Die Figuren exponieren sich unmittelbar. Das Publikum wird wiederholt als mitentscheidender und mithandelnder Teil angesprochen. Die Sprache ist die des Alltags und doch auf die „Königsebene" des klassischen Dramas getragen. Tatsächlich waren hier die dramaturgischen Prinzipien bereits voll entwikkelt, die Brecht dann sowohl in den „großen" Stücken wie in den Lehrstücken anwenden sollte. Öffentlich wurde 1929 zuerst „Der Flug der Lindberghs", ein *Radiolehrstück für Knaben und Mädchen, nicht die Beschreibung eines Atlantikflugs, sondern ein pädagogisches Unternehmen,* ein Beispiel *aus einer Reihe von Versuchen, welche Dichtung für Übungszwecke verwenden*[126].

„Der Ozeanflug" („Lindberghflug"), Uraufführung im Rahmen der „Deutschen Kammermusik" Baden-Baden, Regie: Ernst Hardt, Musik: Kurt Weill/Paul Hindemith

Hanns Eisler, Paul Hindemith, Brecht, Ernst Hardt und Hans Flesch, 1928/29

1950 wird es Brecht in „Ozeanflug" umbenennen, da Lindbergh, der 1927 als erster den Ozean in West-Ost-Richtung überflog, später *in den USA als Faschist eine dunkle Rolle gespielt* hat. Die historische Unkonkretheit machte der Schlußchor von Radio und Lindberghs deutlich: *Gegen Ende des 3. Jahrtausend unserer Zeitrechnung / Erhob sich unsere / Stählerne Einfalt / Aufzeigend das Mögliche / Ohne uns vergessend zu machen: das / Unerreichbare. / Diesem ist der Bericht gewidmet.*[127] Gerade das Unerreichbare sollte Brecht kurz darauf kaum mehr interessieren. Er selbst führte bei der Aufführung in Baden-Baden Regie. Die Musik stammte von Weill, Hindemith steuerte vier Nummern bei.
Ende Juli 1929 kam als *ein weiterer Versuch im Lehrstück* das „Badener Lehrstück vom Einverständnis" zur Uraufführung, zu dem Hindemith die Musik schrieb.[128] In fast christlich-mystischer Weise sollen abgestürzte Flieger mit ihrem Tod einverstanden sein. Ein abstraktes Kollektiv, das jegliche Individualität ausschließt, wurde unterstellt. Zum Ärgernis, das auch Gerhart Hauptmann teilte, den Brecht in den Kursaal von Baden-Baden eingeladen hatte, gereichte, daß die These, der Mensch helfe dem Menschen nicht, an einer überlebensgroßen Marionette demonstriert wurde, der die Glied-

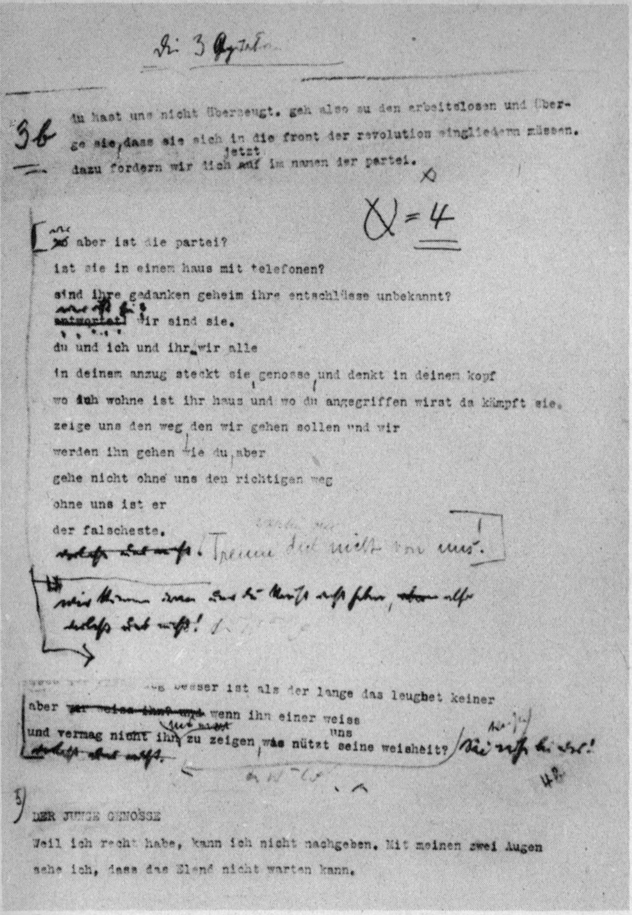

du hast uns nicht überzeugt. geh also zu den arbeitslosen und über-
ge sie, dass sie sich in die front der revolution eingliedern müssen.
dazu fordern wir dich jetzt im namen der partei.

wer aber ist die partei?
ist sie in einem haus mit telefonen?
sind ihre gedanken geheim ihre entschlüsse unbekannt?
antwortet: wir sind sie.
du und ich und ihr, wir alle
in deinem anzug steckt sie, genosse, und denkt in deinem kopf
wo ich wohne ist ihr haus und wo du angegriffen wirst da kämpft sie.
zeige uns den weg den wir gehen sollen und wir
werden ihn gehen wie du, aber
gehe nicht ohne uns den richtigen weg
ohne uns ist er
der falscheste.
Trenne dich nicht von uns!

... besser ist als der lange das leugnet keiner
aber wenn ihn einer weiss
und vermag nicht ihn uns zu zeigen, was nützt seine weisheit?

DER JUNGE GENOSSE
Weil ich recht habe, kann ich nicht nachgeben. Mit meinen zwei Augen
sehe ich, dass das Elend nicht warten kann.

Fragment aus dem proletarischen Lehrstück „Die Maßnahme" mit dem Lied „Wer aber ist die Partei" mit Korrekturen Brechts und Elisabeth Hauptmanns

maßen abgesägt wurden. Die Aussage des Lehrstückes bezeugte Brechts eigene Bereitschaft, sich gänzlich in die neue Sache, die ihn bewegte, die kommunistische Bewegung, einzufügen.

„Die Maßnahme“, Uraufführung in der Berliner Philharmonie mit Helene Weigel, Ernst Busch, Alexander Granach, Anton Maria Topitz als Agitatoren und dem Berliner Schubert-Chor und dem Gemischten Chor Groß-Berlin, Musik: Hanns Eisler, Regie: Slatan Dudow, Dirigat: Karl Rankl, 13. Dezember 1930, Premiere im Großen Schauspielhaus Berlin 18. Januar 1931

Auch die Schuloper „Der Jasager“, 1930 geschrieben nach dem japanischen No-Stück „Taniko“ von Zenchiku, über das Brecht erstmals mit dem ostasiatischen Theater enger vertraut wurde, wiederholte die Lehre vom Einverstandensein. Auf Grund der Kritik von Schülern der Karl-Marx-Schule Neukölln änderte Brecht das Stück zu „Der Neinsager“ um: *der große Brauch,* daß diejenigen, die nicht mehr mitmachen können, mit ihrer Tötung einverstanden sind, wird geändert in *einen neuen großen Brauch, den wir sofort einführen müssen, nämlich den Brauch, in jeder neuen Lage neu nachzudenken.*[129] Demzufolge wird der kranke Knabe zurückgebracht.

Das proletarische Lehrstück „Die Maßnahme“ stellte eine Übertragung des „Jasagers“ in den politischen Klassenkampf dar. Vier Agitatoren berichten einem *Kontrollchor*[130] in Mos-

Walter Benjamin, Carola Neher (beide links sitzend), Alfred Kurella, Elisabeth Hauptmann (beide ganz rechts), um 1930

kau von ihrer erfolgreichen illegalen Arbeit in China, die freilich die Tötung eines Genossen einschließt, der durch sein Mitleid, seine Spontaneität, seinen ethischen Rigorismus und seine Ungeduld die revolutionäre Arbeit gefährdete. Der junge Genosse sah diese Fehler ein und war mit seiner Liquidierung einverstanden.

Das Lehrstück mit der Musik von Eisler wurde am 13. Dezember 1930 in der Regie von Dudow in der Berliner Philharmonie unter dem Dirigat von Karl Rankl durch drei proletarische Chöre und Helene Weigel, Ernst Busch, Alexander Granach und Anton Maria Topitz als Agitatoren aufgeführt. Während die rechte Presse das Stück als linkes Fememord-Stück angriff, bemängelte die kommunistische Kritik die politische Abstraktheit der Fabel. Hätten die Autoren (neben Brecht war noch Dudow benannt), so führte Alfred Kurella in „Literatur der Weltrevolution“ 1931 aus, „ein Stück Wirklichkeit der Geschichte der proletarischen Massenkämpfe“ genommen, so würden sie „die Unrichtigkeit der begriffli-

chen und absoluten Gegenüberstellung von ‚Gefühl‘ und ‚Verstand‘“ erkannt haben. Kurella sah in einer solchen Auffassung den „idealistischen Rest der Denkweise des radikalen Kleinbürgers“[131]. Georg Lukács kritisierte in der „Linkskurve“, dem Organ des Bundes proletarisch-revolutionärer Schriftsteller, der 1928 gegründet worden war, daß „strategisch-taktische Probleme der Partei in ‚ethische Probleme‘ verengt werden“[132]. Alfred Durus schrieb in der „Roten Fahne“, Brecht müsse gesagt werden, „daß die Kenntnis der Theorie des Marxismus-Leninismus allein nicht genügt, daß die Genialität und die marxistische Belesenheit eines Schriftstellers nicht die revolutionären Erlebnisse und die Kleinarbeit in der revolutionären Bewegung ersetzen kann“[133].
Kurella vermerkte in diesem Zusammenhang, Brecht habe es bisher versäumt, „sich mit der Massenbewegung der Agitprop-Truppen auch nur bekannt zu machen“; er sei „erst auf dem Wege der Annäherung an das revolutionäre Proletariat und den Kommunismus“. Trotzdem bewertete er das Lehrstück „als Ganzes in den konkreten historischen Situationen als revolutionäres Stück“. Er anerkannte die „neuartige Verbindung von Arbeiterchor, Sprechchor, modernem Orchester und epischer Dramatik“[134]. „Die Linkskurve“ schätzte das Werk als „ein außerordentlich bedeutsames und begrüßenwertes Symptom des Klärungsprozesses, der bei dem besten Teil der Intellektuellen unserer Zeit begonnen hat“[135], ein.
Tatsächlich gelang eine Lakonik der Darstellung, die von klassischer Eindringlichkeit war. Ins poetisch-darstellerische Bild wurden brennende Probleme der Revolution – erstmals ist als historischer Entscheidungsort China benannt worden – und einer kommunistischen Ethik gehoben, zu der Lenin ausgeführt hatte: „Unsere Sittlichkeit leiten wir aus den Interessen des proletarischen Klassenkampfes ab.“
Eislers Musik war dagegen gerichtet, daß die Chöre *sich ausdrücken,* vermied *melodische Buntheit,* strebte Sinnverdeutlichung an, benützte den Jazz *als Technikum* und nützte *das Montagemäßige* aus, *eine neue Einheit von Freiheit des einzelnen und Diszipliniertheit des Gesamtkörpers zu erzielen (Improvisieren mit festem Ziele), das Gestische zu betonen.*[136]
Brecht, Dudow und Eisler sahen „Die Maßnahme“ vor allem als Lehrstück für die rund eine halbe Million Arbeitersänger

an, die es in Deutschland gab. Die künstlerische Leitung der Neuen Musik Berlin 1930, Heinrich Burkhard, Paul Hindemith und Georg Schuenemann, hatten eine Aufführung in diesem Rahmen „wegen formaler Minderwertigkeit des Textes", in Wahrheit wegen der politischen Aussage abgelehnt. In der Tat vollzog Brecht mit diesem Lehrstück seinen offenen Übertritt in die kommunistische Bewegung.
Brecht hat die Aufführung der „Maßnahme" später untersagt. Entscheidend dürfte gewesen sein, daß er mit seinem Lehrstück keine nachträgliche Rechtfertigung für die Verletzung sozialistischer Gesetzlichkeit und Ethik in der Periode des Personenkults um Stalin liefern wollte.
Das Lehrstück „Die Ausnahme und die Regel", das ebenfalls 1930 entstand, aber erst 1937 in der „Internationalen Literatur" in Moskau veröffentlicht wurde, sollte so recht erst in den Jahrzehnten zur Wirkung kommen, in denen sich die früheren Kolonien und Halbkolonien ihrer Unterdrücker entledigten und die Darsteller in der Fabel jene grundsätzliche Rechtlosigkeit anschaulich machen konnten, in der sich die Unterdrückten gegenüber den fremden Herren befanden.
Wie sehr Brecht mit dem Eindringen in den Marxismus die Wechselwirkung zwischen massenhaften Vorgängen und dem „subjektiven Faktor" zu begreifen verstand und den Kampf des Proletariats um seine Befreiung als Selbstbefreiung „leibhaftiger" Menschen zu gestalten verstand, stellte er mit der Bearbeitung des Romans „Die Mutter" von Maxim Gorki unter Beweis. Als Mitarbeiter waren Dudow, Weisenborn und Eisler benannt. „Das Leben der Revolutionärin Pelagea Wlassowa aus Twer", wie der Untertitel lautet, wurde nach den Prinzipien des epischen Theaters verkürzt, demonstrierend, beweisführend erzählt. Theater wurde als politische Lehranstalt, die das Abc des Klassenkampfs vermittelt, betrieben, aber mit Humor, mit Witz. Walter Benjamin sprach begründet davon: „Brechts Gegenstand ist ein soziologisches Experiment über die Revolutionierung der Mutter."[137]
Aber das Experiment vollzog sich als Handeln scharf charakterisierter Figuren, die trotzdem für viele andere standen. Die Lieder, Songs und Chöre wirkten mobilisierend wie reflektierend. Einzelne hatten die Größe klassischer Einfachheit, wie das „Lob der dritten Sache", das die Wlassowa vorträgt:

Immerfort hört man, wie schnell
Die Mütter die Söhne verlieren, aber ich
Behielt meinen Sohn. Wie behielt ich ihn? Durch
Die dritte Sache.[138]

Eben den Kommunismus. Und das „Lied“, gesungen von Pawel, dem Sohn, an dessen Stelle die Mutter tritt, wird immer Cantus firmus des kämpfenden wie des siegreichen Proletariats bleiben.

Wenn das historische Verdienst Brechts hier darin bestand, mit diesem Lehrstück die kämpferische deutsche Arbeiterschaft auf das russische Vorbild zu verweisen, so ging es ihm in bezug auf den realen Klassenkampf um *eine anwendbare, politische Psychologie*[139].

Eisler gelang in seiner Musik der „Aufbau konsistenter, präziser, kleiner Formen, in denen nichts Überflüssiges vorkommt“[140]. Mit Soli, Chor, Trompete, Posaune, Klavier und Schlagzeug wurden, wie Brecht in seinem Essay „Über Ver-

Ernst Busch als Pawel in der Aufführung des Lehrstücks „Die Mutter“ im Wallnertheater Berlin, 1932

Szenenfoto aus der Uraufführung von „Die Mutter“, 3. v. r. Helene Weigel als Pelagea Wlassowa, 1. v. r. Margarete Steffin als Dienstmädchen

wendung von Musik für ein episches Theater“ schrieb, *in einer bewundernswürdigen Weise gewisse Vereinfachungen schwierigster politischer Probleme, deren Lösung für das Proletariat lebensnotwendig ist,* vorgenommen.[141] Es war Musik, die sich als Ausführung eines „sozialkritischen“ Auftrags begriff.

Regie (Burri) wie Bühnenbild (Neher) gingen auf äußerste Vereinfachung, Konzentration, Knappheit aus. Die Aufführung, die im Januar 1932 zuerst im Wallnertheater, dann im Komödienhaus, schließlich in anderen Spielstätten gezeigt wurde, vereinte Berufsschauspieler, wie Weigel, Busch, Bienert, Lingen, mit Laiendarstellern, darunter Margarete Steffin, die die Rolle des Dienstmädchens spielte. Die Polizei verbot mehrfach das Spiel; der Text tat auch gelesen seine Wirkung. Brecht wurde nun in Berlin wie im Reich ständig polizeilich beobachtet.

Die *große Form* für große Stoffe, die Brecht seit seiner Reflexion von 1926 über das, was er in ein Repertoire einzubringen habe, anstellte, fand er in dem Schauspiel „Die heilige

Johanna der Schlachthöfe", das 1932 zwar als „Versuche 13" in Heft 5 der „Versuche" veröffentlicht, aber nur noch in einer Rundfunkfassung (Regie A. Braun, mit Kortner als Mauler und Carola Neher als Johanna) verbreitet wurde. In dieses Stück gingen Figuren und Motive aus „Joe Fleischhacker" beziehungsweise „Weizen", „Happy end" und dem „Brotladen"-Fragment ein. Das Schauspiel *soll die heutige Entwicklungsstufe des faustischen Menschen zeigen,* hieß es zur Ankündigung. Brecht benützte die Figur des Bauernmädchens aus Lothringen, die zur Befreierin Frankreichs von der englischen Unterdrückung wurde, um sie in das Schlachthaus des Kapitalismus zu versetzen und als Reformistin scheitern und heiligsprechen zu lassen. Johanna Dark wird als Heilsarmistin zur Verkünderin der Klassenharmonie. Aber hingerissen vom Mitleid mit den Armen, wird sie aus der Kirche aus- und ins Proletariat hinabgestoßen. Dort versagt sie in der Stunde des Streiks, des Klassenkampfs in Hunger und Schnee, und wird dafür von den Monopolherren zur Ehre der Altäre erhoben. Sie ruft dazu auf:

Sorgt doch, daß ihr die Welt verlassend
Nicht nur gut wart, sondern verlaßt
Eine gute Welt!

Ihre Erkenntnis ist:

Es hilft nur Gewalt, wo Gewalt herrscht, und
Es helfen nur Menschen, wo Menschen sind.[142]

Eingekleidet in den religiösen, richtete sich das Stück, an dem Hauptmann, Burri und der marxistische Lehrer Hans Hermann Borchardt mitarbeiteten, der Sache nach gegen den sozialdemokratischen Reformismus. Brecht gelang das Erstaunliche, eine zyklische Krise und ihre Bewältigung durch das Monopolkapital in den dramatischen Griff zu bekommen. An die Stelle der Könige der klassischen Stücke traten nun die Konzernherren und sprachen im Blankvers über Ochsen und Arbeiter. Es war folgerichtig, daß Brecht Schillers „Jungfrau von Orleans" parodistisch zitierte und die Heiligsprechung und Kanonisierung Johannas zu einer Aufhebung des Schlusses des zweiten Teils von Goethes „Faust" machte. Wenn auch das Arbeiterelement keine so ausgeprägte figürliche Vertretung fand wie die Kapitalisten in Mauler und Slift und die Reformisten in der Johanna, so war es gleichsam kollektiv gegenwärtig.

Zur Herausbildung einer proletarischen Kunst in der „zweiten Kultur" der Arbeiter in der Weimarer Republik leistete Brecht als Mitautor des Filmes „Kuhle Wampe oder Wem gehört die Welt", der zwischen August 1931 und Februar 1932 gedreht wurde, Wesentliches. Neben Brecht arbeitete Ernst Ottwalt am Drehbuch mit. Dudow führte Regie, Eisler komponierte die Musik (für das „Solidaritätslied" entwarf Brecht selber eine Melodie). Neben Berufsschauspielern wie Hertha Thiele und Ernst Busch spielten Laien, darunter zahlreiche Arbeitersportler, mit. Trotzdem der Film in scharfem Realismus das Elend der Arbeitslosigkeit, verbunden mit Exmittierungen, Hunger, moralischer Degradation und Selbstmord, den Gebärzwang und die Bigotterie zeigte, strahlte das Werk Siegeszuversicht des Proletariats aus. Der Zensor

Brecht mit Adolf Fischer während der Dreharbeiten zum Film „Kuhle Wampe", 1931

Brecht und Sergej Eisenstein in Moskau, 1932

erkannte, wie Brecht bewundernd feststellte, völlig richtig, daß der Arbeitslose, der Selbstmord begeht, zu wenig individuell angelegt war, so daß der Eindruck entstehen mußte, sein Schicksal „als Schicksal einer ganzen Klasse“ empfinden zu lassen. Nach Protesten, die vom fortgeschrittensten Teil der Berliner Intelligenz und den proletarischen Kulturorganisationen getragen waren, wurde der Film mit Schnitten im April 1932 freigegeben. Mitte Mai reiste Brecht zusammen mit Dudow zu einer Vorführung des Films zum ersten Mal nach Moskau.

Nicht nur in der Vermeidung ausgeprägter Individualisierung und Psychologisierung der Figuren, sondern auch in anderen für das epische Theater kennzeichnenden Gestaltungs- und Darstellungsweisen traf sich Brecht mit der Avantgarde sozialistischer und kommunistischer Künstler im nationalen wie im internationalen Maßstab. So wurde 1931 in der Analyse der Filme von Eisenstein in der Sowjetunion der Stil des „sozialen Monumentalismus“ vermerkt, dem es darum gehe, „den Prozeß in seinen allgemeinen, außerindividualistischen Umrissen aufzuzeigen“[143]. Brechts epischem Theater entsprachen die offenen Formen der sowjetischen Revolutionsdramatik, die den gewaltigen Prozeß der Revolution und sozialistischen Umgestaltung widerspiegelten. Wischnewskis „Erste Reiterarmee“, dann die „Optimistische Tragödie“, die damals entstanden, als Brecht nach der neuen *großen Form* suchte, hatten die gleiche dramaturgische Struktur. Auch in ihnen interessierte der Charakter weniger als die Klassenfunktion. Die Technik der Montage bestimmte als ein dialektisches Verfahren nicht nur Theorie und Praxis des Films, sondern auch der revolutionären Dramatik.

Die Theoretiker des TRAM, der „künstlerischen Agitpropabteilung des Kommunistischen Jugendverbandes der Sowjetunion“, leiteten aus dem Studium des dialektischen Materialismus das „dialektische Stück“ ab. Eines davon, „Der nachdenkliche Kljosch“, wurde in der deutschen „Arbeiterbühne und Film“ nachgedruckt. Seit Majakowskis „Mysterium buffo“ aus dem Jahr 1919 arbeitete das revolutionäre Sowjettheater mit übersteigernden Mitteln der Darstellung. „Die Wanze“ und „Das Schwitzbad“ Majakowskis wiesen ähnliche hyperbolische Formen auf, wie sie Brecht bei der Inszenierung von „Mann ist Mann“ im Staatstheater im Jahre 1931 anwenden sollte, indem er die Soldaten auf Stelzen stellte und ihnen durch Bügel ein bombastisches Aussehen

Brecht und Sergej Tretjakow in Berlin, 1931

gab. Wenn Brecht schon 1926 den Gedanken eines *Theaterlaboratoriums* und den *Modell*-Begriff entwickelte, so gab es ähnliche Tendenzen bei Meyerhold.
Brecht mußte sich in seiner Suche nach *großer Form* und dialektischen Strukturen durch das Gastspiel des Theaters von Meyerhold in Berlin im Jahre 1930 bestätigt sehen, besonders als er dabei die Aufführung von Sergej Tretjakows Stück „Brülle, China!" sah, das in demonstrativen, mit Agitation verbundenen Szenen die englische Intervention in China anprangerte. Er mußte fasziniert sein von den schlagenden Dialogen und der darstellerischen Komprimierung der Massen. Die Appellation an das Publikum mußte ihm nicht nur inhaltlich, sondern auch formal, als Mittel, direkte Kommunikation zwischen Bühne und Zuschauern herzustellen, zusagen. Er fand deshalb *die historische Stellung des Meyerholdschen Experiments innerhalb der Versuche zu einem großen rationaleren Theater* ungleich gewichtiger als die bürgerliche Kritik, über die er sich mokierte: *Die Russen zeigen in „Brülle, China!" allzu wenig Interesse für die eventuelle Nettigkeit der Engländer im privaten Umgang!*[144]
Seine eigene Emanzipationshaltung gegenüber dem bürgerlichen Theater, gekennzeichnet durch die Forderung, das Theater solle *die Kultstätte des Gottes der Dinge, wie sie sind,* sein, mußte er in Tretjakows Theorie und Praxis einer „Literatur der Tatsachen" (literatura fakta) aufgenommen sehen, freilich auch verändert durch die Forderung nach einer dialektischen Ordnung des Wirklichkeitsmaterials. Brecht teilte zwar, nachdem er Tretjakow 1931 in Berlin persönlich kennengelernt hatte und sich mit ihm befreundete, die Verabsolutierung der „Faktographie" nicht, wohl aber den zugrunde liegenden Impetus, die künstlerische Produktion als „eingreifendes Verfahren" – so Tretjakow – aufzufassen, das dem Aufnehmenden *eingreifendes Denken* – so Brecht – ermöglichen sollte.
Brecht konnte sich jedenfalls mit seinen Bestrebungen der künstlerischen Avantgarde der Zeit zugehörig fühlen, die die „Materialrevolution" in der Bestimmung „Kunst für die Revolution" aufhob. Brechts gleichzeitigem Studium marxistischer Literatur, der zur damaligen Zeit übersetzten Schriften von Lenin, besonders dessen „Imperialismus"-Untersuchung, seiner intensiven Beschäftigung mit der materialistischen Dia-

Titelseite der A-I-Z (Arbeiter-Illustrierte Zeitung), Mai 1931

lektik entsprach eine wachsende Anteilnahme und Teilnahme an politischen Aktionen. Fritz Sternberg dürfte mit seiner Erinnerung an den blutigen 1. Mai 1929 durchaus recht haben, bei dem die sozialdemokratisch beherrschte Berliner Polizei mehrere Dutzend Arbeiter niederschießen ließ. Brecht wurde Augenzeuge der Vorfälle in der Nähe des kommunistischen Karl-Liebknecht-Hauses am Bülowplatz: „Als Brecht die Schüsse hörte und sah, daß Menschen getroffen wurden, wurde er so weiß im Gesicht, wie ich ihn nie zuvor in meinem Leben gesehen hatte. Ich glaube, es war nicht zuletzt dieses Erlebnis, was ihn dann immer stärker zu den Kommunisten trieb."[145]

Er hat sicher auch richtig in Erinnerung behalten, daß Brecht immer öfter „auf die Notwendigkeit der Einheitsfront der deutschen Arbeiter zu sprechen (kam): auf die deutsche Linke von unten"[146]. Brecht war sich bewußt, daß Hitler nur Exponent des aggressivsten, reaktionärsten Kapitalismus war:

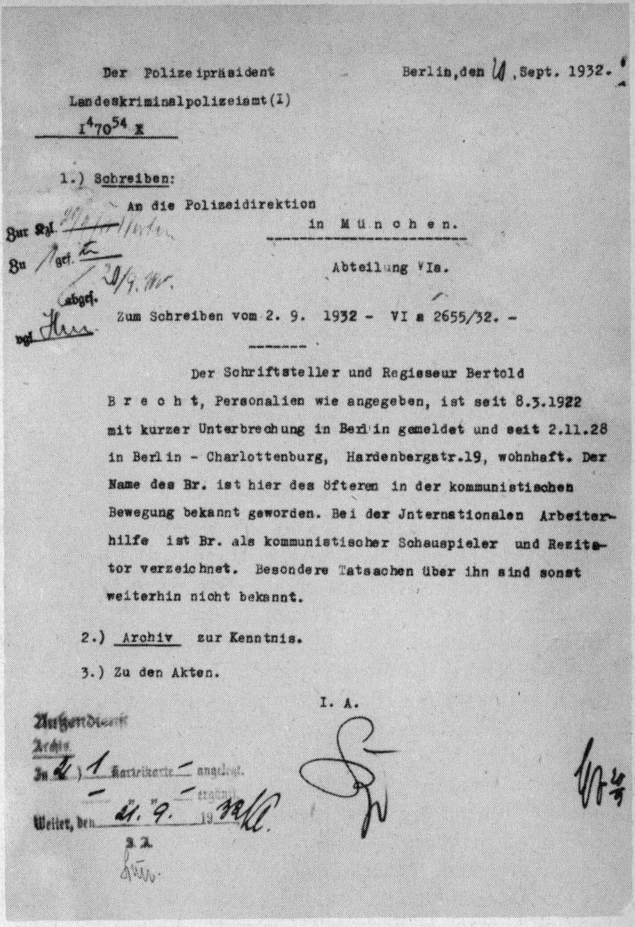

Der Polizeipräsident — Berlin, den 14. Sept. 1932.

Landeskriminalpolizeiamt (I)

I 4 7054 x

1.) Schreiben:

An die Polizeidirektion

in M ü n c h e n.

Abteilung VIa.

Zum Schreiben vom 2. 9. 1932 - VI a 2655/32. -

Der Schriftsteller und Regisseur Bertold B r e c h t, Personalien wie angegeben, ist seit 8.3.1922 mit kurzer Unterbrechung in Berlin gemeldet und seit 2.11.28 in Berlin - Charlottenburg, Hardenbergstr.19, wohnhaft. Der Name des Br. ist hier des öfteren in der kommunistischen Bewegung bekannt geworden. Bei der Jnternationalen Arbeiterhilfe ist Br. als kommunistischer Schauspieler und Rezitator verzeichnet. Besondere Tatsachen über ihn sind sonst weiterhin nicht bekannt.

2.) Archiv zur Kenntnis.

3.) Zu den Akten.

I. A.

Aus den Akten des Polizeipräsidenten Berlin vom September 1932

Hitler verrecke!
Rassereines Vieh
Sag: zu welchem Zwecke
Zahlt dich die Industrie?[147]

Mit dem Anwachsen der Nazi-Wählerschaft, dem Abbau der bürgerlichen Freiheiten, den Notverordnungen, wie sie die Regierung Brüning vornahm, der Kapitulation der sozialdemokratischen preußischen Regierung vor einem „Leutnant und drei Mann“ im Juli 1932, setzte sich Brecht immer stärker für die Antifaschistische Aktion ein, die von der Leitung der KPD auch und gerade in der Reichshauptstadt für notwendig befunden wurde. „Als der Faschismus immer stärker wurde in Deutschland“, heißt eines der Gedichte Brechts aus den letzten Jahren der Weimarer Republik, in dem er sich, an die Sozialdemokraten gewandt, für die „Rote Einheitsfront“ einsetzte. Er hielt den Aufstieg Hitlers zur Macht für aufhaltsam, war sich aber darüber klar:

Wenn wir nicht das Übermenschliche leisten
Sind wir verloren.[148]

Mit seiner künstlerischen Entwicklung war Brecht bewußter Klassenkämpfer geworden, der aktiv die Ziele der Kommunistischen Partei Deutschlands und der Dritten Internationale verfolgte, wie es Helene Weigel, Hanns Eisler, Elisabeth Hauptmann, Slatan Dudow (die beiden letzten als Mitglieder der Partei) und andere seiner Mitarbeiter taten. Der Wandel in Brechts Einstellung zur Gesellschaft, seine bewußte Parteinahme drückten auch seiner äußeren Erscheinung, ja seinem Gesicht andere Merkmale auf. Legt er in seinen ersten Berliner Jahren exzentrische Züge an den Tag, so wirkte er schließlich als der Typ des intellektuellen Arbeiters. Ludwig Marcuse schrieb dem „öffentlichen Brecht“ zu, „hochmütig, hämisch, bösartig“ zu sein; dem „privaten“ billigte er zu, „liebenswürdig, gesprächig, von abgeklärtem Witz“ zu sein, ja „hell und human“ zu wirken.[149] George Grosz kennzeichnete den Brecht der Berliner Jahre als Moralisten, Erklärer und Schulmeister: „Er hätte gewiß an Stelle des Herzens gern einen feinen elektrischen Zählapparat gehabt und an Stelle der Beine Speichen wie ein Automobilrad.“

Sein Äußeres beschrieb Grosz: „Ohne das mönchartige Gesicht mit dem in die Stirn gekämmten Haar hätte er ausgesehen wie ein Chauffeur mit einem Schuß russischen Volkskommissars.“[150]

Sergej Tretjakow erinnert sich des Berliner Brechts: „Er ist wie ein Ton, den eine zu dünne Klarinette hervorquält. Statt einer Anzugsjacke trägt er eine Weste, mit Ärmeln versteht sich. Sein hakennasiges Gesicht läßt sich ebenso mit Voltaire wie mit Ramses vergleichen."[151]

Tretjakow gab auch eine gute Schilderung des Ateliers in der Hardenbergstraße, in dem Brecht damals wohnte: „Brechts Zimmer ist ein Diagramm seiner literarischen Biographie. Eingestaubt hängt das Banjo an einer Wand, zu dessen Begleitung er jetzt schon selten seinen Freunden seine Balladen vorträgt. Neben dem Grammophon liegen Schallplatten mit der Dreigroschenoper, von Brecht selber bespielt. Eine riesige Fournierplatte zeigt eine Skizze, flüchtig hingeworfen, anspruchslos, mit verwaschenen Farben von der Hand des Künstlers, der die Ausstattung von ‚Mann ist Mann' besorgt hatte."

„Brechts Gipsbüste scheint von der Mumie des Ramses abgebrochen zu sein. Der gleiche Kopf über den Falten eines chinesischen Gewandes, zwischen chinesischen Hieroglyphensäulen, auf einer Karikatur, die wie ein chinesisches Spruchband von oben nach unten führt.

Brecht in Gestalt des Konfuzius. Der Konfuzianismus interessiert ihn als Sittenlehre. Auf dem Bücherbord stehen Bücher über die Lehre vom Handeln – Lenins Werke."[152]

Eine ähnliche Beschreibung verdanken wir Natalja Rosenel, der Frau des sowjetischen Volkskommissars für Volksbildung Anatoli Wassiljewitsch Lunatscharski, mit dem Brecht in den zwanziger und dreißiger Jahren mehrfach zusammentraf. Als sie im November 1928 zusammen mit Lunatscharski und dem Volkskommissar für Auswärtiges Maxim Litwinow eine Vorstellung der „Dreigroschenoper" im Schiffbauerdamm-Theater besucht hatte, fand sie, Brecht „wirkte wie ein junger Student oder Aspirant".

Lunatscharski hielt sich im Januar 1933 zu einer Augenoperation in Berlin auf und traf sich mit Brecht in dessen Atelier. Das Gespräch mit Brecht und anderen anwesenden Künstlern drehte sich bereits darum, wie sie sich bei einer Machtergreifung der Nazis verhalten sollten und könnten. Auf die Antwort Lunatscharskis: „Kämpfen!" kam die Frage, ob in der Emigration oder in der Illegalität. Lunatscharski erwiderte, auch in der Emigration könne man den Kampf fortset-

zen, wie die russischen Bolschewiki bewiesen hätten. Brecht soll erwidert haben: „Lunatscharski hat recht – es ist nicht auf lange, es ist ein Übergang. Ich glaube an unser Volk!"
Hermann Kesten wußte zu berichten, daß Brecht im Februar 1933 auch bereit war, den Kampf offen zu führen. Angesichts der Wucht, mit der sich die sogenannte „nationale Revolution" dann tatsächlich vollzog, erwiesen sich zwar die proletarischen Selbstschutzmaßnahmen, die Brecht dafür für nötig hielt, als illusorisch, aber Brecht erkannte klarer als manch anderer den untrennbaren Zusammenhang von „Geist und Macht".
Brecht beschrieb schon in den Jahren, die dann die letzten der Weimarer Republik genannt werden sollten, wie ein großer Teil der Intellektuellen durch Drohungen, vor allem aber durch materielle Bestechung demoralisiert wurde. Wenn er dagegen bei der Auffassung blieb:

Wer auf seiner gerechten Forderung nicht besteht,
handelt unsittlich.
Wer sein Recht wegwirft, läßt das Recht verfaulen.
Wer den Rohling nicht zurechtweist, ermutigt die
Rohheit,[153]

Brecht, um 1931

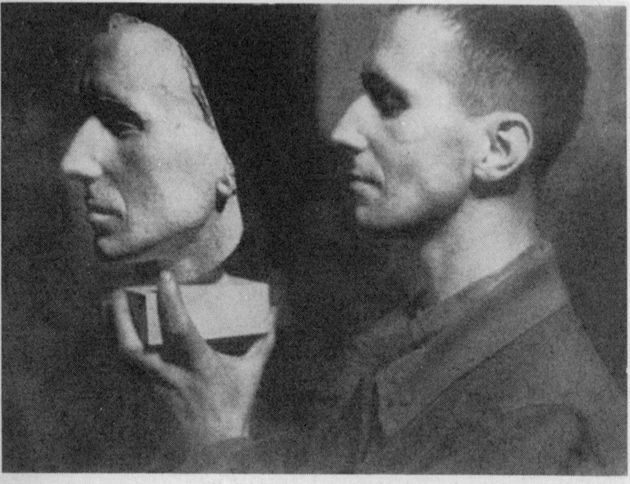

so bedeutete das, daß er auch seine gesicherte Existenz aufzugeben bereit war. Noch im Dezember 1927 hatte er gegenüber dem Finanzamt Wilmersdorf-Nord begründet, warum er sich für steuerfrei halte: *Ich schreibe Theaterstücke und lebe, von einigen kleinen äußerst schlecht bezahlten Nebenarbeiten abgesehen, ausschließlich von Vorschüssen der Verlage, die in der Form von Darlehen an mich gegeben werden. Da ich mit den Stücken vorläufig beinahe nichts einnehme, bin ich bis über den Hals meinen Verlagen gegenüber in Schulden geraten. Ich wohne in einem kleinen Atelier in der Spichernstraße 16 und bitte Sie, wenn Sie Reichtümer bei mir vermuten, mich zu besuchen.*

Mit dem Erfolg der „Dreigroschenoper" änderte sich seine materielle Lage. Der Vertrag mit Kiepenheuer, den Brecht 1929 für sieben Jahre abschließen konnte und der ihm gegen die Ablieferung eines Stückes im Jahr ein monatliches Fixum bot, von dem er auch seine Mitarbeiter leidlich bezahlen konnte, gewährleistete ihm die Möglichkeit, ziemlich frei zu arbeiten. 1932 war Brecht in der Lage, in Utting am Ammersee ein Landhaus zu kaufen. Er war nun ein erfolgreicher Schriftsteller.

Brecht in seiner Wohnung in der Hardenbergstraße 1A, im Februar 1933

All das, was er sich hart erarbeitet hatte, wurde nun radikal in Frage gestellt ...
die kisten sind gepackt, schrieb er auf das Foto, das ihn nachdenklich aus seinem Atelierfenster über Berlin hin blickend zeigt. Es entstand, nachdem am 30. Januar 1933 die politische Macht von Papen auf Hitler übergegangen war und die braunen Kolonnen einen Triumphmarsch durch das Brandenburger Tor veranstaltet hatten.
Am 27. Februar stand der Reichstag in Flammen. Brecht wußte, daß das die erste große Brandstiftung der Nazis war, die nur größere Brände ankündigte. Am nächsten Tag verließen Brecht und Weigel Berlin via Prag. Sohn Stefan folgte auf dem Luftwege nach, Tocher Barbara wurde von Augsburg aus außer Landes gebracht.
Das Exil hatte begonnen.

III Stationen der Emigration (1933–1948)

Brecht wird im Gedicht „An die Nachgeborenen“ über sich, die Seinen und Seinesgleichen sagen, daß sie *öfter als die Schuhe die Länder wechselnd / Durch die Kriege der Klassen gingen* – über die Tschechoslowakei, Österreich und die Schweiz nach Dänemark, von dort ein halbes Jahr vor Ausbruch des zweiten Weltkrieges nach Schweden, von dort ein Jahr später nach Finnland, von dort wenige Wochen vor dem Überfall der faschistischen Armeen auf die Sowjetunion in die Vereinigten Staaten. Im Oktober 1947 wird er „Gottes eigenes Land“ unter ähnlichen Schwierigkeiten verlassen, wie er hineingekommen ist, sich ein Jahr in der Schweiz aufhalten, um dann Ende Oktober 1948 in den demokratischen Sektor des von den Alliierten viergeteilten Berlin zurückzukehren.

Brecht ging keineswegs völlig unvorbereitet ins Exil. Er hatte Geld, das er sich erübrigt hatte, transferiert, die Rettung seiner Manuskripte, seiner Bücher, seines Mobiliars Elisabeth Hauptmann anvertraut. Aber er wußte so wenig wie die meisten der rund zweihundertfünfzig Politiker, Künstler, Wissenschaftler, die sich der „Nacht der langen Messer“ entziehen konnten, wo er bleiben sollte. In Prag, wo er sich mit F. C. Weiskopf besprach, schien ihm die kulturelle wie politische Lage wenig aussichtsreich. In Wien, wo die Angehörigen der Weigel lebten, bestätigte ihm Karl Kraus mit seiner Begrüßung „Die Ratten besteigen das sinkende Schiff“, wie die Entwicklung in diesem Lande einzuschätzen war. Erstmals taucht in Brechts „Unpolitischen Briefen“, in denen er seine Unterhaltungen reflektierte, die er in Wien mit anderen Emigranten, vor allem aber österreichischen Kulturschaffenden hatte, seine Ablehnung der Auffassung auf, *die Greuel waren die Folgen eines kriegerischen und abscheulichen Geistes, der auf geheimnisvolle Art die Oberhand gewonnen hatte*[1]. Das *neue Zeitalter der Barbarei,* das diese Gesprächspartner heraufziehen sahen, war für ihn nur das unvermeidliche Ergebnis des in die Krise geratenen Kapitalismus. Er faßte zusammen: *Ich fuhr niedergedrückter weg aus dem Land der Kultur,*

als ich dort angekommen war – aus dem Land der Barbarei.[2] Bereits in Wien besprach er jedoch mit Johannes R. Becher die Gründung einer Zeitschrift „Der Funke“, um den exilierten Schriftstellern ein neues publizistisches Organ zu verschaffen.
Während die Weigel in Wien blieb, um sich nach einem Engagement umzusehen, fuhr Brecht in die Schweiz weiter. In Zürich traf er Döblin, Seghers und deren Mann, den Nationalökonomen Schmidt, Bernard von Brentano, schließlich auch Feuchtwanger. Kurt Kläber, Mitherausgeber der „Linkskurve“ und seine Frau, die Kinderbuchautorin Lisa Tetzner, boten ihm eine vorläufige Unterkunft in ihrem Ferienhaus in Carona an. Hier traf sich schließlich die ganze Familie wieder, nachdem die kleine Barbara durch die Vermittlung Elisabeth Hauptmanns durch eine Engländerin, die bei einer Wohlfahrtsorganisation in Wien beschäftigt war, von ihrem Großvater in Augsburg abgeholt und in die Schweiz gebracht worden war. Brecht gewann aber in kurzer Zeit den Eindruck, den er in den „Flüchtlingsgesprächen“ dem Physiker Ziffel in den Mund legen sollte: *Die Schweiz ist ein Land, das berühmt dafür ist, daß Sie dort frei sein können. Sie müssen aber Tourist sein* – eine Äußerung, die der Metallarbeiter Kalle, Brechts proletarisches Ich, ergänzt: *Wenns in der Schweiz was gegen den Faschismus sagen, was mehr ist als nur, daß Sie ihn nicht lieben, was keinen Wert hat, heißts sofort: „Diese Überzeugung darf man nicht äußern, weil sonst die Freiheit bedroht ist, denn dann kommen die Deutschen.“*[3]
In dieser Lage war es für Brecht sehr günstig, daß er das Angebot bekam, zusammen mit Kurt Weill für „Les Ballets 1933“ in Paris das Ballett „Die sieben Todsünden“ zu schreiben. Bei der Inszenierung arbeitete er für lange Jahre zum letzten Mal mit Caspar Neher zusammen. Seinen Aufenthalt in Paris benützte Brecht, um sich nach Filmaufträgen umzutun und mit Ernst Josef Aufricht eine Produktion der „Spitzköpfe und Rundköpfe“ zu planen, die aus der Bearbeitung von Shakespeares „Maß für Maß“ für eine Aufführung in der Volksbühne in der Regie von Ludwig Berger im Jahre 1931 hervorgegangen waren, im Januar 1933 für die Veröffentlichung in einem neuen Heft der „Versuche“ schon gesetzt waren, aber nicht mehr erscheinen konnten.

Während dieser ersten Monate seines Exils verfolgte Brecht mit brennendem Interesse die Faschisierung Deutschlands: Am 28. Februar die „Verordnung gegen Verrat am deutschen Volk und hochverräterische Umtriebe“, die sich in erster Linie gegen die Kommunistische Partei Deutschlands richtete und sie praktisch illegal machte. Am 4. März die Reichstagswahl, bei der die KPD trotz des Terrors 81 Reichstagsmandate erhält, die sofort annulliert werden. Am 8. März das Verbot der KPD und die Umbenennung des Karl-Liebknecht-Hauses, des Sitzes des Zentralkomitees der Partei, in das „Horst-Wessel-Haus“. Am 13. März die Ernennung Goebbels' zum „Reichsminister für Volksaufklärung und Propaganda“. Die Einrichtung der ersten Konzentrationslager und die Bildung der Geheimen Staatspolizei. Am 21. März die Eröffnung des Reichstages in der Garnisonskirche Potsdam mit dem spektakulären Handschlag zwischen Hitler und Hindenburg. Am 23. März das Gesetz zur „Behebung der Not von Volk und Staat“, das als „Ermächtigungsgesetz“ die Verfassung praktisch außer Kraft setzte. Am 2. Mai die Besetzung der Gewerkschaftshäuser, gefolgt von der Gründung der „Deutschen Arbeitsfront“ als Zwangsorganisation für die Arbeiter. Am 10. Mai dann die öffentliche Bücherverbrennung, mit der der „Aufklärungsfeldzug ‚Wider den undeutschen Geist'“ der Deutschen Studentenschaft abgeschlossen wurde. Bereits im August 1932 hatte der „Völkische Beobachter“, das Zentralorgan der Nazi-Partei, einen Index veröffentlicht. Zu den Vertretern der „dekadenten Niedergangsperiode“ zählten unter anderen Feuchtwanger, Bruckner, Toller, Wedekind, Friedrich Wolf, Stefan Zweig, Zuckmayer, von den Ausländern Pirandello, Shaw und Strindberg. Zu den „pazifistischen Demokraten“ wurden Gerhart Hauptmann, Klabund und Unruh gerechnet. Zu den „Renommierdeutschen“ wurde neben Paul Credé und Lampel Bertolt Brecht gezählt. Am 10. Mai 1933 hatte Brecht zwar nicht die Ehre, zu den „Feuersprüchen“ gegen „Klassenkampf und Materialismus“ wie Marx und Kautsky, „gegen Dekadenz und moralischen Verfall“ wie Heinrich Mann, „gegen literarischen Verrat am Soldatentum des Weltkriegs“ wie Remarque, „gegen dünkelhafte Verhunzung der deutschen Sprache“ wie Alfred Kerr, „gegen Frechheit und Anmaßung“ wie Tucholsky und Ossietzky beizutragen. Aber

seine Werke flogen mit in die Flammen, und auf der ersten amtlichen schwarzen Liste der Bücher, die „bei Säuberung der öffentlichen Büchereien auszumerzen sind", stand er mit allen seinen Werken. Es braucht nur noch das Verbot der SPD im Juni und die „Selbstauflösung" der übrigen Parteien zu erfolgen, um die Nazi-Diktatur staatsrechtlich abzuschließen.
Noch in Wien hatte Helene Weigel von der dänischen Schriftstellerin Karin Michaelis, die sie zur Bühne gebracht hatte, das Angebot erhalten, daß die Familie Brecht in ihrem Haus in Thurö auf der Insel Fünen in Dänemark Zuflucht finden könne. Das Angebot wurde angenommen. Brecht reiste nach der Premiere der „Sieben Todsünden" dorthin. Er hatte schneller als andere Exilierte, die auf gepackten Koffern sitzen blieben, begriffen, daß es galt, sich auf längere Zeit einzurichten. Wie er Arnold Zweig gegenüber äußerte, rechnete er damals mit einem fünfjährigen Exil.
Mit finanzieller Unterstützung durch Brechts Vater und dem Erbteil der Weigel erwarben Brecht und Weigel im August 1933 in dem südwestlich des Städtchens Svendborg gelegenen Dorf Skovsbostrand für 7 000 Kronen ein Fischerhaus und ließen es herrichten. Mit Hilfe von Pfanzelt und Müllereisert organisierte Elisabeth Hauptmann das Nachschicken des Mobiliars und der Bibliothek, darunter sämtlicher Jahrgänge der sozialdemokratischen „Neuen Zeit", die Brecht immer als eine Fundgrube zum Verständnis des Sozialdemokratismus betrachtete. Die Versendung erfolgte über die Deckadresse von Maria Lazar, einer Freundin der Michaelis. Die Manuskripte Brechts wurden durch Freunde, die ins Ausland reisten, herausgebracht. Den aufgelassenen Stall des Hauses in Skovsbostrand richtete Brecht als Arbeitsraum ein. Der sozialdemokratische dänische Journalist Fredrik Martner, über den Brecht in den folgenden Jahren gute Verbindungen zur dänischen Sozialdemokratie hielt, beschrieb das Arbeitszimmer: „Ein Arbeitstisch aus gebeizter Kiefer nahm die ganze Längsseite des Zimmers ein. An den Wänden hingen chinesische Theatermasken und eine riesige Fotografie seiner Frau Helene Weigel. Auf einem Balken unter der niedrigen Decke stand ein Lenin-Zitat: ‚Die Wahrheit ist konkret.' Die Buchstaben waren aus schwarzem Karton geschnitten und mit dünnen Nägeln an die Balken geheftet."[4]

Brechts Haus in Skovsbostrand, 1936

Brecht mit seinem Vater in Skovsbostrand, 1934

Brecht mit seiner Tochter Barbara, 1933

Mari Hold, die aus Augsburg stammende Haushälterin, die Brechts Wirtschaft schon in Berlin geführt hatte, kam ebenfalls nach, heiratete jedoch, von Brecht mit einem langen Gedicht bedankt, ein Jahr später einen dänischen Fleischer. Über diese dänische „Zufluchtsstätte" schrieb Brecht:

Ein Ruder liegt auf dem Dach. Ein mittlerer Wind
Wird das Stroh nicht wegtragen.
Im Hof für die Schaukel der Kinder sind
Pfähle eingeschlagen.
Die Post kommt zweimal hin
Wo die Briefe willkommen wären.
Den Sund herunter kommen die Fähren.
Das Haus hat vier Türen, daraus zu fliehn.[5]

Brechts Übersiedlung nach Skovsbostrand wurde mit der Anmeldung der Familie am 28. Dezember 1933 in der Gemeinde Egense besiegelt. Ausgestattet mit seinen Büchern und seiner Einrichtung, die Manuskripte im wesentlichen gerettet, versorgt durch die Hold und die Weigel, eine ausgezeichnete Köchin, schließlich auch im Besitz eines alten Fords, vereint mit den Kindern und besuchbar von Freunden aus Deutschland (darunter gleich im Jahre 1934 die Jugendfreunde Pfanzelt und Müllereisert, vor allem aber auch Brechts Vater), war sich Brecht, wie er Walter Benjamin im Sommer 1934 gegenüber äußerte, der Vorteile durchaus bewußt, „die seine persönliche Lage vor der der meisten Emigranten auszeichnen“[6].
Von seiner Einladung machten in den folgenden Jahren unterschiedlich lang unter anderen Walter Benjamin (der die meiste Zeit in Paris lebte), Hanns Eisler und seiner Frau Lou, George Grosz, Karl Korsch, der hier 1936 seine „Marx“-Biographie schrieb, und Fritz Sternberg Gebrauch. Nach Skovsbostrand kamen aber auch zahlreiche unbekannte Flüchtlinge, legale und illegale, darunter die Genossen Willi Grünert und Kurt Krauter, die im Auftrag der Auslandsleitung der KPD in Dänemark mit Brecht und Weigel Verbindung hielten. Karin Michaelis bezeichnete Brechts Haus als einen „Tummelplatz für Flüchtlinge“[7]. 1937 traf Brecht in Kopenhagen Hermann Duncker nach dessen Entlassung aus dem Zuchthaus Brandenburg.
Die Namen von prominenten Emigranten wurden von den dänischen Nazis laufend veröffentlicht. Der Sicherheitsdienst der Nazis und die Auslandsabteilung der Gestapo wurden auch durch dänische Polizei auf dem laufenden gehalten. Brecht konnte schon in den ersten Wochen seines Aufenthaltes in Dänemark aus der Zeitung entnehmen, daß der kom-

Ruth Berlau vor Beginn ihrer Reise mit dem Fahrrad von Kopenhagen nach Moskau am 4. Juni 1930

munistische Funktionär Funcke in Aabenraa der deutschen Polizei überstellt wurde, obwohl auf ihn das KZ wartete.[8] Wie alle anderen Emigranten unterlag auch Brecht der Verpflichtung, sich jeglicher politischer Agitation zu enthalten. Seine Aufenthaltsgenehmigung galt immer nur für ein Vierteljahr. Noch Anfang Juni 1933 hatte Brecht von der Schweiz aus dem Finanzamt in Berlin-Charlottenburg die Angabe Elisabeth Hauptmanns bestätigt, „daß Herr Brecht ab 1. 4. 33 kein Einkommen mehr hat und wohl auch nicht mehr zu erwarten hat, da sein Verlagsvertrag mit Wirkung ab 1. 4. gekündigt wurde“[9]. Nun mußte er im Exil versuchen, sich eine neue Existenz aufzubauen. Brecht war sich dabei klar, daß dieser Lebenskampf nur als politischer Kampf zu führen und zu gewinnen sein würde. Unmittelbar nach seiner Ankunft in Dänemark schlug er Johannes R. Becher als Sekretär des Bundes proletarisch-revolutionärer Schriftsteller vor, eine *autoritative Konferenz* exilierter Schriftsteller durchzuführen, *auf der Ziel und Methoden unserer künftigen Arbeit endgültig festgelegt werden.* Dazu hielt Brecht es für notwendig, daß sich an ihr *wirklich autoritative Freunde* aus der Sowjetunion (er nannte Radek, Kolzow und Dinamow) beteiligen.

Ein wichtiger Schritt war die Neugründung des Schutzverbandes Deutscher Schriftsteller, den die Nazis am 11. März 1933 aufgelöst hatten. Sie erfolgte noch 1933 in Paris. Brecht konnte sich in den Aufbau einschalten, als er im September 1933 wieder nach Paris kam. Brecht vertrat in den folgenden Jahren den SDS, dessen Ehrenpräsident Heinrich Mann geworden war, in Dänemark, dann in Schweden. Brecht war es zur gleichen Zeit um die Schaffung neuer publizistischer Organe zu tun. Dazu gehörten schließlich die existierenden „Neuen Deutschen Blätter“ in Prag, die von Oskar Maria Graf, Wieland Herzfelde und Anna Seghers herausgegeben wurden, und „Die Sammlung“, die, von Klaus Mann herausgegeben, in Amsterdam erschien. Beide Zeitschriften mußten jedoch bereits 1935 ihr Erscheinen einstellen. Um sie zu ersetzen, erschien ab Juli 1936 in Moskau „Das Wort“, das von Brecht, Willi Bredel und Lion Feuchtwanger redigiert wurde. Neben der deutschsprachigen Ausgabe der „Internationalen Literatur“, die seit 1931 in Moskau erschien, wurde „Das Wort“ das breiteste und profilierteste Organ der deutschsprachigen Schriftsteller im antifaschistischen Kampf, der in diesen Jahren im Zeichen der Volksfront stehen sollte. Brecht publizierte aber auch in der „Neuen Weltbühne“, die in Prag, dann in Paris erschien und von Hermann Budzislawski redigiert wurde, in der in Prag wiederbelebten „Arbeiter-Illustrierten-Zeitung“, aber auch in Zeitungen wie „Unsere Zeit“, Paris, „Baseler Nationalzeitung“ und „Deutsche Zentral-Zeitung“, Moskau. Nicht weniger mußte Brecht an der Wirksamkeit antifaschistischer Verlage interessiert sein. Er selbst kam ins Geschäft mit Editions du Carrefour Paris, dem Nachfolgeverlag von Neues Leben in Berlin unter

der Leitung von Willi Münzenberg, der deutschsprachigen Abteilung von Allert de Lange, Amsterdam, vertreten durch Hermann Kesten und Walter Landauer, und schließlich mit dem Malik-Verlag mit Sitz in London unter der Leitung von Wieland Herzfelde. In Moskau war es vor allem die Verlagsgenossenschaft ausländischer Arbeiter. Und naturgemäß war Brecht an Verbindungen mit den Theatern und Theaterverlagen außerhalb des Reiches interessiert.
Was die Gewinnung einer gemeinsamen Plattform der emigrierten Schriftsteller gegen den Faschismus betraf, gewann Brecht bei seinem Aufenthalt in Sanary-sur-Mer im Herbst 1933, den ihm Lion Feuchtwanger ermöglichte, den Eindruck, daß zwischen „Großschriftstellern" wie Thomas Mann, Stefan Zweig, Emil Ludwig, Franz Werfel, Vicky Baum, Alfred Kerr, Erich Maria Remarque und Schriftstellern, die links von der Mitte standen, wie etwa Heinrich Mann, Döblin und Arnold Zweig, oder als „Parteischriftsteller" galten wie Friedrich Wolf, aber auch Ernst Toller und Brecht selber, wenig gemeinsames Bewußtsein bestand. Um größere Klarheit zu schaffen, beteiligte er sich an der Gründung eines Instituts zum Studium des Faschismus in Paris und warb für eine internationale „Gesellschaft für materialistische Dialektik", die *neue Methoden kollektiven Denkens* anwenden sollte. Zu den Aufgaben sollte die Anfertigung eines *Katalogs der Scheinwahrheiten, Lügen, Infamien, Metaphysizismen* gehören, deren sich der Faschismus bediente. Er selbst machte sich daran, die Phrasen der Nazis systematisch zu widerlegen, so etwa das von den Nazis ausgenützte Sprichwort „Gemeinnutz geht vor Eigennutz". Er berichtigte, ergänzte, kommentierte Reden der Naziführer, wie etwa von Göring „Über die Überwindung des Kommunismus in Deutschland", durch entsprechende Einschübe in die Texte, die er aus der „Baseler Nationalzeitung" ausgeschnitten hatte. Noch im Exil in Schweden sollte Brecht Wissenschaftler für die Herstellung eines „Schlagwörterbuchs des Faschismus" zu gewinnen trachten.
Mitte Juli 1933 verkündete Hitler die Gründung eines „Hauses der deutschen Kunst" in München. Auf dem Nürnberger „Parteitag des Sieges" forderte er die Künstler auf: „Da Torheit und Unrecht die Welt zu beherrschen scheinen, rufen wir sie auf, die stolzeste Verteidigung des deutschen Volkes

mit zu übernehmen durch die deutsche Kunst." Goebbels schuf Mitte Oktober 1933 die „Reichskulturkammer". Mitte November 1933 wurde bekannt, daß Hans Otto, jugendlicher Held am Staatstheater in Berlin und Leiter der Revolutionären Gewerkschaftsopposition unter den Bühnenschaffenden, verhaftet worden war; Nachrichten über seine Folterung durch die Gestapo und seinen Tod sickerten durch. Sofort wandte sich Brecht im Dezember 1933 im Auftrag des Bundes proletarisch-revolutionärer Schriftsteller in einem „Offenen Brief an den Schauspieler Heinrich George", der in Brechts Stücken führende Rollen gespielt hatte, aber nun mit Goebbels gemeinsame Sache machte. Er forderte ihn auf, sich um Otto zu kümmern, der fortfuhr, gegen Ausbeutung und Unterdrückung zu kämpfen, *solange bis er mit schrecklichen Wunden in der Klinik lag.* Der weitergehende Zweck des Briefes war, George und andere „Mitmacher" zu überführen. *Sie selber und Ihre Kollegen sind über Nacht zu Hampelmännern geworden. Traurige Schauspielbeamte werdet ihr, der Gemeinheit gleichgeschaltet, ‚geführt' von Henkern.* Abschließend warnte er ihn und seinesgleichen, allzu fest *auf den ewigen Bestand der Barbarei und der Unbesieglichkeit der Schlächter* zu vertrauen.[10]

Hatte Brecht den Antifaschisten schon unmittelbar nach dem Reichstagsbrand mit seiner „Moritat vom Reichstagsbrand" eine wirksame politische Satire geliefert, so nahm er im Herbst 1933 lebhaften Anteil an der Organisierung und Auswertung des Internationalen Untersuchungsausschusses zur Aufklärung des Reichstagsbrandprozesses in London, der am 16. September 1933 mit der Feststellung der Untersuchungskommission endete, daß nicht, wie die Nazis behaupteten, Dimitroff und die KPD, sondern die Nazis selber den Reichstag angezündet hatten. Er arbeitete am Entwurf für ein zweites Braunbuch über den Reichstagsbrandprozeß mit und richtete seine „Adresse an den Genossen Dimitroff", in deren Schlußversen er Dimitroff stellvertretend rühmte für alle, die wie dieser

verdächtigt, gegen den Hunger zu kämpfen
Beschuldigt des Aufruhrs gegen die Ausbeuter
Angeklagt des Kampfes gegen die Unterdrückung
Überführt der
Gerechtesten Sache.[11]

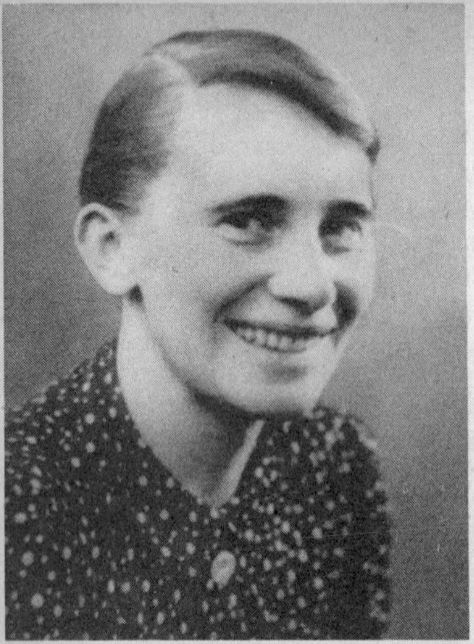

Margarete Steffin,
1938

Diese „Adresse" gehörte zu den „Liedern Gedichten Chören", die Brecht und Eisler im Herbst 1933 in Paris für die Editions du Carrefour zusammenstellten, wo sie 1934 erschienen. Es war Brechts erste Gedichtsammlung im Exil. Kampflyrik, einmal in der Form der Bestärkung der Kämpfer, zum anderen in der Form der satirischen Bloßstellung der Unterdrücker in Deutschland.
Den Schluß der „Lieder Gedichte Chöre" bildete das Gedicht „Deutschland", dem das Motto vorangestellt war:

Mögen andere von ihrer Schande sprechen,
Ich spreche von der meinen.

In freien Rhythmen, dem klassischen Pathos die Härte der Wirklichkeit gebend, hieß es:

Oh Deutschland, bleiche Mutter
Wie sitzest du besudelt
Unter den Völkern.
Unter den Befleckten
Fällst du auf.[12]

Arnold Zweig billigte der Sammlung „Lieder Gedichte Chöre" in den „Neuen Deutschen Blättern" „die Brauchbarkeit von Werkzeugen" zu.[13]
An der Fertigstellung der Sammlung in Paris arbeitete auch Margarete Steffin mit. Sie hatte als Laiendarstellerin in der Berliner Aufführung der „Mutter" das Dienstmädchen gespielt. Sie war ein Arbeiterkind aus Berlin-Rummelsburg, zehn Jahre jünger als Brecht, von Beruf kaufmännische Angestellte, Mitglied der Kommunistischen Partei. Ihr galten die erotischen „Sonette", die Brecht 1932 zu schreiben begann. Bei der Machtergreifung der Nazis war sie zur Ausheilung ihrer Tuberkulose in Italien. Sie kehrte nicht mehr nach Deutschland zurück, sondern ging mit Brecht nach Dänemark und bezog in der Nähe von Skovsbostrand eine eigene Wohnung. Brecht betrachtete sie als sein proletarisches Gewissen.
Brecht schrieb für sie im Exil, als ihre Tuberkulose auch durch Behandlungen in sowjetischen Sanatorien nicht eingedämmt werden konnte, die „Lieder des Soldaten der Revolution". In dem Gedicht „Die gute Genossin M. S." hieß es beziehungsvoll:

Fliehend unter das dänische Strohdach
Ging ich doch nicht von euch.
Und eine von euch
Habt ihr mir mitgegeben.[14]

Steffin war sehr sprachbegabt. Sie erlernte die skandinavischen Sprachen und Russisch. Sie pflegte besonders Brechts Verbindungen zur Sowjetunion. Ihr Briefwechsel mit Walter Benjamin, den sie verehrte wie er sie, bezeugt ihre grenzenlose Hingabe an Brecht wie an die *dritte Sache.* Sie war Brechts Sekretärin, seine kritische und schöpferische Mitarbeiterin an fast allen Werken, die im skandinavischen Exil entstanden. Daneben schrieb sie selber Kinderstücke und andere Texte. Mit Brecht zusammen übersetzte sie Martin Andersen Nexös „Erinnerungen". In der „Steffinischen Sammlung" sind mit die schönsten Gedichte enthalten, die Brecht seit 1937 in Dänemark, dann in Schweden und Finnland schrieb.
Als sie mit Brecht nach Dänemark kam, kam sie zunächst bei

einer Frau unter, die ebenfalls eine große Rolle für Brecht spielen sollte, nämlich bei der Schauspielerin Ruth Berlau. Die „rote Ruth", wie sie um diese Zeit in Kopenhagen bereits genannt wurde, war acht Jahre jünger als Brecht, stammte von einem „Gulaschgroßisten" ab, machte von sich reden, weil sie für eine Kopenhagener Zeitung mit dem Fahrrad nach Paris fuhr und darüber mit viel Witz und Erfindung berichtete, wiederholte diese Reise in entgegengesetzter Richtung nach Moskau, wurde hier mit der Realität des sozialistischen Aufbaus bekannt und schloß sich nach ihrer Rückkehr der kommunistischen Bewegung in Dänemark an. Als Schauspielerin recht und schlecht ausgebildet, spielte sie 1930 die Anna Balicke in Brechts „Trommeln in der Nacht" in der Kopenhagener Aufführung. Schließlich mit dem angesehenen Arzt Robert Lund verheiratet, war sie das enfant terrible der feinen Gesellschaft Kopenhagens. Hübsch, mondän, extrovertiert bis zur Herausforderung, hatte sie ihrem Wesen wie ihrem Gehabe nach viel mit dem jungen Brecht gemeinsam. Es ist keineswegs zufällig, daß Brecht sie schließlich als *meine Schwester* empfand und ansprach. Als Brecht nach Dänemark kam, arbeitete sie mit dem „Revolutionären Theater" (R. T.) zusammen, zu dem Per Knutzon als Regisseur und seine Frau Lulu Ziegler gehörten. Für sie wollte sie von Brecht ein Exemplar der „Mutter" haben, als sie durch die Michaelis von Brechts Übersiedlung nach Dänemark erfahren hatte. Damit begann ein lebenslanges Verhältnis, das ebenso fruchtbare wie furchtbare Wirkungen auf beide ausüben sollte. In verschlüsselter Form geben darüber die *Lai-tu-Geschichten* in „Me-ti" Auskunft, in direkter Form die Briefe Brechts an sie.

Ruth Berlau war die wichtigste Vermittlerin Brechts zum dänischen Theater, zu Übersetzern wie Otto Gelsted und Johannes Weltzer, aber auch zur skandinavischen Linken. Auch sie sollte eine wichtige Mitarbeiterin an Werken werden, die Brecht verfaßte. Mit ihm zusammen schrieb sie die Novellensammlung „Jedes Tier kann es", in der die Tödlichkeit der Liebe für die Frauen beschrieben wird. Brecht bearbeitete ihre Komödie „Alle wissen alles".

In der ersten Hälfte des Jahres 1934 diktierte Brecht, zeitweilig im Krankenbett, der Steffin den „Dreigroschenroman" zu Ende, mit dem er beim Verlag Allert de Lange einen Vertrag

abschließen konnte, der ihm 8 000 holländische Gulden einbrachte und ihn damit fürs erste materiell sicherte. Darin stellte er, „Dreigroschenoper“ und „Beule“ fortführend, die große Koalition zwischen gesellschaftlicher Ober- und Unterwelt, die mit Ausbeutung und Krieg ihren Schnitt machen, satirisch als *Sieg der Vernunft* dar, aber auch als Bestätigung, daß die Bibel mit dem Gleichnis von dem, der da hat und dem noch gegeben wird, doch recht hat. Im Schlußkapitel freilich riß er eine andere Perspektive auf, indem er im Traum des Soldaten Fewkoomby das Jüngste Gericht mit der Erhebung der Massen gleichsetzte und die Ausbeutung des Menschen durch den Menschen als das Pfund entlarvte, mit dem die Reichen wuchern können. Der Oberste Richter, der sich in seiner wilden Wut, diese Wahrheit nicht vorher erkannt zu haben, gleich den „Drei Soldaten“ der „Versuche“, selbst zum Tod verurteilt, ist der vorweggenommene Richter Azdak des „Kaukasischen Kreidekreises“. Der Roman erschien noch 1935 und wurde bald ins Englische und Russische übersetzt.
Im Frühjahr des Jahres 1934 arbeitete Brecht mit Eisler an einer neuen, zeitgemäßeren Fassung der Parabel „Die Spitzköpfe und die Rundköpfe“. Sie erhielt zum Obertitel „Die Rundköpfe und die Spitzköpfe“ den Untertitel „Reich und reich gesellt sich gern“. In der ersten Fassung diente sie der Entlarvung der Nazi-Phrasen von der Volksgemeinschaft. Zu den Zeitungsausschnitten, die Brecht benutzte, gehörte zum Beispiel „Hitlers Antwort an Reichskanzler Papen“, veröffentlicht im „Völkischen Beobachter“ vom 21. Oktober 1932, in der ein Absatz überschrieben war: „Das wirtschaftliche Denken ist der Tod jedes völkischen Idealismus.“ In der dänischen Fassung unterstrich Brecht die Funktion des Angelo Iberin, der sich anheischig macht, die Ordnung im Staat wiederherzustellen, indem er, wie Brecht in analogen politischen Äußerungen über den Faschismus zu dieser Zeit erklärte, *die Klassenkämpfe in Rassenkämpfe*[15] verwandelt. Herausragendes Opfer dieser Demagogie ist der rundköpfige Pächter Callas, der glaubt, sich seine Produktionsmittel – Ackergäule – von dem spitzköpfigen Pachtherrn Guzman verschaffen zu können, weil der seine Tochter Nanna verführt hat. Aber nach der Niederschlagung der *Sichel* werden sich die reichen *Tschuchen* und die reichen *Tschichen* rasch

einig. Während die *Sichel*-Anhänger gehängt werden, bekommt Callas, dessen Anspruch auf die Gäule aberkannt wird, weil er seine Pacht an Guzman nicht bezahlt hat, den Stahlhelm aufgesetzt, um in einen imperialistischen Krieg gegen den „Erbfeind" mit den eckigen Köpfen zu ziehen. Iberin hat seine Schuldigkeit getan.

Brecht nannte sein Stück *ein Greuelmärchen.* Soweit es sich auf die Entwicklung in Deutschland bezog, bestätigte sich weder die unterstellte Entmachtung Hitlers durch das Bündnis von Reichswehr und konservativem „Herrenklub" (Hitler machte sich vielmehr 1934 nach dem Tod des Reichspräsidenten Hindenburg zum „Führer und Reichskanzler" und verschaffte sich durch die Liquidierung des SA-Führers Röhm am 30. Juni auch das Vertrauen der Reichswehr) noch die angenommene große Übereinkunft der reichen „Arier" und der reichen „Juden" auf Kosten der Ausgebeuteten beider „Rassen". Auf dem „Parteitag der Freiheit" in Nürnberg im Jahre 1935 erließen die Nazis die sogenannten „Nürnberger Gesetze" „zum Schutz des deutschen Blutes und der deutschen Ehre", durch die „das jüdische Element" aus dem „deutschen Volkskörper" ausgeschieden werden sollte. Am 9. November 1938 steckten sie in ganz Deutschland die Synagogen in Brand. Am 20. Januar 1942 fand die „Wannseekonferenz" zur „Endlösung der Judenfrage" statt, die mit der Ermordung von rund sechs Millionen Juden in den Gaskammern von Auschwitz und anderen Vernichtungslagern endete.

Brecht konnte diese Entwicklung im Jahre 1934 nicht voraussehen. Die Familie seiner Frau Helene Weigel, die Jüdin war, wurde durch die Maßnahmen der Nazis schwer getroffen. Brecht konnte aber zu Recht darauf verweisen, daß das internationale Finanzkapital, gleichgültig, ob es „arisch" oder „jüdisch versippt" war, während des Krieges seine Interessen abstimmte und auf alle Fälle in einem einig war, nämlich eine weitere Ausbreitung der *Sichel* (sprich Kommunismus) zu verhindern und dort, wo sie nicht zu vermeiden war, rückgängig zu machen.[16] Im historisch übergreifenden Sinn gab die Parabel durchaus richtig die Verdeckung des Klassenkampfes durch Rassismus wieder, der sich ja nicht auf Antisemitismus beschränkt.

Brecht hoffte auf eine Aufführung der Parabel durch Per

Knutzon im Dagmar-Theater in Kopenhagen, bekam aber von diesem mitgeteilt, der Anwalt meine, die Zensur würde eine Aufführung nicht zulassen, „weil die Person Hitlers persifliert würde". Außerdem glaube er nicht, daß jüdische Finanzkreise dafür als Geldgeber zu gewinnen seien. Tatsächlich kam die Aufführung erst im Herbst 1936 zustande.

Die Parabelform bot die Möglichkeit, komplizierte gesellschaftliche Vorgänge zu verdichten. Brecht berief sich dabei immer auf Lenins Gleichnis vom Besteigen hoher Berge, das er aus der Zeitschrift „Die Internationale"[17] kannte und das er einige Jahre später als Exempel in seine „Me-ti"-Geschichten aufnahm. Die Parabel war unter den gegebenen Umständen auch eine geeignete Form der „Sklavensprache", der sich Lenin in seiner eigenen Exilzeit mit Erfolg zu bedienen wußte, worauf Brecht ebenfalls mehrfach verwies. Schließlich drängte sich aber dem Exulanten Brecht immer stärker die Notwendigkeit auf, „Über die Bauart langdauernder Werke" nachzudenken. Dazu gehörte nicht nur, *Vorschläge in einer haltbaren Sprache* zu schreiben, wie er seine Absicht in dem Gedicht „Zitat" kennzeichnete,[18] sondern auch eine große Form mit hoher poetischer Verdichtung zu finden – und beides bot eben die Parabel.

Über Brechts Selbstverständigung nach dem ersten Jahr des Exils gibt eine Aufzeichnung Benjamins Auskunft: „Seine Planungen greifen weiter aus. Er steht dabei vor einer Alternative. Auf der einen Seite warten Prosavorwürfe. Der kleinere des Ui – eine Satire auf Hitler im Stile der Historiographen der Renaissance – und der große des Tui-Romans. Der Tui-Roman ist bestimmt, einen enzyklopädischen Überblick über die Torheiten der Tellektuell-Ins zu geben (der Intellektuellen); er wird, wie es scheint, zumindest zum Teil in China spielen. Ein kleines Modell für dies Werk ist fertig."[19]

Unter Hinweis auf Brechts Studien des Leninismus und des naturwissenschaftlichen Empirismus skizzierte Benjamin dann die zweite Alternative, nämlich ein „philosophisches Lehrgedicht" zu schreiben, in dem Überlegungen zu einer nichtaristotelischen Logik, zu einer Verhaltenslehre und einer neuen Enzyklopädie aufgehoben sein sollten. Die Problematik zusammenfassend, kam Benjamin zur Folgerung: „Diese heroischen Bemühungen Brechts, die Kunst dem Ver-

stande gegenüber zu legitimieren, haben ihn immer wieder auf die Parabel verwiesen, in der sich die artistische Meisterschaft dadurch bewährt, daß die Elemente der Kunst am Ende sich in ihr wegheben."[20]
Aus diesen Überlegungen heraus entstand auch das mit Steffin geschriebene „Schulstück" mit dem Titel „Die Horatier und die Kuriatier", das Benjamin für das beste Lehrstück Brechts überhaupt hielt. Begonnen 1934, fallen die intensive Arbeit daran und die Fertigstellung in die Zeit nach dem zweiten Besuch Brechts in Moskau im Jahre 1935. Den Grund erhellt eine Stelle aus einem Brief Brechts an Hanns Eisler von Ende August 1935, in dem Brecht Eislers Abreise vor Beendigung der Arbeit besonders deshalb kritisierte, weil *es sich um einen Auftrag der Roten Armee handelte und ein beträchtlicher Propagandawert herauskommen konnte, wenn man das Stück in den amerikanischen, englischen, französischen, nordischen linksstehenden Schulen zur Aufführung brachte*[21]. Abgeleitet aus der altrömischen Geschichte der Horatier und der Kuriatier, wie sie Brecht aus dem Titus Livius kannte, parabolisierte Brecht in dem Lehrstück die Dialektik von Strategie und Taktik sowohl des politischen als auch des militärischen Kampfes.

Unsere Niederlagen nämlich
Beweisen nichts, als daß wir zu
Wenige sind,[22]

hatte er noch 1933 „Gegen die Objektiven" vorgebracht. Nun zeigte er, wie aus dieser wie aus anderen möglichen Niederlagen letztlich doch ein Sieg gemacht werden kann. Der letzte der drei Horatier flieht vor den ihn verfolgenden drei Kuriatiern und macht sie einzeln nieder. Brecht ließ diese Fabel auch durch sein fiktives Ich *Me-ti* im „Buch der Wendungen" erzählen. Dort trägt sich die Geschichte im Lande Su zu, das ein poetischer Kürzel für die Sowjetunion ist.[23] Man braucht nur an die drei Stoßsäulen der faschistischen Armeen bei ihrem Angriff auf die Sowjetunion im Jahre 1941 zu denken, um im nachhinein zu erkennen, wie der Sieg der Roten Armee über die Invasoren letztlich nach dem Muster der „Horatier und Kuriatier" erfolgte, das Lehrstück Brechts sich also als Vorwegnahme der Geschichte er-

wies. In der Dramaturgie und Darstellung griff Brecht auf das Vorbild des asiatischen Theaters zurück. Die je drei Darsteller markieren ihre militärische Stärke durch Fähnchen, die auf dem Rücken aufgesteckt sind; die Musik ließ sich auf eine Trommel reduzieren.[24] Hatte sich Brecht bereits in den „Keunergeschichten", die 1930 und 1932 in den „Versuchen" erschienen, eine originelle Form kritischer Selbstverlautung geschaffen, so schuf er sich in den Exiljahren mit den „Me-ti"-Geschichten parabolische Prosakurzformen, um gesellschaftliche Vorgänge mit höchst brisanter Thematik, wie etwa Strategie und Taktik der kommunistischen Bewegung, gleichsam fernzurücken. Aus der kommunistischen Partei wurde *der Verein* oder *die Firma* – tatsächlich eine gebräuchliche Tarnbezeichnung in der illegalen Arbeit –, aus dem Sozialismus *die große Ordnung* (später *die große Produktion*), aus der Dialektik *die große Methode.* In chinoisierten Anagrammen erschienen bekannte Persönlichkeiten: Engels etwa als Meister *Eh-fu,* Marx als *Ka-meh,* Hegel als Meister *Hü-jeh,* die Luxemburg als *Sa,* Stalin als *Ni-en,* Trotzki als *To-tsi,* Deutschland als *Ge-el,* Hitler als *Hu-ih.* Es gab aber auch Anagramme für Brecht und seine Freunde: für ihn selber *Kin, Kin-jeh, Kien-leh,* für Feuchtwanger *Fe-hu-wang,* für Berlau *Lai-tu.* Der übergreifende Titel „Buch der Wendungen", verstanden als *Büchlein mit Verhaltenslehren,* leitete sich aus dem konfuzianischen „I-Ging" ab.
Das unmittelbare Vorbild für die „Mê-ti"-Geschichten war „Mê Ti des Sozialethikers und seiner Schüler philosophische Werke", die 1922 von Alfred Forke herausgegeben worden waren. Brecht zählte dieses Buch zu seinen kostbaren Büchern und ließ es in der dänischen Emigration in Leder binden. Mê Ti oder Mo Di, der um 400 v. u. Z. lebte, vertrat eine Philosophie der Praxis, bewies eine materialistische Einschätzung der Gesellschaft, verfocht die Ideale der Gleichheit und Brüderlichkeit, verdammte Eroberungskriege und verwarf Fatalismus. Brecht fand viele seiner eigenen Grundüberzeugungen bei ihm vorgeformt. Die gleichnishafte Form der Darstellung erlaubte Verknappung und Verdichtung. Brecht konnte in dieser Form seine Sozialethik vortragen, aber auch Selbstaussagen über sich als „Verhaltenslehrer" machen, zum Beispiel „Über niedrige Gesinnung": *Der Dichter Kin-jeh wurde aus seiner Heimat verjagt, weil man ihm nied-*

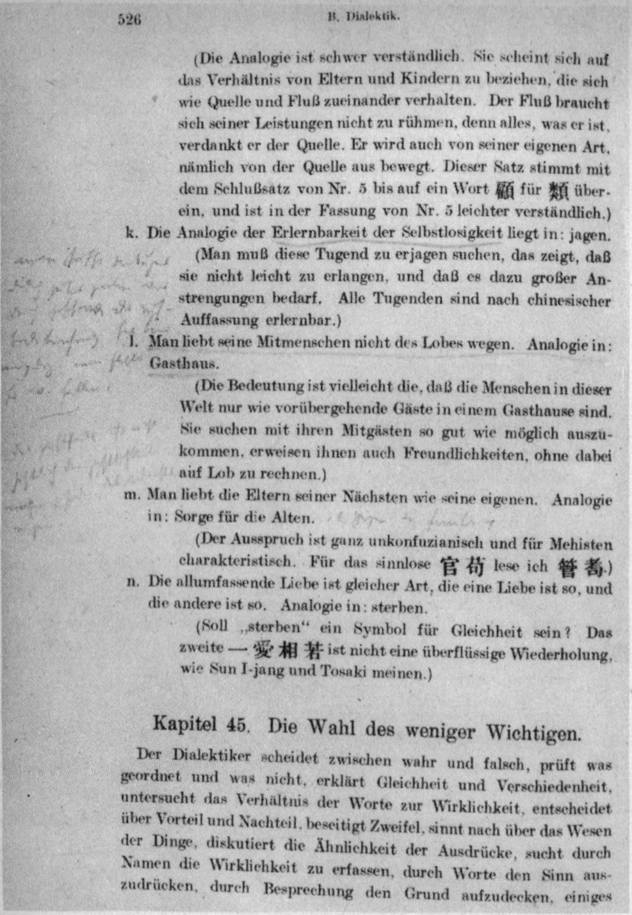
526 B. Dialektik.

(Die Analogie ist schwer verständlich. Sie scheint sich auf das Verhältnis von Eltern und Kindern zu beziehen, die sich wie Quelle und Fluß zueinander verhalten. Der Fluß braucht sich seiner Leistungen nicht zu rühmen, denn alles, was er ist, verdankt er der Quelle. Er wird auch von seiner eigenen Art, nämlich von der Quelle aus bewegt. Dieser Satz stimmt mit dem Schlußsatz von Nr. 5 bis auf ein Wort 顧 für 類 überein, und ist in der Fassung von Nr. 5 leichter verständlich.)

k. Die Analogie der Erlernbarkeit der Selbstlosigkeit liegt in: jagen.

(Man muß diese Tugend zu erjagen suchen, das zeigt, daß sie nicht leicht zu erlangen, und daß es dazu großer Anstrengungen bedarf. Alle Tugenden sind nach chinesischer Auffassung erlernbar.)

l. Man liebt seine Mitmenschen nicht des Lobes wegen. Analogie in: Gasthaus.

(Die Bedeutung ist vielleicht die, daß die Menschen in dieser Welt nur wie vorübergehende Gäste in einem Gasthause sind. Sie suchen mit ihren Mitgästen so gut wie möglich auszukommen, erweisen ihnen auch Freundlichkeiten, ohne dabei auf Lob zu rechnen.)

m. Man liebt die Eltern seiner Nächsten wie seine eigenen. Analogie in: Sorge für die Alten.

(Der Ausspruch ist ganz unkonfuzianisch und für Mehisten charakteristisch. Für das sinnlose 官苟 lese ich 管耇.)

n. Die allumfassende Liebe ist gleicher Art, die eine Liebe ist so, und die andere ist so. Analogie in: sterben.

(Soll „sterben“ ein Symbol für Gleichheit sein? Das zweite — 愛相若 ist nicht eine überflüssige Wiederholung, wie Sun I-jang und Tosaki meinen.)

Kapitel 45. Die Wahl des weniger Wichtigen.

Der Dialektiker scheidet zwischen wahr und falsch, prüft was geordnet und was nicht, erklärt Gleichheit und Verschiedenheit, untersucht das Verhältnis der Worte zur Wirklichkeit, entscheidet über Vorteil und Nachteil, beseitigt Zweifel, sinnt nach über das Wesen der Dinge, diskutiert die Ähnlichkeit der Ausdrücke, sucht durch Namen die Wirklichkeit zu erfassen, durch Worte den Sinn auszudrücken, durch Besprechung den Grund aufzudecken, einiges

Seite aus dem Buche „Mê Ti“ mit Anmerkungen Brechts

rige Gesinnung vorwarf. Er selber sagte, er sei der Gesinnung der Niedrigen beschuldigt worden. Die sei die beste.[25] Auch ganz Subjektives ließ sich ausdrücken, zum Beispiel „Was Me-ti nicht liebte“: *Me-ti liebte es nicht, Neujahr zu feiern, Abschied zu nehmen, zum Geburtstag zu beschenken, Unglückliche zu sehen, Zukunftspläne zu machen, Erfolge zu genießen,*

Niederlagen zu beklagen, kurze Minuten auszukosten, Rede zu improvisieren, ohne Themen zu sprechen und auf Naturschönheiten aufmerksam gemacht zu werden. Er sagte: Es ist schwierig genug, die wirklichen Wendepunkte zu erfassen.[26]
Für die Bewertung der neuen politischen Lage durch Brecht war die „Me-ti"-Geschichte aufschlußreich: *Eine der größten Taten der Klassiker war es, daß sie ohne jede Entmutigung auf den Aufstand verzichteten, als sie die Lage verändert sahen.*[27]
Über den von Benjamin erwähnten „Tui-Roman" versuchte Brecht schon 1933 mit dem Verlag Allert de Lange zu einem Vertrag zu kommen. Der Roman wurde jedoch sowenig wie das „Buch der Wendungen" zu einem Abschluß gebracht. Mit diesem Roman wollte Brecht Kritik an den Intellektuellen der *Zeit der Märkte und der Waren*[28] üben, die für geistige Freiheit eintraten, ohne die kapitalistische Grundordnung zu beseitigen. Die Tuis waren für ihn die *Kopfarbeiter, Einseher, Unterscheider, noch genauer: Formulierer*[29]. Verfremdet *als Weißwäscher, Ausredner und Kopflanger des Kaisers*[30] eines fiktiven *Chima,* waren sie für Brecht die liberalen Intellektuellen der Weimarer Republik und der nachfolgenden Emigration. Tuis zu sein beschuldigte er besonders die Vertreter des Frankfurter Instituts für Sozialforschung, repräsentiert durch Max Horkheimer, Walter Pollock und Theodor Wiesengrund Adorno, das eine Stiftung des Kapitalisten Felix Weil war und nach 1933 zuerst in Paris, dann in New York und in Los Angeles weiterbetrieben wurde.
die goldene zeit der tuis *ist die liberale republik, aber den gipfel erklimmt der tuismus im dritten reich. der idealismus, auf seiner niedersten stufe angelangt, feiert seine gigantischsten triumphe.*[31]
Als letztes Produkt der *Vermieter des Intellekts*[32] wird ihm schließlich die Atombombe erscheinen. Brechts Kritik an den liberalen Tuis zielte darauf, daß sie die Grundwahrheit nicht erkennen oder anerkennen: *Der wirkliche Kampf wird von den Unternehmern und den Unternommenen geführt.*[33]
Genau hier setzte Brecht dann seine kritische Sonde an, als er auf dem I. Kongreß zur Verteidigung der Kultur, der vom 21. bis 25. Juni 1935 in Paris stattfand, in der von André Gide geleiteten Themengruppe „Das Individuum" *Eine notwendige Feststellung zum Kampf gegen die Barbarei* machte. Er arbeitete seine Überzeugung heraus, *daß die Wurzel aller Übel unsere Eigentumsverhältnisse sind*[34]. Viele der Schriftstel-

Brecht, Johannes R. Becher, Ilja Ehrenburg und Gustav Regler auf dem Internationalen Schriftstellerkongreß 1935

ler hätten dies noch nicht verstanden und betrachteten *die Grausamkeiten des Faschismus als unnötige Grausamkeiten. Aber zur Aufrechterhaltung der herrschenden Eigentumsverhältnisse sind diese Grausamkeiten nötig,* versicherte er mit Nachdruck. *Damit lügen die Faschisten nicht, damit sagen sie die Wahrheit.*[35] Um den Kampf gegen die faschistische Barbarei wirklich von der Wurzel her zu führen, galt daher für Brecht die Losung: *Kameraden, sprechen wir von den Eigentumsverhältnissen!*[36]

Brecht befand sich damit in Übereinstimmung mit der Einschätzung des XIII. Plenums des Exekutivkomitees der Kommunistischen Internationale vom Dezember 1933, wonach Faschismus „die offene terroristische Diktatur der am meisten reaktionären, chauvinistischen und imperialistischen Elemente des Finanzkapitals" ist.[37] Er fand aber mit seiner Aufforderung, bei Kultur vor allem von den Eigentumsverhältnissen zu sprechen, auch bei kommunistischen Delegierten des Kongresses keineswegs volle Zustimmung, da sie den Kongreß bereits unter der Losung der Volksfrontpolitik verstanden, wie sie der VII. Weltkongreß der Kommunistischen Internationale dann im Juli und August des gleichen Jahres in Moskau als politische Hauptorientierung festlegte. Zum breiten Bündnis der Arbeiterklasse mit den Bauern und dem Kleinbürgertum sollte nach den Worten von Georgi Dimitroff auch die wissenschaftliche und künstlerische Intelligenz gehören, und sie konnte mit der Losung von der Abschaffung der kapitalistischen Eigentumsverhältnisse nur in ihren fortgeschrittensten Vertretern, mit der Losung der antifaschistischen Volksfront dagegen in einer potentiellen Mehrheit angesprochen werden. Brecht hatte zwar schon im Dezember 1933 Bedenken angemeldet, ob die Analyse des Exekutivkomitees der Kommunistischen Internationale noch stimmte, daß die Arbeiterklasse durch die Machtergreifung der Nazis in Deutschland keine Niederlage erlitten habe und daß die Arbeiterbewegung einen neuen revolutionären Aufschwung „für Sowjetdeutschland" nehmen werde. Aber in der von ihm ausgearbeiteten „Plattform für die linken Intellektuellen" schlußfolgerte er: *Nach dem Faschismus, auch darin hat der Nationalsozialismus recht, kann nur der Kommunismus kommen, nichts anderes. Die Kultur wird gefallen sein oder mit ihm stehen.*[38]

Seine Grundüberzeugung lautete: *Den Faschismus bekämpfen und den Kapitalismus beibehalten wollen ist unmöglich.*

Den Intellektuellen machte er nachdrücklich bewußt: *Bundesgenosse im Kampf gegen den Nationalsozialismus kann nur die Arbeiterklasse sein.*[39]

Bei der auch ihm als Notwendigkeit bewußten *Einigung aller*[40] richteten sich zu dieser Zeit sein Interesse und seine Unterstützung vor allem auf die Herstellung einer proletarischen Einheitsfront als Voraussetzung für wirksame antifaschistische Volksfrontbündnisse. Er stimmte schließlich der von der „Brüsseler Parteikonferenz" der KPD im Oktober 1935 ausgegebenen Losung einer demokratischen Umwälzung an Stelle der unmittelbaren proletarischen Revolution zu, vermochte aber in der Wiederherstellung der Demokratie nur ein Minimalprogramm zu sehen. Bei der weiteren Bekämpfung des Faschismus ließ er keine Gelegenheit ungenutzt, zu erklären, daß der Faschismus kein Auswuchs, sondern die höchste Entwicklungsstufe des Kapitalismus sei: Lenins Imperialismustheorie bildete die Grundlage seiner Überlegungen auch in der Phase der Volksfrontpolitik, die sich seit 1935 als historisch bedingte Kampfform durchsetzte.

Es verdient in diesem Zusammenhang hervorgehoben zu werden, daß Brecht mit seinem Essay „Fünf Schwierigkeiten beim Schreiben der Wahrheit", der bereits Ende 1934 an Johannes R. Becher geschickt wurde, einen wesentlichen Programmpunkt des VII. Weltkongresses der Kommunistischen Internationale, nämlich die Aufforderung an die Antifaschisten, es zu verstehen, in den faschistischen Organisationen als „Trojanische Pferde" zu arbeiten, vorwegnahm. Als erstes hielt er *Mut nötig, um die Wahrheit über sich selber zu sagen, über sich, den Besiegten*[41]. Für nötig erklärte er *für alle Schreibenden in dieser Zeit der Verwicklungen und der großen Veränderungen eine Kenntnis der materialistischen Dialektik, der Ökonomie und der Geschichte,* um *die Dinge dieser Welt handhabbar zu machen*[42].

Das Urteil, jene auszuwählen, in deren Händen die Wahrheit wirksam wird,[43] orientiert die Schreibenden notwendig auf jene, *für die die Zustände am schlimmsten sind, und wir müssen sie von ihnen erfahren.* In diesem Zusammenhang wandte er sich gegen *einen sehr sanften, wehleidigen Ton [...] Die Wahrheit ist etwas Kriegerisches.*[44]

Als entscheidend betrachtete er schließlich *die List, die Wahrheit unter vielen zu verbreiten.*[45] Für den Beweis, daß zu allen Zeiten *zur Verbreitung der Wahrheit, wenn sie unterdrückt und verhüllt wurde, List angewandt* wurde,[46] verwies er auf altägyptische Dichter, Konfutse, Shakespeare, Voltaire, Swift, Lenin.

Der Essay wurde in der von Alexander Abusch redigierten Zeitschrift „Unsere Zeit" in Paris veröffentlicht. Im Sonderdruck hieß es ausdrücklich: „Diese Schrift verfaßte Bertolt Brecht zur Verbreitung in Hitler-Deutschland." Tatsächlich wurde sie unter verschiedenen Titeln, zum Beispiel „Wegweiser für erste Hilfe", nach Deutschland eingeschmuggelt und verbreitet.

Mit der Generallinie der Kommunistischen Internationale wie der Kommunistischen Partei Deutschlands war sich Brecht vor allem in der Einschätzung einig, daß das entscheidende historische Bollwerk gegen den Faschismus die Sowjetunion darstelle, daß sie dem antifaschistischen Kampf den politisch-moralischen, aber auch materiellen Rückhalt

gebe und daß sich daher der Hauptstoß des faschistischen Imperialismus früher oder später unmittelbar gegen sie richten werde.
Daher bedeutete für Brecht die zweite Reise nach Moskau, die er im März 1935, über Stockholm und Helsinki reisend, antrat, ungleich mehr als sein erster Aufenthalt in London im Herbst 1934. In der britischen Hauptstadt hatte er versucht, ins kapitalistische Filmgeschäft zu kommen. Beispielsweise arbeitete er mit Leo Lania an einem Filmskript über den Arzt Semmelweis. Er hatte aber damit keinen Erfolg. Auch die Hoffnung auf eine Aufführung der „Rundköpfe und Spitzköpfe" zerschlug sich: *Das Theater ist vorsintflutlich,* teilte er Helene Weigel mit. Wichtig war für ihn, mit Wieland Herzfelde sich über die Herausgabe seiner Gesammelten Werke im Malik-Verlag grundsätzlich zu einigen, zu der George Grosz Illustrationen anfertigen sollte. Zusammen mit Hanns Eisler arbeitete er an proletarischen Kampfliedern, darunter das „Einheitsfrontlied", das vor allem durch die Interpretation von Ernst Busch über Radio Moskau zur Verbreitung kam, sowie das Lied „Keiner oder alle" und die „Resolution der Kommunarden", in dem ein Refrain lautete:

In Erwägung, daß ihr uns dann eben
Mit Gewehren und Kanonen droht
Haben wir beschlossen, nunmehr schlechtes Leben
Mehr zu fürchten als den Tod.[47]

Brecht sah London aus der Perspektive der „Beggar's Opera", als Stadt, in der *die Witwe von Windsor im Witfrauenkleid* an der Ausbeutung der Kolonien schmarotzt, während sich die verkrüppelten Helden, die Kipling besang, auf dem „Kaledonischen Markt" herumtreiben müssen.
Der Gewinn, den er mit nach Svendborg brachte, bestand im wesentlichen in einer Handdruckpresse, die ihm die Vervielfältigung seiner Manuskripte erleichterte.
Nach Moskau nun fuhr Brecht aus Anlaß der 5. Dekade revolutionärer Kunst im April 1935, die hauptsächlich vom Internationalen Revolutionären Theater-Bund und von der Internationalen Vereinigung revolutionärer Schriftsteller getragen wurde. An der Spitze des Bundes stand Erwin Piscator; in der Vereinigung war Johannes R. Becher der Sekretär der

Brecht in Moskau mit Ernst Fabri, Frans Masereel, Sergej Tretjakow und der Fallschirmspringerin Nina Kamenew, 1935

deutschen Sektion. Im August 1934 hatte Brecht zur deutschen Delegation gehören sollen, die am 1. Unionskongreß der Sowjetschriftsteller teilnahm, war jedoch durch Erkrankung verhindert. Über Verlauf und Ergebnis war er durch die „Deutsche Zentral-Zeitung" Moskau, die „Internationale Literatur" und durch Grete Steffin, die im Herbst 1934 in Moskau war, gut unterrichtet. Er wußte, daß Friedrich Wolf in seinem Bericht über „Faschistische und antifaschistische Dramaturgie" über ihn berichtete, daß er in „Die Spitzköpfe und die Rundköpfe" „die faschistische Idiotie des ‚Übermenschen' und des ‚Untermenschen' nach der Rassentheorie demonstriert"[48]. Brecht kannte auch die auf dem Kongreß angenommenen Thesen des Sozialistischen Realismus, fand allerdings: *Die Wörter Realismus, Romantik, noch dazu in Idealkonkurrenz, sind ungemein unbestimmt, wie denn überhaupt hier ein gewisser schwärmerischer, fast mystischer Zug auffällt.*[49]

Er war dagegen, *das kritische Element im Realismus* zu unterschlagen. Er sah daher *die russischen Genossen* nach zwei Seiten kämpfen: *Sie haben den dürren, abstrakten Doktrinarismus zu bekämpfen, und sie müssen sich wenden gegen den mechanischen unverbindlichen Naturalismus.*[50] Nach Moskau fuhr

Brecht aber vornehmlich im Bewußtsein: *Das Weltproletariat hat an einer Stelle eine riesige Anstrengung unternommen, nun schreitet es dort vor, leidet dort, zahlt für dort, hofft auf dort.*[51] Er verteidigte die in der Sowjetunion bestehende Diktatur des Proletariats, überzeugt, daß nur auf diese Weise *die große Ordnung,* als die er damals den Sozialismus verstand, sich herstellen lasse. Bereits 1932 hatte Helmut Damerius für die deutsche Agitprop-Truppe „Kolonne Links", die in der Sowjetunion vornehmlich vor deutschsprachigen ausländischen Arbeitern und Spezialisten gastierte, unter dem Titel „Einer von Tausenden" „Zwischenszenen zu Liedern aus Brechts Mutter" geschrieben. An die Stelle der Mutter tritt „ein Unbekannter, Zehntausender", um unter den Bedingungen der Arbeitslosigkeit und des heraufkommenden Faschismus den Kampf der Mutter und Pawels fortzuführen. Im Februar 1934 führte diese Truppe, die sich nun ebenfalls im Exil befand, in Moskau in der Regie von Gustav von Wangenheim Brechts „Moritat vom Reichstagsbrand" auf, die Ernst Ottwalt für die Szene bearbeitet hatte.
Im Spielplan für ein vorgesehenes Deutsches Theater Moskau, den Wangenheim entwarf, waren „Die Spitzköpfe und die Rundköpfe" neben der „Dreigroschenoper" zur Aufführung vorgesehen. 1934 waren auch die „Epičeskie dramy", übersetzt und herausgegeben von Tretjakow, im Staatsverlag für künstlerische Literatur erschienen; sie enthielten „Die Maßnahme", „Die Mutter" und die „Heilige Johanna der Schlachthöfe". Zum ersten Jahrestag der Kämpfe der österreichischen Arbeiterschaft gegen das Dollfuß-Regime im Februar 1934 wurden auf einer Gedenkfeier in Moskau Lieder aus „Die Mutter" vorgetragen. – Brecht konnte sich also gerade auch für seine künstlerische Arbeit Gewinn von seinem Moskau-Aufenthalt erwarten.
Zu seiner Begrüßung fanden sich am Bahnhof sowohl sowjetische Schriftsteller wie Tretjakow, Kirsanow (sein Lyrikübersetzer), Vertreter des Schriftstellerverbandes als auch deutsche Emigranten ein. Piscator hatte ihm ein Hotelzimmer im „Nowaja Moskowskaja" vermittelt. Brecht traf sich mit Carola Neher, die in Moskau verheiratet war, und seinen Freunden noch aus der Münchner Zeit Bernhard Reich, Pressechef des IRTB, und seiner Gefährtin Asja Lacis. Mit Joris Ivens, dann mit Gustav von Wangenheim verhandelte er

über einen Dimitroff-Film, bei dem die Weigel eine Rolle übernehmen sollte (der Film wurde dann von Wangenheim unter dem Titel „Kämpfer" hergestellt und zählt zu den wenigen antifaschistischen Filmen, die von Exilierten hergestellt werden konnten). Mit Piscator erörterte er die Gründung einer Film-Fabrik in Engels, mit ihm und anderen Emigranten auch die Schaffung von deutschen Theatern in der Ukraine und in der Autonomen Wolgarepublik, die seine Stücke spielen und der Weigel als Schauspielerin Arbeit bieten konnten. Brecht traf Alexander Granach, der aus Polen nach Moskau gekommen war. Nach Granachs Darstellung vertrat Brecht linksradikale Ansichten: „Brecht, der auch hier ist, möchte eine kleine Kleinigkeit nur den Leuten hier einreden, daß Tolstoj, Dostojewski, Puschkin, Gogol inclusive Gorki talentlose Schwätzer sind, von denen sich das russische Volk befreien müßte, und ihm, Bert Brrrecht, groß sich verschreiben."[52]

Ein solches Auftreten Brechts wird freilich durch keinen anderen Bericht bestätigt. Zweimal las Brecht in der Moskauer Radiostunde für deutsche Arbeiter und Spezialisten des Unionssenders RCS, darunter das Gedicht „An die Gleichgeschalteten", in dem er die Warnung, die er an George gerichtet hatte, abwandelte: *So / Werden die Kenner der Wahrheit die wildesten Lügner.*[53] Auf dem Festabend anläßlich der 5. Internationalen Dekade revolutionärer Kunst im Kolonnensaal des Moskauer Gewerkschaftshauses am 26. April 1935 traf Brecht unter den Politikern auch Wilhelm Pieck, der die Ansprache hielt. Carola Neher trug im Programm Songs von Brecht und Weill vor, die S. I. Kirsanow übersetzt hatte. Am 12. Mai fand im Klub ausländischer Arbeiter ein „Bert-Brecht-Abend" statt, den unter anderen auch Wilhelm und Arthur Pieck, Fritz Heckert, Béla Kun, der Führer der Ungarischen Räterepublik, Piscator, Becher, Weinert und Wolf besuchten. Wieland Herzfelde gab einen analytischen Querschnitt durch Brechts Schaffen und würdigte seinen Kampf an der Seite der Arbeiterklasse. Hanni Schmitz-Rodenberg sang die proletarischen „Wiegenlieder", die Neher Songs.

Granach stellte mit Amateuren zwei Szenen aus „Die Spitzköpfe und die Rundköpfe" vor. Brecht selbst las das „Lied vom Klassenfeind" und „An die Kämpfer in den Konzentra-

tionslagern". In einem Interview mit der „Deutschen Zentral-Zeitung" äußerte Brecht: *Ich sah jetzt das Theater in Paris und in London, es machte den Eindruck, als halte es noch beim Jahre 1880. Es ist uninteressant und langweilig und es verödet. Nur eine Theaterstadt gibt es noch in der Welt: das ist Moskau. Und nur noch in der Sowjetunion gibt es noch große Ereignisse in der Bühnenkunst.*[54]
Zu solchen Ereignissen rechnete Brecht die Aufführung von Pogodins „Aristokraten" durch N. Ochlopkow im Realistischen Theater, so daß er noch zwanzig Jahre später Ochlopkow, den er bei der Verleihung des Stalin-Friedenspreises wiedertrifft, auffordern wird, sie wiederaufzunehmen.
Unter den ausländischen Teilnehmern traf Brecht auch den Theaterreformer Edward Gordon Craig, ohne daß daraus ein Gewinn entstanden wäre. Den stärksten Eindruck machte aber auf Brecht das Gastspiel des chinesischen Schauspielers Mei Lan-fang und seiner Truppe, deren Darstellungsweise ihn dann zu dem Essay „Verfremdungseffekte in der chinesischen Schauspielkunst" inspirierte, der für die Weiterentwicklung seiner Theorie eines antiaristotelischen, nicht auf

Erwin Piscator und Mei Lan-fang in Moskau, 1935

Einfühlung beruhenden Theaters eine Schlüsselrolle spielt. Nach Bernhard Reich hat Brecht während dieses Aufenthaltes in Moskau durch Tretjakow auch zum ersten Mal den Begriff der „Verfremdung“ kennengelernt, wie ihn Viktor Schklowski und andere russische Formalisten schon während des ersten Weltkrieges gebrauchten.[55] Doch bedeutete das Verfahren der russischen Formalisten vorrangig eine literarische Technik, die keine gesellschaftliche Aktivierung anstrebte.

Für die politische Selbstverständigung Brechts waren sicher eine gesellige Einladung von Béla Kun und eine Zusammenkunft mit dem Präsidialmitglied des Exekutivkomitees der Komintern Wilis Knorin von Bedeutung. Knorin gehörte zu den alten Bolschewiken und war spezialisiert auf die Strategie der politischen Einkreisung der Sowjetunion und die militärischen Angriffspläne des Faschismus, die auf die Sowjetunion zielten. Knorin unterstrich, es sei die wichtigste Aufgabe eines antifaschistischen Schriftstellers, gegen die vom Faschismus ausgehende Kriegsgefahr zu schreiben. An der Zusammenkunft mit Knorin nahm neben Brecht auch Becher teil.[56] Brecht zeigte sich stark beeindruckt von dem sich verändernden Moskau und davon, was er vom sozialistischen Aufbau erfuhr und mit eigenen Augen sah. Die Gefühle, die er angesichts der *Bauleute als Bauherren* hatte, drückte er in dem Gedicht „Inbesitznahme der großen Metro durch die Moskauer Arbeiterschaft am 27. April 1935“ aus. Er schloß das Gedicht mit den Versen:

Als wir sie fahren sahen in ihren Wagen
Den Werken ihrer Hände, wußten wir:
Dies ist das große Bild, das die Klassiker einstmals
Erschüttert voraussahen.[57]

Seine Erlebnisse ins Historische rückend, meinte er: *Es gibt Veränderungen, die betreffen Tage, Jahre. Hier betreffen die Veränderungen Jahrhunderte, Jahrtausende. Ich kann mir vorstellen, daß es dabei große Schwierigkeiten gegeben hat, die den Ruhm noch vermehren.*[58]

Auf seiner Rückreise wurde für ihn auch in Leningrad im Hause der Sowjetschriftsteller ein „Bert-Brecht-Abend“ veranstaltet. Bei dieser Gelegenheit traf Brecht mit Konstantin

Fedin und Theodor Plivier zusammen. Die proletarischen „Wiegenlieder“ wurden von Steffin vorgetragen. In der „Roten Zeitung“ stand zu lesen: „Bert Brecht, schlicht in seinem Wesen und, man möchte fast sagen, schüchtern, las aus seinen Werken, aus seiner weltberühmten ‚Dreigroschenoper‘, las die ‚Ballade vom Reichstagsbrand‘, das ‚Lied des Anstreichers Hitler‘ [...]. Und diese geistvollen Dichtungen zeigten den großen Meister, den vielleicht größten antifaschistischen Dichter Europas.“[59] Seine damaligen Gefühle gegenüber dem ersten Land, in dem die Arbeiter und Bauern die Macht ergriffen hatten, drückte Brecht in der „Deutschen Zentral-Zeitung“ Moskau so aus: *Dies Land ist die Hoffnung und der Stolz der Werktätigen und der fortschrittlichen Intelligenz in der ganzen Welt. Das Schaffen vieler Schriftsteller, das Werk beispielsweise von John Dos Passos und auch mein eigenes, wären undenkbar ohne das große leuchtende und erhabene Beispiel der Sowjetunion.*[60] Und an Michail Kolzow schrieb er: *Meine UdSSR-Fahrt war eine große Erfrischung in jeder Hinsicht, ich merke es bei der Arbeit.*[61] Mit Kolzow hatte Brecht bereits die Herausgabe der Zeitschrift „Das Wort“ vorbesprochen.

Aberkennung der deutschen Staatsangehörigkeit, die Brecht durch Veröffentlichung im „Deutschen Reichsanzeiger“ und im „Preußischen Staatsanzeiger“ erfuhr

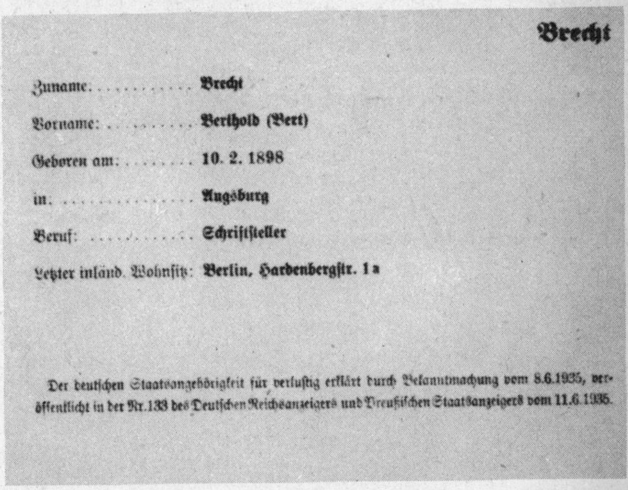
Brecht

Zuname: .... **Brecht**

Vorname: .... **Berthold (Bert)**

Geboren am: **10. 2. 1898**

in: .... **Augsburg**

Beruf: .... **Schriftsteller**

Letzter inländ. Wohnsitz: **Berlin, Hardenbergstr. 1a**

Der deutschen Staatsangehörigkeit für verlustig erklärt durch Bekanntmachung vom 8.6.1935, veröffentlicht in der Nr. 133 des Deutschen Reichsanzeigers und Preußischen Staatsanzeigers vom 11.6.1935.

Unmittelbar nach seiner Rückkehr aus Moskau wurde Brecht und seinen Kindern Stefan und Barbara am 8. Juni 1935 durch die Nazis die deutsche Staatsbürgerschaft aberkannt.

Das Los der Geflohenen schien mir nicht schlimmer als das
Der Gebliebenen,[62]

war Brechts Reaktion im Gedicht „Im zweiten Jahr meiner Flucht". Seine polemische Antwort bestand in dem Pamphlet „Die Horst-Wessel-Legende", in der der Naziheld als Zuhälter, der Nazismus als *politisches Zuhältertum* des Monopolkapitals gekennzeichnet wurden.[63]

Im Herbst 1935 reiste Brecht in die Vereinigten Staaten von Amerika. Anlaß seiner Reise war, an der Inszenierung des Stückes „Die Mutter" durch die Theatre Union, das bedeutendste amerikanische Arbeitertheater, in New York teilzunehmen. Die ihm zugesandte Bearbeitung durch Paul Peters hatte ihm wegen ihrer naturalistischen Tendenzen nicht zugesagt, worauf er von dem Kulturbeauftragten der Kommunistischen Partei der USA, V. J. Jerome, die Zusage erhielt, daß er zusammen mit Hanns Eisler, der in den Staaten einen Lehrauftrag bekommen hatte, durch persönliche Teilnahme an den Proben seine Interessen wahrnehmen könne. In einem in freien Versen gehaltenen „Brief an das Arbeitertheater Theatre Union in New York, das Stück ‚Die Mutter' betreffend" erklärte er seine Absicht:

Nach bestem Vermögen
Stellte ich jene alltäglich erscheinenden
Tausendfachen Vorgänge in verachteten Wohnungen
Unter den Vielzuvielen als historische Vorgänge dar.[64]

Brecht ermutigte die amerikanischen Spieler, *auf das gewohnte Rauschgift, die Teilnahme im Geiste / An fremder Empörung*[65] zu verzichten. An die Spieler appellierend, bei ihrem Arbeiterpublikum an *ein Parkett von Staatsmännern*[66] zu denken, munterte er sie auf, dem Publikum auch dann, wenn es zögere, nicht hinterherzulaufen, sondern ihm voranzugehen.

Aber Brecht und Eisler konnten sich gegen die auf Stanislawski orientierte Spielweise der Darsteller in der Regie von Victor Wolfson nicht durchsetzen; im Gegenteil, sie beka-

men den Stuhl vor das Civic Repertory Theatre gesetzt, wo die Premiere am 19. November 1935 stattfand und bei der Presse durchfiel. Auch Mordecai Gorelik, der das meiste Interesse an Brechts Theaterauffassung bezeigte, vermochte als Bühnenbildner an der Einfunktionierung in eine naturalistische Spielweise nichts zu ändern. Die Darstellerin der Mutter, Helen Cook, hielt Brecht für eine begabte Schauspielerin. Am 15. Dezember 1935 fand bereits die letzte Vorstellung statt. Nach der mißlungenen Aufführung der „Dreigroschenoper" im Jahre 1933 in New York war die Aufführung der „Mutter" die zweite Niederlage Brechts in den Staaten. Es sollte nicht die letzte bleiben. An Piscator, den Leiter des Internationalen Revolutionären Theaterbundes in Moskau, schrieb Brecht: *Die „Mutter" ist uns hier sehr verhunzt worden (dumme Verstümmelungen, politische Ahnungslosigkeit, Rückständigkeit aller Art usw.).* Und auf die Haltung der Partei verweisend, bemerkte er: *Der Verein hat sich ganz auf unsere Seite gestellt, konnte aber nicht durchdringen.*[67]
Für die Theorie des proletarischen Theaters war die „Kritik der New-Yorker Aufführung" der „Mutter" wichtig, die Brecht für die Zeitschrift „New Masses" schrieb. Ein Kernsatz lautete: *Unsere Theater sollten in viel größerem Maßstab, als es geschieht, die Kontrolle der politisch und kulturell meistentwickelten Teile ihres Publikums über die Produktion organisieren.*[68]
Brecht traf sich in New York mit George Grosz, Kurt Weill und Elisabeth Hauptmann, die als Lehrerin in Saint Louis arbeitete. Eindruck machte auf ihn eine Aufführung von Clifford Odets' „Waiting for Lefty" im Madison Square Garden, das ihm als Beginn eines proletarischen Dramas in den Staaten erschien. Über das Selbstbewußtsein Brechts gibt die Äußerung Auskunft, mit der er Gorelik bei der Erörterung des Bühnenbildes für die „Mutter"-Aufführung überraschte: *Ich bin der Einstein der neuen Bühnenform,* eben des *epischen Theaters,* von dem Gorelik noch nie etwas gehört hatte.[69]
Verglichen mit der New-Yorker Aufführung der „Mutter" wurde die Einstudierung desselben Stücks am Revolutionären Theater in Kopenhagen mit Laienspielern in der Regie von Ruth Berlau ein voller ästhetischer und politischer Erfolg. Die Hauptrolle spielte Dagmar Andreasen, die damals ihr Geld als Reinemachefrau verdiente.

In den politischen Wirbel sollte Brecht aber nicht wegen der Aufführung der revolutionären „Mutter" durch das Revolutionäre Theater, sondern durch die Uraufführung der Parabel „Die Rundköpfe und die Spitzköpfe" am 4. November 1936 im „Teatret Riddersalen" in Kopenhagen geraten, bei der offiziell Per Knutzon, der Sache nach jedoch Brecht Regie führte. Hier wurde konsequent eine episch-demonstrative, verfremdende Spielweise wie bei der Inszenierung von „Mann ist Mann" 1931 in Berlin angewandt. Die Rundköpfe und die Spitzköpfe wurden extrem verdeutlicht: *Die Köpfe waren etwa zwanzig cm hoch. Die Masken zeigten starke Verunstaltungen der Nasen, Ohren, Haare, Kinne. Die Huas* [die Schlägergarde des Iberin – E. S.] *hatten übergroße Hände und Füße.*[70] Wenn Missena vom Frieden sprach, senkte sich ein großes Kanonenrohr herunter und richtete sich auf die Zuschauer. Die Grunddekoration bestand nur aus vier beweglichen Schirmen. Die Verwandlungen erfolgten sichtbar hinter dem *Nebervorhang.* Die Lampen waren sichtbar plaziert. Zahlreiche Embleme wurden benutzt.

Entsprechend der Absicht der *Verfremdung* – und hier, in der Beschreibung der Kopenhagener Aufführung der Parabel, wird dieser Begriff zum ersten Mal zur Erläuterung der Darstellungsweise benutzt – wurden bestimmte Vorgänge *als in sich geschlossene Szenen aus dem Bezirk des Alltäglichen, Selbstverständlichen, Erwarteten gehoben (verfremdet)*[71]. Um bei den Zuschauern eine kritische, *mitunter komplizierte Gefühlskurve*[72] zu erzielen, wurden die Rollen *induktiv* aufgebaut und dargestellt – *nach gesellschaftlichen Gesichtspunkten*[73]. Die Schauspieler hatten *Satz für Satz auf seinen gesellschaftlichen Gestus zu prüfen*[74]. Nicht nur die Darstellerin der Nanna, sondern auch andere mußten, *sozusagen im Auftrag des Stückeschreibers, bestimmte Erläuterungen direkt an den Zuschauer richten*[75]. Die Figur des Iberin wurde mit keiner äußeren Hitler-Ähnlichkeit ausgestattet, um den Eingriff der Zensur zu umgehen, die die Aufführung des Stückes nach seiner Fertigstellung im Jahre 1934 zu blockieren drohte, *jedoch wurden einige Gesten, teilweise nach photografischem Material, verwendet*[76]. Das betraf zum Beispiel die Behandlung des Mikrofons, die *die beinahe erotische Beziehung des Iberins zu diesem Instrument zeigte*[77].

Das gutbürgerliche Publikum des Riddersalen, in dem, wie

Brecht mit Befriedigung vermerkte, geraucht und gegessen werden konnte, fühlte sich aber nicht nur durch diese verfremdende Spielweise aufgestört, sondern auch durch die ideellen Implikationen. Freisinnige, Konservative wie „Nacional-Socialisten" empfanden, das Stück sei ein Angriff eines – jüdischen Kommunisten auf Religion und Moral. Besonderes Ärgernis erregte, daß der Geldschrank der Oberin, die Isabella ins Kloster aufnimmt, durch ein Madonnenbild getarnt war. Als berichtigt werden mußte, daß Brecht kein „Talmudjude" sei, sondern ein „Kommunist arischer Herkunft", wurde ihm dieser Grund für das Verlassen seines „deutschen Vaterlandes" doppelt angekreidet. „Nacional-Socialisten" höhnte: „Das Publikum hat beim Hervorrufen des ‚Autors' einen so lebendigen Eindruck von der Bedeutung der Rassenfrage erhalten, daß es im Gegenteil eher für die Rassenhygiene warb."[78] Angestiftet von der Nazi-Botschaft in Kopenhagen, demonstrierten die dänischen Nazis für die Absetzung des Stückes.
Erfolg hatten sie damit nicht bei den „Rundköpfen und Spitzköpfen", sondern bei dem Ballett „Die sieben Todsünden", das am 12. November 1936 im Königlichen Nationaltheater mit Ilona Wieselmann und Margot Lander als Anna I und II und in der Choreographie von Harald Lander Premiere hatte. Der Intendant Andreas Møller mußte dem Druck nachgeben, den die deutsche Regierung auf den dänischen Botschafter in Berlin ausübte. Nach der zweiten Aufführung wurde das Ballett abgesetzt, nachdem der König selbst seine Indignation ausgedrückt hatte. Nur der kommunistische Schriftsteller Hans Kirk fragte in „Tiden": „Schläft die Intelligenz?", ihr vorhaltend, daß sich der Angriff gegen Brecht auch gegen sie richte.
Die dänischen Nazis dichteten Brecht noch an, er habe im Gegensatz zu bedürftigen dänischen Volksgenossen bei Svendborg „eine Kleinbauernstelle" bekommen. Es kam zu einer Anfrage der Konservativen im Folketing über Umfang und Wohlverhalten der Emigration in Dänemark. Brecht teilte Korsch schließlich nach Amerika mit: *Ich mußte doch recht froh sein, daß nach den ‚Rundköpfen' meine Aufenthaltserlaubnis verlängert wurde.*[79]
In diesem Jahr 1936 bestätigte sich die Analyse der Kommunistischen Internationale, daß der Faschismus im wachsenden

Maße zu militärischen Aggressionen schreiten werde. 1935 wurde in Hitler-Deutschland wieder die allgemeine Wehrpflicht eingeführt. Auf dem „Parteitag der Freiheit“ tat Hitler kund: „Wir wollen ein hartes Geschlecht heranziehen, das stark ist, zuverlässig, gehorsam und anständig.“ Im März 1936 marschierte die neue Wehrmacht in die entmilitarisierte Zone des Rheinlandes ein. Im Oktober 1935 überfiel Italien Äthiopien, ohne daß die Westmächte entschiedene Sanktionen verhängt hätten. Gegen die wachsende imperialistische Gefahr organisierte die Sowjetunion einen politischen und militärischen Beistandspakt mit Frankreich und der Tschechoslowakei. In Spanien bildete sich im Februar 1936, in Frankreich im Juni 1936, eine Volksfrontregierung, die die Kommunistische Partei einschlossen. Im Juli 1936 putschte daraufhin in Spanien der faschistische Gerneral Franco. Göring verteidigte auf dem „Parteitag der Ehre“ wenig später die Politik „Kanonen statt Butter“. Im November 1936 anerkannten Deutschland und Italien das Franco-Regime und gewährten ihm militärische Hilfe, während die liberale britische und die Volksfrontregierung in Frankreich unter dem Sozialisten Blum die Politik der Nichteinmischung proklamierten und anwandten. Im gleichen Monat schlossen Deutschland und Japan den sogenannten Antikomintern-Pakt, der auf die Isolierung und Einkreisung der Sowjetunion hinauslief. Die faschistischen Regierungen lehnten den Beitritt zu einem kollektiven Sicherheitssystem in Europa ab und boten statt dessen „Nichtangriffspakte“ an.

Im März 1938 wurde Österreich als „Ostmark“ ins nunmehr „Großdeutsche Reich“ eingegliedert. Auf dem „Parteitag Großdeutschlands“ im September 1938 verlangte Hitler ultimativ die „Eingliederung“ des Sudetenlandes in das Reichsgebiet. Am 30. September kapitulierten der englische Premier Chamberlain und der französische Premier Daladier vor Hitler und Mussolini in München. Die französische Volksfrontregierung gab den Beistandspakt mit der ČSR, damit mit der Sowjetunion preis. In Spanien spaltete der faschistische Angriff die Republik, schließlich müssen sich die Internationalen Brigaden, die sich aus Antifaschisten vieler Länder gebildet haben, nach Frankreich zurückziehen; der Fall der spanischen Republik ist unaufhaltbar.

Brecht verfolgte diese Entwicklung mit größter Aufmerksamkeit. Er analysierte das Arbeitsbeschaffungsprogramm der Nazis als Kriegsmaßnahme. Die unübersehbare Wirksamkeit der Nazi-Propaganda erklärte er aus der Ausnützung nationaler Gefühle, die Effektivität der wirtschaftlichen Maßnahmen, die alle auf Krieg hinzielten, aus der Scheinvernunft. In seiner „Rede über die Frage, warum so große Teile des deutschen Volkes Hitlers Politik unterstützen", wies er auf diesen *Anschein von Logik* dieser *Planungen und Organisationen von Riesenmaßstab* hin, die *den Irrsinn und das im Endeffekt zutiefst Unzweckmäßige aller dieser Maßnahmen* zu verdecken vermag.[80] Noch stärker als vorher bewegte ihn in dieser Zeit die Frage der Einigung der Hitler-Gegner. Hanns Eisler hat zu Brechts Einstellung zur Volksfrontpolitik aus der Erinnerung heraus festgestellt: „Gegen die Volksfront in Paris hatte er eine unüberwindliche Abneigung. (...) Er hielt das für Rabitz, wie er sagte."[81] Aber in dem „Aufruf für die deutsche Volksfront, für Frieden, Freiheit und Brot" vom Dezember 1936 konnte und mußte Brecht zumindest die Forderung nach Entmachtung der volksfeindlichen Großbourgeoisie befriedigen. Das Verdienst Heinrich Manns, des Ehrenpräsidenten der Deutschen Volksfront, sah Brecht schließlich darin: *Im Exil arbeitete er praktisch mit an der Vereinigung der großen proletarischen Parteien, in deren Macht allein die Gewähr für eine deutsche Volksherrschaft liegt.*[82] Die ablehnende Haltung der Sozialdemokratie gegenüber den Volksfrontbestrebungen, die Tatsache, daß *die Sozialdemokratie immerfort von den Kommunisten abrückt, wenn sie die sozialistischen Ideale propagieren, sie als utopisch und für die Arbeiter- und Mittelschichten gefährlich denunziert, weil sie also selber Furcht vor Kommunismus und damit auch vor Sozialismus erzeugt,*[83] beantwortete für ihn die Frage: *Warum droht die Abwanderung kleinbürgerlicher und sogar proletarischer Schichten zum Faschismus?* Sie ließ ihn an die nordische Sozialdemokratie appellieren, *durch starke Bündnisse, Stählung des Abwehrwillens, Schaffung selbständiger Märkte* einen wirksamen Schutz vor dem Faschismus zu schaffen.[84]

Als im Oktober 1937 gerade im Zusammenhang mit den Volksfrontbestrebungen durch bürgerliche, mit der Exilführung der SPD verbundene Autoren eine Spaltung des SDS in Paris drohte, verurteilte Brecht als Vorstandsmitglied in einem Brief an die Generalversammlung des „Schutzverbandes

Deutscher Schriftsteller in Frankreich" die Meinung, „daß der Kampf gegen den Faschismus getrennt von den Kommunisten unter uns geführt werden könne".
Er stellte demgegenüber fest, *daß die Kommunisten unter uns immer jedes Opfer gebracht haben, um einen gemeinsamen Kampf um Freiheit und Demokratie für Deutschland zu ermöglichen. Es scheint mir nicht viel verlangt, wenn man an alle Antifaschisten die Forderung stellt, sich ebenso zu verhalten. In dieser Zeit zunehmender Verwirrung ist es eine Hauptaufgabe der antifaschistischen Schriftsteller, den Sinn für die Trennung des Wichtigen vom Unwichtigen zu schärfen. Wichtig aber ist allein der umfassende, mit allen Mitteln geführte unermüdliche Kampf gegen den Faschismus auf breitester Grundlage.*[85]
Dieser Appell war um so höher zu veranschlagen, als zum Anlaß für die Abgrenzung, Ausscheidung und Isolierung der Kommunisten in dieser wie in anderen Organisationen in starkem Maße die sogenannten „Moskauer Prozesse" genommen wurden, die mit dem Verfahren gegen das „trotzkistisch-sinowjewistische terroristische Zentrum" im August 1936 begannen, ihre Fortsetzung fanden mit dem Prozeß gegen das „sowjetfeindliche trotzkistische Zentrum" im Januar 1937 und dem Verfahren gegen die Marschälle Tuchatschewski, Blücher und andere Generäle im Juni 1937 und schließlich mit der „Strafsache des antisowjetischen Blocks der Rechten und Trotzkisten", gebildet von Bucharin, Rykow, Jagoda und anderen, abgeschlossen wurden, als Österreich von den Nazis okkupiert wurde. Im Zuge dieser „Säuberungen" wurden auch Freunde Brechts wie Tretjakow, Carola Neher, Ottwalt, Lacis, Borchardt und schließlich auch Michail Kolzow verhaftet und verurteilt. Brecht setzte sich mit aller Kraft vor allem für die Neher ein. Trotz dieser persönlichen Betroffenheit, die um so größer war, als er nicht in einem Fall von der Schuldigkeit der Verhafteten überzeugt sein konnte, faßte Brecht diese „Säuberungen" als Schutzmaßnahmen der Sowjetunion gegen „Fünfte Kolonnen" im eigenen Land auf. Obwohl er die zunehmende Diskrepanz zwischen der Notwendigkeit, die proletarische Bastion auch vorbeugend zu verteidigen, und der willkürlichen Handhabung sozialistischer Gesetzlichkeit nicht übersehen konnte, hielt er die historische Position Stalins gegenüber der Trotzkis für richtig, wie besonders die „Me-ti"-Geschichten beweisen.

Die Sowjetunion blieb für ihn nach wie vor die entscheidende Macht im Kampf gegen den Faschismus: *Der Faschismus plant ungeheure Verbrechen. Sie machen vor nichts halt. Sie schlagen auf alles ein. Jede Zelle zuckt unter ihrem Schlag zusammen,* erklärte er im August 1938 Benjamin[86], der die Wirkung, die diese Äußerung auf ihn machte, festhielt: „Während er so sprach, fühlte ich eine Gewalt auf mich wirken, die der des Faschismus gewachsen ist; ich will sagen eine Gewalt, die nicht minder tiefen Tiefen der Geschichte entspringt als die faschistische. Es war ein merkwürdiges, mir neues Gefühl. Ihm entsprach dann eine Wendung, die Brechts Gedanke nahm. ‚Sie planen Verwüstungen von eisigem Ausmaß. Darum können sie sich auch mit der Kirche nicht einigen, die auch ein Gang auf Jahrtausende ist. Mich haben sie auch proletarisiert. Sie haben mir nicht nur mein Haus, meinen Fischteich und meinen Wagen abgenommen, sie haben mir meine Bühne und mein Publikum auch geraubt. Von meinem Standort kann ich nicht zugeben, daß Shakespeare grundsätzlich eine größere Begabung ist. Aber auf Vorrat hätte er auch nicht schreiben können.'“[87]

Um nicht *auf Vorrat,* sondern *für den Faschismus tödlich zu schreiben,* verfaßte Brecht seit 1934 Szenen, die er schließlich unter dem Titel „Furcht und Elend des Dritten Reiches“ zusammenfaßte. Sie beruhten, wie er versicherte, samt und sonders *auf Augenzeugenberichten und Zeitungsnotizen*[88]. An der Erarbeitung hatte nicht nur die Steffin, sondern auch die Weigel einen unmittelbaren Anteil (so zum Beispiel an der Szene „Die jüdische Frau“, die zu ihren besten Darstellungen zählen sollte). Dargestellt wird, wie der Faschismus alle Lebensbereiche durchdringt, die Familie zersetzt, Ehen zerrüttet, die überlieferten Normen der Moral verkehrt, das Recht zu einer Farce macht. Die Kritik wird vor allem an Intellektuellen geübt: Der Lehrer, der seinen eigenen Sohn für einen Spitzel hält; der Arzt, der die Mißhandlungen im KZ als „Berufskrankheit“ bezeichnet; die Physiker, die Einstein nicht mehr befragen dürfen; der Richter, der zu jeder Verdrehung des Rechts bereit ist. Aber auch der Mangel an Einheit unter den Gegnern des Faschismus wird aufgezeigt. Daß der Kampf weitergeführt wird, macht die Szene wie „Der Entlassene“ anschaulich. Solidarität und Widerstand werden in den

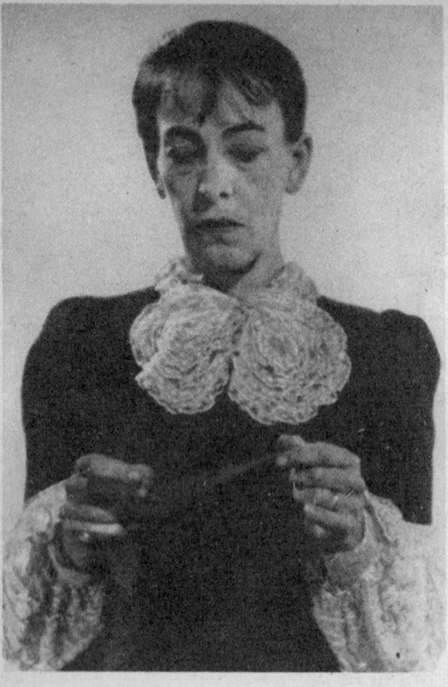

Helene Weigel als jüdische Frau in der Uraufführung von „Furcht und Elend des Dritten Reiches" in der Salle d'Iéna Paris, Regie: Slatan Dudow, Bühnenbild: Heinz Lohmar, Musik: Paul Dessau, 21. Mai 1938

Aufschrei der Frau gefaßt, deren Bruder in der „Legion Condor" in Spanien gefallen ist: *Dann macht doch, was hilft!*[89]
Die Uraufführung einer ausgewählten Folge von Szenen fand am 21. Mai 1938 unter dem Titel „99 %" in Paris statt. Sie stand unter dem Patronat des SDS. Der Reinertrag wurde an das „Deutsche Nationalkomitee für Spanienhilfe" überwiesen. Aufgeführt wurden die Szenen von einer Truppe exilierter Schauspieler, so Steffi Spira, Günter Ruschin, Hans Altmann, Friedel Ferrari, Erich Schoenlank. Die Weigel kam eigens von Dänemark. Regie führten Slatan Dudow und Brecht. Das Bühnenbild schuf Heinz Lohmar, die Musik schrieb Paul Dessau (unter Pseudonym). Die Lokalität, in der gespielt wurde, hatte einen beziehungsvollen Namen: Salle d'Iéna – Erinnerung an die Niederlage Preußens durch Napoleon. Benjamin berichtete in der „Neuen Weltbühne" über die Wirkung: „Das Publikum fand endlich, nach fünfjährigem Exil, von einer Bühne herab angesprochen, was ihm an politischer Erfahrung gemeinsam ist."
Der Weigel gelang es für Brecht, „dem europäischen Stan-

Szenenfoto der „Volksbefragung" aus der Uraufführung von „99 %" in Paris, Regie: Slatan Dudow, Bühnenbild: Heinz Lohmar

dard seiner Schauspielkunst die Autorität zu wahren"[90]. „Das Schwarze Korps", die Zeitung der SS, versuchte das Hohnlachen der Zuschauer auf die aberwitzigen Verkehrungen aller Normen von Moral und Recht durch den Faschismus, wie sie die Szenenfolge schildert, als Verlachen Brechts mißzuverstehen. Immerhin wußte der Rezensent, als wer Brecht anzusehen war: als „der Bannerträger emigrierter Dramatik"[91].
Als die ersten Szenen im Sommer 1938 in „Das Wort" in Moskau abgedruckt wurden, wurden sie von Georg Lukács wegen ihrer bei Brecht „neuen, vieltönigen und abgestuften Weise", „Menschenschicksale" vermittelnden Bildhaftigkeit begrüßt,[92] was Brecht veranlaßte, klarzustellen, daß es sich bei diesen Szenen einer *aristotelischen Dramatik* gleichwohl um *Montage* handle und die Szenen in sich eine *Gestentafel* darstellten.[93]

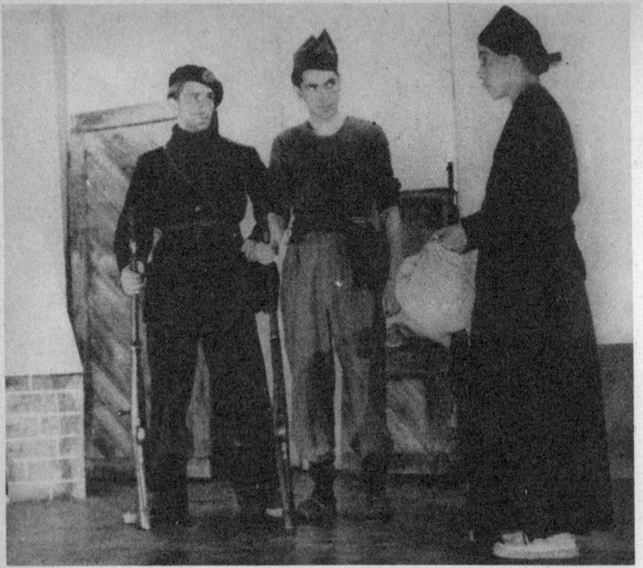

Helene Weigel (r.) in der Uraufführung von „Die Gewehre der Frau Carrar" in der Salle Adyar Paris, Regie: Slatan Dudow, Bühnenbild: Heinz Lohmar, Premiere: 16. Oktober 1937

Brecht versuchte, mit dem Stück „Die Gewehre der Frau Carrar" zur Mobilisierung der Kämpfer für die spanische Republik beizutragen. Er wollte bewußt machen, daß es in diesem Kampf gegen den Faschismus keine neutrale Position geben kann, am allerwenigsten für den „kleinen Mann", die Werktätigen, das Volk.
Sich der Fabel des Dramas „Riders to the Sea" des Iren J. M. Synge bedienend, zeigte Brecht, wie die Fischersfrau Teresa Carrar ihre beiden Söhne aus dem Krieg heraushalten will, aber nicht heraushalten kann, weil den Faschisten schon die Arbeitermütze, die ihr Ältester beim Fischen trägt, genügt, um ihn als Roten abzuschießen. Die Mutter erkennt: *Das sind keine Menschen. Das ist ein Aussatz, und das muß ausgebrannt werden wie ein Aussatz.*[94] Sie rückt nicht nur die von ihrem Mann, der bei einem Streik ums Leben kam, versteckten Gewehre heraus, sondern geht an Stelle ihres ermordeten

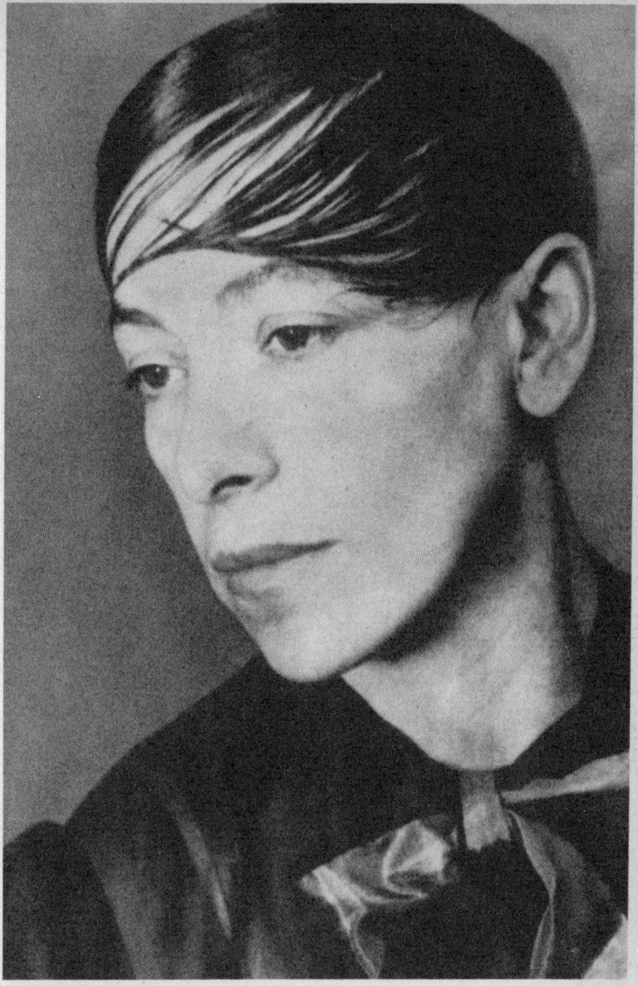

Helene Weigel in Paris, 1937

Sohnes mit dessen Bruder an die Front. Brecht schrieb das Stück bewußt für Arbeiter- und Laientheater, aber auch für Helene Weigel, die in der Carrar-Figur die Figur der „Mutter“ abwandeln konnte.

Die Uraufführung erfolgte am 16. Oktober 1937, einen halben Monat, nachdem im Théâtre de l'Étoile die „Dreigroschenoper" Premiere hatte, bei der Ernst Josef Aufricht Regie führte und Yvette Guilbert die Frau Peachum spielte, eine Aufführung, deren Tantiemen nach Berlin zu überweisen Brecht verhindern konnte. Bei der „Carrar"-Inszenierung in der Salle Adyar führten Dudow und Brecht Regie. Für die Darstellung der Carrar widmete Brecht der Weigel das Gedicht „Die Schauspielerin im Exil": *kleine Gestalt/Große Kämpferin.*[95] Daß es auch bei einer *aristotelischen (Einfühlungs-) Dramatik*[96] wie der „Carrar" möglich war, *episch* zu spielen, hielt Brecht in dem Gedicht „Beschreibung des Spiels der H. W." fest: *[...] verwandelte sie sich doch nicht restlos / In diese Fischersfrau, sondern spielte / So, als sei sie außerdem noch beschäftigt mit Nachdenken.*[97] In Kopenhagen wurden „Die Gewehre der Frau Carrar" vom „Arbejdernes Theater" in der Regie von Ruth Berlau am 19. Dezember 1937 erstmals aufgeführt. Die Carrar wurde wieder von Dagmar Andreasen gespielt. Mitte Februar 1938 wirkte die Weigel in einer Sonderaufführung in der Borups Højskole mit, die von der Emigrantentruppe Deutsches Studio getragen war. Bodil Ipsen las dabei auch das Gedicht „Die Schauspielerin im Exil" in der Übersetzung von Gelsted vor.
Aber auch die Gedichtsammlung, die Brecht zu dieser Zeit für die Gesammelten Werke unter dem Titel „Svendborger Gedichte" zusammenstellte, bewies, wie sehr er seine gesamte dichterische Produktion dem antifaschistischen Kampf widmete. Im vorangestellten Gedicht hieß es:

Geflüchtet unter das dänische Strohdach, Freunde
Verfolg ich euren Kampf.[98]

Von unmittelbar agitatorischem Kampfcharakter waren die „Deutschen Satiren", die Brecht hauptsächlich für den Deutschen Freiheitssender 29,8 kh verfaßte, der 1936 auf Beschluß des Zentralkomitees der KPD als Sender einer deutschen Volksfront geschaffen worden war, von Hans Teubner, Gerhart Eisler, Erich Glückauf und Kurt Hager hauptsächlich von Paris aus geleitet wurde und von Spanien aus sendete. Brecht schrieb die Satiren in freien Rhythmen, um sie bei den Hörern *einhaken* zu lassen.[99]

In der Abteilung „Deutsche Kriegsfibel" fand Brecht größte Genauigkeit, Knappheit, dialektische Erhellung, so im Gedicht „Die Oberen":

Die Regierungen
Schreiben Nichtangriffspakte.
Kleiner Mann
Schreibe dein Testament.[100]

In den „Chroniken" sah er Geschichte gleichsam von unten, so in den „Fragen eines lesenden Arbeiters": *Alle zehn Jahre ein großer Mann./Wer bezahlte die Spesen?*[101] Aus seinen Studien altchinesischer Lyrik leitete er die „Legende von der Entstehung des Buches Taoteking auf dem Weg des Laotse in die Emigration" ab, in der der Zöllner bedankt wird, weil er *dem Weisen seine Weisheit erst entreißen* half.[102] „Das Gleichnis des Buddha vom brennenden Haus" setzte die passive, abwartende Haltung der Menschen gegenüber dem Weltbrand, der ihnen drohte, kritischem Selbstverständnis aus. Die Hochschätzung Lenins, der Oktoberrevolution, des sozialistischen Aufbaus in der Sowjetunion brachte Brecht in die lakonische Sentenz: *Seitdem/Hat die Welt ihre Hoffnung.*[103] Die „Svendborger Gedichte" spiegelten aber auch Brechts laufende Selbstverständigung über seine Lage als Exilierter wider. *Das letzte Wort / Ist noch nicht gesprochen,* war eigener und fremder Zuspruch im Gedicht „Über die Bezeichnung Emigranten"[104]. Die „Gedanken über die Dauer des Exils" gingen über in die große Anrufung „An die Nachgeborenen":

Ihr, die ihr auftauchen werdet aus der Flut
In der wir untergegangen sind
Gedenkt
Wenn ihr von unseren Schwächen sprecht
Auch der finsteren Zeit
Der ihr entronnen seid.[105]

Die seinen eigenen Kindern, besonders Barbara gewidmeten „Kinderlieder" waren so gesehen gleichzeitig vorweggenommener Gruß an eine neue Generation.

Helene Weigel und Brecht in Lidingö, 1939

Brecht und sein Bruder Walter in Lidingö, 1939

Helene Weigel, Brecht und Martin Andersen Nexö in Lidingö, im August 1939

Die „Svendborger Gedichte“ waren fast identisch mit den „Gedichten im Exil“, die die vierbändige Ausgabe der „Gesammelten Werke“ im Malik-Verlag abschließen sollten. Schon gesetzt, wurden sie nach der Besetzung Prags durch die Nazis im Frühjahr 1939 beschlagnahmt und eingestampft. Auf Initiative Ruth Berlaus erschienen sie als Sonderdruck kurz vor Ausbruch des zweiten Weltkrieges in Svendborg.

Eine Ergänzung stellten die in der „Steffinischen Sammlung“ enthaltenen Gedichte dar, die Brecht zwischen 1937 und 1940 schrieb. Keines wies Mutlosigkeit oder Verzweiflung auf. Noch „Der Zweifler“, angeregt durch ein chinesisches Rollbild im Besitz Brechts, schloß lapidar:

Nachdenklich betrachteten wir mit Neugier den zweifelnden
Blauen Mann auf der Leinwand, sahen uns an und
Begannen von vorne.[106]

Diese Gedichte erfüllten die Forderung Wilhelm Piecks auf der Brüsseler Parteikonferenz der KPD im Oktober 1935, im Zeichen der Volksfront Menschen und Gruppen mit verschiedenem Interesse anzusprechen. Große und breite künstlerische Produktivität in diesem Sinne zu ermöglichen, schien Brecht vorrangige Aufgabe zu sein.

Davon war seine Haltung in der sogenannten „Expressionismusdebatte“ bestimmt, die in den Jahren 1937 und 1938 in der von ihm mit herausgegebenen Zeitschrift „Das Wort“ und in der „Internationalen Literatur“, aber auch in anderen antifaschistischen Organen geführt wurde. Man mag im nachhinein anzweifeln, wie sinnvoll es war, in dieser Zeit den Expressionismus als Hauptziel der Kritik auszuwählen, in der die Nazis die expressionistischen Künstler in die „Entartete Kunst“ einreihten. Im Grunde ging es aber um die Frage, welche Rolle das Erbe für die Herausbildung einer antifaschistischen, schließlich sozialistischen Kunst spielen sollte.

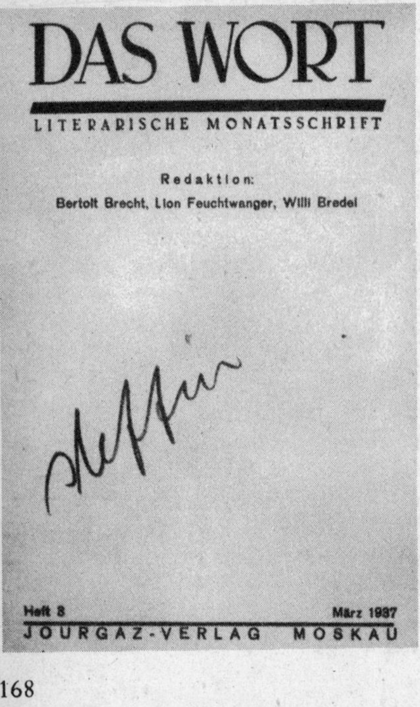
DAS WORT
LITERARISCHE MONATSSCHRIFT
Redaktion:
Bertolt Brecht, Lion Feuchtwanger, Willi Bredel
Heft 3 März 1937
JOURGAZ-VERLAG MOSKAU

Titelblatt der literarischen Monatsschrift „Das Wort“ März 1937 mit Steffins Namenszug

Es war eine Auseinandersetzung mit der Behauptung der Nazis, sie hätten die deutsche Kultur vor dem „Kulturbolschewismus" gerettet. Dafür reichte die Auffassung, wie sie am extremsten Hanns Eisler und Ernst Bloch Ende 1937 in der „Neuen Weltbühne" veröffentlichten, nicht aus, nämlich „daß wir einzig helfen müssen, klassisches Material, das für solchen [antifaschistischen – E. S] Kampf geeignet ist, auszusondern und zu präparieren"[107]. Aber auch die Gegenposition, am ausgeprägtesten vertreten durch Georg Lukács, führte zu falschen Folgerungen. Schon daß er den Expressionismus einseitig der USPD-Ideologie zuschlug, der „Dekadenz" zuordnete und die Ausdrucksformen als formalistisch verwarf, ließ die im Hinblick auf eine breite Volksfrontpolitik wesentliche Seite außer acht, daß die meisten Expressionisten entschiedene Kriegsgegner waren. Zum *Ausdruck* konnte Brecht mit Recht geltend machen, in der literarischen Technik gab es bei Kaiser, Sternheim, Toller *viel zu lernen für Realisten*[108]. Schwerwiegender war, daß Lukács, ausgehend von der Überlegung, „Volksfront bedeutet: Kampf um wirkliche Volkstümlichkeit"[109], die Schreibmuster ausschließlich bei kritischen Realisten des 19. Jahrhunderts wie Scott, Balzac, Tolstoi entwickelt fand. Alle, die diesen Vorbildern nicht entsprachen, rechnete er dem „ideologischen Verfall"[110] zu. Für den sozialistischen Realismus waren damit parabolische und hyperbolische Formen unzulässig und wurden als „formalistisch" abgewertet. Als Vorbild stellte Lukács die Dramatik seines Landsmannes Julius Hay hin, die herkömmlichen Realismusmustern folgte. Hay selbst erklärte die nach seiner Meinung „schiefe Darstellung des Faschismus" in Brechts „Rundköpfen und Spitzköpfen" als „von der Form natürlich nicht unabhängig".[111] Brecht reagierte darauf in einem Brief an Becher: Hays Polemik *ist ein Angriff auf jede Tarnung auf dem Theater, er will Dimitroffs trojanisches Pferd partout nicht auf die Bühne lassen*[112].

Für die Auseinandersetzung Brechts mit Lukács ist auch nicht wesentlich, ob Brecht, wie Eisler behauptete, Lukács „aus voller Seele" haßte.[113] Wesentlich ist, daß er in dieser Auseinandersetzung Kriterien für sozialistischen Realismus erarbeitete, die seitdem ihre Gültigkeit behalten haben. In dem Essay „Volkstümlichkeit und Realismus" gab Brecht die Bestimmung:

Volkstümlich heißt: den breiten Massen verständlich, ihre Ausdrucksformen aufnehmend und bereichernd / ihren Standpunkt einnehmend, befestigend und korrigierend / den fortschrittlichsten Teil des Volkes so vertretend, daß er die Führung übernehmen kann, also auch den anderen Teilen des Volkes verständlich / anknüpfend an die Traditionen, sie weiterführend / dem zur Führung strebenden Teil des Volkes Errungenschaften des jetzt führenden Teils übermittelnd.[114]

Brecht wandte sich dagegen, *bestimmten vorhandenen Werken den Realismus ab*[zu]*ziehen*[115]*:*

Wir werden alle Mittel verwenden, alte und neue, erprobte und unerprobte, aus der Kunst stammende und anderswo herstammende, um die Realität den Menschen meisterbar in die Hand zu geben.[116]

Um zu einem breiten und politischen Realismusbegriff, *souverän gegenüber den Konventionen* zu kommen, bot er die Definition an:

Realistisch heißt: den gesellschaftlichen Kausalkomplex aufdeckend / die herrschenden Gesichtspunkte als die Gesichtspunkte der Herrschenden entlarvend/vom Standpunkt der Klasse aus schreibend, welche für die dringendsten Schwierigkeiten, in denen die menschliche Gesellschaft steckt, die breitesten Lösungen bereithält / das Moment der Entwicklung betonend / konkret und das Abstrahieren ermöglichend.[117]

In einem zweiten Essay „Weite und Vielfalt der realistischen Schreibweise" führte er ungleich mehr Künstler als Lukács an, von denen ein Realist lernen könne, so Cervantes, Grimmelshausen, Voltaire, Swift, Shelley, Hašek. Seine Folgerung lautete: *Über literarische Formen muß man die Realität befragen, nicht die Ästhetik, auch nicht die des Realismus.*[118]

Die wichtigste Erkenntnis war jedoch die: *Damit echter Realismus möglich wird, muß eine Möglichkeit der Lösung aller gesellschaftlicher Probleme (einer Beherrschung der Wirklichkeit) gegeben sein: Eine neue Klasse muß da sein, welche die Weiterentwicklung der Produktivkräfte übernehmen kann.*[119]

Beide Artikel konnten im „Wort" nicht erscheinen. „Weite und Vielfalt der realistischen Schreibweise" erschien ein Jahr vor dem Tod Brechts in Heft 13 der „Versuche"; „Volkstümlichkeit und Realismus" erst zwei Jahre nach Brechts Tod in der Zeitschrift „Sinn und Form"[120]. In einem Brief an den *der wichtige Kampf gegen den Formalismus selbst in einen For-*

malismus. Eine öffentliche Beteiligung an der Debatte lehnte er ab, da er sie *für höchst schädlich und verwirrend halte, d. h. zu diesem Zeitpunkt*[121]. Und an Becher schrieb er: *Es muß nur verhindert werden, daß jetzt in der Emigration ein öffentlicher literarischer Formenstreit entsteht [...] wir können keinen Hayschnupfen brauchen.*[122] Sein eigener Standpunkt lautete zugespitzt: *Nicht an das gute Alte, sondern an das schlechte Neue anknüpfen.*[123]

Eine fachlich-sachliche Klärung der Theater und Dramatik betreffenden, aber auch übergreifender philosophischer Probleme versprach sich Brecht zu dieser Zeit durch die Gründung einer internationalen „Diderot-Gesellschaft". *Sie sammelt Berichte von mit Theater und Film experimentierenden Künstlern über ihre Arbeiten und organisiert deren Austausch.*[124] Gerade zu der Zeit, als die Nazis das „Münchner Abkommen" erzwangen und die Tschechoslowakei als Staat zu zerschlagen begannen, machte Brecht nicht nur den *Schwankenden,* sondern auch den *Gleichgeschalteten* anschaulich, wie sie auch nach ihrer Kapitulation den illegalen Kampf aufnehmen und führen können. Ende November 1938 vermerkte er in seinem „Arbeitsjournal", das er um diese Zeit zu führen begann und das zu den wesentlichen Selbstaussagen Brechts gehört, er habe innerhalb von drei Wochen das Schauspiel „Leben des Galilei" fertiggeschrieben.[125] In der Form einer Historie zeigte Brecht, wie die Wahrheit auch nach einer Niederlage mit List verbreitet werden kann, und machte die „Rede über die Widerstandskraft der Vernunft" von Ende November 1937 dramatisch gegenständlich. In dieser ersten Fassung, dem „Ur-Galilei" sozusagen, setzt der Held zwar seinem Schüler Andrea auseinander: *Die Wissenschaft kann Menschen, die es versäumen, für die Vernunft einzutreten, nicht brauchen. Sie muß sie mit Schande davonjagen, denn sie mag soviele Wahrheiten wie immer wissen, in einer Welt der Lüge hätte sie keinen Bestand.*

Aber dann übergibt Galilei Andrea die im Verbotenen hergestellte Abschrift der „Discorsi", damit er sie über die Grenze bringt, ihn vermahnend: *Nimm dich in acht, wenn du durch Deutschland fährst und die Wahrheit unter dem Rock trägst!*[126]

Galilei war also als „trojanisches Pferd" entsprechend der Volksfrontideologie aufgefaßt.

Zeichnung von Hans Tombrock mit dem handschriftlichen Vermerk: „Zu Brechts Galilei 1941 Von B. anerkannt"

In diese erste Fassung arbeitete Brecht dann im Frühjahr 1939 einen vagen, aber doch bemerkenswerten Bezug auf die Ende 1938 geglückte Urankernspaltung durch Otto Hahn und Fritz Straßmann in Berlin ein, über die er durch Mitarbeiter des dänischen Atomphysikers Niels Bohr Erläuterungen erhielt. Brecht gab im Gegensatz zu diesen Physikern der neuen Entdeckung eine positive Deutung, indem er Galilei sagen ließ: *Während an einigen Orten die größten Entdeckungen gemacht werden, welche die Glücksgüter der Menschen unermeßlich vermehren müssen, liegen sehr große Teile dieser Welt ganz im Dunkeln.*[127]
Bei der Uraufführung dieser Fassung im Zürcher Schauspielhaus, das in diesen Jahren die einzige deutschsprachige Bühne bleiben sollte, mit der Brecht noch rechnen konnte, spielte dieser Bezug bei der Aufnahme durch das Publikum überhaupt keine Rolle. Die Premiere fand am 9. September 1943, mitten im zweiten Weltkrieg statt. Die Atomforschung war zum geheimsten aller Projekte geworden. Die Kritik nahm Stück und Inszenierung, bei der Leonard Steckel Regie führte und die Hauptrolle spielte, während Teo Otto das Bühnenbild schuf, vor allem als Stück des illegalen Kampfes

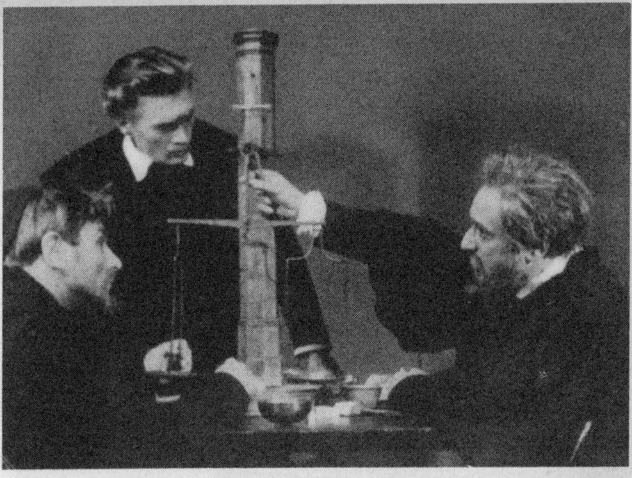

Leonard Steckel als Galilei in der Uraufführung von „Leben des Galilei" im Zürcher Schauspielhaus, Regie: Leonard Steckel, Bühnenbild: Teo Otto, 9. September 1943

und des schließlichen Sieges der Vernunft. Brecht selbst fand das Schauspiel von der Dramaturgie her wie die „Carrar" *allzu opportunistisch,* verglichen mit den „Fatzer"- und „Brotladen"-Fragmenten, die er als *höchsten standard technisch* auffaßte.[128]

Aber der „Galilei" war ja auch, wie Brecht damals einer dänischen Zeitung erklärte, *in Wirklichkeit für New York geschrieben:* Er sollte ihm nicht nur eine Aufführung, sondern auch den Eintritt in die USA ermöglichen. Brecht war überzeugt, daß Dänemark wie andere Randstaaten in absehbarer Zeit von Nazi-Deutschland überfallen würde, und versuchte daher schon 1938 auf die Einreisequota der USA zu kommen. In der Folgezeit setzte er dabei seine Hoffnung auf Ferdinand Reyher, einen amerikanischen Autor mit halbdeutscher Herkunft, dessen „Harte Bandagen" er 1930 in Berlin vermittelt hatte. Reyher besuchte im Sommer 1938 Deutschland und hielt sich von Ende Oktober bis Anfang November 1938 in Kopenhagen auf. Dort besprach Brecht mit ihm die Möglichkeit, „Leben des Galilei" in den USA zu verfilmen. Brecht erhoffte sich davon ein Visum für die Staaten. *Sie*

Brecht während seines Aufenthaltes in London 1936

können aus der „Galilei"-Sache sehen, in welcher Isolierung man heute auf diesem abwirtschaftenden Kontinent sitzt, schrieb er Anfang Dezember 1938 an Reyher.[129]
Brecht setzte bei seinen Hoffnungen auf ein amerikanisches Visum aber auch auf Fritz Kortner, mit dem er 1936 in London vergeblich einen Film für den berühmten Tenor Richard Tauber zu schreiben versucht hatte und der von dort in die USA emigrierte. Als wichtigen Mittelsmann für die Erreichung einer Einreise- und Aufenthaltsgenehmigung betrachtete Brecht dann schließlich Erwin Piscator, der nach seinem Weggang aus der Sowjetunion in New York im Rahmen der New School for Social Research die New Drama School aufbaute und Brecht eine Anstellung verschaffen konnte. Auch Korsch, der ebenfalls in den Staaten sein Exil fortsetzte, wurde in die Erwägungen, wo Brecht einen formalen Lehrauftrag erhalten könne, einbezogen.
Brechts materielle Lage verschlechterte sich in dem Maße, wie der Faschismus Erfolg hatte. Im Frühjahr 1939 sah sich der Moskauer Verlag Jourgaz gezwungen, die Zeitschrift „Das Wort" einzustellen, nachdem mit der Besetzung der

ČSR durch die Nazis auch dieses Absatzgebiet ausgefallen war. Für die beiden ersten Bände der „Gesammelten Werke", die noch 1938 durch den Malik-Verlag ausgeliefert wurden, bekam Brecht nach Steffin ganze fünf englische Pfund, für die er aber dem Verleger Herzfelde sehr dankbar war.
Das Phänomen Hitler und Faschismus ging Brecht zu dieser Zeit mit dem Roman „Die Geschäfte des Herrn Julius Caesar" aus historischer Sicht an. Brecht versicherte zwar, der Roman sei *keine verkleidete hitler- oder mussolini-biographie*[130], aber die Analogien drängten sich immer wieder auf, so, *wie leicht die schnell verlumpende römische plebs in eroberungskriege zu bringen war*[131] und wie Caesar, lange zwischen gesellschaftlichen Kräften lavierend, die Macht an sich reißt. Brecht schuf sich einen ironischen Erzählerstandpunkt aus der Sicht des Bankiers Spicer, der weiß, wie Caesar schließlich von der bedrängten „City" „gemacht" wurde, und einen von unten aus der Sicht des Schreibers Rarus. Brecht empfand selbst: *eine kalte welt, ein kaltes werk.*[132] Aber es befriedigte ihn, daß die Schwester der Steffin, Herta Hanisch, *frau eines metallarbeiters* in Berlin, und später in Schweden syndikalistische Arbeiter den Roman hochinteressant fanden, während Benjamin und Sternberg, *sehr hochqualifizierte intellektuelle*, vorschlugen, *doch mehr menschliches interesse hineinzubringen, mehr von altem roman!*[133] Auch dieser Roman blieb freilich Fragment.

Im Februar 1938 war Brecht vierzig Jahre alt geworden. Berthold Viertel widmete ihm in der „Neuen Weltbühne" einen Artikel: „Oh du ausgebürgerter Brecht! In deiner Lederjacke treibst du dich nun in fremden Städten herum, deren Mundart du nie erlernen wirst, weil Zunge und Seele sich gegen das fremde Kauderwelsch sträuben. [...] Alles, was an Trotz im Deutschen ist und sachlicher Idealismus, zäher Wille zur erkämpften Realität: das alles ist in deinen unverlogenen Zügen. [...] Es ist so deutsch, daß man darüber lachen und weinen könnte. So deutsch ist es, wie das Hitlergesicht undeutsch ist."[134]
Um 1920 hatte Brecht in seinem Tagebuch geschrieben: *Vierzig Jahre und mein Werk ist der Abgesang des Jahrtausends. Ich habe die Liebe zu den Untergehenden und die Lust an ihrem Untergang.*[135]

Nun, da er vierzig Jahre geworden war, bewies seine „Autobibliographie“ in der „Internationalen Literatur“, Heft 6/1938, den Wandel, der sich mit Brecht vollzogen hatte. Sie umfaßte lediglich die Werke, die er in den letzten zwei Jahren verfaßt hatte: Sie bezeugten seine Liebe zu den Aufsteigenden und seine Lust an ihrem Aufstieg. Dabei ließ die Entwicklung kaum Zweifel, daß er künftig noch mehr *auf Vorrat* werde schreiben müssen. Das wurde ihm bewußt, als er Mitte März 1939 den alten Entwurf für eine Parabel „Der gute Mensch von Sezuan“ hervorzog. Er erblickte in der *Scharadenarbeit* eine Möglichkeit, *endlich wieder auf den standard [zu] kommen,* und schloß seine Selbstverständigung lakonisch: *für die schublade braucht man keine konzessionen.* Der Schlußsatz dieser Eintragung ins „Arbeitsjournal“ an diesem 15. März 1939 lautete beziehungsvoll genug: das *reich vergrößert sich. der anstreicher sitzt im hradschin.*[136]
Brecht betrieb nun mit Entschiedenheit die Übersiedlung nach Schweden, das er zwar nur als Zwischenaufenthalt für seine Übersiedlung in die Staaten betrachtete, das ihm aber vor dem Zugriff der Nazis sicherer schien als Dänemark. Die Einreise nach Schweden für ihn und seine Familie wie die Steffin, alle mit unzulänglichen Flüchtlingspapieren ausgestattet, wurde durch das schwedische Spanienkomitee ermöglicht. Zu seinen führenden Vertretern gehörte der sozialdemokratische Reichstagsabgeordnete Georg Branting, der sich 1937 selbst in Spanien aufgehalten hatte. Ruth Berlau war mit ihm Ende 1937 von ihrer (von Brecht mißbilligten) Reise nach Valencia und Madrid zurückgekehrt, wo der Pariser Schriftstellerkongreß fortgesetzt worden war. Branting und Berlau erwirkten beim dänischen Justizminister Steincke die Verlängerung der dänischen Aufenthaltserlaubnis auf ein halbes Jahr, die nötig war, um in Schweden Wohnsitz nehmen zu können. Die formelle Einladung erhielt Brecht über den schwedischen Reichsverband der Amateurtheater zu einem Vortrag in Stockholm.
Am 22. April 1939 reisten Brecht und Weigel ab, während die Kinder mit Steffin nachkamen. Die Brechts kamen in Stockholm in einem Holzhaus der Bildhauerin Ninnan Santesson auf der kleinen Insel Lidingö unter, während die Steffin in einem benachbarten Haus ein Zimmer bezog. Brecht beschrieb das neue Domizil: *das haus ist ideal. es liegt auf li-*

Brecht in Lidingö im August 1939

dingö, von zwei seiten geht tannenwald heran. das arbeitszimmer, bisher ein bildhaueratelier, ist 7 meter lang, 5 meter breit. ich habe also viele tische.[137]

Brecht konnte die ganze Einrichtung und die Bibliothek von Skovsbostrand überführen. Die Weigel hatte das Haus günstig verkauft. Einen Grundstock für die Existenz bildete das Stipendium der American Guild for German Cultural Freedom in Höhe von 60 Dollar monatlich, das Brecht schon in

Brecht, Barbara und Helene Weigel in Lidingö, 1939

der letzten Zeit seines Aufenthaltes in Dänemark erhalten hatte. Brecht pflegte während seines Aufenthaltes in Schweden gute Verbindungen mit schwedischen Wissenschaftlern und Künstlern wie Arnold Ljungdal, Henry Peter Matthis (der sich besonders für ihn eingesetzt hatte) und Johannes Edfelt, aber auch den sozialdemokratischen Politikern Georg Branting und Fredrik Ström. Gedankenaustausch und Meinungsstreit führte er mit deutschen Emigranten wie Gerhard Scholz, Wolfgang Steinitz und dem österreichischen Chirurgen Waldemar Goldschmidt, der ihm die grotesken Verkehrungen des Arztberufes in der Emigration schilderte, die Ziffel in den „Flüchtlingsgesprächen“ schildert. Brecht hatte enge Beziehungen zu den antifaschistischen Kämpfern, die nach der Auflösung der Internationalen Brigaden in Spanien in Schweden Zuflucht finden konnten. An den Treffen in der Wohnung Brechts, auf denen die Ursachen analysiert wurden, warum die republikanischen Kräfte in Spanien eine Niederlage erlitten, nahmen unter anderen die Kommunisten Herbert Warnke, Anton Plenikowski und Paul Verner teil, die später in der DDR bedeutende politische und staatliche Funktionen ausüben sollten, aber auch Mitglieder der Sozialistischen Arbeiterpartei (SAP), wie August Enderle, oder an-

Diskussion über die Niederlage im spanischen. Bürgerkrieg bei Brecht in Lidingö im August 1939, Zeichnung von Hans Tombrock. „Links, ganz im Hintergrund mit Zeichenblatt Ninnan Santesson, vor ihr eine Gruppe Spanienkämpfer. In der Mitte, am kleinen Tisch Brecht. Auf dem Tisch Brille, Butterbrote und Tee. Rechts daneben ich. Ein Manuskript lesend Paul Verner. Rechts davor in der Reihe Herbert Warnke, rechts davor Anton Plenikowski, links davor mit Rücken, linke Hand hebend der POUM-Mann Siggi Neumann. Links vor Neumann Lotte Bischof ... Die Treppe führt zu einer Balustrade, wo Brecht übernachtete.“ (Anmerkungen Tombrocks auf der Rückseite der Zeichnung)

dere damalige Linke, wie Willy Brandt. Aus ihren Einschätzungen und Argumenten zog Brecht ein Vor- und Nachspiel für die Aufführung der „Gewehre der Frau Carrar" durch die Freie Deutsche Bühne in Schweden ab, in denen dargestellt wird, daß die republikanischen Kräfte deshalb geschlagen wurden, weil allzu viele *sehr lange, fast bis zuletzt* fragten, ob es nötig sei, zu kämpfen. In dieser Schauspieltruppe waren besonders die Schauspieler Hermann Greid und Curt Trepte aktiv, die für Jahre in der Sowjetunion gespielt hatten und nun oft mit Brecht zusammenkamen. Mit Greid erörterte Brecht auch Fragen einer materialistischen Dialektik, ohne freilich in ihm einen gleichrangigen Partner zu haben.[138]
Brecht machte auch die Bekanntschaft mit dem Maler Hans Tombrock, einem früheren Landstreicher, dessen Radierungen ihm wegen ihres naiven Realismus gefielen und dem er schließlich die Herstellung von Grafiken zu „Furcht und Elend", „Leben des Galilei" und Gedichten anvertraute.
Von den schwedischen Schauspielern stand Brecht besonders Naima Wifstrand nahe. Sie hatte die Carrar in der Inszenierung des Odeon Teatret im Jahre 1938 gespielt. Die Wif-

Helene Weigel (r.) und Ninnan Santesson bei der Arbeit an der Porträtplastik der Weigel

strand ermöglichte der Weigel, Anfang 1940 in ihrer Schauspielschule Unterricht zu geben, wofür Brecht die „Übungsstücke für Schauspieler" schrieb. Als Ninnan Santesson eine Porträtplastik der Weigel schuf, verfaßte Brecht den Essay „Betrachtung der Kunst und Kunst der Betrachtung". Er war eine weitere Erhellung von Grundfragen des sozialistischen Realismus. Brecht löste den Kunstgenuß in ein aktives Verhältnis auf, indem er die intensive Beobachtung als Voraussetzung bezeichnete: *Es ist nötig, sich an der Produktion selbst zu beteiligen, selbst in gewissem Umfang produktiv zu sein, einen gewissen Aufwand an Phantasie zu betreiben, seine eigene Erfahrung der des Künstlers zu gesellen oder entgegenzuhalten und so weiter.*
Als grundsätzliches Ziel gab Brecht an: *Demokratisch ist es, den „kleinen Kreis der Kenner" zu einem großen Kreis der Kenner zu machen.*
Denn die Kunst braucht Kenntnisse.
Die Betrachtung der Kunst kann nur dann zu einem wirklichen Genuß führen, wenn es eine Kunst der Betrachtung gibt.[139]
Im Sommer 1939 traf sich Brecht in Stockholm auch mit seinem Bruder Walter, der ihm vom Tod des Vaters im Mai 1939 in Darmstadt berichtete.
Brecht wurde während der ganzen Zeit seines Aufenthaltes in Schweden vom schwedischen Sicherheitsdienst überwacht. Die Überwachung galt auch der Steffin, die sich deshalb besonders verdächtig machte, weil sie der Staatsbürgerschaft wegen eine formale Ehe mit einem Dänen eingegangen war und nun den Namen Juul trug.
Wie in Dänemark wurde Brecht Zeuge, daß Antifaschisten, so das Ehepaar Schiller, nach Deutschland überstellt wurden. Brecht beteiligte sich vergeblich an Bemühungen um die Rettung der beiden Antifaschisten.
Den offiziellen Einstand in Schweden gab Brecht am 4. Mai 1939 im Stockholmer Studentenhaus mit seinem Vortrag „Über experimentelles Theater". Der Beitrag spiegelte die Wandlung wider, die Brecht in diesen Jahren des Exils vollzogen hatte. Sie bestand darin, daß Brecht die Theorie der *Pädagogien* aufgab und die Eigenschaften des Theaters *durch die beiden Funktionen Unterhaltung und Belehrung bestimmt* sah, *d. h. das Theater veranstaltete Experimente, die seine Amüsierkraft, und Experimente, die seinen Lehrwert erhö-*

Brecht in Lidingö, 1940

hen sollten[140]. Nach einem Abriß der modernen Theatergeschichte kam er zur Folgerung: *Die Entwicklung drängte auf eine Verschmelzung der beiden Funktionen Unterhaltung und Belehrung. Wenn die Bemühungen einen sozialen Sinn bekommen sollten, so mußten sie das Theater am Schluß instand setzen, mit künstlerischen Mitteln ein Weltbild zu entwerfen, Modelle des Zusammenlebens der Menschen, die es dem Zuschauer ermöglichen konnten, seine soziale Umwelt zu verstehen und sie verstandesgemäß und gefühlsmäßig zu beherrschen.*[141]
Hier setzte Brecht mit seiner Kritik der Einfühlung an: *Je mehr wir das Publikum zum Mitgehen, Miterleben, Mitfühlen brachten, desto weniger sah es die Zusammenhänge, desto weniger lernte es, und je mehr es zu lernen gab, desto weniger kam Kunstgenuß zustande.*[142]
Sollte der Zuschauer *in seine reale Welt eingeführt werden, mit wachen Sinnen,*[143] so hatte an die Stelle der Einfühlung *die Verfremdung* zu treten. Er erläuterte: *Einen Vorgang oder einen Charakter verfremden heißt zunächst einfach, dem Vorgang oder dem Charakter das Selbstverständliche, Bekannte, Einleuchtende zu nehmen und über ihn Staunen und Neugierde zu erzeugen.*[144]
Verfremden heißt also historisieren, heißt Vorgänge und Personen als historisch, also als vergänglich darzustellen.
Der Zuschauer wird damit *auch im Theater empfangen als der große Änderer, der in die Naturprozesse und die gesellschaftlichen Prozesse einzugreifen vermag, der die Welt nicht mehr nur hinnimmt, sondern sie meistert*[145].
Der epische Darstellungsstil und *die nichtaristotelische Dramatik,* die am Schiffbauerdamm ausprobiert worden seien, hätten ermöglicht, *die großen sozialen Gegenstände groß zu behandeln.*[146] Die Sprechkunst sei mit der Gestik verknüpft, *Alltagssprache und Versrezitation durch das sogenannte gestische Prinzip ausgeformt* worden.[147] Damit sei auch möglich geworden, *ohne zerstörende Aktualisierungen und ohne Museumsverfahren die wertvollen alten Stücke unterhaltend und belehrend aufzuführen.*[148] Abschließend betonte er: *Er ist ein Weg, der, den wir gegangen sind. Die Versuche müssen fortgesetzt werden.*[149]
Dieser Darstellung war 1936 der Aufsatz „Vergnügungstheater oder Lehrtheater?“ vorangegangen. Damals definierte Brecht die Darstellungsweise des epischen Theaters noch als

Entfremdungsprozeß[150]. In den „Thesen über die Aufgabe der Einfühlung in den theatralischen Künsten" sprach er von einer herbeizuführenden *Befremdlichkeit*[151], bis er bei der Überlegung, wie *die Vorgänge hinter den Vorgängen als Vorgänge unter Menschen* bewußt gemacht werden können, zum aktiven Verb *verfremden*[152] und zum Begriff der Verfremdung vorstieß, der statt auf passive Hinnahme auf Erzeugung eines aktiven, auf Veränderung gerichteten Weltverhältnisses ausgeht. Die zentrale Kategorie der Verfremdung in der Brechtschen Ästhetik zielt auf die Aufhebung der Entfremdung, der nicht durchschauten gesellschaftlichen Verhältnisse, durch *eingreifendes Denken,* das zu realistischem Handeln in der Wirklichkeit befähigt. Brecht schloß daher seinen Artikel „Vergnügungstheater oder Lehrtheater?" folgerichtig, ein solches Theater, im weiteren Sinn eine solche Kunst *setzt außer einem bestimmten technischen Standard eine mächtige Bewegung im sozialen Leben voraus, die ein Interesse an der freien Erörterung der Lebensfragen zum Zwecke ihrer Lösung hat und dieses Interesse gegen alle gegensätzlichen Tendenzen verteidigen kann*[153]. Das war die wesentliche Erkenntnis, die Brecht aus der Beobachtung der Darstellungskunst des chinesischen Schauspielers Mei Lan-fang bei seinem Besuch in Moskau 1935 zog, der durch stilisierte Maske und ritualisierte Gestik es verstand, *fremd, ja befremdlich zu erscheinen.* Brecht beschrieb in dem Essay „Verfremdungseffekte in der chinesischen Schauspielkunst" (1936), wie dadurch *alltägliche Dinge [...] aus dem Bereich des Selbstverständlichen gehoben werden*[154]. Aber diese Technik des Auffälligmachens verlangt *eine Historisierung der darzustellenden Vorgänge*[155]. Der materialistische *V-Effekt* dient gerade dazu, daß alles *vom gesellschaftlichen Standpunkt aus gesehen werden* kann.[156]
Wesentliche Thesen des Vortrags „Über experimentelles Theater" wurden im „Messingkauf" und im „Kleinen Organon für das Theater" abgewandelt, vertieft und erweitert. Mit dem „Messingkauf" beschäftigte sich Brecht hauptsächlich in den skandinavischen Exiljahren; das „Organon" schrieb er gleichsam als Extrakt im letzten Jahr seines Exils in der Schweiz nieder. Anregung für die Form des „Messingkauf" erhielt Brecht durch die „Dialoge" Galileis. Ein Philosoph erörtert mit Schauspielern und einem Dramaturgen in vier Nächten die Möglichkeit, ein Theater zu schaffen, das

hilft, *jene Zustände unter den Menschen zu beseitigen, wo sie voreinander Furcht und miteinander Mitleid haben müssen. Denn das Schicksal des Menschen ist der Mensch geworden.*[157] Am Modell des *K-Typus und des P-Typus in der Dramatik*[158] erläutert er die unterschiedlichen Zwecke und Verkehrsformen des Theaters. Der Karussell-Typus geht auf Einfühlung und „Erlebnis" aus, während der Planetarium-Typus kritisch-distanzierende Betrachtung ermöglicht. „Die Straßenszene", von Brecht schon um 1938 geschrieben, wird für die Art der Darstellung zum Schlüssel: Der Demonstrant, der einen Unfall nachmacht, leitet *seine Charaktere ganz und gar aus der Handlung* ab[159] und vermeidet es, es *zur restlosen Verwandlung in die demonstrierte Person kommen[zu]-lassen*[160]. Genauso hat der Schauspieler den Verfremdungseffekt zu setzen, um *dem Zuschauer eine fruchtbare Kritik vom gesellschaftlichen Standpunkt zu ermöglichen*[161].

Die Erläuterungen, wie die Darsteller und ihre Partner von den Schwesterkünsten zu arbeiten haben, um bei *den Menschen nicht nur Gefühle, sondern auch Gedanken zu erregen,*[162] gab Brecht in den Gedichten zum „Messingkauf", so die Methode, *den Menschen als eine unfertige Sache* zu betrachten,[163] genau zu beobachten, in der Rolle nach dem Alten und Neuen zu sehen, die Vorgänge transparent zu halten, die Gesänge vom übrigen zu trennen, die Requisiten konkret auszuwählen, Vergangenheit und Gegenwart, *aber auch / Was sein könnte*[164] in einem darzustellen. Die Schauspieler sollten keine *Masseure* für Gemütsbewegungen,[165] keine *Verkäufer von Rauschmitteln,*[166] keine *traurigen Betrüger*[167] sein, sondern die *Haltung des Zeigens* einnehmen, um *das Zusehen / Recht zu erleichtern, in alle Vorgänge die beste / Einsicht zu gewähren*[168]. In einem Nachtrag zum „Messingkauf" bestimmte Brecht: *Um den V-Effekt zu setzen, muß der Schauspieler die restlose Verwandlung in die Bühnenfigur aufgeben. Er zeigt die Figur, er zitiert den Text, er wiederholt einen wirklichen Vorgang. Der Zuschauer wird nicht völlig „in Bann gezogen".*[169]

Der Stückeschreiber einer solchen Art Theater lenkt *das Auge ständig auf die Kausalität der abgebildeten Vorgänge,* gerade indem die Fabel diskontinuierlich, in relativ selbständigen Teilen entwickelt wird. *Die Vorgänge werden historisiert und sozial milieurisiert.*[170]

Als *seinen Zuschauer* bestimmte der Philosoph den Arbeiter und Klassenkämpfer.[171] Abschließend definiert er die *Kunst* als *ein eigenes und ursprüngliches Vermögen der Menschheit, welches weder verhüllte Moral, noch verschönertes Wissen allein ist, sondern eine selbständige, die verschiedenen Disziplinen widerspruchsvoll repräsentierende Disziplin*[172].

Im 1947/48 vollendeten „Kleinen Organon", zu dem das „Novum Organon" von Francis Bacon die formale Vorlage war, betonte Brecht nochmals das Recht des Theaters, *durchaus etwas Überflüssiges bleiben [zu] dürfen, was freilich dann bedeutet, daß man für den Überfluß ja lebt*[173].

Er arbeitete die Unentbehrlichkeit der Wissenschaft für die neue Kunst heraus.[174] Er vertiefte die Kritik der Einfühlung der Zuschauer, um ihnen Veränderung zu ermöglichen. Er unterstrich den Zusammenhang zwischen der Technik der Verfremdung und der materialistischen Dialektik, *die gesellschaftliche Zustände als Prozesse* behandelt und in ihren Widersprüchen erfaßt.[175] Hauptquelle eines *Theaters des wissenschaftlichen Zeitalters* ist die Produktivität des Menschen, die *Lust unseres Zeitalters, [...] alles so zu begreifen, daß wir eingreifen können*[176]. Dem Schauspieler gab Brecht nicht nur Anleitungen für verfremdendes Spielen, sondern den Hinweis mit: *Will der Schauspieler nicht Papagei oder Affe sein, muß er sich das Wissen der Zeit über das menschliche Zusammenleben aneignen, indem er die Kämpfe der Klassen mitkämpft.*[177]

Er machte deutlich, daß der *gestische Bereich* der Körperhaltung, des Tonfalls und Gesichtsausdrucks *von einem gesellschaftlichen Gestus* bestimmt sind.[178] Er bestimmte schließlich die Fabel als das *Herzstück der theatralischen Veranstaltung*[179] und als *die Gesamtkomposition aller gestischen Vorgänge*[180]. Der Zweck des Theaters wurde nach Erläuterungen der Verfremdungstechnik aller am theatralischen Kunstwerk beteiligten Künste und Künstler nochmals dahingehend bestimmt, *die Kinder des wissenschaftlichen Zeitalters zu unterhalten, und zwar in sinnlicher Weise und heiter*[181]. Brecht ließ im „Messingkauf" den Dramaturgen für sich sprechen: *Meine Regeln*, sagte er, *sind nur anzuwenden von Personen, die sich freies Urteil, Widerspruchsgeist und soziale Phantasie erhalten sowie in Kontakt zu den fortschrittlichen Teilen des Publikums stehen, also selber fortschrittliche, vollsinnige, denkende Menschen sind.*[182] Es sollte zu den tragischen Seiten dieser Herausbildung einer auf dem dialektischen und historischen Materialismus beruhenden Theorie eines Theaters der Veränderung gehören, daß ihr Verfasser für lange Jahre keine Gelegenheit mehr haben sollte, sie in und an der Praxis des Theaters zu überprüfen. Trotzdem wurde hier unter den schwierigen Bedingungen des Exils eine Leistung hervorgebracht, die das ästhetische Denken wie die künstlerische Praxis der Epoche nachhaltig beeinflussen sollte.

Wie sehr jedoch Theorie und dramatische Produktion eins waren, bewiesen gerade die Stücke, die Brecht nun in erstaunlich dichter Aufeinanderfolge schuf. Mit den Einaktern „Dansen" und „Was kostet das Eisen?" führte er im Stil des Agitprop-Theaters vor Augen, wohin die Politik des Appeasements, der Nachgiebigkeit, der Uneinigkeit und des bloßen Geschäftsinteresses gerade der nordischen Länder gegenüber Nazi-Deutschland führen müsse: zur Unterwerfung. In „Was kostet das Eisen?" holt sich „der Kunde" vom Eisenhändler Sven das Eisen schließlich mit Gewalt, ohne noch etwas zu bezahlen. Diese Politfarce, die Brecht unter dem Pseudonym John Kent freigab, wurde nach Brechts Vorschlag im *knock-about-Stil* durch ein schwedisches Arbeitertheater in einer schwedisch-dänischen Fassung in der Volkshochschule Tollare in Stockholm im Juli 1939 gespielt. Regie führte Ruth Berlau. Die Spieler trugen große Papiermaché-Köpfe und Clownsschuhe.
Brecht wußte richtig zu deuten, was es bedeutete, wenn die Nazis für Herbst 1939 den „Parteitag des Friedens" ankündigten: daß sie dann wohl den Krieg beginnen würden. Die Forderung nach der Eingliederung Danzigs ins Reich und nach freier Durchfahrt durch Polen ließ die Stoßrichtung erkennen. Die Aufkündigung des deutsch-polnischen Nichtangriffspaktes von 1934 und des deutsch-englischen Flottenabkommens von 1935, mit der Hitler auf die Garantieerklärung Großbritanniens und Frankreichs für Polen reagierte, machte klar, daß Hitler bereit war, den „großen" Krieg zu riskieren. Obwohl die Sowjetunion nach der Kapitulation der Westmächte in München kein Vertrauen haben konnte, daß die Westmächte ein neues Abkommen halten würden, bot sie ihnen im Juli 1939 direkte Verhandlungen über ein Militär-

bündnis an. Die Verhandlungsbeauftragten Englands und Frankreichs hatten jedoch keine ausreichenden Vollmachten und stellten sich in der Frage des Durchmarschrechtes der Roten Armee durch Polen im Falle einer Angriffshandlung gegen Polen auf den Standpunkt der polnischen Regierung, die sich noch im Mai 1939 weigerte, mit der Sowjetunion einen Beistandspakt abzuschließen. Unter diesen Umständen beschloß die Sowjetregierung, im August 1939 mit Hitler-Deutschland einen Nichtangriffsvertrag abzuschließen.
Brecht wurde durch diesen Pakt viel weniger aufgestört oder gar verstört als andere Emigranten. Eine gute Woche vor dem Abschluß des Vertrages war er von Martin Andersen Nexö besucht worden, der aus der Sowjetunion zurückkam und ihm von einem Gespräch mit Dimitroff berichtete, demzufolge die Sowjetunion unter den gegebenen Umständen sich zunächst aus dem Krieg, der in den nächsten zwei Jahren unvermeidlich sei, heraushalten, sich aber für den Fall eines Angriffs auf sie eine günstige Ausgangsposition für eine defensive Kriegführung schaffen werde.[183] Am Tage des Kriegsausbruchs, dem 1. September 1939, war Brecht zu Ehren von Thomas Mann zu einem Lunch ins Stockholmer Stadthaus eingeladen. Thomas Mann lehnte den Pakt ab, seine Tochter Erika fand ihn logisch und verständlich. Brecht selbst fand, daß sich Hitler nun als Angreifer und Kriegsbrandstifter zeigen müsse. Den Einmarsch der Roten Armee in Polen Mitte September 1939 bewertete er dahingehend, daß Hitler damit ein Kriegsziel entrissen sei. *Die rote armee marschiert in europa ein,* war sein Kommentar. Und in einer dramatischen Skizze gestaltete er die Überlegungen Stalins, Woroschilows, Molotows und Shdanows in der Nacht vor dem Einmarsch der Roten Armee in Polen nach.[184] Den sogenannten „Winterkrieg“ zwischen Finnland und der Sowjetunion 1939/40 bewertete er ebenfalls als Schutzmaßnahme der Sowjetunion.
Seinen spezifischen Beitrag als Dramatiker leistete Brecht, indem er in den ersten Monaten des Krieges die „Chronik aus dem dreißigjährigen Krieg“, das Stück „Mutter Courage und ihre Kinder“, das er schon in Dänemark begonnen hatte, fertigstellte. Die Anregung zur Figur der Courage hatten ihm die „Simplicianischen Schriften“ von Hans Jakob Christoffel von Grimmelshausen geboten. In Stockholm kam als weitere

die Geschichte der nordischen Marketenderin Lotta Svärd in „Fähnrich Stahls Erzählungen“ von Johan Ludvig Runeberg hinzu, die ihm Naima Wifstrand vorlas. Brecht interessierte die Vorgeschichte der Regimentshure Lebuschka, die sich mit ihrer „Courage“ zur Marketenderin hochschläft, kaum. Sein Interesse galt erst der Geschäftsfrau, die ihren Schnitt am Krieg machen will. Diese „Mutter Courage“ war eine Umkehrung der Frau Carrar: Diese will die Kinder aus dem Krieg heraushalten, die Courage sie drinnen halten, aber so, daß sie ihr bleiben. Dabei hat sie eine ganz nüchterne Auffassung vom Krieg:

Der Krieg ist nix als die Geschäfte
Und statt mit Käse ists mit Blei.[185]

Aber sie verliert den Sohn Schweizerkas, *der dumm, aber redlich* ist, weil er sich weigert, die Regimentskasse herauszurükken, den *kühnen und klugen Sohn* Eilif, weil er in einem kurzen Frieden so marodiert, wie er es im Krieg gewöhnt, und schließlich die stumme Tochter Kattrin, die ein *gutes Herz* hat und deshalb die Stadt Halle aus dem Schlaf trommelt und dafür erschossen wird. Nach dem Tod des Schweizerkas, den sie als ihren Sohn verleugnen muß, um ihr Geschäft nicht zu gefährden, bricht sie in den Ruf aus: *Der Krieg soll verflucht sein.*[186] Aber schon die erste Replik, die sie im nächsten Bild dem Feldprediger gibt, der durch den Krieg aus einem Paulus zu einem Saulus wird, lautet: *Ich laß mir den Krieg von euch nicht madig machen.*[187] Zum Schluß zieht sie weiter in den Krieg, unbeeindruckt vom Zugesang: *Der g'meine Mann hat kein Gewinn,* sich vielmehr klammernd an die Verse: *Jedoch vielleicht geschehn noch Wunder: / Der Feldzug ist noch nicht zu End!*[188] Brecht entschuldigte die Courage nicht, er klagte sie nicht an. Die tiefere Wahrheit ließ er vom Feldprediger aussprechen: *Schuld sind die, wo Krieg anstiften, sie kehren das Unterste zuoberst in die Menschen.*[189] Das Stück macht die totale Verkehrung aller Tugenden, jeglicher Moral, des Menschseins schlechthin durch den Krieg anschaulich. In seinen Dialogen offenbart sich die absurde Logik der Vernichtung, die Brecht am Faschismus theoretisch nachgewiesen hatte. Im Dialekt wird die paradoxale Dialektik besonders anschaulich. Geradezu prophetisch sollte sich die

Überzeugung des Feldpredigers erweisen: *Nein, der Krieg findet immer einen Ausweg, was nicht gar. Warum soll er aufhörn müssen?*[190] Es war ja auch nicht der Dreißigjährige, sondern der dreihundertjährige Krieg gemeint, eben der, der notwendig aus den kapitalistischen Produktionsverhältnissen hervorgeht. Gleichzeitig fehlte es aber nicht an zeitgenössischen Anspielungen, so wenn die Courage sagt: *Die Polen hier in Polen hätten sich nicht einmischen sollen.*[191]

Brecht widmete das Stück Naima Wifstrand. Die Rolle der Stummen Kattrin hatte er eigens für die Weigel geschrieben, der neben der Steffin ein Gutteil der Mitarbeit anzurechnen ist. Die Hoffnung auf eine Aufführung in Schweden wie in Finnland ging nicht in Erfüllung. Erst das Zürcher Schauspielhaus brachte die Chronik am 19. April 1941 in der Regie von Leopold Lindtberg und mit dem Bühnenbild von Teo

Therese Giehse als Mutter Courage, Erika Pesch als Stumme Kattrin, Karl Paryla als Schweizerkas und Wolfgang Langhoff als Eilif in der Uraufführung von „Mutter Courage und ihre Kinder" am Zürcher Schauspielhaus,
Regie: Leopold Lindtberg, Bühnenbild: Teo Otto, Bühnenmusik: Paul Burkhard, Premiere: 19. April 1941

Otto zur Uraufführung. Die Hauptrolle spielte Therese Giehse. Brecht gewann aus der Kritik den Eindruck, daß eine „Niobetragödie" herausgekommen sei, und verschärfte später die merkantilen Züge der Courage. Die „Courage" als ein „realistisches Werk" zu veranschlagen, begründete sich für ihn aus der Tatsache: *das werk arbeitet mit dem gegenwärtigen bewußtsein der mehrheit der menschen.*[192] Die Lage der Weigel nach der Zerschlagung der Hoffnung auf eine Aufführung wurde von der Berlau treffend charakterisiert: „Sie spielte nicht eine Stumme, sondern wurde fünfzehn Jahre lang stumm gemacht."

Als Auftragsarbeit der Hörspielabteilung des Schwedischen Rundfunks schrieb Brecht zusammen mit Steffin für den Komponisten Hilding Rosenberg im Spätherbst 1939 *sehr schnell* das Radiostück „Das Verhör des Lukullus", damit so *ziemlich die grenze dessen erreichend, was noch gesagt werden darf*[193]. Es war offensichtlich schon zuviel, denn das Hörspiel wurde nicht vom Auftraggeber, sondern am 12. Mai 1940 von Radio Beromünster, Studio Bern, in der Regie von Ernst Bringolf gesendet. Zwei Tage vorher hatte die Nazi-Wehrmacht Belgien, die Niederlande, Luxemburg und Frankreich überfallen.

Brecht zog das Stück aus seiner Novelle „Die Trophäen des Lukullus" ab, die er noch in Dänemark als ein Nebenprodukt seiner Arbeit am „Caesar"-Roman verfaßt hatte. Nun wurde daraus die dramatische Fiktion eines Totengerichts über den mit großem Pomp beigesetzten Feldherrn Lukullus. Von allen in den Fries gehauenen großen Taten des Lukullus finden die Totenschöffen aus dem einfachen Volk nur die Verpflanzung des Kirschbaums vom eroberten Orient nach Italien eine rühmenswerte Tat. Aber durch sie können die 80 000 „Dahingeschlachteten" nicht aufgewogen werden. „Lakalles", wie der große Mann in den Vorstädten hieß, soll, so fordern es die Schöffen, ins Nichts verdammt werden. In der schwedischen Fassung zog sich das Gericht zur Beratung zurück, der Spruch blieb ungefällt.

Das Hörspiel war ein weiterer Abbau des Heldenkults, vorweggenommenes Verfahren gegen die Marschälle und Generäle des Dritten Reiches, die nach dem Sieg über Polen, dann über Frankreich nach weiteren „Heldentaten" gierten. Ende

1939 wurde das Stück im Haus der Stockholmer jüdischen Gemeinde von jungen Schweden und jüdischen Emigranten in der Regie von Hermann Greid als Schattenspiel aufgeführt. Es gab freilich auch noch einen anderen Grund: „Aus Gründen der Illegalität, daß man nicht sehen sollte, wer daran teilnahm, für den Fall, daß also Brecht und Brechts Dramatik als revolutionär gestempelt wurde", wie die Mitspielerin Gerda Lindner sich erinnerte.[194]
Über die innere wie äußere Befindlichkeit Brechts zu Beginn des Jahres 1940 geben Gedichte Aufschluß. Zwar gibt er seinem Sohn Steff den Rat, sozusagen wider alle Vernunft Französisch und Geschichte zu lernen. Aber:

Vor der weißgetünchten Wand
Steht der schwarze Soldatenkoffer mit den Manuskripten.
Darauf liegt das Rauchzeug mit den kupfernen
Aschbechern.
Die chinesische Leinwand, zeigend den Zweifler
Hängt darüber. Auch die Masken sind da. Und neben der
Bettstelle
Steht der kleine sechslampige Lautsprecher.
In der Früh
Drehe ich den Schalter und höre
Die Siegesmeldungen meiner Feinde.[195]

Brecht rechnete damals schon fest mit einer Invasion der skandinavischen Staaten, auch Schwedens. 1939 erwog er eine Zeitlang, durch Vermittlung von Haldor Laxness nach Island überzusiedeln, um von dort nach Amerika zu gelangen. Die eigentliche Hoffnung setzte er jedoch auf die Bemühungen Reyhers beim Committee für Refugee Writers of the League of American Writers in New York im Frühjahr 1939. Er rechnete, bis zum Juni 1939 die Visen zu erhalten, eine Hoffnung, die sich jedoch nicht erfüllte. Deshalb wandte er sich auch an Hanns Eisler um Hilfe, der sich damals in Mexiko aufhielt. Dieser schaltete den amerikanischen Schriftsteller Hofman R. Hays ein. Aber auch dessen Beziehungen reichten nicht aus, um Brecht rasch zu helfen. Das Zentrum der Anstrengungen, Brecht nicht nur zu Einreisepapieren zu verhelfen, sondern ihn auch materiell zu unterstützen, verlagerte sich nach Hollywood. Die treibende Kraft

war Fritz Kortner. Im Juni 1939 stiftete Fritz Lang, unterstützt von Lily Laté, einen Fond zur Unterstützung Brechts und seiner Familie. Lion Feuchtwanger erklärte sich bereit, die Reisekosten aus seinen Tantiemen in der Sowjetunion zu bestreiten. Auch William Dieterle, Oskar Homolka und Alexander Granach verwandten sich für Brecht. Kortner vermochte Dorothy Thompson, eine journalistische Parteigängerin Roosevelts, zu bewegen, sich beim State Department für die Einreise Brechts und seiner Familie sowie für Steffin und Berlau zu verwenden. Als im Frühjahr 1940 die Visen immer noch nicht eingetroffen waren, bat Brecht *wegen einigen beunruhigenden anzeichen hier, kontrolle, keine neue aufenthaltserlaubnis usw.* und in Annahme einer Invasion der skandinavischen Staaten durch die Nazi-Wehrmacht die finnische Schriftstellerin Hella Wuolijoki, die *uns einmal eingeladen* hat, um eine Aufenthaltsgenehmigung für Finnland. Bei der Vermittlung waren Dr. Alwa Anderson von der „Sonntagszeitung" und seine Frau Höglund-Anderson behilflich, letztere durch ihre *glänzenden beziehungen zu minister erko.* Georg Branting setzte sich in Finnland auch bei Mary Pekkala für Brecht ein.
Ruth Berlau teilte Brecht nach Dänemark mit: *von jetzt ab werde ich immer deine reise mitorganisieren, voraus oder am platz.* Er rechne, so ließ er sie wissen, immer mit ihr, *und ich rechne nicht wegen dir auf dein kommen, sondern wegen mir, ruth.*
Der Überfall Hitler-Deutschlands auf Dänemark und Norwegen am 9. April 1940 ließ Brecht rasch handeln. In aller Eile löste er den Haushalt in Lidingö auf, brachte seine Bibliothek und wertvollere Möbel bei Freunden unter und fuhr mit seiner Familie am 17. April mit dem Dampfboot von Stockholm nach Helsinki ab. Im Boot hatte er das Gefühl, *als verließe ich meine Heimat,* schrieb er an Henry Peter Matthis.

Am Tag von Brechts Abreise aus Stockholm hatte Piscator aus New York ein Telegramm an Brecht abgesandt, in dem er ihm mitteilte, daß er als „lecturer in literature" an der New Drama School in New York eine Anstellung erhalten könne. Dieser Nachweis einer Arbeitsstelle in den USA erleichterte den Erhalt eines Visums erheblich.
Aber zum ersten Mal war Brecht in Finnland nicht mehr nur

Emigrant, Exulant, sondern richtiger Flüchtling mit nur wenigen Gepäckstücken, von denen er notwendig seine Manuskripte als das Wichtigste ansehen mußte. Daß er nach Finnland hineingelassen wurde, verdankte er letztlich den guten Beziehungen der Wuolijoki zu dem reaktionären, mit den deutschen Faschisten paktierenden Staatspräsidenten Ryti, der die Einreisegenehmigung und Aufenthaltserlaubnis deshalb gab, weil er – an der „Dreigroschenoper" Gefallen gefunden hatte ... Die Wuolijoki, der „finnische Horaz" Elmer Diktonius sowie andere fortschrittliche Künstler, *leute, die wir gestern nicht kannten,* wie Brecht vermerkte, halfen den Flüchtlingen, im Arbeiterviertel von Helsinki – Töölö – eine kleine Wohnung einzurichten. Brecht hatte einen Teil seines Geldes, über das er verfügte, bereits vorher nach Finnland transferieren lassen. Es bedeutete aber für ihn und seine Familie wie für die Steffin eine große materielle Hilfe, daß sie von der Wuolijoki vom Juli bis Oktober 1940 auf das Gut Marlebäk in Kausala eingeladen wurden, ehe das Gut veräußert werden mußte. Hier in Marlebäk kam Ruth Berlau zu den Flüchtlingen hinzu. Sie hatte sich von ihrem Mann scheiden lassen, um Brecht zu folgen. Sie wurde von Brecht in Schutz genommen, weil sie wegen ihrer bekannten kommunistischen Gesinnung und der Tatsache, daß sie Brecht-Stücke inszeniert und die „Svendborger Gedichte" Brechts hatte drucken lassen, in Dänemark Gefahr lief, von den Nazis verhaftet zu werden.

Nach ihrer Rückkehr nach Helsinki im Herbst 1940 kamen Brecht und seine Familie in einer Zweieinhalbzimmerwohnung in der Köydenpunojankatu 13 im Hafenviertel, Steffin und Berlau in nahe gelegenen Zimmern unter.

Gleich im Mai 1940 hatte sich Brecht bei Piscator für die Steffin als seine Mitarbeiterin verwandt, um auch für sie ein Visum für die USA zu erhalten: *Tatsächlich überblickt nur sie meine Tausende von Manuskriptblättern, und ohne sie würde ich nur mit ungeheurem Zeitverlust Vorlesungen zustande bringen können.*

Und er betonte: *Ich kann sie ja unmöglich einfach zurücklassen. Sie ist seit zehn Jahren meine engste Mitarbeiterin und steht mir menschlich viel zu nahe.*[196]

Ende 1940 war Brecht im Besitz von Einreisepapieren nach Mexiko für sich und seine Familie, nicht aber für die USA;

außerdem fehlten die Visen für Steffin und Berlau. Wie Helene Weigel auf dem Konsulat der USA in Helsinki behandelt wurde, ergibt sich aus einer Tagebucheintragung der Vorsitzenden des finnischen Flüchtlingskomitees Sylvie Kyllikki-Kilpi vom 6. November 1940: „Ich war wieder zusammen mit Frau Brecht im USA-Konsulat, und der Konsul von Hellens war eisig ironisch und kalt. Er hat zu Frau Brecht gesagt: ‚Möglicherweise sprechen Sie Englisch besser als Schwedisch?' Frau Brecht spricht ein gebrochenes Schwedisch und natürlich ein noch schlechteres Englisch. – Wir fühlten uns irgendwie sehr verbunden, als wir aus der USA-Botschaft zurückgingen." [197]
Brecht bezeichnete die Zeit, die er unter diesen Umständen verbrachte, als die *inzwischenzeit*[198]. Am 8. Juni 1940 notierte er: *der deutsche blitzkrieg wirft alle berechnungen über den haufen.*[199] Um die gleiche Zeit beeindruckte ihn aber vor allem Picassos „Guernica"-Bild, das er in einer Reproduktion erstmals zu sehen bekam: *barbarischer sturm, der eine welt zerschmiß, musischer sturm, der solche scherben zusammenfegte! interessante romantische v-effekte, dabei klassizistische form.*
Er nahm sich vor, *in dieser richtung einmal etwas zu machen*[200]. Er verfolgte die Luftschlacht um England und kombinierte aus Fotos aus der „Berliner Illustrierten", das Bild des zerbombten London mit den Gigantomanien „Deutscher Baumeister" in Berlin; dazwischen klebte er ein kleines Foto seines sechzehnjährigen Sohnes, über den er zur gleichen Zeit festhielt: *groß beeindruckte ihn kafkas prozeß.*[201] Angeregt durch altgriechische Epigramme in der deutschen Übersetzung von August Oehler, fertigte Brecht zu Fotos, die er Zeitungen entnahm, dialektische Vierzeiler an – „Die Kriegsfibel" gewann Gestalt.

Brecht analysierte richtig, daß Hitler von der Invasion Englands abließ, weil er sich im Rücken nicht frei fühlte. Er konnte nicht wissen, daß Hitler zu dieser Zeit tatsächlich schon die Weisung für den „Fall Barbarossa", den Angriff auf die Sowjetunion, gegeben hatte. Gerüchte drangen nach Finnland, daß die Nazis Ende November 1940 in Warschau 400 000 Juden in ein Getto einmauerten. Als die Nazi-Wehrmacht im April 1941 Jugoslawien und Griechenland überrollte, vermerkte Brecht: *die welt hält wieder den atem an.*[202]

Er fühlte sich versucht, eine „Kassandra“ zu schreiben: *sie hat natürlich nicht das zweite gesicht, sie benützt nur ihr gewöhnliches sehen.*[203]

Es war die Zeit, da seine *beiden produktionsmittel, die zigarren und die (englischen) kriminalromane,*[204] ausgingen und rationiert wurden. Die Weigel war mehr betroffen von der Verknappung und Verteuerung der Lebensmittel. Die Tuberkulose der Steffin verschlimmerte sich in diesem Winter 1940/41 entschieden. Brecht machte sich nach dem Sieg der Nazis über Frankreich große Sorgen um seine Freunde Feuchtwanger, Benjamin und andere, besonders als er erfuhr, daß die Vichy-Regierung unter Pétain und Laval sich verpflichtete, alle Deutschen auszuliefern. Ab September 1940 konnte die deutsche Wehrmacht über Finnland nach Norwegen fahren. Die Nazi-Propaganda, verbunden mit einer Hetzkampagne der finnischen Reaktion gegen die Sowjetunion, nahm zu.

Was die politisch-militärische Lage insgesamt betraf, richtete sich Brechts Hoffnung ganz und gar auf die Sowjetunion. Die Umwandlung der baltischen Staaten in Sowjetrepubliken im Jahre 1940, die in Finnland auch bei Linken auf kein Verständnis stieß, betrachtete Brecht als antiimperialistische Schutzmaßnahme. Von dem finnischen Schriftsteller Erkki Vala angesprochen, er wäre sicher auch unglücklich, „wenn zum Beispiel Sachsen angeschlossen würde an die Sowjetunion“, erwiderte Brecht: *Nein, gar nicht. Wenn ich nur weiß, daß dort ein sozialistisches System hinkommt, da wäre ich gar nicht traurig.*[205]

Vala beschrieb die Wirkung Brechts: „Besonders Schriftstellern und Künstlern, die gegen den Krieg waren und die freundschaftlich eingestellt waren gegenüber der Sowjetunion, bedeutete der Aufenthalt Brechts eine Art Hilfe.“[206]

Wie Brecht auf einzelne Künstler wirkte, geht aus der Beschreibung hervor, die der Kapellmeister und Komponist Simon Parmet von ihm gab. Parmet, seit acht Jahren arbeitslos, da er, wie Brecht bemerkte, *für die schweden ein jude und für die finnen ein schwede ist,*[207] wurde von Brecht aufgefordert, eine Bühnenmusik für die „Mutter Courage“ zu schreiben; er könne dabei unbefangen das Muster der – „Dreigroschenoper“ verwenden, was Parmet widerstrebte.

„Niemand konnte jedoch auf die Dauer Brecht widerstehen.

Er hatte ein eigenartiges, rücksichtsloses Argumentierungsvermögen, das sehr bald die eigenen Zweifel zermalmte und einen dazu brachte, daß man, was es auch sei, ausrichten konnte."

Abgeschnitten von der Produktion, empfand Brecht es als schmerzlich, daß die Stücke, die er geschrieben hatte, *ungetestet* blieben. Grete Steffin stellte in einem literarisch beschriebenen Traum, den sie Brecht zu seinem Geburtstag 1941 widmete, die Stücke und Rollen zusammen, die Brecht geschaffen hatte. Sie verband sie mit der Forderung von Schauspielern nach solchen Rollen und brachte das Dilemma, in dem sich beide Teile befanden, in die widerspruchsvolle Aussage: „ach, ihr könnt die stücke, die die grossen rollen für euch bergen, erst spielen, wenn es anders wird, aber wie, wenn es nur anders wird dadurch, dass ihr sie spielt?"[208]

Aber gerade das Abgeschnittensein von der Produktion und die wachsende Isolierung (Brechts Bekanntenkreis in Helsinki war viel kleiner als der vorangegangene in Stockholm) entfachte in Brecht eine enorme Schaffenskraft. In Finnland schrieb er die der Weigel gewidmete Parabel „Der gute Mensch von Sezuan" fertig, das Stück, das ihm nach seinen Worten mehr Mühe machte als jedes andere. In der Form einer *goldenen Legende* wandelte Brecht erneut das Thema der Güte, Freundlichkeit, im weitesten Sinne Menschlichkeit ab, die er in der bestehenden Ordnung als nicht verwirklichbar ansah. Der Kern der Problematik fand sich in Brechts Überlegung, *dem gebot der nächstenliebe das gebot der selbstliebe hinzuzufügen, dem „du sollst zu andern gut sein" das „du sollst zu dir selbst gut sein"* folgen zu lassen.[209] Dabei wird Gutsein als Produktivmachen von sich und den anderen aufgefaßt. Die radikale Aufhebung tradierter Ethik, wie sie Brecht als „Verhaltenslehrer" vornahm, fand sich auch und gerade in dieser Parabel. Sie besteht in der wichtigen Erkenntnis der Heldin: *wie leicht es ist für sie, gut zu sein, und wie schwer es ist, böse zu sein.*[210] Es ist die entschiedene Verwerfung des „Sündenfalls" und der entsprechenden Moral, die Entbehrungen als Tugenden ausgibt. Der Mensch wird nicht metaphysisch als Mängelwesen definiert, sondern als zu irdischer Selbstverwirklichung begabt, ausgestattet mit der Möglichkeit, auf dieser Erde glücklich zu sein, aber daran gehindert durch die bestehende gesellschaftliche Unordnung.

Shen Te, die Prostituierte, kann ihrem Freund, dem arbeitslosen Flieger und ihren Angehörigen, aber auch sich selber nur helfen, wenn sie sich in den ausbeuterischen, antreibenden, kalten Vetter verwandelt. Der junge Brecht hatte gebannt in den Proben zu Strindbergs „Traumspiel" in der Regie von Max Reinhardt gesessen. In diesem Stück steigt Indras Tochter auf die Erde hinab, um zu sehen, wie die Menschen leben. Die schwerste Erfahrung, die sie macht, ist die, anderen Böses tun zu müssen, um leben zu können. Soweit nahm Brecht in seiner Parabel Strindbergs Vorgestaltung auf, aber er folgte nicht der Folgerung, die Strindberg Indras Tochter in den Mund legte: „Es ist schade um den Menschen." Aus der Klage Strindbergs wurde bei ihm eine Anklage der Verhältnisse. Durch die Abwirtschaftung der Götter und ihre phrasenreiche Flucht wird deutlich, daß die betroffenen Menschen von „keinem höhren Wesen" gerettet werden, wie es in der „Internationale" heißt, und sie sich nur selber aus dem Elend erlösen können. Hier wurde der innere Zusammenhang zweier Lieder Brechts wichtig. In einem Zwischenspiel singt Shen Te „Das Lied von der Wehrlosigkeit der Götter und Guten". Der Refrain erhält in der Schlußstrophe die Wendung:

Warum sagen die Götter nicht laut in den obern
Regionen
Daß sie den Guten nun einmal die gute Welt schulden?
Warum stehn sie den Guten nicht bei mit Tanks und
Kanonen
Und befehlen: Gebt Feuer! und dulden kein Dulden? [211]

Das war nichts anderes als die poetische *Sklavensprache* für den Abgesang der „Resolution der Kommunarden", 1934 mit Eisler geschrieben:

In Erwägung: ihr hört auf Kanonen –
Andre Sprache könnt ihr nicht verstehn –
Müssen wir dann eben, ja, das wird sich lohnen
Die Kanonen auf euch drehn! [212]

Die wahrhaft „guten Menschen" sind die Klassenkämpfer – das sollte Brecht dann am Ende des Exils wieder offen aussprechen: in den „Tagen der Kommune".

Szenenfoto der Uraufführung von „Der gute Mensch von Sezuan" mit Therese Giehse als Mi Tzü, Karl Paryla als Sun (2. v. r.) und Heinrich Stör als Polizist im Zürcher Schauspielhaus, Regie: Leonard Steckel, Bühnenbild: Teo Otto, Musik: Huldreich Georg Früh, 4. Februar 1943

Als Brecht das Stück Anfang 1941 fertig hatte, verschickte er es in zahlreichen Exemplaren nach der Schweiz, Amerika und Schweden, bekam aber keine Antwort. Er stellte fest: *die bajonette der sieger von 1870 mögen das ‚kapital' in europa zum sieg geführt haben, die tanks der sieger von 1940 begraben unter sich den GUTEN MENSCHEN VON SEZUAN.*[213] Tatsächlich bedurfte es erst einer sichtlichen Veränderung des politischen Kräftefeldes – ein Vergleich aus der Physik, der Brecht immer wieder faszinierte –, damit die Parabel als zweites Brecht-Stück am 4. Februar 1943 im Zürcher Schauspielhaus aufgeführt werden konnte. Leonard Steckel führte Regie, das Bühnenbild schuf Otto. Der „Gute Mensch" wurde von Maria Becker gespielt, der Flieger Sun von Karl Paryla.

Während seines sommerlichen Aufenthaltes in Marlebäk schrieb Brecht in wenigen Wochen das Volksstück „Herr

Leonard Steckel als Puntila und Erwin Geschonneck als Matti in der Aufführung des Berliner Ensembles von „Herr Puntila und sein Knecht Matti“ im Deutschen Theater Berlin, Regie: Brecht und Erich Engel, Bühnenbild: Caspar Neher, Musik: Paul Dessau, Premiere: 8. November 1949

Puntila und sein Knecht Matti“. Er wurde dazu durch die Komödie „Die Sägespäneprinzessin“ und die finnischen Erzählungen seiner Gastgeberin Hella Wuolijoki angeregt. Ein weiteres Mal wandelte er das Thema der Menschlichkeit ab: Der Gutsbesitzer Puntila vermag nur im Suff menschlich zu sein; er ist der umgekehrte „Gute Mensch von Sezuan“ auf Grund seiner Klassenlage. In der Komödie der Wuolijoki war der Chauffeur, der um die Hand der Tochter des Gutsbesitzers anhält, ein verkleideter Diplomat – das Boulevardstück konnte zu einem konventionellen Ende gebracht werden. Bei Brecht ist der betrunkene Puntila Brautwerber für seine Tochter bei einem Matti, der ein wirklicher Prolet ist. Eine Verkehrung bahnt sich an, die nur mit dem Verlassen des „Herrn“ durch den „Knecht“ enden kann. Das erklärt hinreichend, daß das Stück im ausgeschriebenen Wettbewerb für Volksstücke keinen Preis erhalten konnte. Aber sicher trugen dazu auch die sozialkritischen „finnischen Erzählungen“ bei, die Brecht von der Wuolijoki auf Marlebäk in hinreißender Art erzählt bekam. Brecht wählte diejenigen aus, die den Klassenkampf am anschaulichsten widerspiegelten. Die markanteste schmuggelt die Schmuggleremma gleichsam als ideologisches „Gift“ ins Stück. Es ist die Geschichte des finnischen Revolutionärs Athi von 1919, der lieber Gras frißt, als Fisch und Butter der Gutsherrin anzunehmen.

In „Puntila“ stattete Brecht die Figuren mit ausgeprägter Individualität aus. Wieder gestaltete er sie mit „dialektischem Dialekt“. Er erneuerte gleichzeitig das Genre des Volksstücks, wozu er später den Essay „Anmerkungen zum Volksstück“ schrieb.

In welchem Gemütszustand sich Brecht befand, als er am „Puntila“ arbeitete, offenbart eine Eintragung in sein „Journal“: *der puntila geht mich fast nichts an, der krieg alles; über den puntila kann ich fast alles schreiben, über den krieg nichts. ich meine nicht nur „darf“, ich meine auch wirklich „kann“.*[214]

Zu einer Aufführung dieses Volksstückes sollte es erst nach der Rückkehr Brechts aus Amerika kommen, und zwar am 5. Juni 1948 wiederum am Zürcher Schauspielhaus, mit Kurt Hirschfeld und Brecht als Regisseuren, dem Bühnenbild von Otto und Leonard Steckel als Puntila und Gustav Knuth als Matti.

Pläne für seinen Einstand in den USA machend, kam Brecht wieder die Idee zu einem „Gangsterstück“ in Erinnerung, die er 1935 bei seinem Aufenthalt in New York gehabt hatte. Im

Ekkehard Schall als Arturo Ui und Siegfried Weiß als Schauspieler in der Aufführung „Der aufhaltsame Aufstieg des Arturo Ui" im Berliner Ensemble, Regie: Manfred Wekwerth und Peter Palitzsch, Bühnenbild: Karl von Appen, Musik: Hans-Dieter Hosalla, Premiere: 23. März 1959

März 1941 entwarf er in rascher Folge die Grundszenen für die Politparabel „Der aufhaltsame Aufstieg des Arturo Ui".
Es war die kühnste Abwertung des „obersten Schicksalsgestalters des deutschen Volkes", wie Hitler damals von dem nachmals gehängten „Generalgouverneur" Hans Franck genannt wurde, die in der Exilliteratur vorgenommen wurde. Chaplins Hitlerparodie „The Great Dictator", die 1940 entstand, mag ein für Hollywood mutiger Beitrag gewesen sein, den „größten Führer aller Zeiten", im Volksmund „Gröfaz" abgekürzt, in den Augen von Demokraten lächerlich zu machen. Aber er traf doch mehr die Oberfläche des Phänomens. Die Überführung der Naziführer als Gangster, wie sie Brecht im „Ui" vornahm, traf ihr wahres Wesen viel genauer. Brecht, der im „Messingkauf" durch den Mund des Philosophen über sich sagen mußte, hinter ihm stehe der *Garniemand* und der *Geberda,* brachte den *Wieheißterdochgleich* in die richtige Sicht: in die des Verbrechers. Die Naziführer, die sich der Anklage in Nürnberg nicht entziehen konnten, sollten sich genau als solche angeklagt sehen. Brecht parabolisierte in seinem Gangsterspektakel die Korrumpierung Hindenburgs durch die Nazis, die Rolle Papens als Steigbügelhalter, den Reichstagsbrandprozeß, die Röhm-Morde und die Ermordung Dollfuß' und den „Anschluß" Österreichs. Er ließ diese Affären sich zutragen in Chicago, wo sich Gangster in der Art der Mafia als Beschützer der Kleinhändler ausgeben, um zuerst die von Chicago, dann der benachbarten Städte zu unterwerfen. Als Problem stellte sich für Brecht, *einerseits immerfort die historischen vorgänge durchscheinen zu lassen, andrerseits die ‚verhüllung' (die eine enthüllung ist) mit eigenleben auszustatten*[215]. Um eine entsprechend große Form zu finden, griff er wie seinerzeit bei der „Heiligen Johanna der Schlachthöfe" zur Parodie klassischer Werke. Die Werbung Hitler-Uis um Dollfuß-Dullfeet trägt sich wie die Werbung Fausts um Gretchen im Garten von Frau Marthe zu, die Werbung um die Witwe Dullfeets wie die Werbung Richards des Dritten um die Königin Anna bei Shakespeare. Aus der historischen Tatsache, daß Hitler sich in München von dem Hofschauspieler Basil hatte unterrichten lassen, um auf die Leute zu wirken, schlug Brecht in einer entsprechenden Szene Kapital. *dem epischen geschwindigkeit*

zu verleihen war sein wesentliches dramaturgisches Interesse.[216] Beim fertigen Stück zwang ihn die Steffin, die Jamben zu glätten, die er bewußt vernachlässigt hatte. Die gefundene Form entsprach genau der Überlegung, die Brecht um diese Zeit erneut anstellte, nämlich *werken eine lange dauer verleihen zu wollen*[217]. Es sollte sich besonders bei „Arturo Ui" als zweckmäßig erweisen: Das ebenso roh behauene wie hochstilisierte Spektakel wurde erstmals zwei Jahre nach dem Tode von Brecht am 10. November 1958 im Staatsschauspielhaus Stuttgart in der Regie von Peter Palitzsch mit Wolfgang Kieling als Ui aufgeführt.
Seine Fähigkeit, die Erfahrungen des bisherigen Exils ironisch bis sarkastisch zu brechen, stellte Brecht in dem finnischen Jahr mit den „Flüchtlingsgesprächen" unter anschaulichen Beweis. Zur Form wurde er durch Diderots „Jacques le fataliste" angeregt. Es war weniger Galgenhumor als dialektischer Witz, der die tragikomischen Erlebnisse in der Sicht von Ziffel und Kalle prägte. Für den Materialisten Brecht war vielleicht am aufschlußreichsten, daß er durch Ziffel auch eine Rechnung für das Studium des Marxismus aufmachen ließ: *Eine halbwegs komplette Kenntnis des Marxismus kostet heut, wie mir ein Kollege versichert hat, zwanzigtausend bis fünfundzwanzigtausend Goldmark, und das ist dann ohne die Schikanen. Drunter kriegen Sie nichts Richtiges, höchstens so einen minderwertigen Marxismus ohne Hegel oder einen, wo der Ricardo fehlt usw.*[218]

Gerade diese Fähigkeit, mit allen überlieferten Formen und Gestaltungsmitteln souverän umgehen zu können und mit Hilfe eines dialektischen Bewußtseins neuen Inhalten eine originelle Gestalt zu geben, ließ Brecht in Finnland sich selbst als „bürgerlichen Dichter" verstehen (so wie er sich 1934 gegenüber Benjamin als „großbürgerlichen Schriftsteller" bezeichnet hatte.)[219] Sich neben Hašek, Silone und O'Casey stellend, meinte er: *wir mögen die sache des proletariats zu der unsrigen machen [...] dennoch zeigen wir begrenzungen und schwächen unserer klasse, die uns zu kritisch zu betrachtenden mitkämpfern machen. freilich, wenn wir die bürgerliche kultur überliefern, so ist es doch eben die kultur.*
Die nachfolgenden *neuen dichter und kämpfer [...] finden dann in den werken ihrer vorgänger, unsern werken, nicht nur*

die höchstentwickelten ausdrucksmittel, sondern auch die elemente der neuen kultur, die im kampf immer am schärfsten hervortreten.
Brecht meinte, am sichersten gehe man, *wenn man uns als die dialektiker unter den bürgerlichen dichtern anführt und benutzt. damit stehen wir in einer reihe mit den bürgerlichen politikern, welche die sache des proletariats zu der ihrigen gemacht haben.*[220]
Diese Selbsteinschätzung mußte ihm naturgemäß bei Fortsetzung des antifaschistischen Kampfes die USA als geeigneter Kampfplatz erscheinen lassen.

Der Erlaß von Ausnahmegesetzen in Finnland, die immer unverhülltere Invasion von Nazi-Truppen, die sichtbaren Kriegsvorbereitungen und die zunehmende Beobachtung durch die finnische Staatspolizei veranlaßten Brecht, im März 1941 nochmals zwei dringliche Briefe an H. R. Hays wegen der amerikanischen Visen zu schreiben. Um der Steffin, der wegen ihrer Lungentuberkulose ein Dauervisum von vornherein abgeschlagen worden war, wenigstens ein Besuchsvisum zu verschaffen, wurde die Steffin als Sekretärin von Hella Wuolijoki ausgegeben. Die Bürgschafts-Affidavits für die Familie Brecht besorgte schließlich William Dieterle in Hollywood. Am 2. Mai bekam die Familie Brecht endlich die Einreisepapiere. Auch Ruth Berlau war im Besitz eines Visums, nicht jedoch die Steffin. Am 3. Mai wurde die Weigel „in völliger Panik" bei Frau Kilpi wegen 1 000 Mark Reisegeld vorstellig, da vor Turku bereits zwölf deutsche Kriegsschiffe lägen. Brecht schob die Abreise trotzdem hinaus, bis auch die Steffin am 12. Mai ihr Touristenvisum erhalten hatte. Im Hotel Torni gab es einen gedrückten Abschied von den finnischen Freunden. Ursprünglich sollte die Seereise in die Staaten über Petsamo, den Eismeerhafen Finnlands, erfolgen, der aber inzwischen von den Deutschen kontrolliert wurde.
Am 13. Mai 1941 erfolgt daher die Abreise per Eisenbahn nach Moskau. Die Weiterreise sollte mit der transsibirischen Bahn vor sich gehen, da in Wladiwostok Schiffsplätze auf dem schwedischen Frachtdampfer „Annie Johnson" hatten gebucht werden können, nachdem das Geld mühselig zusammengebracht worden war. Die Finanzierung der Reise in den Fernen Osten hatte der sowjetische Schriftstellerverband für

die ganze Reisegruppe, bestehend aus der Familie Brecht, Berlau und Steffin, zugesagt. In Moskau wurde ein zehntägiger Aufenthalt eingelegt. Brecht wohnte im Hotel „Metropol". Nach Auskünften, die Brecht nach seiner Ankunft in den Staaten Alexander Granach gab, traf er in Moskau Willi Bredel, Hans Rodenberg, Gustav von Wangenheim, Julius Hay, Theodor Plivier und Adam Scharrer.[221] Georg Lukács soll er damals einen literarischen Waffenstillstand angeboten haben. Er traf auch Hugo Huppert, den Majakowski-Übersetzer, und Bernhard Reich. Bei allen erkundigte er sich nach den Schicksalen seiner Freunde, die Opfer der Repressalien geworden waren. Die Berlau traf sich mit Arthur Pieck und Margarete Lode, früheren Funktionären des IRTB. Brecht besprach auch mit dem Sekretär des sowjetischen Schriftstellerverbandes Alexander Fadejew und seinem Betreuer Apletin die Linie des antifaschistischen Kampfes in den USA, falls es, was allgemein angenommen wurde, in absehbarer Zeit zum Krieg zwischen der Sowjetunion und Deutschland kommen sollte. Der „Internationalen Literatur" übergab er für diesen Fall Szenen aus „Furcht und Elend" zur Veröffentlichung, die nach Ausbruch des Krieges auch veröffentlicht wurden. Brecht benutzte den Aufenthalt in Moskau auch, um die Mitreisenden mittels seiner Honorare neu auszustatten. Im übrigen zeigte er das wachste Interesse für die Veränderungen, die in der Stadt vor sich gegangen waren, seitdem er sie 1935 besucht hatte.

Bei diesen Zusammenkünften mit den sowjetischen Kollegen und bei den Einkäufen hatte die Steffin mit letzter Kraft gedolmetscht. Dann brach sie zusammen und mußte in die Klinik gebracht werden, wo sich Maria Osten (Grässhöhner) ihrer annahm. Am 4. Juni 1941 starb sie. Brecht befand sich schon im Transsibirien-Expreß, da sich ein Aufschub der Abreise nicht hatte ermöglichen lassen. Hinter dem Baikalsee erhielt er das Telegramm mit der Todesnachricht: „grete wünschte nicht zu sterben. dachte nur zu leben. bat um bücher. dachte an Sie. [...] der abguß des gesichts wurde für Sie gemacht."[222] In der *Verlustliste,* die Brecht nach seiner eigenen Rettung anfertigte, steht ihr Name vor dem Walter Benjamins an erster Stelle als *kleine Lehrerin aus der Arbeiterschaft*[223].

In den ersten Wochen nach seiner Ankunft in den Staaten

schrieb Brecht: *es ist, als hätte man mir den führer weggenommen gerade beim eintritt in die wüste.*[224] Ein Jahr später trug er ein: *ich habe nichts getan und werde nichts tun, den verlust gretes zu „verwinden".*[225] Im Andenken an sie schrieb er den „Kinderkreuzzug 1939".

Am 13. Juni 1941 schiffte sich die Reisegesellschaft in Wladiwostok auf dem Frachtdampfer „Annie Johnson" ein – eine Woche vor dem Angriff Hitlerdeutschlands auf die Sowjetunion. Über die Philippinen fahrend, kam das Schiff am 21. Juli in San Pedro, dem Hafen von Los Angeles, an. Am Pier wurden die Reisenden von Marta Feuchtwanger und Alexander Granach abgeholt, der den Brechts auch eine Wohnung in Hollywood, 1954 – Argyle Avenue, besorgt hatte. Brecht bekam von Feuchtwanger, der schon eine große Villa in Pacific Palisades, Los Angeles, besaß, den Rat, in Hollywood zu bleiben, *wo es billiger ist als in NY und wo mehr aussichten zu verdienen bestehen*[226]. Granach gegenüber äußerte Brecht, er habe nur die Absicht zu überwintern. „Er hat eine Menge neue Sachen geschrieben, wirklich großartig. Vielleicht genial. Für alle Fälle ist sein Wesen, sein Charakter bewunderungswürdig", schrieb Granach seiner Lebensgefährtin in die Schweiz.[227]

Brecht bezog alsbald ein Holzhaus (817 – 25 th Street) in der Künstler- und Wissenschaftler-Kolonie Santa Monica, einem Stadtteil von Hollywood, in dem zahlreiche deutsche und österreichische Emigranten wohnten. Als Rolf Nürnberg zum Einstand Brechts in den Staaten Anfang August einen Lunch gab, konnte Granach sagten: „Es war da ganz Berlin: Jessner, Brecht, Feuchtwanger, Steinthal, Kortner (mit dem ich nicht spreche), berühmte Ärzte, Vicky Baum, Fritz Lang, Sternberg usw. usw."[228]

Brecht traf William Dieterle wieder, der für ihn gebürgt hatte. Dieterle unterstützte ähnlich wie Feuchtwanger Brecht auch in der Folgezeit materiell, da die Unterstützung, die Brecht aus dem von Fritz Lang gebildeten Fonds und aus dem von Liesl Frank verwalteten European Film Found erhielt, nicht ausreichte und die Brechts über ein Jahr mit rund 120 Dollar im Monat auskommen mußten. Brecht fand die „Großschriftsteller" Thomas Mann, Emil Ludwig, Erich Maria Remarque, Franz Werfel, Bruno Frank vor, die in den USA ihren *name* behalten hatten, während ihn solche wie

Heinrich Mann, Alfred Döblin, Leonhard Frank so wie Brecht verloren hatten und ihn auf den Partys buchstabieren mußten.
Brecht begegnete den Schauspielern Peter Lorre und Oskar Homolka wieder, mit denen er in Berlin ein neues Theater hatte begründen wollen. Beide waren Hollywood-Stars geworden, während Kortner, Granach, aber auch Elisabeth Bergner und ihr Mann Paul Czinner sich nur von Film zu Film durchschlagen konnten. Brecht traf Berthold Viertel und Salka Viertel wieder – auch sie dem scharfen Konkurrenzkampf ausgesetzt, obgleich Salka Viertel für die Garbo die Drehbücher geschrieben hatte. Mit ihrem Sohn John Viertel arbeitete Brecht später an Filmstories. Brecht sah Reinhardt wieder, der in den Staaten „die Füße nicht auf den Tisch bekam", im Gegensatz etwa zu Ernst Lubitsch.
Gelegenheitsstudien für den „Tui-Roman" boten Brecht die „Tuis unter den Stechpalmen" Horkheimer, Pollock und Adorno von der New School for Social Research; nur mit Adorno vermochte Brecht eine Zeitlang ernsthafte Gespräche über Musik zu führen. Auch Strawinsky und Schönberg rechnete er zu den Tuis. Zu Schönberg gewann er erst durch die Vermittlung Eislers ein dialektischeres Verhältnis. Unter den emigrierten Wissenschaftlern fand er ein engeres Verhältnis zu dem Neopositivisten Hans Reichenbach, dessen Vorlesungen ihm Anlaß gaben, das Problem des Verhältnisses von Determinismus und Indeterminismus, mit dem die idealistische Kopenhagener Schule nicht fertig wurde, dialektisch aufzulösen.
Zu den näheren Bekannten gehörten zeitweise der Musiker Eduard Steuermann, ein Bruder Salka Viertels, die Schriftstellerin Gina Kaus, eine Ullstein-Autorin, und die Schauspieler Paul Henreid, Ludwig Donath und Curt Bois. Die beiden letzteren schätzte Brecht wegen ihrer Hitler-Parodien. Mit dem früheren Schauspieler und nunmehrigen Drehbuchautor Robert Thoeren arbeitete Brecht hauptsächlich bei der Herstellung von Filmstories zusammen, worin für die nächste Zeit seine Haupttätigkeit bestehen sollte. Zu den Emigranten, die Brecht öfter bei sich sah, gehörten John Hans Winge und Egon Breiner, von denen der eine in der Flugzeugindustrie, der andere bei der Eisenbahn arbeitete, beide damit für Brecht wertvoll, um etwas über „das wirkli-

che Leben" der amerikanischen Arbeiter zu erfahren. Günther Anders, den Brecht von Berlin her kannte, ließ sich von Brecht erläutern, was sonst niemand bewegte: Episches Theater, während Brecht sich für den chinesischen Emigranten Tsiang interessierte, weil der ihm das zeremonielle Spiel des klassischen chinesischen Theaters erklären und vormachen konnte.
Entscheidend war, daß im Frühjahr 1942 Hanns Eisler nach Hollywood kam, um einen Lehrauftrag für Komposition an der University of Southern California anzunehmen. Brecht beschuldigte ihn zwar, ein Tui zu sein, weil er einen Auftrag, „Vierzehn Arten, den Regen zu beschreiben", annahm, bewunderte aber dann doch das Delikate der Ausführung. Eisler revanchierte sich mit dem „Hollywoodliederbüchlein" nach Brecht-Gedichten.

Zu den Amerikanern unterhielt Brecht wesentlich losere Verbindungen. Als persönlicher Freund konnte nur Ferdinand Reyher gelten, der ihm nicht nur Verbindungen zum Film herstellen half, sondern ihn als sein „amerikanischer Cicerone" in Land und Geschichte einführte. Von den Übersetzern war zunächst Hofman R. Hays der wichtigste. Für die Erklärung von Brechts Theatertheorie und der ihr entsprechenden Praxis spielten Mordecai Gorelik, dann der Literaturwissenschaftler Eric Bentley die Rolle des Vermittlers. Bentley traf in seinem Buch „The Playwright as Thinker", das 1946 erschien, die Intentionen Brechts genauer als Gorelik. Bentley vermittelte aber auch Brechts Stücke an Universitätstheater und half sie dort inszenieren. Von den Dramatikern begegnete er Clifford Odets wieder, fand ihn allerdings auf kleinbürgerlichem Weg. Die prominenteste Bekanntschaft mit Künstlern war sicher die mit Charlie Chaplin, die über Eisler erfolgte. Chaplin bedauerte, mit Brecht nicht zusammenarbeiten zu können, weil er eben alles selber mache. Eisler meinte, Chaplin habe Brechts Bestrebungen überhaupt nicht recht verstanden. Zur produktivsten Bekanntschaft wurde die mit dem englischen Schauspieler Charles Laughton, den Brecht schon in Dänemark als Heinrich VIII. im Film bewundert hatte. Auch die englischen Schriftsteller Christopher Isherwood und W. H. Auden sollten für Brecht in der Zusammenarbeit von Bedeutung werden.

Zu weitläufigeren Bekannten gehörten Bühnen- und Filmschaffende wie John Howard Lawson, Arch Oboler, Ben Hecht, Abe Burrows, Ernest Pascal, Orson Welles, Edward T. Hambleton, Harold Clurman, Lewis Milestone, Mike Todd, Groucho Marx, Joseph Losey. Brecht lernte über Stefan, als dieser an der UCLA studierte, junge Amerikaner wie Rhoda Rawitz und Morton Wurtele kennen. Naoma Replansky, eine junge Autorin, sollte in den letzten Jahren von Brechts Aufenthalt in Santa Monica vieles zur Übersetzung von Stücken und Gedichten beitragen.

Trotz dieser Bekanntschaften, die auch aktive Unterstützung einschlossen, brauchte Brecht lange Zeit, um den Schock zu überwinden, den ihm die neuen Lebensumstände bereiteten. *fast an keinem ort war mir das leben schwerer als hier in diesem schauhaus des easy going. das haus ist zu hübsch, mein beruf ist hier goldgräbertum.*[229] Er kam sich vor *wie aus dem zeitalter herausgenommen, das ist ein tahiti in großstadtform*[230]. Er gehörte fürs erste zu den deutschsprachigen Emigranten, die sich nicht zu integrieren vermochten und deshalb, wie er unter Anspielung auf Fritz Kortner festhielt, *in dumpfer wut vor so unsittlichen aufforderungen, sich einzuschmelzen [...] mit biblischen invektiven* loslegten.[231] In einem Brief an Korsch, der in Boston an der Ostküste lebte, klagte er: *die geistige isolierung ist ungeheuer, im vergleich zu hollywood war skovsbostrand ein weltzentrum.*[232] Sich vorangegangener Stationen seines Lebens in Utting, *unter dem dänischen Strohdach,* auf Lidingö und Marlebäk erinnernd, schrieb er, *kommt man sich vor wie franz von assisi im aquarium, lenin im prater (oder oktoberfest)*[233]. Nach dem wenig erfolgreichen Einstieg ins Filmgeschäft stellte er im April 1942 fest: *tatsächlich habe ich allerlei seit juni 41 nicht gut verwunden, nicht gretes ausscheiden, nicht das neue milieu, nicht einmal das weiche klima hier, und das roulettespiel mit den stories, die konfrontierung mit den erfolglosen und den erfolgreichen, die geldlosigkeit. zum erstenmal seit 10 Jahren arbeite ich nichts ordentliches.*[234]
Noch im Sommer 1942 sah er sich *geworfen in das zentrum des weltrauschgifthandels unter die allerletzten der tuis dieses gewerbes*[235]. Es drängte sich ihm auf, so wie Shelley London, Hollywood mit der Hölle zu vergleichen,[236] er selber unterworfen dem Gesetz: *Liefere die Ware!*[237]

Jeden Morgen, mein Brot zu verdienen
Gehe ich auf den Markt, wo Lügen gekauft werden.
Hoffnungsvoll
Reihe ich mich ein zwischen die Verkäufer.[238]

Brecht mußte erkennen, daß er in Finnland noch nicht die *kleinste Größe* erreicht hatte:

Wohin ich komme, hör ich: Spell your name!
Ach, dieser „name" gehörte zu den großen![239]

Wie recht er freilich hatte, wenn er im „Sonett in der Emigration" darüber raisonierte:

Ich muß noch froh sein, wenn sie ihn nicht kennen
Wie einer, hinter dem ein Steckbrief läuft
Sie würden kaum auf meine Dienste brennen,[240]

sollte sich fünf Jahre später herausstellen: Die Überwacher kannten ihn doch: Über 1000 Seiten „Erkenntnisse" sammelte das FBI über Brecht in den Jahren seines Exils in den Staaten.
Nur aus dieser ihm völlig unbekannten Unbeachtetheit und Erfolglosigkeit heraus erklärt sich, daß Brecht Ruth Berlau, die sich schon im Frühjahr 1942 nach New York begeben hatte, um hier in der dänischen Abteilung des Office for War Information Propagandasendungen herzustellen und als Sprecherin zu arbeiten, schrieb: *was wir bräuchten, wäre jemand, der mir für zwei jahre ein paar tausend dollars leiht, rückzahlbar aus meinen tantiemen nach dem krieg, aus deutschland, oder skandinavien oder der USSR oder hiesigen, wenn ich welche bekomme (oder aus einnahmen aus filmstories). das ist nur nicht leicht zu bekommen.*[241]
Falls er überhaupt nach seinen Erfahrungen in New York 1935 ernsthafte Hoffnungen hatte, mit seinen ungespielten Stücken wie „Leben des Galilei" oder „Ui" auf dem amerikanischen Theater anzukommen – der Aufenthalt in Hollywood reichte bald aus, um ihn über das amerikanische Theater den Eindruck gewinnen zu lassen: *hier handelt es sich lediglich um den verkauf von abendunterhaltung.* Auch das Theater sei durch den Begriff „to sell" bestimmt, meinte er

Brecht und Oskar Homolka, 1942

gegenüber Homolka: *die idee, daß auf dem theater die angelegenheiten eines volkes behandelt werden könnten, ist ganz aus der luft gegriffen, da das auch bei sonstiger Unterhaltung nicht geschieht.*[242] Brecht schätzte zwar das amerikanische Musical wegen seiner Frische, Schnelligkeit, Farbigkeit,[243] der Nummernhaftigkeit der Darstellung. Aber dafür hatte er am allerwenigsten anzubieten. Am Sprechtheater sah er die Schauspielkunst durch einen *theatralischen Naturalismus* bestimmt. Der Film mit seinem *typenkult* präge die Mentalität der Schauspieler: *dieses land stellt für seine schauspieler keinen ruhm zur verfügung, nur credit und success.*[244]

Nachdem Brecht das Angebot Piscators, am Dramatic Workshop der New School for Social Research in New York zu unterrichten, hinhaltend beschieden hatte, blieb ihm nur die Möglichkeit, sich auf dem Filmmarkt umzutun. Dabei standen ihm zunächst auch Hemmungen im Umgang mit der englischen Sprache im Wege. Salka Viertel beschrieb das so: „Für die ‚Filmkolonie' waren die Brechts Fremde, ein merkwürdig europäisches Ehepaar, das nicht Englisch sprach. Brecht verstand zwar alles und konnte sogar schwierigen Diskussionen folgen, doch lehnte er es ab, sich fehlerhaft in einer fremden Sprache auszudrücken – im Gegensatz zu Hanns Eisler."[245]

Entscheidender war jedoch, daß Brecht mit der Dramaturgie des Hollywoodfilms sowenig anzufangen wußte wie mit der „message", die von ihm erwartet wurde. Als er zusammen mit Ruth Berlau und Robert Thoeren an einem Filmlustspielstoff „Bermuda Troubles" arbeitete, kritisierte er, im amerikanischen Film existierten *keinerlei gesetze der psychologie, des gesunden menschenverstands, der ökonomie, der moral, der wahrscheinlichkeit. als richtig gilt, was schon einmal fotografiert wurde und „durchging"*.[246] Er beklagte die Gleichgültigkeit gegenüber der Fabel.

Brecht hat in den Jahren seines Exils dann an die fünfzig Filmstorys skizziert, erzählt, in Szenarioform gebracht. Mit Kortner wollte er einen Film für Charles Boyer schreiben, mit Reyher einen Film „Der Brotkönig lernt Brot backen", dessen Story er vergeblich Gottfried Reinhardt, der als Produzent bei Metro Goldwyn Mayer tätig war, im Oktober 1941 anbot. Mit Elisabeth Bergner und Paul Czinner arbeitete er an einer Story, die ihm dann gestohlen wurde. Mit Dieterle entwarf er die Story für „Cäsars letzte Tage".

Aber zustande kam nur ein einziger Film, der schließlich den Titel „Hangmen Also Die " (Auch Henker sterben) erhielt. Brecht arbeitete die Story im Mai 1942 aus. Am 27. April dieses Jahres war der sogenannte „Reichsprotektor" Reinhard Heydrich bei Prag durch das Attentat tschechischer Widerstandskämpfer getötet worden. Brecht wünschte daraus einen Film zu machen, der den Widerstand als Aktion des ganzen tschechischen Volkes veranschaulichen sollte. Aber Fritz Lang, der den Film herstellte, legte bei der Ausarbeitung des Szenariums die Dramaturgie seines Filmes „M" zugrunde, die auf die Herausstellung des Protagonisten (eines Kindermörders), auf dramatische action (Verfolgung durch eine gang) ausging. Brecht merkte bald, daß Lang *weit mehr an überraschungen interessiert ist als an spannungen*[247]. Sein Drehbuch, dem er den bezeichnenden Titel „Trust The People" („Vertrau auf das Volk") geben wollte, war *episch konstruiert, aus drei geschichten, die sich ablösen, die geschichte eines attentäters, die eines mädchens, deren vater als geisel genommen wird und die etwas weiß, die eines quislings, den eine ganze stadt zur strecke bringt*[248]. Lang dagegen ging auf die „individuelle Geschichte" aus, die er mit herkömmlichen Effekten dargeboten zu sehen wünschte. Wie in dem vorangegangenen Film „Man hunt" („Ein Mann wird gejagt") war die Einbettung in den antifaschistischen Widerstandskampf mehr Folie als Grundlage des Geschehens. Brecht wurde daher in der Endphase der Herstellung des Drehbuches durch den Drehbuchautor John Wexley ersetzt.

Brecht vermochte gegen die *schemen, intrigen, falschheiten*[249] nicht anzukommen. Sein Versuch, mit Wexley ein „Idealscript" herzustellen, wurde von Lang kurzerhand unterbunden. Er verspürte *die enttäuschung und den schrecken der geistigen arbeiter, denen ihr produkt weggerissen und verstümmelt wird*[250]. Am meisten ärgerte ihn *die besonders rüde art, in der lang die strikte abmachung, die rolle einer gemüsefrau in unserer story der weigel zu geben, brach,* indem er auf Akzentfreiheit bestand und dann die Sequenz schließlich ohne die Weigel drehte.[251] Mit der Filmmusik Eislers wurde auf ähnlich *rüde* Weise verfahren. So gesehen, stellte es gleichsam eine politische Rache von Brecht und Eisler dar, daß sie dem in den Film eingefügten „Lidicelied", dessen letzte Verse lauten:

Doch der Krieg endet erst mit dem letzten Gefecht
Doch der Krieg endet nicht vor dem letzten Gefecht[252]

die Melodie des „Kominternliedes" von Eisler unterlegten, das zu den populärsten Liedern der Kommunistischen Internationale gehörte. Brecht brachte die Verse eigens auf ein Maß, das zu dieser Melodie paßte.

Tatsächlich ist „Hangmen Also Die" lediglich als einer der nicht allzu vielen Filme mit antifaschistischer Tendenz erwähnenswert, die während des Krieges in Hollywood hergestellt wurden, kaum aber wegen seines künstlerischen Wertes.

Alle späteren Filmentwürfe Brechts blieben unverwirklicht, so die Macbeth-Bearbeitung „All Our Yesterdays", die er 1945 mit und für Peter Lorre zusammen mit Reyher vornahm; „Der Mantel" nach Gogol, für Lorre gedacht, aber auch dazu, Brechts Reise nach Europa zu finanzieren; „Hoffmanns Erzählungen", die er für den Regisseur Lewis Milestone 1947 in ein Exposé brachte. Die Story für „Silent Witness", die Brecht zusammen mit Salka Viertel und Vladimir Pozner, einem Franzosen, den Brecht in Hollywood kennenlernte, verfaßte, führte zu nichts anderem als spannungsreichen Formen der Zusammenarbeit, auch wenn Brecht sich die größte Mühe gab, sich in den Producer „einzufühlen". Die Geschichte von der fälschlich der Kollaboration mit den Deutschen beschuldigten französischen Widerstandskämpferin hielt Hollywood, wie Pozner meinte, „wohl für zu realistisch oder zu romantisch"[253].
„Hangmen Also Die" brachte Brecht aber immerhin 10 000 Dollar ein und verschaffte ihm, wie er im Juni 1943 vermerkte, *luft für drei stücke*, nämlich für „Die Gesichte der Simone Machard", die Bearbeitung der „Herzogin von Malfi" und für „Schweyk im zweiten Weltkrieg".[254] An allen dreien arbeitete Brecht bereits in dem Haus Nr. 1063 in der 26. Straße von Santa Monica, in das er im August 1942 umgezogen war und in dem er wieder einen fast sieben Meter langen Arbeitsraum und einen alten Garten zur Verfügung hatte.

„Die Gesichte der Simone Machard" gingen auf eine Idee aus dem Jahr 1940 zu einer „Jeanne d'Arc 1940" zurück.[255] Die Idee wurde reaktiviert durch die Lektüre von Feuchtwangers Roman „Unholdes Frankreich" Ende 1941. Bereits eine Woche vor Weihnachten 1941 hatte Brecht für „Die Stimmen", wie der ursprüngliche Titel lautete, neun Szenen fertig. Aber erst als der *Geiselfilm* mit Lang in die Produktion gegangen war, konnte sich Brecht zusammen mit Feuchtwanger an die Ausarbeitung des Stückes machen. Die Arbeit fand in Feuchtwangers Haus statt und wurde dadurch behindert, daß Brecht nach Eintritt der USA in den Krieg im Dezember 1941 als registrierter „enemy alien" der abendlichen Sperrstunde unterlag. Zwar gefiel Brecht Feuchtwangers „approach" *vom psychologischen her* nicht. Er, Brecht, brauchte viel-

mehr *stilelemente, literarische tonfälle. es sollen romanische klänge sein, hochentwickelte sprache.*[256] Zu welchen Spannungen es dabei kommen konnte, wurde von Eisler beschrieben, den Brecht für die Komposition der Bühnenmusik gewann: „Mit dem epischen Theater konnte der Feuchtwanger überhaupt nichts anfangen, es ekelte ihn an. Wenn der Brecht, seine Zigarre im Mund, in Hollywood herumging und ihm anläßlich der gemeinsam geschriebenen ‚Simone Machard' die Prinzipien des epischen Theaters erklärte, sagte Feuchtwanger mal: ‚Wissen Sie, Brecht, mit dem epischen Theater können Sie mich am Arsch lecken. Ich kann dem Zeug schon nicht mehr zuhören. Gehen wir weiter!' Er hat überhaupt nichts verstanden."[257]
Aber gerade die *zähe verteidigung der naturalistischen wahrscheinlichkeit*[258] durch Feuchtwanger ließ Brecht schließlich den entscheidenden „V-Effekt" dieses Stückes finden, nämlich die Jeanne-Simone zu einem Kind zu machen, dadurch ihre patriotischen Träume zu legitimieren und in ihr gleichzeitig das Prinzip Hoffnung aufscheinen zu lassen. In Erinnerung daran schrieb Feuchtwanger anläßlich der Urauf-

Brecht und Lion Feuchtwanger in Santa Monica, im Oktober 1947

führung des Stückes an den Städtischen Bühnen Frankfurt (Main) am 8. März 1957 in der Regie von Harry Buckwitz, mit dem Bühnenbild von Otto und Dorothea Jecht in der Titelrolle: „Dem Brecht wurde Jeanne-Simone während der Arbeit immer jünger, mir immer älter."[259] Brecht verband in diesem Stück erstmals reale und surreale Vorgänge. Er gab den Figuren Doppelfunktionen als gegenwärtig Handelnde und fiktive Gestalten der Geschichte. Die Heilige Johanna ist der Bruder der kleinen Heldin, der sie patriotisch gegen die deutschen Besatzer handeln läßt, während die Bourgeoisie mit ihnen nach dem Prinzip der „Rundköpfe und Spitzköpfe", reich und reich gesellt sich gern, gemeinsame Sache macht. Brecht brachte damit historische Dialektik ins Spiel. Dem „Trommler", der den Marsch ins Dritte Reich geschlagen hatte, stellte er als Schwester der Stummen Kattrin die kleine Trommlerin entgegen, die Frankreichs Erde wachtrommelt. Es war das erste Stück der französischen Résistance, geschrieben von einem deutschen Antifaschisten. In den „Tagen der Commune" werden wir der „kleinen Petroleuse" erneut begegnen: als Lehrerin Geneviève.
Als sich die Columbia-Filmgesellschaft für den Stoff interessierte, schrieb Feuchtwanger das Stück zu dem Roman „Simone" um, der von der Gesellschaft gekauft wurde, und trat Brecht 20 000 Dollar vom Honorar ab. Brecht notierte dazu lakonisch: *kaufe neue hose.*[260] Brecht hat Feuchtwanger diese Großzügigkeit nie vergessen. Der Film kam übrigens nicht zustande. Brecht selbst sollte das Stück nie auf der Bühne sehen.

Durch die Einnahme aus dem Film „Hangman Also Die" sah sich Brecht in der Lage, Anfang Februar 1943 erstmals nach New York zu fahren. Er wohnte in der Stadt, in der er 1935 wenig Erfolg gehabt hatte, bei Ruth Berlau, die in 124 E, 57. Straße eine kleine Wohnung in einem zwischen Wolkenkratzern gelegenen dreistöckigen alten Haus hatte. Brecht empfand New York als – Europa, weil hier keine narzistische, sterile Atmosphäre wie in Hollywood herrschte. Er traf den in Boston lebenden Karl Korsch wieder, den er als seinen „Lehrer" bezeichnete, den er aber gleichzeitig kritisierte, weil er um seiner persönlichen Freiheit wegen sich der *wirklichen Bewegung* entzogen habe, und mit dem er in der Bewertung

Brecht und Jacob Walcher in New York

der Sowjetunion grundsätzlich differierte.[261] Für seine politische Selbstverständigung wurde nicht nur bei diesem, sondern auch den nachfolgenden Aufenthalten Brechts die Begegnung mit dem kommunistischen Publizisten Gerhart Eisler und seiner Frau Hilde wichtig, ebenso mit Hermann Budzislawski, dem früheren Herausgeber der „Neuen Weltbühne", nun ghost-writer der Thompson. Hoch schätzte Brecht die Begegnung mit Jacob Walcher, dem früheren Vorsitzenden der SAP, der nun als Metallarbeiter arbeitete, und seiner Frau Hertha, der früheren Sekretärin Clara Zetkins, ein. Weiter traf Brecht Hermann Duncker, den er von der Marxistischen Arbeiterschule in Berlin her als verantwortlichen Funktionär der KPD kannte, Albert Schreiner und Ella Winter, beide Kommunisten. Er traf aber auch seine alten Mitarbeiter Elisabeth Hauptmann und Hans Borchardt, er traf George Grosz und Erwin Piscator, er traf Kollegen wie Oskar Maria Graf *(etwas vereinsmeierisch, dick, hinterfotzig*[262]*)* und Ferdinand Bruckner. Er sah Ernst Bloch und Fritz Sternberg wieder. Er tat sich mit Bloch, Bruckner, Graf und Viertel zusammen, um einen Verlag exilierter deut-

Brecht und Oskar Maria Graf in New York, 1943

scher Autoren zu gründen, mit dessen Leitung Wieland Herzfelde betraut wurde und der auf Vorschlag von Brecht schließlich den Namen „Aurora" erhielt. Mit Kurt Weill und Lotte Lenya, denen er durch Vermittlung von Ernst Josef Aufricht wiederbegegnete, erwog er die Neufassung des „Schwejk" von Hašek. In New York begann schließlich die intensive Zusammenarbeit mit Paul Dessau, die in Hollywood fortgesetzt wurde. Dessau war es, der die Musik für „Kreidekreis", 1946 dann für „Courage" schrieb, aber auch zahlreiche Lieder Brechts vertonte. Weiter konnte er mit Hofmann R. Hays, der die „Courage" übersetzte, und W. H. Auden eine Bearbeitung von Websters „Herzogin von Malfi" für Elisabeth Bergner vereinbaren. Die „Tribüne für freie deutsche Literatur und Kunst in Amerika" widmete ihm einen eigenen Abend, bei dem Lorre und Bergner aus seinen Werken lasen.

Nach seiner Rückkehr nach Santa Monica begann Brecht unverzüglich mit der Dramatisierung des „Schwejk", der nun amerikanisiert „Schweyk" geschrieben wurde. Bei der Lektüre von Hašeks Roman war er erneut überwältigt *von dem echt unpositiven standpunkt des volkes darin, das eben das einzig*

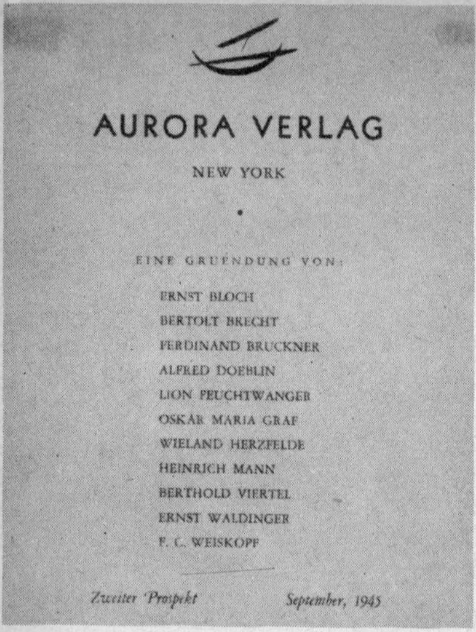
AURORA VERLAG

NEW YORK

EINE GRUENDUNG VON:

ERNST BLOCH
BERTOLT BRECHT
FERDINAND BRUCKNER
ALFRED DOEBLIN
LION FEUCHTWANGER
OSKAR MARIA GRAF
WIELAND HERZFELDE
HEINRICH MANN
BERTHOLD VIERTEL
ERNST WALDINGER
F. C. WEISKOPF

Zweiter Prospekt *September, 1945*

Titelseite eines Prospektes des Aurora Verlags

positive selbst ist und daher zu nichts anderem „positiv" stehen kann. Er nahm sich vor: *auf keinen fall darf schweyk ein listiger hinterfotziger saboteur werden, er ist lediglich der opportunist der winzigen opportunitäten, die ihm geblieben sind.*[263] Innerhalb eines Monats hatte Brecht die Bearbeitung fertig und gab ihr den Titel „Schweyk im zweiten Weltkrieg". Schweyk wurde zum Stellvertreter des *kleinen Mannes* in Europa, auf den die überlebensgroßen Hitler, Göring, Himmler und der überlebenskleine Goebbels in ihren *Höheren Regionen* letztlich angewiesen sind. Schweyk selbst ist wesentlich bissiger, aggressiver, bewußter gegen die bestehende Unordnung gerichtet dargestellt, aber sein Mutter- und Aberwitz vermag ihn nicht davor zu bewahren, daß er Zwangsarbeiter, schließlich Soldat wird und an die Front zu gehen hat. Dort begegnet er im Schneesturm vor Stalingrad Hitler und spricht zum ersten Mal unverblümt:

Und ich sags dir ganz offen, daß ich nur noch nicht weiß,
Ob ich auf dich jetzt schieß oder fort auf dich scheiß.[264]

Die Musik verfaßte Eisler, nachdem sich Weill nicht mehr engagierte. Zu den poetischen Einlagen gehörte auch „Der

Kälbermarsch", den Brecht mit krächzender Stimme zu singen pflegte, eine Parodie auf das „Horst-Wessel-Lied"; Eisler komponierte aber auch das „Deutsche Miserere" mit dem Schlußvers:

Gott bewahr uns und führ uns wieder nach Haus.[265]

Der „Schweyk" war für Peter Lorre bestimmt, der auch das Geld für die Übersetzung an Alfred Kreymborg vorschoß, mit der Brecht jedoch nicht zufrieden war. Die Uraufführung sollte erst nach Brechts Tod im Januar 1957 im Theater der Polnischen Armee in Warschau, die deutschsprachige Erstaufführung erst 1958 an den Städtischen Bühnen Erfurt zustande kommen.
Brecht nahm es stoisch: *wenn immer man fertig ist mit einer arbeit in diesen jahren, entsteht jene vernichtende pause der unnatürlichen nichtverwertung, die überstanden werden muß.* Nach Aufzählung der zehn großen Stücke, die er in den letzten zehn Jahren geschrieben hatte, kam er zur Folgerung: *kein schlechtes repertoire einer völlig besiegten klasse.*[266] Gleichsam zur Bestätigung, daß er doch den längeren Atem haben werde als der *Wieheißterdochgleich,* klebte er auf die nächste Seite seines „Journals" zwei Fotografien, die den physischen Verfall Hitlers von 1933 bis 1943 widerspiegelten.[267] Die Einklebung erfolgte am 25. Juli 1943; Brecht vermerkte den Sturz Mussolinis.

Wenige Tage vorher hatte er festgehalten, daß die rechtsstehende Hearst-Presse der USA über die Gründung eines Nationalkomitees „Freies Deutschland" in Moskau tobte. Die Gründung regte Brecht und andere deutsche Emigranten zu einer Erklärung an. Darin wurde begrüßt, daß die deutschen Kriegsgefangenen und Emigranten in der Sowjetunion das deutsche Volk aufriefen, „seine Bedrücker zu bedingungsloser Kapitulation zu zwingen und eine starke Demokratie in Deutschland zu erkämpfen". Weiter hieß es: „Auch wir halten es für notwendig, scharf zu unterscheiden zwischen dem Hitler-Regime und den ihm verbundenen Schichten einerseits und dem deutschen Volke andrerseits. Wir sind überzeugt, daß es ohne eine starke deutsche Demokratie einen dauernden Weltfrieden nicht geben kann."[268]

Brecht

Die Erklärung wurde am 1. August 1943 im Hause von Viertel neben Brecht von Thomas Mann, Heinrich Mann, Bruno Frank, Hans Reichenbach und Ludwig Marcuse angenommen. Einen Tag später zog Thomas Mann seine Unterschrift zurück, weil die Erklärung den Alliierten in den Rücken falle. Obwohl sich Brecht in den folgenden Wochen von Thomas Mann verleumdet fühlte, „diese linken wie brecht" führten nur Befehle von Moskau aus,[269] wenn sie versuchten, ihn zu Erklärungen zu veranlassen, schrieb er Mann am

1. Dezember 1943 im Auftrag des Initiativkomitees zur Bildung einer Bewegung „Freies Deutschland“ in den USA, das sich in New York gebildet hatte, einen Brief. Er wies darauf hin, *wie sehr mir Versuche am Herzen liegen, eine Einigung der deutschen Hitlergegner im Exil zustande zu bringen, war es doch besonders die Zwietracht der großen Arbeiterparteien der Republik, die eine Hauptschuld an der Machtergreifung Hitlers trug.* Er bestätigte *die ungeheuerlichen geistigen und moralischen Verkrüppelungen* der dem Nazismus ausgesetzten Menschen, betonte aber: *Jedoch opferten auch über 300 000 Menschen in Deutschland ihr Leben in den meistens unsichtbaren Kämpfen mit dem Regime allein bis zum Jahre 42, und nicht weniger als 200 000 aktive Hitlergegner saßen zu Beginn des Krieges in Hitlers Konzentrationslagern. Noch heute binden die Hitlergegner in Deutschland mehr als 50 Divisionen hitlerscher Elitetruppen, die sogenannte SS. Das ist kein kleiner Beitrag zur Niederringung Hitlers.*
Brecht drückte seine Befürchtung aus, Thomas Mann, der *mehr als irgendein anderer von uns das Ohr Amerikas habe,* könne *die Zweifel an der Existenz bedeutender demokratischer Kräfte in Deutschland vermehren [...], denn die Zukunft nicht nur Deutschlands, sondern auch Europas hängt wohl davon ab, daß diesen Kräften zum Sieg verholfen wird*[270]. Mann ließ sich aber vom Staatssekretär Berle im State Department bestätigen, daß eine solche Bewegung „Free Germany“ in den Staaten nicht als opportun angesehen werde, und lehnte die angebotene Präsidentschaft ab. Die Bewegung konstituierte sich schließlich als „Council for a Democratic Germany“. Vorsitzender wurde der Theologe Paul Tillich, Sekretär Hermann Budzislawski, den Geschäftsgang erledigte Elisabeth Hauptmann. Brecht nahm während seines zweiten Aufenthaltes in New York im Winter 1943/44 aktiv an den Sitzungen des „Council“ teil, dem sich zahlreiche prominente Emigranten angeschlossen hatten, darunter auch Sozialdemokraten, obwohl die offiziellen sozialdemokratischen Organisationen und Leitungen eine Mitgliedschaft im „Council“ als unvereinbar mit der Mitgliedschaft in der Sozialdemokratie erklärten. Nach seiner Rückkehr an die Westküste gewann Brecht Heinrich Mann, Kortner, Feuchtwanger, Bergner, Czinner, Jessner, Viertel sofort zu einer Zustimmung. Eine aktive Einflußnahme auf Entscheidungen, die den Abschluß des Krie-

ges und die Gestaltung der Zukunft Deutschlands betrafen, konnte jedoch der „Council" in den Staaten nicht gewinnen, da die Regierung ein solches „Government im Exile", wie Thomas Mann in „Die Entstehung des Doktor Faustus" zu berichten wußte, nicht wünschte.[271]
Brecht hatte den Eintritt der USA in den Krieg nach dem Überfall der Japaner auf Pearl Harbor am 7. Dezember 1941 begrüßt: *eine riesige nation erhob sich, halb schlaftrunken, um in den krieg zu gehen.*[272] Er sah Hitler nun nicht mehr nur mit der Sowjetunion, sondern mit der *größten industriemacht der welt* konfrontiert.[273] Er hielt aber die Politik der Westmächte der Sache nach von kapitalistischen Erwägungen bestimmt. Besonders kritisch bewertete er laufend die Politik der Tories unter Führung von Churchill in Großbritannien. Im Vansittartismus, der die Einheit von deutschen Nationalcharakter und Nazismus unterstellte, sah er eine imperialistische Ideologie, so wie er den amerikanischen Morgenthau-Plan, der auf eine Deindustrialisierung Deutschlands abzielte, als Ausschaltung eines Konkurrenten vom zukünftigen Weltmarkt begriff. Er sah, daß die Hauptlast des Krieges gegen die Achsenmächte von der Sowjetunion getragen wurde. Die anfänglichen Niederlagen der Roten Armee vermochten ihn nicht zu erschüttern. *die schlacht um smolensk geht auch um die lyrik,* hielt er im April 1942 fest.[274] Daß Stalingrad hielt, stellte er mitten während der Arbeit am Film „Hangmen Also Die" fest. Den Fehlschlag der deutschen Sommeroffensive im Kursker Bogen und den Übergang der strategischen Initiative an die Sowjetarmee im Sommer 1943 verstand er zu Recht als historische Wende.[275] Die Gründung des Nationalkomitees „Freies Deutschland" in Moskau faßte er dementsprechend *als teil der endoffensive* auf.[276] Ohne es zu wissen, war sein Appell „An die deutschen Soldaten im Osten"[277] auch an seinen Sohn Frank gerichtet, der am 13. Dezember 1943 bei Porchow fiel.
Schon 1942 sagte Brecht voraus, daß die Generäle einen Anschlag auf Hitler unternehmen würden, um wie nach dem ersten Weltkrieg das System zu retten.[278] In dem Artikel „The other Germany", den Brecht 1943/44 Eric Bentley zur Veröffentlichung übergab, schrieb er: *[...] wenn andererseits die Beherrscher Deutschlands militärisch besiegt werden, wirtschaftlich aber an der Macht bleiben, dann ist eine Befriedung Euro-*

Abbildung aus Brechts „Kriegsfibel“, Berlin 1955

pas undenkbar. Im letzten Fall würde eine militärische Besetzung durch die Alliierten bestimmt nicht helfen.[279]
Seine Hoffnung waren die Worte Stalins: „Die Hitler kommen und gehen, das deutsche Volk, der deutsche Staat bleiben.“ Diese 1943 abgegebene Erklärung benützte er für die letzte Strophe des Gedichtes „Deutschland“, das er nach der Gründung des Nationalkomitees „Freies Deutschland“ in Moskau schrieb:

Der Hitler wird verjaget sein
Wenn wir uns nur bemühen.
Und unser liebes Deutschland
Wird wieder blühen.[280]

Die Bearbeitung der „Herzogin von Malfi“ des John Webster, die Brecht mit Auden für die Bergner vornahm, kam zu

Ruth Berlau, 1947

keinem guten Ende. Die soziale Vertiefung der Geschwisterliebe, die Brecht vornahm, wurde für die Aufführung wieder zurückgenommen. Weder bei der Aufführung in Boston im September 1946 noch in New York im Oktober 1946 wurde Brecht als Bearbeiter genannt. Elisabeth Bergner gab im nachhinein zu, weswegen: „Ich fürchtete mich (weil dieser entsetzliche MacCarthyismus anfing), daß der Name Brecht die Sache stigmatisieren würde."[281]

Brecht hatte während seines zweiten Aufenthaltes in New York von Luise Rainer das Angebot erhalten, den „Kreidekreis"-Stoff für eine Produktion am Broadway zu bearbeiten. Er kannte den Stoff aus dem Buch Salomon der Bibel wie aus der Bearbeitung des chinesischen Kreidekreises durch Klabund. Seiner Dramatisierung hatte er die Geschichte vom „Augsburger Kreidekreis" vorangeschickt, die er 1940 in Finnland schrieb. In der Figur der Magd Grusche variierte Brecht nun erneut das Thema der Verführung zur Güte und fand erneut eine Vertiefung des Problems, indem er nicht die biologische, sondern die soziale Mutterschaft als entschei-

Brecht und Ruth Berlau

dend herausstellte. Um zu einem solchen Spruch zu kommen, bedurfte er freilich der Figur des verkommenen Richters Azdak und einer chaotischen Zeit: Nur unter solchen Umständen, so lautete die mittelbare Aussage, waren bisher Recht und Vernunft in Übereinstimmung zu bringen. So wie Grusche eine Schwester des „Guten Menschen von Sezuan" ist, so Azdak ein Bruder des Baal, aber auch des Schweyk, ein Lustiger und Listiger, dem Brechts Sympathie galt.
„Der kaukasische Kreidekreis" war das entwickeltste, reifste Stück epischen Theaters, als Erzählung vorgetragen und gespielt, mit dialektischen Verkürzungen und Sprüngen, Wechsel von Aktion und Reflexion, mit Rezitativen und Liedeinlagen, spielbar mit Masken in großer Form. Wieder zog Brecht Feuchtwanger zur Mitarbeit heran. Doch ist als Mitarbeiterin Ruth Berlau ausgewiesen. Tatsächlich ging in das Stück Wesentliches der Beziehungen zwischen Brecht und ihr ein. Erfindung und Ausführung der Fabel um das Gouverneurskind, das schließlich Grusche zugesprochen wird, weil sie es gerettet und aufgezogen hat, fielen in die Zeit, als Berlau von Brecht schwanger war. Das Kind sollte, wenn es ein Knabe, den Namen Michel bekommen. Es starb jedoch wenige Tage nach seiner Geburt in Los Angeles. Michel hieß dafür das Kind, das Grusche rettet und als ihres aufzieht. Die Fabellösung des „Kreidekreises" konnte die Berlau von ihrem persönlichen Unglück absehen lassen. Ihre Mitarbeit am Stück konnte jedoch die Spannungen nicht ausgleichen, die es seit Jahren in den Beziehungen zwischen Brecht und ihr in unregelmäßiger Wiederkehr gab. Salka Viertel schilderte die Berlau als „attraktiv und jung", als sie mit Brecht in die Staaten kam. Nach ihrer Übersiedlung nach New York wurde sie immer öfter aus dem seelischen Gleichgewicht geworfen. Brecht, der ihr in Skandinavien in der Form eines lateinischen Kürzels e. p. e. p. (et probe et procus) versprochen hatte, *in der Nähe, in der Ferne* immer der Ihrige zu sein, vermochte schließlich seine *gute Kreatur* nur noch in der Gespaltenheit des „Guten Menschen" zu erleben. Er versuchte ihr auf die für ihn kennzeichnende Weise zu helfen, indem er ihr seine kostbare Leica überließ, damit sie seine Arbeiten fotografieren und die Aufführungen dokumentieren konnte. Nach der Mitarbeit am „Kreidekreis" nahm Berlau als erstes die „Gedichte im Exil" auf, die im Aurora-Verlag erscheinen

sollten. Tatsächlich machte diese Arbeit Berlau nicht nur zu einer wichtigen Mitarbeiterin Brechts in den kommenden Jahren, sondern half ihr auch, sich psychisch zu stabilisieren. Aber die „*Laitu*"-Geschichten beweisen so wie die Briefe, wie spannungsreich die Beziehungen Brechts zu seiner exzentrischen, unberechenbaren *Schwester* bis zum Ende blieben.

In politischem Sinn aber war der „Kaukasische Kreidekreis" eine Hommage an die Sowjetunion, den Krieg, den sie führte, die kommunistischen Ideale, die sie dabei mit verfocht. Die Schlußsentenz, *daß da gehören soll, was da ist, denen, die für es gut sind,*[282] war Gesellschaftslehre wie Staatsdoktrin der sozialistischen Sowjetunion. Wie unmittelbar Brecht sein Stück auf die Sowjetunion bezogen sehen wollte, geht vor allem auch daraus hervor, daß er das Vorspiel „Der Streit um das Tal" als Auseinandersetzung zwischen zwei sowjetischen Kolchosen um die beste Nutzung des gemeinsamen Besitzes an Grund und Boden nach den Zerstörungen des Krieges darstellte und das Spiel vom „Kaukasischen Kreidekreis" als historisches Beispiel dazu vor sich gehen ließ.

Daß Vorspiel und Tendenz des Stückes die vorgesehene Aufführung am Broadway so gut wie ausschlossen, darüber mußte sich Brecht im klaren sein. Tatsächlich nahm der Broadwayproduzent Jules Leventhal, der den Vorschuß auf das Unternehmen in wöchentlichen Raten ausbezahlt hatte, einen Streit zwischen Brecht und Luise Rainer, für die die Hauptrolle gedacht war, zum Anlaß, um von der Produktion Abstand zu nehmen. Brecht schrieb also auch hier für die Schublade. Erst im Mai 1948 sollte im Nourse Little Theatre des Carlston College in Northfield, Minnesota, in der Regie von H. Goodman die englischsprachige Uraufführung erfolgen. Und erst 1954 sollte Brecht selbst das Stück im Berliner Ensemble in Szene setzen können.

In die Arbeit am „Kreidekreis" fiel die Invasion der westlichen Alliierten in Frankreich Anfang Juni 1944. Es folgte das Attentat auf Hitler vom 20. Juli 1944, dessen Mißlingen Brecht insofern begrüßte, als Hitler nun nach der SA den „Herrenklub" selbst liquidierte.[283] Er analysierte zutreffend, daß die Nazi-Machthaber in Deutschland in erster Linie daran interessiert seien, den Vormarsch der sowjetischen Armeen aufzuhalten. Mit Erleichterung begrüßte er die Wiederwahl Roosevelts zum Präsidenten im November 1944.

Sein Sohn Stefan wurde zu dieser Zeit zur amerikanischen Armee eingezogen. Gleichzeitig begann Brecht zusammen mit Charles Laughton, der am „Schweyk“ Gefallen gefunden hatte, eine englische Fassung von „Leben des Galilei“ zu erarbeiten. Als eine Unterbrechung eintrat, faßte Brecht auf Drängen Berlaus den eigenartigen Entschluß, das „Kommunistische Manifest“ von Marx und Engels in Hexametern zu versifizieren. Er betrachtete das Unternehmen als einen Beitrag, den Befreiten Lust zu machen, sich für die Grundschrift des Kommunismus zu interessieren: Es war positiv angewandte List im Sinne der „Fünf Schwierigkeiten beim Schreiben der Wahrheit“. Einsichtig werden sollte *die Unnatur der bürgerlichen Verhältnisse.* Als Vorbild für das „Lehrgedicht von der Natur der Menschen“, das den Rahmen abgab, diente Brecht das Lehrgedicht des Lukrez „De rerum naturae“. Während die amerikanischen Truppen den Rhein überschritten und die sowjetischen Armeen in Ostpreußen und

Brecht und sein Sohn Stefan in New York, 1947

Ungarn kämpften und sich zur Generaloffensive auf Berlin gruppierten, bosselte Brecht mit einer Energie ohnegleichen an den Hexametern für die Versfassung des „Kommunistischen Manifests". Er konsultierte Korsch und las die erste Fassung während eines Aufenthaltes in New York Hermann Duncker, Jacob Walcher und Albert Schreiner vor. Auch Steff mußte kritische Anmerkungen machen.
Eisler und Feuchtwanger hielten nichts von dem Unternehmen. Feuchtwanger war aber zur Mitarbeit bereit: „Feuchtwanger klopfte Brecht auf dem Bartisch vor, daß die Hexameter nicht stimmten, und Brecht lachte."[284]
Das „Manifest" blieb wie das „Lehrgedicht" Fragment. Die letzten, auf das Proletariat bezogenen Verse lauteten:

Abschütteln kann es die eigene Knechtschaft
nur abschüttelnd alle
Knechtschaft aller.[285]

Am Tage der bedingungslosen Kapitulation Hitler-Deutschlands vermerkte Brecht: *früh sechs uhr im radio hält der präsident eine ansprache. zuhörend betrachte ich den blühenden kalifornischen garten.*[286]
Mitte Mai 1945 schrieb er die „Epistel für die Augsburger". Im Juni fuhr er nach New York, um an der Aufführung von „Furcht und Elend des Dritten Reiches" für die Gewerkschaften teilzunehmen. Brecht gab der amerikanischen Fassung den Titel „The Private Life of the Masterrace". Gegenüber Berthold Viertel, der die Regie aus den Händen Piscators übernahm, äußerte Brecht nun Bedenken, ob nicht die Aufzeigung eines *guten Kerns* im deutschen Volk benützt werden könnte, die eigentlich Schuldigen mit den Mitschuldigen zu entschuldigen. Er kam zur Folgerung: *kurz, wir dürfen nichts tun, was einer totalen niederwerfung der ganzen deutschen bourgeoisie (inclusive der physiker, lehrer, richter von FURCHT UND ELEND) in den arm fallen könnte. proletariate müssen sich selber helfen.*[287]
Die Aufführung, die im Rahmen des „Theatre of all Nations" im City College Auditorium von New York stattfand, wurde trotz so bedeutender deutscher Schauspieler wie Else und Albert Bassermann kein nachhaltiger Erfolg.
Brecht nahm zu dieser Zeit lebhaften Anteil am Verlauf der

Potsdamer Konferenz und fand am *deutschland-plan [...] das wichtigste: daß die ökonomische (und damit politische) einheit statuiert ist. [...] was die gebietsabtretungen anlangt, siehe KREIDEKREIS. und den moabiter proleten sehe ich noch nicht ganz als hirten, freilich, wir, die mit hitler nicht gesiegt hätten, sind mit ihm geschlagen.*[288]
Für die wiederaufgenommene Übersetzung und Neufassung des „Galilei" mit Laughton wurde in diesen Augusttagen 1945 der Abwurf der Atombomben auf Hiroshima und Nagasaki von Bedeutung. In der „Vorrede zur amerikanischen Fassung" formulierte Brecht die Wendung: *Das „atomarische Zeitalter" machte sein Debüt in Hiroshima in der Mitte unserer Arbeit. Von heute auf morgen las sich die Biographie des Begründers der neuen Physik anders. Der infernalische Effekt der Großen Bombe stellte den Konflikt des Galilei mit der Obrigkeit seiner Zeit in ein neues, schärferes Licht.*[289]
Brecht verschärfte die Klassengegensätze zwischen den Figu-

Charles Laughton als Galilei

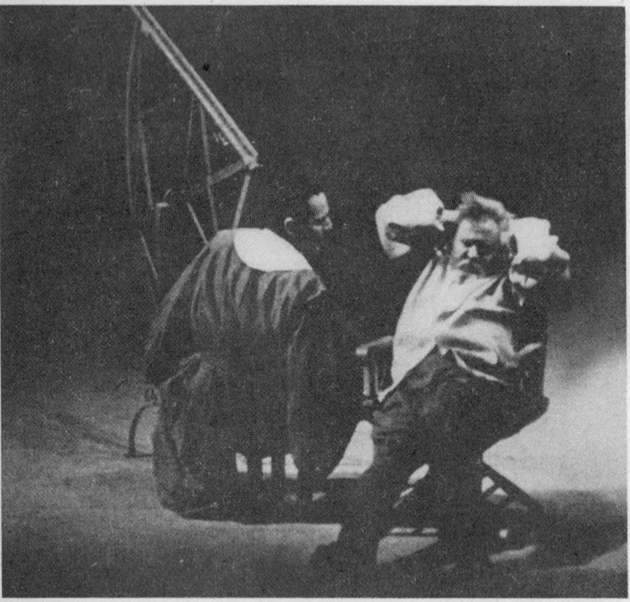

ren. Bei einer höheren Individualisierung als in der ersten Fassung stehen sie gleichzeitig weitaus deutlicher für Fortschritt und Reaktion in der Gesellschaft. Die entscheidende Wiederbegegnungsszene zwischen dem alten Galilei und seinem früheren Schüler Andrea bekam eine überraschende Verfremdung. Als Galilei verrät, daß er seine Verbannung benützt hat, um die „Discorsi" verbotenerweise zu schreiben, ist Andrea sofort bereit, ihm alles nachzusehen, weil die Wissenschaft *nur ein Gebot: den wissenschaftlichen Beitrag* kennt.[290] Galilei begrüßt ihn daraufhin als *Vetter im Verrat* und setzt ihm auseinander, daß die Wissenschaft, wenn sie sich von selbstsüchtigen Machthabern einschüchtern läßt, zum Krüppel gemacht wird: *Ihr mögt mit der Zeit alles entdecken, was es zu entdecken gibt, und euer Fortschritt wird doch nur ein Fortschreiten von der Menschheit weg sein. Die Kluft zwischen euch und ihr kann eines Tages so groß werden, daß euer Jubelschrei über irgendeine neue Errungenschaft von einem universalen Entsetzensschrei beantwortet werden könnte.*[291]
Nach dem *zweiten Sündenfall der Atomforscher,* vollzogen mit ihrer Zustimmung zum Bau der Wasserstoffbombe Anfang der fünfziger Jahre in den USA, baute Brecht in die neue deutsche Fassung noch den Gedanken eines *hippokratischen Eides der Naturwissenschaftler* ein.[292] Brecht verzeichnete damit das Bild des historischen Galilei, förderte aber das Verständnis und die Selbstverständigung der modernen Naturwissenschaftler.
Die für Brecht ideale Form der Zusammenarbeit mit Laughton wurde von ihm in die Verse gefaßt:

Immerfort wandelte ich mich zum Schauspieler, zeigend
Gestus und Tonfall einer Figur, und du
Wandeltest dich zum Schreiber. Weder ich noch du
Sprangen aus unserem Beruf doch.[293]

In „Aufbau einer Rolle" hat Brecht beschrieben, wie *Sinn und Sinnlichkeit*[294] durch den Schauspieler in Deckung gebracht wurden. Die Fotos und der Film von Ruth Berlau machten die Arbeit modellhaft. Entscheidend war, daß alles Sprachliche auf das Gestische gebracht wurde.
Es sollte der 30. Juli 1947 werden, bis die Aufführung der amerikanischen Fassung im Coronet Theatre in Beverly

Brecht während eines Rundfunk-Interviews bei CBS (Columbia Broadcasting System) im Zusammenhang mit der New-Yorker Aufführung von „Leben des Galilei"

Hills, Los Angeles, wie Brecht schrieb, als *das Privatunternehmen eines großen Künstlers*[295] zustande kam. Regie führte nominell Joseph Losey, in der Sache Brecht. Das Bühnenbild schuf nach den Vorstellungen Brechts Robert Davison – mit wertvollen Requisiten, offenem Hintergrund, Projektionen. Die Choreographie übernahm Lotte Goslar, für die Brecht nach der Premiere den Handlungsaufriß für ein pantomimisches Ballett unter dem Titel „Aus der Zirkuswelt" verfaßte. Laughton brachte es sowenig wie die meisten nachfolgenden Darsteller des Galilei fertig, ihm die letzte Schärfe durch Zynismus zu geben, wie es Brecht wünschte. Die Reaktion bei dem hauptsächlich aus der „Filmkolonie" stammenden Publikum war keineswegs begeistert. Es empfand, wie Chaplin es ausdrückte, die Darstellung als zu wenig theatralisch. Ähnlich reagierte auch das „Verehrte Publikum der Breiten Straße" in New York, als das Schauspiel wiederum mit Charles Laughton, sonst aber mit einer ganz neuen Besetzung im Maxim Elliott Theatre am 7. Dezember 1947 aufgeführt wurde. Nach Brechts eigener Darstellung *war die große Presse schlecht* [296].

Stücke und Aufführungen dieses neuen Typus können ihr Publikum bei der Organisationsform des amerikanischen Theaters dieser Jahre nicht erreichen. So müssen solche Aufführungen als Exempel eines Theaters betrachtet werden, das unter anderen politischen und ökonomischen Verhältnissen möglich sein könnte.[297]

Ein solches Theater konnte Brecht – wenn überhaupt – dann nur in einem neuen Deutschland bekommen. Unmittelbar nach dem Krieg machte er ausfindig, ob seine Augsburger Jugendfreunde noch lebten, und ließ ihnen Care-Pakete zukommen. Über Herbert Jhering, der am neuen Deutschen Theater Berlin unter Wangenheims, nach 1946 unter Langhoffs Leitung Chefdramaturg war, bekam er 1946 das erste Angebot vermittelt, *das schiffbauerdammtheater für gewisse sachen benützen zu können,* wie er Caspar Neher im Dezember 1946 wissen ließ. Neher versuchte er vergeblich für die geplante „Galilei"-Inszenierung in die Staaten zu holen und war froh, ihn als Verbindungsmann am Zürcher Schauspielhaus zu wissen. An Peter Suhrkamp vergab er die Wahrnehmung seiner Rechte für Deutschland, an den Reiss-Verlag in Basel für die Schweiz.

Bereits 1942 hatte Kortner von Santa Monica aus Viertel wissen lassen: „Von uns beiden ist Brecht – was Parties und den Umgang mit den ‚Andern' angelangt – der Feschere. Sonst ist Brecht vorwiegend mit dem Spielplan am Gendarmenmarkt beschaeftigt."[298] In der „New Yorker Staats-Zeitung & Herold" vom 7. März 1943 wußte Henry Marx über „eine Unterredung mit Bert Brecht" zu berichten, er fasse stärker als alle anderen Emigranten „die Möglichkeit eines künftigen Schaffens in einem vom Alpdruck des Nationalsozialismus befreiten Deutschland ins Auge".

Wo wir damals aufhörten, werden wir wieder weitermachen, soll Brecht geäußert haben. *Ich weiß, daß meine eigenen Ideen fortleben, daß Regisseure und Schauspieler in Berlin und anderen Städten sich ihrer vor allem bei Klassiker-Aufführungen bedienten.* Im Juni 1945 erklärte er in einem Interview mit Kurt Hellmer im „Aufbau", New York, er glaube, *daß heute in Deutschland die Zeit für „sein" Theater gekommen ist.* Als Wunsch äußerte er: *Ich möchte zu gern, daß das jiddische Staatstheater von Mikhols aus Moskau in Berlin mit meinen „Rundköpfen und Spitzköpfen", diesem Stück gegen den Rassismus, gastiert!*

In dem Brief nun an Neher vom Dezember 1946 entwickelte er ein breitgefächertes Programm, von den *kleinen formen* der Lehrstücke über die Parabelstücke zu „Mutter Courage" (deren Musik von Dessau er als *wirklich kunstvoll* bezeichnete) bis hin zu „Galilei", den er offensichtlich als wichtigstes Werk betrachtete. Für die Arbeit am Schiffbauerdamm-Theater bräuchte er, so ließ er Neher ganz vertraulich wissen, *bestimmte schauspieler von hier und der schweiz dazu.* Dieser Brief vom Dezember 1946 war aber nicht nur aufschlußreich für die Pläne, die Brecht damals hatte, sondern auch über die gesellschaftliche Entwicklung insgesamt. Brecht vermerkte den *wiederaufbau des alten seuchenherdes* und kennzeichnete den französischen Existentialismus als Abziehbild der Schicksalstragödie der Nazis. Erneut versicherte er: *ich habe den nazismus nie für einen auswuchs gehalten, immer für ein ergebnis normalen wachstums.*

Brecht konnte nicht die Bedeutung der Fulton-Rede Churchills von 1946 entgehen, mit der der „Kalte Krieg" gegen die Sowjetunion eröffnet wurde, nicht der Zweck des Marshall-Plans als Instrument des amerikanischen Imperialismus, nicht die Änderung der Besatzungspolitik in den Westzonen, die sich mit der Rede des amerikanischen Außenministers Byrnes in Stuttgart 1946 abzeichnete, nicht der Versuch, die Westzonen als eigenen Staat zu konstituieren.

Aus dem Verfolg dieser Entwicklung entstand im Frühjahr 1947 sein nach dem Vorbild von Shelley geschriebener „Anachronistischer Zug oder Freiheit und Democracy", der zu

einer Heerschau der Reaktion wurde, wie sie sich in Westdeutschland mit Adenauer an der Spitze neu organisierte. *Freiheit, Unterdrückung, Aussatz, Betrug, Mord, Raub* erscheinen als *die sechs Großen,* die wiederkehren und auch für sich *Freiheit und Democracy* verlangen.
In den Staaten selbst wurde Brecht des Antikommunismus gewahr, der dann unter McCarthy zu einer „Hexenjagd" vor allem auf Künstler und sonstige Intellektuelle werden sollte.
Beherrscht von dem Wunsch, die Frucht seiner jahrelangen Zusammenarbeit mit Laughton auch auf der Bühne verwirklicht zu sehen, beantragte Brecht erst im Frühjahr 1947 ein enter- and -reenterpermit für die Schweiz, wo er als Staatenloser mit amerikanischen Identitätspapieren leichter hingelangen konnte als etwa in die Amerikanische Besatzungszone oder nach Berlin. Dort hatte er außerdem im Zürcher Schauspielhaus einen Stützpunkt, von wo er die Rückkehr nach Berlin betreiben konnte. Im April 1947 waren er, die Weigel und Barbara im Besitz der Visen, während Steff beschloß, in den Staaten zu bleiben. Im September berichtete Brecht seinem amerikanischen Freund Reyher, das Haus in Santa Monica sei verkauft, *mitte Oktober wollen wir endgültig abfahren in New York, zunächst nach Zürich oder Basel.*
Aber am 19. September erhielt Brecht die Auflage, sich im Oktober in Washington einzufinden, um dem „Kongreßausschuß zur Untersuchung unamerikanischer Betätigung" Auskunft über seine Beteiligung an der angeblichen kommunistischen Infiltration der Filmindustrie Hollywoods zu geben. Die Hauptspur der Anschuldigung verwies auf die Denunziation Gerhart Eislers, Hauptagent der kommunistischen Internationale (die schon 1943 aufgelöst worden war) in den Staaten zu sein, durch seine Schwester Ruth Fischer. Im Zusammenhang mit dem schon 1945 einsetzenden Verfahren gegen Gerhart Eisler wurde im April 1947 auch Hanns Eisler einvernommen und im September 1947 in Washington durch den „Kongreßausschuß" verhört. Dabei kam auch seine Zusammenarbeit mit Brecht zur Sprache. Gegen Hanns Eisler wurde ein Ausweisungsverfahren aus den USA eingeleitet, während Gerhart Eisler die Ausreise, die er seit 1945 beantragt hatte, verweigert wurde.
Mit den nach Washington vorgeladenen Filmschaffenden

hatte Brecht höchstens mittelbare Verbindungen, mit Ausnahme von Charlie Chaplin, der aber der Vorladung nicht nachkam. Zehn der Vorgeladenen, unter ihnen der Drehbuchautor Alvah Bessie, der auch ein Stück über Galilei geschrieben hatte, das zur gleichen Zeit wie das von Brecht in New York aufgeführt wurde, verweigerten unter Berufung auf den Ersten Zusatz zur amerikanischen Verfassung die Beantwortung der Frage, ob sie Mitglied der Kommunistischen Partei seien. Gegen sie wurde ein Verfahren wegen „Mißachtung des Kongresses" eröffnet, das für die meisten mit der Verurteilung zu einem Jahr Gefängnis geahndet wurde und in jedem Fall zu einem faktischen Berufsverbot führte. Die Anwälte dieser Gruppe der „unfreundlichen Zeugen" übernahmen auch die Verteidigung Brechts. Brecht hatte vor der Vorladung in Hollywood mit Chaplin, in New York mit Eisler und Budzislawski die Liste der bekannten und zu erwartenden Fragen „durchgespielt". Budzislawski gab ihm den Rat, einen Dolmetscher zu nehmen, um Zeit für Überlegungen zu gewinnen. Brecht wurde am 30. Oktober 1947 verhört. Den Vorsitz führte der Senator Parnell Thomas, der noch vor einem der „unfreundlichen Zeugen" wegen Korruption eingesperrt werden sollte. Ein vorbereitetes „Statement" durfte Brecht nicht verlesen, in dem er eine Analogie zwischen der zum Faschismus führenden Verfolgung der Kultur in Deutschland und der Entwicklung in den USA herstellen wollte. Da die Frage nach „Hangmen Also Die" wenig hergab, weil Brecht erklären konnte, er habe das Drehbuch nicht verfaßt und im übrigen nur *noch eine Geschichte* für Hollywood geschrieben, die aber nicht verfilmt worden sei, stellte der Chief Investigator Stripling die obligatorische Frage nach der Mitgliedschaft in der Kommunistischen Partei. Da Brecht sich als Nichtamerikaner nicht auf die Verfassung berufen konnte, beantwortete er die Frage: *Ich war und bin kein Mitglied irgendeiner Kommunistischen Partei.* Was seine Beziehungen zu Gerhart Eisler betraf, frappierte Brecht den Ausschuß mit der Antwort, ja, er habe mit ihm über Politik in Deutschland gesprochen. Das Verhör konzentrierte sich dann auf Songs und Lieder aus „Die Maßnahme" und „Die Mutter", zu denen Eisler die Musik geschrieben hatte. Brecht gab die Auslegung, er habe versucht, *die Gefühle und Gedanken der deutschen Arbeiter auszudrük-*

Daily News

WEDNESDAY, SEPT. 24, 1947 A 24 HOUR NEWSPAPER

—Acme telephoto.

SONGWRITER EISLER GETS A FANCY TITLE
Songs not for Reds, he says, but against Hitler

Hanns Eisler called the Karl Marx of Red music

WASHINGTON, Sept. 24.-(UP)-Former Undersecretary of State Sumner Welles told a House Un-American Activities Committee today that Mrs. Eleanor Roosevelt interceded in behalf of German-born Hanns Eisler and his wife when they had trouble obtaining visas to enter the United States in 1939.

Unter der Überschrift „Hanns Eisler, der Karl Marx der Roten Musik“ erschien ein Artikel mit dem Bild Hanns Eislers vor dem „Kongreßausschuß zur Untersuchung unamerikanischer Betätigung“ in „Daily News“ vom 24. September 1947

ken, die damals gegen Hitler kämpften. Befragt, ob er einen Song „Vorwärts, wir haben nicht vergessen“ geschrieben habe – gemeint war das „Solidaritätslied“ –, antwortete er nach der Verlesung der englischen Übersetzung: *Nein, ich schrieb ein deutsches Gedicht, aber das unterscheidet sich sehr davon.*[299]

Kennzeichnend für den antisowjetischen Charakter des Verhörs war, daß Brecht nach seinen Aufenthalten in Moskau und seinen Beziehungen zu Sergej Tretjakow befragt wurde. Stripling las einen langen Abschnitt aus dem Artikel Tretjakows über Brecht aus der fünften Nummer der „Internationalen Literatur“ von 1937 vor. Auch die Beziehungen Brechts zum sowjetischen Vizekonsul Gregory Cheifets in San Francisco mußten zur Belastung Brechts herhalten. Vorgehalten wurde Brecht auch die Veröffentlichung der Szene „Die jüdische Frau“ aus „Furcht und Elend des Dritten Reiches“ in der Zeitschrift „Ost und West“ im Juli 1946, die mit Lizenz der sowjetischen Militäradministration in Berlin erschien. Insgesamt verstand es Brecht, den Ausschuß zu überlisten. Die Verneinung der Frage nach der Mitgliedschaft in der Kommunistischen Partei entsprach formal der Wahrheit, wenn sich Brecht auch stets als „Bolschewik ohne Parteibuch“ empfand. Die Antwort hatte er vorher mit seinen kommunistischen Freunden abgesprochen, ebenso mit den Anwälten der zehn „unfreundlichen Zeugen“. Vladimir Pozner gewann als Augenzeuge des Verhörs den Eindruck, „ein Zoologe sei Gefangener von Affen“[300]. Brecht ließ das Verhör auf Platte für 40 Dollar mitschneiden.

Das Schicksal Galileis vor Augen, entzog sich Brecht mit Schlauheit der neuen Inquisition. Er wußte allerdings noch zu unterscheiden. Ein Jahr nach dem Verhör erklärte er Bentley: *Sie waren nicht so schlecht wie die Nazis. Die Nazis hätten mich niemals rauchen lassen. In Washington erlaubten sie mir eine Zigarre, und ich benützte sie, um zwischen ihren Fragen und meinen Antworten Pausen zu schaffen.*[301]

Man könnte auch sagen: Brecht verhüllte sich hinter einem Rauchvorhang. Abends hörten Brecht und Weigel bei Budzislawski Teile des Verhörs. Am nächsten Tag flog Brecht von La Guardia in Richtung Paris ab, in der Tasche lediglich die Filme seiner Werke, die die Berlau hergestellt hatte. Weigel

Brecht vor dem „Kongreßausschuß zur Untersuchung unamerikanischer Betätigung“

und Barbara folgten auf dem Schiffswege nach. Stefan blieb in den Staaten, um zu studieren. Er war Amerikaner geworden.

Brechts Exil in den Vereinigten Staaten war nach über sechs Jahren zu Ende. Schon in der Mitte war es ihm vorgekommen, *daß diese hübschen Villen hier aus dem gleichen Stoff gebaut sind wie die Ruinen drüben; als hätte ein und derselbe*

Brecht in New York, 1947

böse Wind, der die Gebäude drüben zusammenriß, allerhand Staub und Schmutz hier zu Villen zusammengewirbelt. Denn es ist eine Tatsache: Wir leben in einer würdelosen Stadt.[302] Er sah die kapitalistische Unsicherheit alle persönlichen wie öf-

fentlichen Verhältnisse bestimmen, fand die Intellektuellen *oberflächlich, ängstlich und zynisch* und *die stinkenden Vorurteile breiter Schichten gegen die Neger, die Juden und die Mexikaner* von *finsterer Bedeutung.*
Die politischen Maschinen beherrschen die Wahlen, und sie sind kontrolliert von den großen investierten Interessen.[303]
Das romantische, wilde Amerika, *das kalte Chicago* seiner Jugend hatten in der Wirklichkeit jeden Glanz verloren: *Überall ist dieser Geruch der hoffnungsvollen Roheit, der Gewalt ohne Befriedigung.*[304]
Er sah sie vor allem in der Politik wirksam: Der amerikanische Imperialismus trat die Nachfolge des deutschen Imperialismus an.
In dieser Auffassung wurde Brecht durch einen Mann bestärkt, von dem er es wohl kaum erwartete, nämlich durch Karl Korsch, der Brecht ein halbes Jahr vor dessen Abreise schrieb, „daß sich jetzt auch in meiner eigenen Stellung zu Rußland und damit auch indirekt zur kommunistischen Partei einiges geändert hat". Die ökonomische wie die politische Perspektive erschiene ihm für die „Länder in der russischen Einflußsphäre besser, oder weniger verzweifelt, als in den Ge-

Mit Brechts Unterschrift: *Oktober 1947* *die koffer sind gepackt*

bieten der westlichen Vorherrschaft". Korsch zog die Folgerung: „Eine Weltherrschaft der Yankees wäre nicht nur das Schlimmste, was ich mir für diese Welt noch ausdenken könnte, sondern außerdem nur eine reaktionäre Utopie."[305]

Nach über sechs Jahren betrat Brecht am 1. November 1947 auf dem Flugplatz Le Bourget in Paris wieder europäischen Boden. Auf dem Flugplatz traf er Ella Winter und ihren Mann Donald Ogden Stewart. Nach dem vorangegangenen Verhör in Washington mußte es auf Brecht wie eine zurechtgemachte Persiflage wirken, daß er, einen Tag lang auf Anna Seghers wartend, deren Eintreffen er zufällig erfahren hatte, im Theater von Jean-Louis Barrault eine Aufführung von „Der Prozeß" von Franz Kafka in der Bearbeitung von André Gide sah. Zusammengedrängt hatte er die eigene wie die künstlerische Nachkriegssituation vor Augen. Er kommentierte: *brillante aufführung, viele tricks, statt darstellung der verwirrung nur verwirrte darstellung; versuch, die furcht aufs publikum zu übertragen. de gaulle ante portas.*[306]
Wenn er Paris *schäbig, verarmt, ein einziger schwarzer markt*[307] fand, so galt das im weitesten Sinne für Europa. Dazu kam, daß außer Paris die größten Städte zerbombt und wichtige Produktionsstätten vernichtet waren. Wie es in Berlin aussah und zuging, erfuhr Brecht durch Anna Seghers. Wenn er in die Schweiz weiterfuhr, so fuhr er in ein Land, in dem er sich wie bei der seinerzeitigen Ankunft in Amerika wie *aus dem zeitalter herausgenommen* vorkommen mußte, da sie als einziges Land in Zentraleuropa nicht vom Krieg verwüstet worden war.
Brecht kam am 5. November 1947 in Zürich an und traf sich am gleichen Abend mit Caspar Neher, der ihn so sah: „Er war dicker geworden, männlicher, zurückhaltender und seine Zartheit war mehr nach außen gekehrt als früher. Seine Fassade der Härte war vollkommen von ihm abgefallen. Seine angeborene Güte kam zum Vorschein."[308]
Wenn Neher fast enthusiastisch vermerkte: „Natürlich werden sich jetzt alle Pläne ändern", so gehörte Neher für Brecht zum Stamm der alten Mitarbeiter, mit denen er ein neues Theater machen wollte. Stellvertretende Bedeutung hatte auch das gleichzeitige Zusammentreffen Brechts mit Oskar Wälterlin, der zusammen mit Kurt Hirschfeld, Leo-

Brecht und Caspar Neher in der Schweiz, 1948

pold Lindtberg und Leonard Steckel das Zürcher Schauspielhaus leitete. An diesem Theater waren während des Krieges „Courage“, „Sezuan“ und „Galilei“ gespielt worden. Wenn auch wesentliche Mitgestalter wie Wolfgang Heinz bereits nach Wien, Wolfgang Langhoff nach Berlin gegangen waren, so konnte sich Brecht doch Hoffnung machen, an diesem Theater sich gleichsam wieder in Theater einüben zu können.

Brecht konnte nach wenigen Wochen eine ihm zu günstigen Bedingungen zur Verfügung gestellte Dachwohnung in einer alten Gärtnerei in Feldmeilen beziehen. Wenn auch nach Angaben von Max Frisch, der damals weniger als Dramatiker denn als Architekt Brechts Interesse fand, für Brecht beim weiten Blick aus dem Fenster die Alpen „nicht in Betracht kommen“[309], so sollte ihn doch *das erste europäische frühjahr seit 8 jahren* faszinieren, *die farben der pflanzenwelt, soviel frischer und soviel weniger krud als die der kalifornischen. die obstbäume an der bahnstrecke hinein nach zürich.*[310]

Die Weigel, die mit Barbara über Wien nachgekommen war, bereitete Brecht auch hier eine freundliche, vertraute Atmo-

Brecht und Fritz Kortner vor dem Bühneneingang des Zürcher Schauspielhauses, 1949

sphäre. In der zweiten Januarhälfte 1948 traf Ruth Berlau ein, nachdem sie die „Galilei“-Aufführung in New York ausgewertet hatte. Im Februar 1948 sah Brecht seine Tochter aus erster Ehe, Hanne Hiob, wieder, die zur „Antigone“-Aufführung nach Zürich kam. Auch Kortner, Viertel, Zuckmayer und andere Rückkehrer aus den Staaten fanden sich gelegentlich ein. Da Brecht nur die amerikanischen Identitätspapiere besaß, die dann eingezogen wurden, eine verlängerte Aufenthaltserlaubnis von der Schweizer Fremdenpolizei abgelehnt wurde und Brecht auch kein Geld zum Reisen hatte, waren diese Verbindungen für Brecht wichtig. Die Berlau, mit einem dänischen Paß ausgestattet, fuhr für ihn nach München, um mit dem Verleger Kurt Desch die Herausgabe des „Dreigroschenromans“ und den Vertrieb des „Puntila“ zu vereinbaren und mit Erich Engel, damals Intendant der Münchner Kammerspiele, die Zusammenarbeit mit Brecht bei der Aufführung der „Courage“ in Berlin vorzubereiten, die Brecht unmittelbar nach seinem Eintreffen in der Schweiz mit Neher ins Auge gefaßt hatte.

Ein Visum für Brecht zum Besuch der Amerikanischen Besat-

zungszone, beantragt von dem damaligen Leiter der Theater- und Musikabteilung der amerikanischen Militärregierung in Deutschland, Benno Frank, wurde vom State Department auf Weisung des Außenministers Stettinius unter ausdrücklichem Bezug auf Brechts Verhör vor dem „Kongreßausschuß für unamerikanische Betätigung“ in Washington abgelehnt; die Amerikaner wollten Brecht nicht einmal besuchsweise in der von ihnen beherrschten Zone haben.[311]
Es ist verständlich, daß Brecht unter diesen Umständen bei Besprechungen mit dem Komponisten Gottfried von Einem, der zum Direktorium der Salzburger Festspiele gehörte, über eine mögliche Mitarbeit an diesen Festspielen auch die Paßangelegenheit zur Sprache brachte. Unter Verweis darauf, daß Weigel Österreicherin war, befürwortete von Eimen, daß Brecht ebenfalls die österreichische Staatsbürgerschaft bekam. Als Brecht im September 1950 den österreichischen Paß erhielt, hatte er freilich seinen Wohnsitz schon eineinhalb Jahre im Demokratischen Sektor von Berlin und war Staatsbürger der neugegründeten Deutschen Demokratischen Republik. Mitten im Kalten Krieg reichte das Bekanntwerden dieser Befürwortung durch von Einem aus, um ihn 1951 aus der Leitung der Salzburger Festspiele zu entfernen.
Brechts „Salzburger Totentanz“, der aus einer Adaption des „Jedermann“ von Hofmannsthal hervorgehen sollte, blieb Fragment. Mit seiner antikapitalistischen Tendenz (*Moral: Mit dem Tod kann man keine Geschäfte machen*) hätte er auch nach der Wiedererlangung der Souveränität Österreichs und dem Abzug der Amerikaner aus Salzburg nicht in die restaurative Landschaft gepaßt. Seinen hinterfotzigen Witz, der ihn auch selber einschloß, legte Brecht in den Refrain des „Stundenliedes“ (nach Christian Weise), das zum „Totentanz“ gehören sollte. Es schildert in holpriger Volksmanier den Leidensweg Jesu bis zum Kreuztod. Nach genauer Beschreibung der einzelnen Stationen heißt es zur Begründung der ausgestandenen Leiden:

Weil er hat die Wahrheit g'sproch'n!
G'schieht ihm recht! G'schieht ihm recht![312]

Gottfried von Einem schuf dafür später eine spannungsreiche Komposition, die am 1. März 1959 im Norddeutschen Rundfunk urgesendet wurde.

Ende November 1947 erhielt Brecht in Zürich von Jacob Walcher, dem es zusammen mit seiner Frau schon vorher gelungen war, die USA zu verlassen, aus Berlin einen Brief, der die Lage realistisch beschrieb: „Wie es einem hier in Berlin oder noch besser in seinem östlichen Sektor und in der Ostzone gefällt, das hängt ja bekanntlich ganz von der inneren Einstellung ab. Es gibt da welche, die sich todunglücklich fühlen, und andere, die – erfüllt von dem Gedanken, wir bauen eine neue Welt – voller Zuversicht sind, obwohl die Gegenwart sehr hart und die Schwierigkeiten ganz außerordentlich sind. Du wirst Dich also hier bestimmt wohl und ganz am Platz fühlen. Also sieh' zu, daß Du bald kommst. Wir brauchen Dich."[313]
Vermittler für die Übersiedlung Brechts nach Berlin wurde Günther Weisenborn, Brechts Mitarbeiter am Schauspiel „Die Mutter", von den Nazis zum Tode verurteilt, durch Zufall mit dem Leben davongekommen, damals zusammen mit Herbert Sandberg Herausgeber des satirischen „Eulenspiegels" in Berlin. Brecht traf sich mit ihm Ende Februar 1948 in Zürich. Weisenborn hat festgehalten, wie Brecht auf ihn wirkte: „[...] hager, klein und gebeugt. Sein römisches Haar glänzt schwarzgrau, und hinter einer mächtigen schwarzen

Brecht und Günther Weisenborn in Feldmeilen, 1947/48

Brecht und Max Frisch, der beim Besuch der Schwimmbadbaustelle im Letzigraben in Zürich die Konstruktion des Sprungturms erklärt (Frühjahr 1949)

Brille sind die schwarzen Augen versteckt. [...] er liest eine seiner Balladen vor, alles mit jener bajuwarisch-scharfen Stimme, die seine alte dialektische Rauflust verrät und die ich noch von damals im Ohr habe. [...] Die flache Mütze ist ihm treu geblieben, und er geht mit der Geduld eines guten Lehrers durch die Straßen der Stadt, genügsam, fremd und ironisch."[314]

Einen ähnlichen Eindruck muß auch Max Frisch gewonnen haben: „Er wirkt, wenn man ihn so sieht, unscheinbar wie ein Arbeiter, ein Metallarbeiter, doch für einen Arbeiter zu unkräftig, zu grazil, zu wach für einen Bauern, überhaupt zu beweglich für einen Einheimischen; verkrochen und aufmerksam, ein Flüchtling, der schon zahllose Bahnhöfe verlassen hat, zu schüchtern für einen Weltmann, zu erfahren für einen Gelehrten, zu wissend, um nicht ängstlich zu sein, ein Staatenloser, ein Mann mit befristeten Aufenthalten, ein Passant unserer Zeit, ein Mann namens Brecht, ein Physiker, ein Dichter ohne Weihrauch."[315]

Weisenborn verwendete sich für die Rückkehr Brechts bei den Vertretern der vier Besatzungsbehörden in Berlin wie der Deutschen Zentralverwaltung und drängte Brecht schließlich: „Wie mir von Offizieren der sowjetischen Militäradministration mitgeteilt wurde, stehen Ihnen alle technischen und wirtschaftlichen Dinge, die Sie benötigen werden, zur Verfügung."[316] Brecht hielt es jedoch für zweckmäßig, der Weigel vor der großen Rolle als „Mutter Courage" Gelegenheit zum Spielen in einer anderen Rolle zu geben, da sie seit fast neun Jahren nicht mehr auf der Bühne gestanden hatte. Als „Vorstudie" betrachtete er die Darstellung der Antigone. Hans Curjel, unter Otto Klemperer seinerzeit leitender Dramaturg an der Kroll-Oper Berlin, nun Intendant des kleinen Stadttheaters von Chur, bot Brecht die Bearbeitung der Sophokleischen Tragödie an. Neher riet Brecht, die selten verwendete Hölderlinsche Übersetzung zu benutzen. Innerhalb von knapp zwei Wochen stellte Brecht im Dezember 1947 die neue Fassung fertig. Zu Hölderlins Übersetzung bemerkte er: *ich finde schwäbische tonfälle und gymnasiale lateinkonstruktionen und fühle mich daheim. auch hegelisches ist da herum. [...] nach und nach, bei der fortschreitenden bearbeitung der szenen, taucht aus dem ideologischen nebel die höchst realistische volkslegende auf.*[317]

Brecht funktionierte die Fabel um. Während bei Sophokles der Konflikt zwischen Kreon und seiner Nichte Antigone sich nach einem siegreichen Krieg zuträgt, führt bei Brecht Kreon einen Angriffskrieg gegen Argos, um von der Mißwirtschaft im eigenen Staat abzulenken.
das unternehmen übersteigt die kräfte. gewalttätigkeit, anstatt die kräfte zusammenzuhalten, spaltet sie; das elementar menschliche, zu sehr gedrückt, explodiert. und wirft das ganze auseinander und in die vernichtung.[318]
Brecht deutete das Verhalten Antigones so: *antigones tat kann nur mehr darin bestehen, dem feind zu helfen, was ihre moralische kontribution ausmacht; auch sie hatte allzulange vom brot gegessen, das im dunkeln gebacken ward.*[319]
Brecht schuf noch einen unmißverständlichen zeitgenössischen Bezug, indem er im „Vorspiel" im April 1945 in Berlin

Hans Gaugler als Kreon in der Aufführung von „Antigone" am Stadttheater Chur, Regie: Brecht und Neher, Bühnenbild: Caspar Neher, Premiere: 15. Februar 1948

zwei Schwestern vor die Entscheidung stellte, ob sie sich zu dem von der SS gehängten Bruder bekennen sollen oder nicht. Neher schuf für die Aufführung in Chur, die unter unguten Umständen zustande kam, eine „barbarische Pferdkopfschädelstätte“ als Spielort, reduzierte die Requisiten auf bedeutungsvolle Zeichen. Brecht trieb den gestischen Charakter der Sprache heraus, bezog den Chor aktiv in die Handlung ein. Die Weigel bestand als Antigone ihr Neubeginnen ebenso großartig, wie Hans Gaugler als Kreon erstmals seine große Begabung entfalten konnte.
Die Aufführung, die am 15. Februar 1948 Premiere hatte, brachte es in Chur nur auf drei Wiederholungen, in Zürich kam eine einzige Aufführung zustande. Ihre Bedeutung für die Aneignung antiker Tragödien läßt sich aus dem „Antigonemodell 1948“ ersehen, das Brecht mit den Fotografien der Berlau herstellte und das im Weiss-Verlag Berlin als eine der ersten Publikationen nach Brechts Rückkehr aus dem Exil erschien.

Wenige Tage vor der Premiere der „Antigone“ wurde Brecht fünfzig Jahre alt. Es gab keine Feier für ihn, wie es sie etwa für Wedekind und Reinhardt einst gegeben hatte, als sie dieses Alter erreicht hatten. Es gab lediglich einen Einführungsvortrag von Hans Curjel in das Stück. Im „Neuen Deutschland“, dem Zentralorgan der Sozialistischen Einheitspartei Deutschlands in Berlin, veröffentlichte Max Schroeder einen Glückwunschartikel.
Brechts langjähriger Mitkämpfer Slatan Dudow gedachte Brechts in der „Täglichen Rundschau“ als des „denkenden Dichters“ und drückte die Hoffnung auf die baldige Rückkehr Brechts aus. Im kommunistischen „Volksecho“ in Düsseldorf wurde Brecht von Franz Krey als „Der einzige lebende Klassiker“ gefeiert. Im „Neuen Deutschland“ wurde darauf aufmerksam gemacht: „Zur Zeit wird seine Szenenfolge ‚Furcht und Elend des Dritten Reiches‘ als erstes seiner nach 1939 geschaffenen Werke gespielt. Wir hoffen, recht bald mehr von ihm, der zu den stärksten dramatischen Kräften unserer Zeit gehört, auf unseren Bühnen gespielt zu sehen.“[320]
Brecht wollte aber erst eines seiner im Exil entstandenen großen Werke getestet haben, ehe er nach Berlin zurückkehrte.

Innerhalb von vier Wochen setzte er im Zürcher Schauspielhaus „Puntila" in Szene. Als Regisseur wurde Kurt Hirschfeld genannt, weil Brecht keine Arbeitserlaubnis hatte. Da Neher verhindert war, wurde das Bühnenbild von Teo Otto hergestellt, zeigend, durchsichtig, andeutend, ohne gefärbtes Licht – wie bei „Trommeln in der Nacht" in den Kammerspielen München, erinnerte sich Brecht. Die Kostüme waren *streng realistisch*[321]. Leonard Steckel wurde von Brecht angehalten, gegen *Vitalität* anzuspielen. Das Pantomimische hatte eine wichtige Funktion: *Jedoch sind „Kisten" Hauptbestandteile erzählerischen Theaters.*[322] Den Matti gab Gustav Knuth, die Eva Helen Vita, die Schmuggleremma die Giehse (für die Brecht eigens „Das Pflaumenlied" schrieb). Entdeckt durch Brecht wurde bei dieser Aufführung Regine Lutz, die das Kuhmädchen spielte. Die Aufführung, die am 5. Juni 1948 Premiere hatte, wurde zum ersten international beachteten Erfolg Brechts nach seiner Rückkehr nach Europa.
Brecht veranschlagte die Schauspielkunst, auf die er allenthalben stieß, als *verkrampft und schmierenhaft.* Besonders an aus Berlin angereisten und nun in der Schweiz tätigen Schauspielern wie Walter Richter oder Will Quadflieg störte ihn das, was Viertel zur gleichen Zeit „den Reichskanzleistil" nannte: *verkauft wird so direkt als möglich eine illusion von menschlichkeit, schwung, technik usw.*[323]

Nicht zuletzt diese Erfahrung war es, die ihn veranlaßte, im Sommer 1948 aus dem „Messingkauf" das „Kleine Organon für das Theater" auszuziehen, um die Theorie für ein *Theater eines wissenschaftlichen Zeitalters* mit nach Berlin bringen zu können. Dabei gab ihm der „Briefwechsel zwischen Goethe und Schiller", den er in der Interpretation von Georg Lukács las, interessante historische Aufschlüsse. Mit Hans Albers, den er als Liliom sah und mit einem *vulgären charme, nicht ohne gewalttätigkeit* ausgestattet fand, erörterte er einen „Ulenspiegel" als *provokateur der deutschen erzlaster knechtseligkeit, einzelgängerei, spintisiererei, ordnungsliebe*[324].

Diese Erwägung ordnete sich ein in die fortwährenden politischen Reflexionen Brechts. Gleich in der ersten Woche seines Aufenthaltes in Zürich hatte er an einer Zusammenkunft deutschschreibender Autoren, zu denen Carl Zuckmayer, Horst Lange, Erich Kästner, Alexander Lernet-Holenia, Werner Bergengruen und Max Frisch gehörten, teilgenommen. Diese Schriftsteller, mit ihnen Brecht, wandten sich, an die Schriftsteller aller Nationen gerichtet, dagegen, *daß die Existenz zweier verschiedener ökonomischer Systeme in Europa für eine neue Kriegspropaganda ausgenutzt wird.*

Der Kern der Auffassung war: *Wir stehen heute nicht mehr vor der Wahl zwischen Frieden und Krieg, sondern vor der Wahl zwischen Frieden oder Untergang.*[325]

Nichts sollte Brecht in den folgenden Jahren intensiver beschäftigen als dieses Problem. In der Schweiz stellte er neue Analysen über das Wesen des Faschismus an. Die Wirksamkeit des im Weltmaßstab veranstalteten *generalaufgebots der intellektuellen für einen kreuzzug der „westlichen zivilisation"* erklärte er aus der Verschleierung des *diktaturcharakters der bürgerlichen demokratie,* indem *der faschismus als ein absoluter gegensatz zur demokratie dargestellt wird, nicht als ihre natürliche andere phase.*[326] Im April 1948 kam er zur Feststellung: *die vergasungslager der IG-farben-trusts sind monumente der bürgerlichen kultur.*[327]

Die bürgerliche Propaganda sah er vor allem als Antisowjetismus wirksam. Versuchte Objektivierungen brachten ihm nur den Ruf ein, *stalinagent* zu sein; *die vorschläge der russen, deutschland zu entimperialisieren und dann die besatzungstruppen abzuziehen, sind hier nicht populär*[328]. Brecht war sich darüber im klaren, daß die Durchführung der separaten Währungsreform in den Westzonen Deutschlands im Juni 1948, die dann auf die Westsektoren Berlins übertragen wurde, nur ein weiterer Schritt war, um Westdeutschland in eine imperialistische Bastion unter der Oberhoheit der USA zu verwandeln. Mit der ökonomischen Einheit Deutschlands war letztlich auch die politische Einheit zerstört. Wie Brecht bei Disputen über diese und andere Fragen sich verhielt, hat Frisch festgehalten: „[...] hinter seinen kleinen versteckten Augen wetterleuchtet es von Widersprüchen; sein Blick flakkert, die Ungeduld macht ihn eine Weile lang verlegen, dann angriffig, gewitterhaft. Seine Blitze, seine Glossen, gemeint als Herausforderung, die zum wirklichen Gespräch führen soll, zur Entladung und Auseinandersetzung, sind oft schon erschlagend durch die Schärfe des Vortrags, [...]. Im Grunde

Brecht in Feldmeilen, 1947/48

aber, glaube ich, ist Brecht seinerseits froh, wenn er nicht katechisieren muß."[329]

Brechts *inzwischenzeit* in der Schweiz war um. Am 18. Oktober 1948 reisten er und Weigel ab, während Barbara in Zürich blieb, um das Abitur zu machen. Ausgestattet mit tschechoslowakischen Papieren, reisten sie über Salzburg und Prag, wo sie sich mit E. F. Burian trafen, an die Zonengrenze bei Bad Schandau. In Dresden wurden sie von Ludwig Renn und Max Zimmering begrüßt. Brecht vermerkte: *fotografiererei wie in USA und rundfunk.*[330] An der Staatsgrenze von Berlin nahm sie Alexander Abusch als Sekretär des Kulturbundes zur demokratischen Erneuerung Deutschlands in Empfang. Im Klub der Kulturschaffenden in der Jägerstraße wurden sie von Herbert Jhering und Slatan Dudow erwartet. *wir wohnen im adlon,* beendete Brecht seine Eintragung über diesen Tag in sein „Journal"[331].

Am nächsten Morgen begann er sich umzusehen: *früh sechs uhr dreißig gehe ich die zerstörte wilhelmstraße hinunter zur reichskanzlei. sozusagen meine zigarre dort zu rauchen.*[332]

Er hatte Hitler überlebt. Er hatte *die Probe der Erdteile und Jahre* bestanden. Aber er machte eine „Wahrnehmung":

Als ich wiederkehrte
War mein Haar noch nicht grau
Da war ich froh.

Die Mühen der Gebirge liegen hinter uns
Vor uns liegen die Mühen der Ebenen.[333]

IV In Berlin, Hauptstadt der DDR (1949–1956)

Nach über fünfzehn Jahren Exil kehrte Brecht in den Teil Deutschlands zurück, in dem die Beschlüsse des Potsdamer Abkommens konsequent verwirklicht wurden.
Die offizielle Begrüßung von Brecht und Weigel erfolgte am 23. Oktober 1948 nachmittags im Kulturbundklub in Berlin. Jhering und Langhoff drückten ihre Freude über die Rückkehr der beiden antifaschistischen Künstler aus und versprachen sich von ihrer Mitarbeit einen wesentlichen Beitrag für die Erneuerung des deutschen Theaters. Brecht und Weigel wurden bei dieser Gelegenheit auch von Oberstleutnant Alexander Dymschitz begrüßt, der zu den sowjetischen Kulturoffizieren gehörte, die es verstanden, das Vertrauen der deutschen Kultur- und Geistesschaffenden zu gewinnen, die an

Rückkehr Brechts nach Deutschland: Brecht und Helene Weigel bei ihrer Ankunft in Dresden am 22. Oktober 1948, begrüßt von Helmut Hahnewald, damals u. a. Dezernatsdirektor für Kultur in Dresden

einer antifaschistischen Gesellschaftsordnung, einer demokratischen Kultur und Kunst interessiert waren.
Dymschitz erinnerte sich später, wie er Brecht sah: „Äußerst bescheiden, schweigsam, zurückhaltend, betont einfach. Seine ungewöhnlich klugen Augen blitzten manchmal ironisch auf, dann wieder war sein Blick von erstaunlicher Wärme. Vom Beginn an kam mir Brecht einfach und natürlich vor wie ein Arbeiter."[1] Solange Alexander Dymschitz, Germanist, Literaturwissenschaftler und Kritiker, in der Sowjetischen Militäradministration in Berlin tätig war, bestand ein Vertrauensverhältnis zwischen ihm und Brecht. Mit Dymschitz konnte Brecht alle politischen Fragen unbefangen erörtern, bis hin zur Frage, warum es nach der Befreiung zu Übergriffen von sowjetischen Militärangehörigen gegenüber der deutschen Zivilbevölkerung gekommen war, und zu Fragen realer und idealer Formen der Diktatur des Proletariats. Über Dymschitz erhielt Brecht auch viele Informationen über die Entwicklung des kulturellen Lebens in der Sowjetunion.
Ein anderer sowjetischer Kulturoffizier, Major Ilja Fradkin, gleichfalls Germanist und Literaturwissenschaftler, war von Ende August 1945 bis Ende 1947 zuständig für die Theater in Berlin. Er kannte die Ausgabe der „Epischen Stücke" von Brecht durch Tretjakow. Von Gustav von Wangenheim erhielt er die „Mutter Courage" zur Beurteilung, ob das Stück aufführbar sei, da es im Deutschen Theater Meinungen gab, das Stück sei pazifistisch und fatalistisch. Fradkin wurde in der Bejahung einer Aufführung, die Wangenheim anstrebte, durch Friedrich Wolf bestärkt, der Brecht für einen Marxisten erklärte. Nach der Rückkehr Brechts nach Berlin nahm Fradkin von Moskau aus mit ihm Verbindung auf und bekam von ihm ungedruckte Stücke wie „Schweyk", „Simone", „Turandot" und theoretische Schriften geschickt. Fradkin sollte zu einem der besten Vermittler und Erklärer Brechts in der Sowjetunion werden. Sein Buch „Bertolt Brecht, Weg und Methode" sollte Brecht Mitte der sechziger Jahre auf interessante Weise in die deutsche und internationale Kultur- und Kunstgeschichte einordnen.
Am Tag nach dem offiziellen Empfang nahm Brecht an einer Friedenskundgebung des Kulturbundes teil. Er saß im Präsidium neben Wilhelm Pieck und Oberst Sergej Tulpanow von

der Sowjetischen Militäradministration und ebenfalls aus der Emigration zurückgekehrten Künstlern wie Arnold Zweig, Hanns Eisler, Louis Fürnberg und Julius Hay als ungarischem Gast. Diese Veranstaltung machte auf Brecht einen starken Eindruck, den er in den Wunsch überführte: *Der Anblick der ungeheuerlichen Verwüstungen erfüllt mich nur mit einem Wunsch: auf meine Weise dazu beizutragen, daß die Welt endlich Frieden bekommt. Sie wird unbewohnbar ohne Frieden.*[2] Nichts sollte Brecht in den nachfolgenden Jahren mehr bewegen als dieser Wunsch, das Seine für die Erhaltung und Festigung des Friedens zu tun.

Wie Brecht seine Rückkehr nach Berlin grundsätzlich bewertete, ist auch aus der Keuner-Geschichte „Zwei Städte" zu ersehen: *Herr Keuner zog die Stadt B der Stadt A vor. „In der Stadt A", sagte er, „liebt man mich; aber in der Stadt B war man zu mir freundlich. In der Stadt A machte man sich mir nützlich; aber in der Stadt B brauchte man mich. In der Stadt A bat man mich an den Tisch, aber in der Stadt B bat man mich in die Küche."*[3]

Brecht unterrichtete sich in den folgenden Wochen bei Jacob Walcher, der Chefredakteur der Zeitung des Freien Deutschen Gewerkschaftsbundes „Tribüne" war, und seiner Frau Hertha über die gesellschaftliche Entwicklung seit Kriegsende. Von Otto Müllereisert, der Krieg und Befreiung als Arzt im Berliner Westen erlebt hatte, und *mitgenommen aussieht von den apokalyptischen jahren,*[4] ließ er sich die Vorgänge aus der Sicht eines Bürgers schildern. Aber auch neue Bekannte und Unbekannte mußten ihm dazu dienen, sich ein reales Bild der Verhältnisse zu machen. Es waren *die Ruinenmenschen,* die ihn mehr schockierten als die Ruinenstadt, durch die er ging.[5] Der Arbeiter, der ihm bei seinem ersten Gang durch die zertrümmerte Wilhelmstraße sagte: *wenn wir geldleute hätten, ging's schneller, aber wir haben doch gar keine geldleute mehr,*[6] stand für viele, die nicht begriffen, was Brecht in seinem „Aufbaulied" formulierte: *Kein Führer führt aus dem Salat.* Dieses Lied war das erste politische Lied, das Brecht für die Freie Deutsche Jugend, den neuen Jugendverband, schrieb. Brecht gewann insgesamt den Eindruck: *die mächtigen impulse werden von den russen gegeben, aber die deutschen tummeln sich mehr in dem strudel, der dadurch entsteht, daß die andern besatzungsmächte sich der bewegung wi-*

dersetzen. die deutschen rebellieren gegen den befehl, gegen den nazismus zu rebellieren; nur wenige stehen auf dem standpunkt, daß ein befohlener sozialismus besser ist als gar keiner.[7]
In den Monaten vor der Rückkehr Brechts hatte sich die Lage in Berlin besonders zugespitzt. In den Westsektoren wurde die westdeutsche Währung eingeführt. Diesem Akt, der die wirtschaftliche Einheit Berlins zerschnitt, folgte die Bildung eines Westberliner Senats. Regierender Bürgermeister wurde Ernst Reuter, ein kommunistischer Renegat der zwanziger Jahre, der Westberlin nun zur „Frontstadt" des Kalten Krieges erklärte. Als Brecht zurückkehrte, hatten die Westmächte die sogenannte „Luftbrücke" installiert, um die Einbeziehung Westberlins in ihren politisch-ökonomischen Herrschaftsbereich mit einer militärischen Demonstration zu verbinden. So gewann Brecht von der zertrümmerten, nun geteilten und politisch umkämpften früheren Reichshauptstadt folgenden Eindruck:

berlin, eine radierung churchills nach einer idee hitlers.
berlin, der schutthaufen bei potsdam.

über den völlig verstummten ruinenstraßen dröhnen in
den nächten
die lastaeroplane der luftbrücke.[8]

Aber Brecht wußte zwischen erstrangigen und zweitrangigen politischen Ereignissen zu unterscheiden: *interessant wie berlin zum blickpunkt der welt wurde, während sich in asien ungeheure entwicklungen anbahnen, welche von den amerikanern einfach übersehen werden.*[9]
Er bewertete die Generaloffensive der Chinesischen Volksbefreiungsarmee unter der Führung der Kommunistischen Partei Chinas als weltgeschichtlich ungleich bedeutsamer, da sich das ganze internationale Kräfteverhältnis zugunsten der kommunistischen Bewegung verändern mußte.
durch alle diese wochen hindurch halte ich im hinterkopf den sieg der chinesischen kommunisten, der das gesicht der welt vollständig ändert. dies ist mir ständig gegenwärtig und beschäftigt mich alle paar stunden.[10]
Brecht verstand diese Befreiung Chinas aus halbkolonialer Abhängigkeit und dem Joch der „war lords" und „Compradores" als möglichen Beginn einer *renaissance der künste*[11].

Er schuf Nachdichtungen von Gedichten Mao Tse-tungs und anderen chinesischen Autoren, die ihm aus deutschen Übersetzungen von Fritz Jensen und englischen Übersetzungen zugänglich waren. Bis zu seinem Lebensende sollte Brecht allen Berichten von Freunden und Bekannten, die die Chinesische Volksrepublik bereisten, größte Aufmerksamkeit schenken. Als ihm der Verfasser dieser Zeilen im Juli 1956 über seine Teilnahme an einer Gedenkveranstaltung für Dostojewski, Heinrich Heine und Kalidasa in Peking berichtete, kommentierte Brecht ironisch, Heine sei offensichtlich in Peking mehr bekannt als in Düsseldorf. Daß die gleichen kommunistischen Führer, die es verstanden, das größte Volk der Welt aus seiner nationalen und sozialen Erniedrigung zu befreien, beim Aufbau des Sozialismus dann in Linksradikalismus, bornierten Nationalismus und Antisowjetismus verfallen würden, konnte Brecht sowenig wie andere ahnen.
Für die junge Generation, die unter der Führung der FDJ daranging, den ersten Zweijahrplan der Volkswirtschaft der Sowjetischen Besatzungszone mit dem gleichen Schwung zu verwirklichen, wie der Hauer Adolf Hennecke eine Woche vor der Rückkehr Brechts seine Norm überboten hatte, schrieb Brecht das „Aufbaulied". Sein Refrain wandelte die früher formulierte Auffassung Brechts, *proletariate müssen sich selbst helfen*, ab:

Fort mit den Trümmern
Und was Neues hingebaut!
Um uns selber müssen wir uns selber kümmern.
Und heraus gegen uns, wer sich traut![12]

Das „Aufbaulied" wurde von Paul Dessau vertont, der sich ebenfalls anschickte, nach Berlin zu übersiedeln. Dessau vertonte auch das „Zukunftslied", das Brecht ebenfalls der FDJ widmete und das eine Antwort darstellte, daß am 9. September 1948 randalierende Jugendliche nach einer Hetzkundgebung vor der Reichstagsruine, die im Westsektor lag, in den sowjetischen Sektor eingedrungen waren und die rote Fahne vom Brandenburger Tor gerissen hatten.
Kennzeichnend war aber auch, daß Brecht die materiellen Vorteile, die die Sowjetische Militäradministration und nachfolgend die Deutsche Wirtschaftskommission der künst-

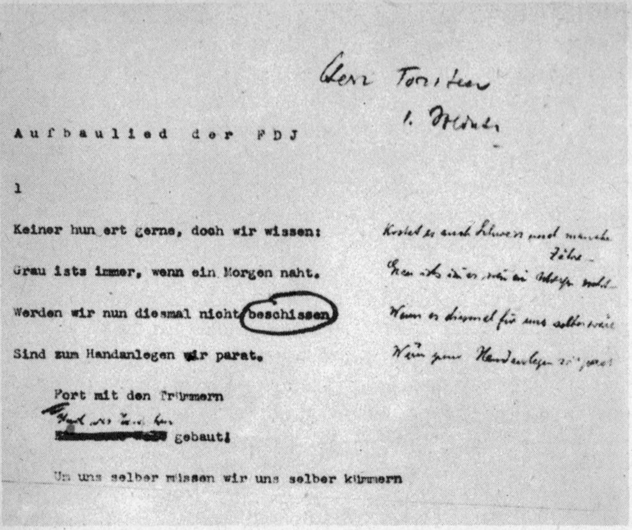

Aufbaulied der FDJ

1

Keiner hun ert gerne, doch wir wissen:
Grau ists immer, wenn ein Morgen naht.
Werden wir nun diesmal nicht beschissen
Sind zum Handanlegen wir parat.

Fort mit den Trümmern
[redacted] gebaut!

Um uns selber müssen wir uns selber kümmern

Aus der Originalfassung vom „Aufbaulied der FDJ“ mit Brechts Handschrift

lerischen und technischen Intelligenz boten, nie darüber hinwegsehen ließen, daß das Leben der Werktätigen angestrengt, hart und entbehrungsreich war. Brecht vermerkte *chinesischen Hunger,* den er allenthalben beobachten konnte,[13] wie die Wohnungsnot, die der Krieg hinterlassen hatte. Als er am 8. April 1949 vom Magistrat von Groß-Berlin in der Berliner Allee 190 im Stadtbezirk Weißensee eine Villa zugewiesen bekam, schrieb er in dem Gedicht „Ein neues Haus“:

Ich hoffe
Es macht mich nicht geduldig mit den Löchern
In denen so viele Tausende sitzen.[14]

Naturgemäß richtete sich das Interesse von Brecht und Weigel auf die Möglichkeit, wieder Theater machen zu können, im engeren Sinn auf ein eigenes Theater. Die Sowjetische Militäradministration hatte unmittelbar nach Kriegsende alles getan, um den Theaterbetrieb wieder in Gang zu bringen. Sie

veranlaßte die Reparatur der Theatergebäude, soweit sie nicht völlig zerstört waren, wie es zum Beispiel beim Theater am Gendarmenmarkt der Fall war, für das Brecht während seines Exils in Amerika, Kortner zufolge, schon Spielplanentwürfe gemacht hatte.
Wiederhergestellt waren das Deutsche Theater und die Kammerspiele, ebenso Brechts „Stammhaus“, das Theater am Schiffbauerdamm, nun sichtbar geworden von der Friedrichstraße aus zwischen Trümmern der Häuser am Spreeufer. Zerstört waren noch Volksbühne und Staatsoper.
Die Sowjetische Militäradministration hatte aber auch eine ideelle Erneuerung der Theater in Gang gebracht. Sie setzte bewährte Antifaschisten als Leiter der Theater ein. Gustav von Wangenheim, dann Wolfgang Langhoff leiteten das Deutsche Theater. 1947 wurde Walter Felsenstein zum Intendanten der wiedereröffneten Komischen Oper berufen. Intendant der Volksbühne wurde Fritz Wisten, gebürtiger Wiener, der von 1939 bis 1941 Regisseur und Leiter des Theaters des Jüdischen Kulturbundes in Berlin war und dann ins KZ geworfen wurde. Sie garantierten für die Durchfüh-

Brechts erstes Wohnhaus nach seiner Rückkehr in Weißensee, Berliner Allee 190, in dem heute ein Klub der Volkssolidarität untergebracht ist

rung eines humanistischen Spielplanes, der das Erbe zur Basis hatte, den Blick auf kritisch-realistische und sozialistische Dramatik öffnete und eine neue zeitgenössische Dramatik entstehen half. In seiner Betrachtung „Die Künste der Umwälzung", die er unmittelbar nach seiner Rückkehr nach Berlin schrieb, führte Brecht aus: *Wie erschütternd die Sorgfalt, welche die junge Sowjetregierung, bedrängt von innen und außen, mitten im Krieg, mitten im Hunger den Theatern erweist! Sie hilft mit Kohlen, mit Sonderrationen, mit sofortigen Aufträgen. Dies wiederholt sich zweieinhalb Jahrzehnte später, wenn im eroberten Berlin der Sowjetkommandant schon in den allerersten Tagen anordnet, daß die Theater geöffnet würden, die Hitler geschlossen hatte. Der mit solcher Mühe niedergerungene Feind wurde in die Theater eingeladen. Die ersten Maßnahmen des Siegers sind Brotversorgung, Wasserinstallation und Öffnung der Theater!*[15]
Alle an einer Entscheidungsfindung Beteiligten waren sich einig, daß Brecht und Weigel es verdient hatten, das Schiffbauerdamm-Theater zu übernehmen. Wie Dymschitz zu berichten wußte, verzichtete Brecht aber entschieden auf dieses Theater, „solange für Wisten kein neues Gebäude zur Verfügung stehe"[16]; denn Brecht war über die antifaschistische Haltung Wistens informiert worden, der mit dem Volksbühnen-Ensemble in diesem Theater arbeitete. Er arbeitete vielmehr mit Wolfgang Langhoff *das projekt eines studiotheaters aus, angeschlossen an das DEUTSCHE THEATER. erstes jahr: heranziehung erster schauspieler aus der emigration durch kurze gastspiele (giehse, steckel, lorre, homolka, bois, gold). aufbau eines eigenen ensembles in verbindung damit.*[17]
Geplant waren drei bis vier Stücke: „Leben des Galilei" mit Kortner oder „Schweyk im zweiten Weltkrieg" mit Lorre, „Wassa Schelesnowa" von Gorki mit Giehse und Steckel und ein Lorca oder ein O'Casey. Zur Konzeption gehörte die *entwicklung epischen spiels durch ein sofort vorstellendes kindertheater,* wobei Brecht an die *hoffentlich nicht verlorenen kinderstücke* von Grete Steffin dachte. Zum ersten Mal erwähnt Brecht hier und auch wieder als eigenen Plan ein Stück über Rosa Luxemburg und den „Wagen des Ares"[18].
Diese Planung fand im wesentlichen die Zustimmung während einer Zusammenkunft Anfang 1949 beim damaligen Oberbürgermeister von Berlin, Friedrich Ebert. Die SED war

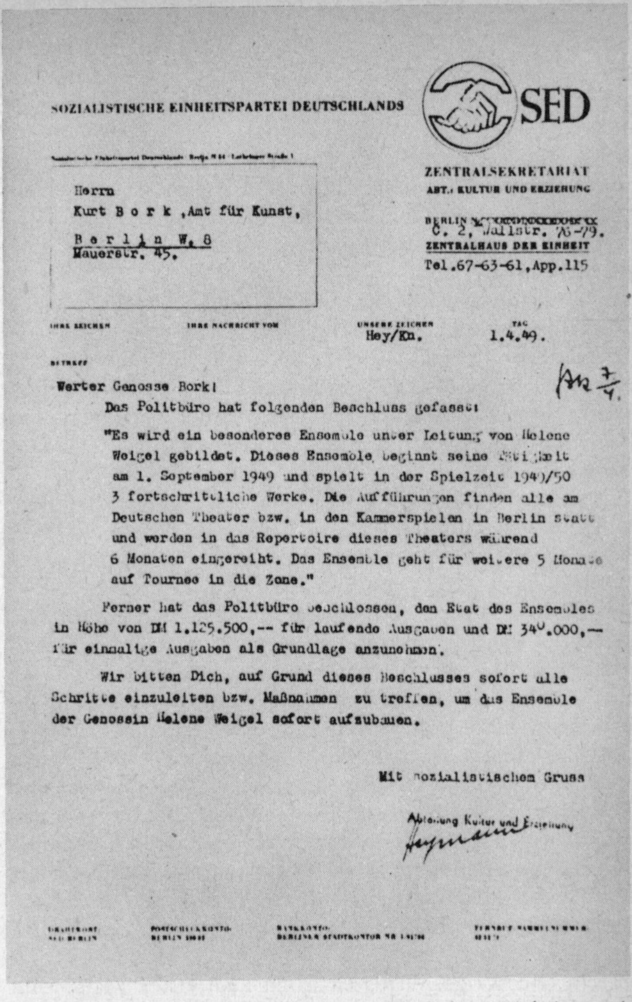

SOZIALISTISCHE EINHEITSPARTEI DEUTSCHLANDS

SED

ZENTRALSEKRETARIAT
ABT.: KULTUR UND ERZIEHUNG

BERLIN C. 2, Wallstr. 76-79.
ZENTRALHAUS DER EINHEIT
Tel.67-63-61,App.115

Herrn
Kurt B o r k ,Amt für Kunst,

B e r l i n W. 8
Mauerstr. 45.

IHRE ZEICHEN | IHRE NACHRICHT VOM | UNSERE ZEICHEN Hey/Kn. | TAG 1.4.49.

BETREFF

Werter Genosse Bork!

Das Politbüro hat folgenden Beschluss gefasst:

"Es wird ein besonderes Ensemble unter Leitung von Helene Weigel gebildet. Dieses Ensemble beginnt seine Tätigkeit am 1. September 1949 und spielt in der Spielzeit 1949/50 3 fortschrittliche Werke. Die Aufführungen finden alle am Deutschen Theater bzw. in den Kammerspielen in Berlin statt und werden in das Repertoire dieses Theaters während 6 Monaten eingereiht. Das Ensemble geht für weitere 5 Monate auf Tournee in die Zone."

Ferner hat das Politbüro beschlossen, den Etat des Ensembles in Höhe von DM 1.125.500,-- für laufende Ausgaben und DM 340.000,-- für einmalige Ausgaben als Grundlage anzunehmen.

Wir bitten Dich, auf Grund dieses Beschlusses sofort alle Schritte einzuleiten bzw. Maßnahmen zu treffen, um das Ensemble der Genossin Helene Weigel sofort aufzubauen.

Mit sozialistischem Gruss

Abteilung Kultur und Erziehung
Heymann

Brief des Zentralsekretariats der Sozialistischen Einheitspartei Deutschlands an Kurt Bork, Leiter des Amtes für Kunst, über den Beschluß zur Gründung des Berliner Ensembles vom 1. April 1949

vertreten durch Hans Jendretzki, Anton Ackermann und Kurt Bork. Neben Brecht nahmen auch Langhoff und Wisten teil. Helene Weigel erhielt die Vollmacht, mit Verhandlungen über den Aufbau eines eigenen Ensembles zu beginnen.

Am 1. April 1949 erhielt Kurt Bork als Leiter des Amtes für Kunst von der Abteilung Kultur und Erziehung beim Zentralsekretariat der Sozialistischen Einheitspartei Deutschlands die Mitteilung, das Politbüro habe folgenden Beschluß gefaßt:

„Es wird ein besonderes Ensemble unter Leitung von Helene Weigel gebildet. Dieses Ensemble beginnt seine Tätigkeit am 1. September 1949 und spielt in der Spielzeit 1949/50 3 fortschrittliche Werke. Die Aufführungen finden alle im Deutschen Theater bzw. in den Kammerspielen in Berlin statt und werden in das Repertoire dieses Theaters während 6 Monaten eingereiht.

Ferner hat das Politbüro beschlossen, den Etat des Ensembles in Höhe von DM 1 125 500,– für laufende Ausgaben und DM 340 000,– für einmalige Ausgaben als Grundlage anzunehmen."

Am 18. Mai 1949 gab Bork die entsprechende Anweisung an Helene Weigel weiter. Es wurde vereinbart, daß das Ensemble Gast des Deutschen Theaters sein sollte, bis das Gebäude der Volksbühne am jetzigen Luxemburgplatz wiederaufgebaut sein würde und Wisten mit einem Ensemble aus dem Schiffbauerdamm dann dorthin umziehen könne. Weigel und Brecht erhielten die nötigen Kapazitäten für Probenzeit und Werkstätten zugebilligt; sie konnten auch Schauspieler des Deutschen Theaters für die Aufführungen des Ensembles, das nun als „Berliner Ensemble" Gestalt annahm, hinzuziehen. In der Reinhardtstraße wurde für sie eine Probebühne eingerichtet. Vorläufiger Sitz der Intendanz waren Räume im Künstlerklub „Die Möwe".

Brecht und Weigel verfügten damit zum ersten Male in ihrem Leben über ein eigenes Theater. Brecht konnte die Stücke selbst in Szene setzen, die er vor oder während der Emigration geschrieben hatte. Er war nun ein Meister von Schülern. Helene Weigel konnte sich nicht nur als Intendantin bewähren, sondern sich auch endlich wieder als Schauspielerin zeigen.

Brecht im Gespräch mit Johannes R. Becher, Wolfgang Langhoff und Hanns Eisler hinter der Bühne des Deutschen Theaters, um 1950

Seinen Einstand als Regisseur in einer neuen Gesellschaft gab Brecht bereits am 11. Januar 1949 mit der Inszenierung „Mutter Courage und ihre Kinder" im Deutschen Theater.

Zur Regieführung zog er Erich Engel hinzu, der die Intendanz der Münchner Kammerspiele aufgab, um nach Berlin überzusiedeln. Als Brecht ihn wiedertraf, vermerkte er: *er ist sehr gealtert, die augen sind aber noch kenntlich. der schicke hut mit band läßt den kopf wie einen totenkopf erscheinen.*[19]
Brecht holte auch Paul Dessau nach Berlin, um der Bühnenmusik, die Dessau bereits 1946 verfaßt hatte, die letzte Fassung zu geben. Brecht hatte bei dieser Inszenierung mit Schauspielern zu arbeiten, von denen nur einige wenige, wie etwa Gerhard Bienert, vor 1933 mit Brecht gearbeitet hatten oder die Theaterarbeit Brechts kannten, wie etwa Paul Bildt. Die Inszenierung der „Dreigroschenoper" im ersten Jahr nach dem Krieg unter der Regie von Karl Heinz Martin war frei von einer epischen Spielweise, ebenso die der „Gewehre der Frau Carrar" in der Regie von Peter Elsholz mit Lu Säuberlich in der Hauptrolle Mitte Mai 1946. Die Einstudierung von sieben Szenen aus „Furcht und Elend des Dritten Reiches" am Deutschen Theater am 30. Januar 1948 in der Regie von Wolfgang Langhoff wurde vom Chefredakteur der Theaterzeitschrift „Theater der Zeit", Fritz Erpenbeck, gerade von der Darstellung her als Überwindung der „falschen Theorie vom epischen Theater" begrüßt (es spielten unter anderen Ehmi Bessel, Werner Hinz und Kate Kühl; die Bühnenmusik schuf Boris Blacher).
Die Eindrücke, die Brecht vom Stand der Schauspielkunst jener Nachkriegsjahre gewann, sollte er in seiner Rede „Einige Bemerkungen über mein Fach", die er im Mai 1951 auf dem Gesamtdeutschen Kulturkongreß in Leipzig hielt, zusammenfassen: *Das Poetische war ins Deklamatorische entartet, das Artistische ins Künstliche, Trumpf war Äußerlichkeit und falsche Innigkeit. Anstatt des Beispielhaften gab es das Repräsentative, anstatt der Leidenschaft das Temperament.*[20] Er sprach von einem *depravierten, geistig wie technisch ruinierten Theater*[21]. Zur „Faust"-Aufführung 1949 im Deutschen Theater, in der Wolfgang Langhoff die Regie führte, sollte Brecht immer noch bemerken: *es wurde reichlich gebrüllt, was hierzulande der ausdruck der leidenschaftlichkeit ist.*[22] Aber auch er konnte nicht „wieder weitermachen, [...] wo wir damals aufhörten"[23], wie er 1943 geglaubt hatte. Auch für ihn als Regisseur galt, was er in dem Gedicht „Schlechte Zeiten" in die Verse brachte:

Der Umsturz wurde gemacht mit den Umstürzlern, die vorhanden waren.
Das Bild wurde gemalt mit den Farben, die vorhanden waren.
[...]
Gearbeitet wurde mit den Kräften, der Weisheit und dem Mut, die zur Verfügung standen.[24]

Zu diesen Kräften rechneten Brecht und Weigel neben den bereits profilierten Schauspielern auch und gerade junge Menschen, die zum Teil überhaupt noch keine schauspielerische Erfahrung, ja nicht einmal eine richtige Ausbildung hatten. Schon in den ersten Wochen nach seiner Rückkehr probierte Brecht mit jungen Schauspielern, die er dann in das Berliner Ensemble übernahm. Bei der Arbeit mit den prominenten Schauspielern des Deutschen Theaters konnte er die Erfahrungen verwerten, die er bei der Inszenierung der „Antigone" in Chur und von „Puntila" in Zürich gemacht hatte, verließ sich aber auch auf die Erfahrungen Erich Engels. Brecht hatte für die Einstudierung der „Courage" praktisch nur vier Wochen zur Verfügung, für die er vier Monate für notwendig hielt.[25]
Selbstverständlich besetzte er die Rolle der Courage mit Helene Weigel. Die Rolle des Feldwebels übernahm Gerhard Bienert, die des Feldkochs Paul Bildt, die des Feldhauptmanns Paul Esser, die des Feldpredigers Werner Hinz und die der Bauersfrau Gerda Müller. Die übrigen Rollen wurden von Schauspielern gespielt, die sich unter dem Nachwuchs profiliert hatten. So die Rolle der Stummen Kattrin von Angelika Hurwicz, die des Eilif von Ernst Kahler, die des Schweizerkas von Joachim Teege und die des Jungen Soldaten von Gert Schaefer.
Das Bühnenbild fertigte Heinrich Kilger nach dem Vorbild von Teo Otto an. Es bestach durch realistische Treue des Details, die desillusionistische Gestaltung der Baulichkeiten, die tiefe Bühne und die über der Szene schwebenden Titel. Kilger war mit seiner Auffassung „Je sparsamer die formalen Mittel verwendet werden, um so konzentrierter kann ihr Ausdruck sein"[26] der richtige Mann, um das Modell von 1941 anzueignen. Der Planwagen der Courage wurde zur szenischen Chiffre für die Unbehaustheit, das Ziel- und Rich-

Erich Engel, Brecht, Paul Dessau und Helene Weigel auf einer Probe zur Aufführung von „Mutter Courage und ihre Kinder" am Berliner Ensemble 1948/49

tungslose, für Aufstieg und Abstieg der Händlerin im und mit dem Krieg. Die völlige Ausleuchtung der Bühne unterstrich den desillusionistischen Grundzug der Inszenierung.

Brecht und Engel machten die Gänge und Gruppierungen bedeutsam, um den jeweiligen Grundgestus der Szene zu treffen. Der Charakter der Chronik wurde durch die betonte Selbständigkeit der zwölf Bilder unterstrichen. Auf den Proben begann Brecht *vorsichtig mit der episierung* und stellte fest: *sofort gliedern sich die szenen, indem die drehpunkte sichtbar werden. BILDT begreift sofort, daß es darauf ankommt, die restlose verwandlung zu verhindern.*[27]

Der *Grundsatz epischen Spiels* *e i n s n a c h d e m a n d e r e n*, *ließ* sich bei den Schauspielern, *die auf das Mitreißen auszugeben gewohnt sind,*[28] nur schwer durchsetzen. *Das eigentliche Ziel des Epischen* wurde nach Brechts Meinung nicht getroffen. *Vieles zeigte sich, aber das Moment des Zeigens fehlte schließlich.*[29] Das hatte auch Folgen für die Musik von Paul Dessau.

Sein „Horenlied“ ließ sich bei dem gegenwärtigen *stand des ruinentheaters* nicht machen.[30]

Welchen Eindruck Brecht auf die jungen Schauspieler machte, hat Angelika Hurwicz als Stumme Kattrin beschrieben: „Wenn Brecht vorspielt, so tut er es nicht nur, um eine Vorlage zu geben, sondern auch, um die Schauspieler auf einen natürlichen Ton zu bringen, auf die denkbar äußerste Schlichtheit zu reduzieren. Und bei dieser Trockenheit vermittelt er Erlebnisse, wie ich sie stärker nicht durch einen Paul Hörbiger und eine Wessely hatte. Er ist nicht etwa ein Naturtalent. O nein, er versteht das Handwerk; jede Zäsur, jede Handbewegung ist bewußt gesetzt. In der Fülle der Nuancen und Übergänge seines Spiels versinken alle Schlagworte über den Brechtschen Stil.“[31]

Noch während der Proben verstärkte Brecht, um den in Zürich entstandenen Eindruck *von einer Niobetragödie und von der erschütternden Lebenskraft des Muttertiers*[32] zu verhindern, die Züge der Händlerin in der Mutter Courage, die sie als *Hyäne des Schlachtfeldes* aufweisen. Bei der Inszenierung des Stückes im Oktober 1950 an den Münchner Kammerspielen ermutigte Brecht die Schauspielerin Therese Giehse, Züge herauszuarbeiten, die zeigten, daß die Händlerin letztlich die Geprellte bleibt. Auf die Giehse geht der Schlußsatz zurück, mit dem sie sich allein vor den Wagen spannt: *Ich muß wieder in'n Handel kommen.*

Mit der Darstellung der Courage hatte sich die Weigel nach der „Mutter“ und der „Carrar“ eine Rolle erspielt, die ihr schauspielerisches Profil am eindrucksvollsten bestimmen sollte. Der Wandel, den sie erfährt von der robusten, vitalen, stolz auf dem Wagen stehenden, dann in weiten Schritten und Armbewegungen daneben einherschreitenden Marketenderin bis zum gebrochenen alten, unbelehrt bleibenden Opfer des Krieges, war von einer fortwährenden Durchdringung einfühlsamen und verfremdenden Spiels gekennzeichnet. Der prüfende Biß in den Taler wie der berühmt gewordene stumme Schrei nach der Verleugnung des toten Schweizerkas waren – wie zahlreiche andere – ihre eigenen darstellerischen Einfälle. (Die Anregung zum stummen Schrei hatte sie vermutlich einem Foto aus der „Kriegsfibel“ von Brecht entnommen, das eine malaisische Frau zeigt, *die während der Beschießung von Singapore bei der Leiche ihres getöteten Soh-*

Helene Weigel als Mutter Courage in der Aufführung von „Mutter Courage und ihre Kinder“ am Berliner Ensemble, Regie: Brecht und Erich Engel, Bühnenbild: Teo Otto und Heinrich Kilger, Premiere: 11. Januar 1949

nes hockt. Die Weigel muß sie vor Jahren gesehen haben, wiewohl sie sich nach Befragen nicht daran erinnerte.[33]) Sie verstand es, die Requisiten als auffällige Zeichen mit zum Einsatz zu bringen. So baute sie das Zuschnappen ihrer Geldtasche beim angehenden Handel mit Yvette und dem Oberst „zu einer richtigen Klick-Arie" aus.[34] Vor allem beherrschte sie meisterhaft den Dialekt, der ihr als Idiom gleichsam auf den Leib geschrieben war und den sie gleichzeitig auf umwerfende Weise zu gebrauchen verstand, um paradoxe Ansichten befremdend, aufstörend zu Bewußtsein zu bringen. Anna Seghers, die damals nach ihrer Übersiedlung von Westberlin eine Zeitlang bei Brecht und Weigel in Weißensee wohnte, äußerte über „Die Sprache der Weigel": „Der Schutt war noch nicht aus den Straßen von Berlin weggekehrt, und noch viel mehr Menschen als heute waren vom Krieg und Faschismus innen und außen genauso zertrümmert wie ihre Stadt, da sprach die Frau wieder deutlich und laut zu dem Volk, das die Sprache geschaffen hat. Es zuckte zusammen und sah und horchte betroffen auf etwas, was man ihm entwendet und verunstaltet hatte [...]. Jetzt sah es und hörte es wieder, wie sich ein Mensch ausdrückt und bewegt, im eigenen und im sozialen Raum, den die Bühne darstellt."[35]
Max Schroeder, damals Cheflektor des Aufbau-Verlags und leidenschaftlicher Verfechter Brechtscher Interessen, äußerte zur Darstellung des Feldkochs durch Bildt und des Feldpredigers durch Hinz, sie „gestalten Figuren von einer Originalität und Intensität, die aus Callots Zeichenbuch entsprungen sind und doch den Eindruck erwecken, als hätten sie gerade eben in der überfüllten S-Bahn neben uns gestanden und sich um einen Sack Holz oder Geringeres gestritten"[36].
Nach Brecht selber hatte Hinz seine Rolle *aufgebaut auf dem Widerspruch zwischen Schubjak und überlegenem Geist*[37]; Bildt die seine mit *theatralischer Eleganz*[38]. Besonderen Eindruck auf die Zuschauer machte die Hurwicz als Stumme Kattrin. Brecht fand die dialektische Sicht auf das *arme Tier,* das als einziges menschlich zu handeln vermag, besonders in der ersten Diskussion mit Arbeitern aus dem Stahlwerk Hennigsdorf bestätigt, die die Gewerkschaftsschule in Bernau besuchten.[39]
Brecht war damit einverstanden, daß sich die Zuschauer *einfühlen in dieses Wesen und freudig spüren, daß in ihnen selbst*

solche Kräfte vorhanden sind – jedoch werden sie sich nicht durch das ganze Stück eingefühlt haben; in den ersten Szenen zum Beispiel kaum[40].

Brecht konnte zu Recht vom „Theater des neuen Zeitalters" sprechen, das eröffnet worden sei, *als auf die Bühne / Des zerstörten Berlin / Der Planwagen der Courage rollte,* und befriedigt darauf verweisen: *Ein und ein halbes Jahr später / Im Demonstrationszug des 1. Mai / Zeigten die Mütter ihren Kindern / Die Weigel und / Lobten den Frieden.*[41]

Die Kritik jedoch spaltete sich. Fritz Erpenbeck sprach zwar vom „bedeutsamsten Theaterereignis seit 1945", sah im Stück aber einen Ausdruck des epischen Theaters, das „zum Absterben des Theaters" führen müsse,[42] und beschwor in der „Weltbühne" die Gefahr, diese Richtung des Theaters verliere sich „in eine volksfremde Dekadenz"[43]. Seiner Auffassung nach war das epische Theater „formalistisch".

In der Auseinandersetzung um diese Kritik bildete sich eine Kritikerfront heraus, die im wesentlichen in den folgenden Jahren erhalten blieb, geprägt durch die Namen Herbert Jhering, Paul Rilla, Max Schroeder, von den jüngeren Wolfgang Harich auf der einen Seite, Fritz Erpenbeck und die Anhänger der Stanislawski-Schule auf der anderen Seite. Kennzeichnend für die Art, wie die Erstgenannten Brecht verteidigen und durchsetzen wollten, war der Versuch, das epische Theater durch Berufung auf Lessings, Goethes und Schillers Überlegungen über das Verhältnis zwischen Epischem und Dramatischem und die „offenen" Formen bei Shakespeare, den deutschen Vorklassikern und bei Grabbe und Büchner zu rechtfertigen. Rillas Aufsatz „Episch oder dramatisch?" vom Februar 1949 war vor allem wegen der Auffassung bedeutsam, daß bei Brecht „die Dialektik gesellschaftlicher Vorgänge unmittelbar poetisches Bild und Gleichnis wird"[44]. Max Schroeder wies darauf hin, „welche Illusionskraft die scheinbar kärglichen Mittel der Brecht-Bühne" auch bei der „Courage"-Aufführung wieder bewiesen hätten, und betonte, daß Brecht im Gebrauch der Mittel „auch keineswegs traditionslos" sei. Entscheidend sei: „Er bekämpft den von der dekadenten bürgerlichen Ideologie über das Kunstverständnis verbreiteten Mystizismus und Aberglauben." Ausschlaggebend sei dabei die Absicht, „zunächst gesellschaftliche Bedürfnisse zu ergründen und zu erfüllen".

Gegen Erpenbeck gerichtet, stellte Schroeder fest: „Die von Brecht gebrauchten Begriffe ‚episches Theater', ‚Lehrstück' usw. sind keine formalistischen Dogmen, sondern Stationen des Experimentierens, die nicht die Abschaffung des ‚Dramas', sondern vielmehr dessen neue Begegnung mit dem Zuschauer bezwecken, und zwar eine verbindlichere Begegnung als auf dem traditionellen Theater." Die Folgerung: „Für Brecht hat jede Aufführung eines seiner Werke den tiefen Ernst der Zelebrierung einer kultischen Handlung", lag allerdings mehr in der Nähe einer Benjaminschen als Brechtschen Interpretation. Auf alle Fälle fand Schroeder es „an der Zeit, daß Berlin ein eigenes Brecht-Theater erhält"[45].

Brecht griff in die Diskussion lediglich ein, indem er auf die Alternativfrage Friedrich Wolfs „objektiviertes gegen psychologisierendes Theater" erwiderte, er glaube nicht, daß die „Chronik aus dem 30jährigen Krieg" *den Zuschauer im Zustand der Objektivität (das heißt leidenschaftsloser Abwägung des ‚Dafür' und ‚Dagegen') läßt. Dagegen glaube oder, sagen wir, hoffe ich, sie macht ihn kritisch.* Brecht stellte weiter klar, daß das epische Theater keineswegs *den Kampfruf „hie Vernunft" – „hie Emotion" (Gefühl) erschallen läßt. Es verzichtet in keiner Weise auf Emotionen. Schon gar nicht auf das Gerechtigkeitsgefühl, den Freiheitsdrang und gerechten Zorn.*

Auf Wolfs Bemerkung, er hätte sich die „Courage" zur Aktivierung des Volkes gegen einen neuen Krieg noch wirksamer vorgestellt, wenn die Courage die Worte „Verflucht sei der Krieg!" zum Schluß als ihre Erkenntnis ausgesprochen hätte, erwiderte Brecht, das Stück sei 1938 geschrieben worden, als der Stückeschreiber einen großen Krieg voraussah: *Er war nicht überzeugt, daß die Menschen ‚an und für sich' aus dem Unglück, das sie seiner Ansicht nach betreffen mußte, etwas lernen würden.* Er blieb dabei, damit Realist gewesen zu sein, und wenn die Courage weiter nichts lerne – das Publikum könne *dennoch etwas lernen, sie betrachtend.* Seine Schlußfolgerung lautete: *Ich stimme Ihnen darin absolut zu, daß die Frage, was für Kunstmittel gewählt werden müssen, nur die Frage sein darf, wie wir Stückeschreiber unser Publikum sozial aktivieren (in Schwung bringen) können. Alle nur denkbaren Kunstmittel, die dazu verhelfen, sollten wir, ob alte oder neue, zu diesem Zweck erproben.*[46]

Bei der Neubesetzung des Stückes für die Aufführung im

Berliner Ensemble im Jahre 1951, die notwendig geworden war, weil Bildt und Hinz nach Westdeutschland gingen, wollte Brecht noch stärker die Kleinbürgermentalität der Courage herausgestellt sehen. Für die Aufführung in Göttingen in der Regie von Heinz Hilpert im Jahre 1956 erklärte Brecht wenige Wochen vor seinem Tod: *Es wird jetzt, wo das deutsche Wirtschaftswunder und die Politik der Stärke in so drohender Weise Arm in Arm auftreten, besonders wichtig, die Courage als Händlerin zu spielen, die im Krieg ihren Schnitt machen möchte. Ihr Händlertum hält sie für Muttertum, aber es zerstört ihre Kinder, eines nach dem anderen.*[47]

Mit großer Intensität widmete er sich der Umbesetzung im Berliner Ensemble, die gleichzeitig die 100. Aufführung des Stückes am 11. September 1951 im Deutschen Theater war (die Inszenierung blieb bis zum 4. April 1961 auf dem Spielplan und brachte es auf 405 Aufführungen). In der Neubesetzung erhielt die Rolle des Feldkoches in der Darstellung durch Ernst Busch eine ausgeprägte plebejische Grundhal-

Ernst Busch als Koch und Erwin Geschonneck als Feldprediger in der Aufführung von „Mutter Courage und ihre Kinder“ im Berliner Ensemble 1951

tung, gepaart mit ganz neuen realistischen Details. Den Feldprediger spielte Erwin Geschonneck, der wie Busch ein bewußter Kommunist und Antifaschist war und die Rolle gleichzeitig *saftig und prall*[48] wie geistig differenziert darstellte. Die Rolle des kühnen Sohnes Eilif übernahm Ekkehard Schall, der besonders im Säbeltanz seine Begabung zur artistischen Exzentrik anschaulich machen konnte. Diese Aufführung wurde 1961 durch Peter Palitzsch und Manfred Wekwerth filmisch aufgezeichnet.

Bei der Einstudierung an den Münchner Kammerspielen im September 1950, in der Brecht die Regie führte, gingen Brecht als Regisseur wie Giehse als Darstellerin in der Hauptrolle davon aus, daß das Stück in der früheren „Hauptstadt der Bewegung" in Szene gesetzt wurde, und unterstrichen deshalb das Kapitulantenhafte und Fallierende der Courage.

Nach dem „Antigonemodell 1948" wurde das „Couragemodell 1949" durch Ruth Berlau fotografisch dokumentiert. Mit der Beschreibung durch Brecht wurde es zu einem Muster an sinnlich-konkreter Beobachtung und ästhetisch-philosophischer Verallgemeinerung, gleichzeitig zum Beispiel, wie gemachte theatralische Erfahrung für andere produktiv gehalten werden kann.

Brecht war der Meinung, solche Modelle stellten *Erleichterungen* dar, *nicht gemacht, das künstlerische Schaffen zu ersetzen, sondern es zu erzwingen.* Er verdeutlichte: *Sie können weder völlig nachgeahmt werden noch völlig nachahmen.*[49] In der Unterhaltung mit dem Wuppertaler Intendanten Erich Alexander Winds „Über die Benutzung von Modellen" mokierte er sich über den angeblichen Verlust der Freiheit künstlerischer Gestaltung *in einem Zeitalter der anarchischen Produktion.*

Die Veränderungen des Modells, die nur erfolgen sollten, um die Abbildung der Wirklichkeit zum Zweck der Einflußnahme auf die Wirklichkeit genauer, differenzierter, artistisch phantasievoller und reizvoller zu machen, werden um so ausdrucksvoller sein, da sie eine Negation von Vorhandenem darstellen – dies für Kenner der Dialektik.

Brecht betont: *Es gibt keinen rein theoretischen Zugang zu den Methoden epischen Theaters; am besten ist praktisches Kopieren,* verbunden mit dem Bemühen, die Gründe für die Gruppie-

Ekkehard Schall als Eilif und Josef Kamper als Feldhauptmann in der Aufführung von „Mutter Courage und ihre Kinder" im Berliner Ensemble in der Neuinszenierung von 1951

rungen, Bewegungen und Gesten auszufinden.[50] Ein Meister in der Anwendung von Modellen schien ihm Erich Engel zu sein.[51]

Nach dem nur bei der Kritik umstrittenen Erfolg der „Courage"-Inszenierung ging Brecht daran, Helene Weigel beim Aufbau eines eigenen Ensembles zu unterstützen. Dabei setzte Brecht auf Künstler, mit denen er bereits früher zusammengearbeitet hatte, oder die wie er und die Weigel exiliert waren. Von Caspar Neher hatte er die Zusage auf aktive Mitarbeit. Engel war bereits nach Berlin übergesiedelt. Dessau folgte nach, auch Hanns Eisler kam nach seiner Ausweisung aus den Vereinigten Staaten 1948 nach Berlin. Elisabeth Hauptmann stellte sich ebenfalls dem Berliner Ensemble zur Verfügung.
Mit einer Gastregie hoffte Brecht, Erwin Piscator zur Rückkehr nach Berlin bewegen zu können; gleichzeitig teilte er ihm mit, die Volksbühne rechne mit Piscators Leitung. Am liebsten wollte er Piscator das Stück von Nordahl Grieg über die Pariser Kommune „Die Niederlage" anvertrauen. Piscator vermochte sich jedoch nicht zu entscheiden, da er keine offizielle Einladung, die Volksbühne zu übernehmen, erhielt. Brecht bot Berthold Viertel die Stellung eines Chefregisseurs an und unterrichtete ihn, daß durch das neue Ensemble pro Jahr vier Stücke inszeniert werden sollten, um damit im Schiffbauerdamm-Theater zu spielen und gleichzeitig auf Gastspielreisen zu gehen. Vergebliche Mühe machte sich Brecht, Peter Lorre und Oskar Homolka als Schauspieler für das neue Ensemble zu gewinnen. Der Bescheid „An den Schauspieler P. L. im Exil": *Und nichts anderes mehr / Können wir dir bieten, als daß du gebraucht wirst,*[52] schien Lorre offensichtlich doch zuwenig. Brecht rechnete auch mit Fritz Kortner, dem er Regie und Darstellung von „Leben des Galilei" anbot. Aber auch Kortner gab nur vage Zusagen.

Als Brecht Ende Februar 1949 nochmals in die Schweiz fuhr, bestand der Hauptzweck vor allem darin, für das neue Ensemble entsprechende Kräfte zu gewinnen. Als Ergebnis konnte er schließlich Helene Weigel die Mitarbeit von Steckel, Giehse, Neher, Otto und Viertel, Hans Gaugler, Regine Lutz und Benno Besson zu unterschiedlichen Bedingungen mitteilen. Von den exilierten Schauspielern, die mit ihm in den Vereinigten Staaten waren, kam schließlich noch Curt Bois zum Berliner Ensemble. Bei seiner Werbung stieß Brecht bereits auf den ersten gegen ihn erlassenen Boykott:

Als er auch den Regisseur Ludwig Berger für Unterricht und Regie zu gewinnen trachtete, wurde diesem von der „hohen Westobrigkeit" kategorisch erklärt, „dann sei es mit seinen Arbeitsmöglichkeiten im Westen aus"[53].

Bei seinem ersten öffentlichen Auftritt vor der Gesellschaftswissenschaftlichen Fakultät der Universität Leipzig Anfang Februar 1949, den der neu berufene Ordinarius für Kultursoziologie, Hans Mayer, durchsetzte, hatte Brecht für das Theater, das ihm vorschwebte, zwei Ziele benannt: Das Theater müsse sich selbst einen Zwei- oder noch besser einen 20-Jahr-Plan vorschreiben und, was die konkrete Arbeit betraf, seine wichtigste Aufgabe in der „Ideologiezertrümmerung" sehen.[54] In diesem Sinne benutzte Brecht seinen Aufenthalt in der Schweiz im Frühjahr 1949 dazu, als kämpferische Morgengabe für das Selbstverständnis des neuen Ensembles wie seines Publikums das historische Schauspiel „Die Tage der Kommune" zu verfassen. Zugrunde lag ursprünglich die Absicht, Griegs „Niederlage" für eine Aufführung durch das Berliner Ensemble zu bearbeiten. Daraus wurde eine eigenständige dramatische Adaption jener historischen Ereignisse von 1871, die Marx zur Überzeugung gelangen ließen, daß der Übergang vom Kapitalismus zum Sozialismus unvermeidlich mit einer Phase der Diktatur des Proletariats verbunden sein müsse, um die alte Gesellschaftsordnung zu überwinden und die neue durchzusetzen. Brecht arbeitete hauptsächlich mit Ruth Berlau am Stück, ließ sich aber durch Elisabeth Hauptmann auch historische Quellen besorgen. Daneben ließ er sich von Hermann Duncker beraten, dessen Dokumentensammlung über die Pariser Kommune er benutzte. Neher inspirierte die Fabelgewinnung durch den Entwurf des Bühnenbildes.
Die 14 Bilder, in denen Brecht das Schicksal der Pariser Kommune gestaltete, waren weniger als *Gegenentwurf* zu Griegs „Niederlage" interessant denn als Entwurf, wie die Arbeiter und Bauern in der damaligen Sowjetischen Besatzungszone Deutschlands die Macht behaupten sollten, die ihnen von der Sowjetischen Militäradministration mehr und mehr übergeben wurde. Die Sentenz der Figur des Deputierten Langevin: *Erwartet nicht mehr von der Kommune als von euch selber,*[55] richtete sich an sie, aus eigener Kraft ein neues

Leben zu schaffen. Sie entsprach Brechts Auffassung, daß sich *die proletariate* selber helfen müssen. Die Forderung, den alten Staatsapparat zu zerschlagen und einen neuen Volksstaat zu schaffen, war von historisch aktueller Bedeutung.[56] Die Frage: *Ihr Staat oder unser Staat* entschied auch in der Situation des Jahres 1949 über die Frage *Unmenschlichkeit oder Menschlichkeit,* die die bürgerlichen Medien mehr denn je in den ideologischen Kampf warfen. Phrasenhafte Freiheitslosungen des amerikanisch dirigierten „Kongresses für kulturelle Freiheit“ wurden entlarvt durch die Worte, die Varlin den Deputierten der Commune zuruft: *Ihr könnt nur eine Freiheit haben, die, die Unterdrücker zu bekämpfen!,* und durch Rigaults Erkenntnis: *Terror gegen Terror, unterdrückt oder werdet unterdrückt, zerschmettert oder werdet zerschmettert.*[57] Und schließlich gab es im Jahre 1949 wie in den folgenden Jahren zahlreiche *„Philippes“,* die wegliefen, das heißt überliefen zu den Kräften, die die neue *Regierung des nationalen Verrats,* diesmal am Rhein, zu bilden begannen. Sicher war in Brechts historischem Schauspiel das Versailles von 1871 nicht einfach eine Analogie zu dem Westberlin von 1949, wie Kurt Hirschfeld das Stück gegenüber Eric Bentley auslegte. Aber Brechts Richtigstellung, *daß das Proletariat die Gewalt seiner Gegner nicht brechen kann, wenn es selber nicht bereit ist, Gewalt anzuwenden,*[58] besaß auch und gerade für die historische Entscheidung, die in Deutschland im Gang war, eine weiterwirkende Bedeutung.

Da der aktuelle politische Kampf im Jahre 1949 jedoch vorrangig unter der Losung geführt werden mußte, für ganz Deutschland eine antifaschistisch-demokratische Grundordnung mit parlamentarischem Charakter zu schaffen, gelangte Brecht schließlich selbst zu der Überzeugung, daß das Berliner Ensemble besser mit einer Aufführung des Volksstückes „Herr Puntila und sein Knecht Matti“ eröffnet werden solle, *der viel weniger controversial ist*[59].

In den folgenden Jahren sollte freilich immer stärker die Frage der Eroberung und der Behauptung der Macht durch die Arbeiterklasse in den Vordergrund rücken und die historische Aktualität von „Die Tage der Kommune“ erweisen. Brecht sollte jedoch die Uraufführung dieses Stückes nicht mehr erleben. Er konnte nur noch an der Regie-Konzeption für die Uraufführung mitarbeiten, die am 17. November

1956 an den Städtischen Bühnen Karl-Marx-Stadt in der Regie seiner Schüler Benno Besson und Manfred Wekwerth und mit dem Bühnenbild von Neher erfolgte.

Pfingsten 1949 war Brecht wieder in Berlin. Zu seiner Freude hatte er aus Stockholm einen Teil seiner alten Möbel und die meisten Bücher zurückerhalten, die er dort auf seiner Flucht zurückgelassen hatte. Aus Moskau waren die Manuskripte, die die Steffin hinterlassen hatte, eingetroffen. In seinem Haus in Weißensee vermerkte er über den Pfingstmontag 1949 wie eine neue Entdeckung: *kinderstimmen, radiomusik, blätterrauschen, trambahnen, vogelgezwitscher.* Dem folgte die Befriedigung darüber, daß die „Courage" im Deutschen Theater noch immer ausverkauft lief, daß die Weigel *büroräume in der möwe* bekommen hatte und: *ein ensemble ist zusammengestellt*[60]. Der Verfasser dieser Zeilen sah Brecht im damaligen Milieu seines Hauses in Weißensee so: „Wie früher, zur Zeit seiner ersten großen Erfolge, raucht er fortwährend Zigarren, ist unauffällig, ja gleichgültig gekleidet, gewöhnlich schlecht rasiert und gekämmt, wippt noch sehr gerne in seinem Schaukelstuhl und spricht noch immer seine rauhe Augsburger Mundart. Aber daneben ist er nicht nur korpulenter geworden und ähnelt mit seiner römischen Frisur immer mehr einem jener in ihre verworrene Zeit verwickelten Senatoren oder Dichter; sein Wesen hat jede Harmlosigkeit verloren; die vielfachen Erfahrungen in den bitteren fünfzehn Jahren der Emigration haben sein massiges Gesicht tief gezeichnet."[61]
Mit Peter Suhrkamp vereinbarte Brecht die dann von Elisabeth Hauptmann besorgte Fortsetzung der Herausgabe der „Versuche". Als Heft 9 erschien 1949 „Mutter Courage und ihre Kinder", dazu der Essay „Fünf Schwierigkeiten beim Schreiben der Wahrheit" aus der Exilzeit. Die Gebrüder Weiß brachten neben dem „Antigonemodell 1948" die „Kalendergeschichten" Brechts heraus.
Schließlich wurde in der von Johannes R. Becher und Paul Wiegler herausgegebenen, von Peter Huchel redigierten Zeitschrift „Sinn und Form" ein „Sonderheft Bertolt Brecht" veröffentlicht. Es enthielt das „Kleine Organon für das Theater", den „Kaukasischen Kreidekreis", Teile des Romanfragments „Die Geschäfte des Herrn Julius Caesar" und Gedichte aus der Exilzeit.

Herbert Jhering schrieb über den „Volksdramatiker“ und unterstrich dabei: „Wenn es heute einen dramatischen Dichter gibt, der in keiner Weise dekadent ist, in keiner Szene, in keinem Gedicht und in keiner Erzählung formalistisch und volksfremd, dann ist es Brecht.“

Hans Mayer arbeitete die „Plebejische Tradition“ Brechts heraus, Ernst Niekisch, Vorsitzender des Augsburger Arbeiter- und Soldatenrates im Jahre 1919, „Nationalbolschewist“, im Zuchthaus der Nazis fast erblindet, nun Professor an der Berliner Universität, bezeichnete in seinem Essay „Heldendämmerung“, der dem „Caesar“-Romanfragment galt, Brecht als „Entwahner großen Stils“, als „Tyrannenmörder“, „der nicht, wie der alte Brutus es tat, ein Ressentiment abgewirtschafteter Herren befriedigt, sondern einen Auftrag der kommenden Dinge erfüllt“ [62].

Gerhard Nellhaus stellte eine erste Brecht-Bibliographie zusammen.

Die Veröffentlichung des „Kleinen Organons“ trug freilich zunächst mehr zur Verwirrung als zur Klärung über das, was Brecht wollte, bei. Ohne Kenntnis der dazugehörigen Praxis wurden Zitate aus dem Zusammenhang gerissen und gegen Brecht angeführt.

Brecht konnte 1949 auch mit der DEFA einen Vertrag über die Verfilmung der „Mutter Courage“ abschließen. Das Unternehmen sollte freilich auf beispielhafte Weise zu den unproduktiven Beziehungen Brechts zum Film gehören. Von Brecht bewußt als eine *aufrüttelnde Warnung vor neuen Kriegen* gedacht, geriet das Vorhaben in den folgenden Jahren in *einen hoffnungslosen Sumpf-Zustand*, obwohl Brecht 1952 Emil Burri als versierten Drehbuchautor hinzuzog. Erich Engel zog sich schon vorher von der Regie zurück. Als der Film schließlich 1955 in der Regie von Wolfgang Staudte in einer gemischten deutsch-französischen Besetzung mit Helene Weigel in der Titelrolle in Produktion ging, wurden die Dreharbeiten nach kurzer Zeit wegen unüberbrückbarer Meinungsverschiedenheit zwischen Brecht und Staudte abgebrochen. Brecht hatte ursprünglich an Verfremdung durch eine *daguerreotypenhafte fotografie* gedacht[63] und stellte sich einen Film in *dünnsten und sparsamsten bildern* vor, während Staudte, Regisseur der Filme „Die Mörder sind unter uns“ (1946) und „Der Untertan“ (1951), auf einen dynamisch-ex-

pressiven, zwischen Realismus und Symbolismus schwankenden Spielfilm orientiert war.
Auch die Verfilmung des „Puntila“ durch Alberto Cavalcanti im Jahre 1955 in Wien sollte nicht nach Brechts Geschmack sein, obwohl Vladimir Pozner am Drehbuch mitgearbeitet hatte. Der Film überspielte die sozialkritische Seite und lebte von der komödischen Wirkung Curt Bois’ als Puntila.
Brechts Hauptinteresse galt aber 1949 dem öffentlichen Wirksamwerden des Berliner Ensembles, das am 1. September seine Arbeit als selbständiges Theaterunternehmen begann. Als Wahrzeichen des Ensembles wählte Brecht für den Vorhang *die streitbare Friedenstaube des Picasso.* Das neue Theater sollte *Stätte des Wissens um die menschliche Natur, der gesellschaftlichen Impulse und der Unterhaltung* sein.
Auf dem Briefkopf des Ensembles waren neben den Namen von Brecht und Weigel die Namen von Caspar Neher, Erich Engel, Berthold Viertel, Teo Otto, Therese Giehse, Paul Dessau und Hanns Eisler abgedruckt. Weigel hatte ursprünglich Harry Buckwitz die Geschäftsführung des Ensembles angeboten, doch zog Buckwitz es vor, die Intendanz der Städtischen Bühnen Frankfurt (Main) zu übernehmen.
Brecht und Weigel setzten aber nicht nur auf diese bewährten Künstler, sondern auch auf neue Kräfte. In den folgenden Jahren konnten sich unter ihrer Anleitung Benno Besson, Egon Monk, Manfred Wekwerth und Carl Maria Weber, als polnischer Gast Konrad Swinarski als Regisseure profilieren. Peter Palitzsch wurde sowohl als Dramaturg wie als Regisseur tätig. Als dramaturgische Mitarbeiter entwickelten sich Wera Skupin, Claus Küchenmeister, Käthe Rülicke und Hans Bunge. Den beiden letztgenannten fällt das Verdienst zu, die Brechtsche Theaterarbeit aufgezeichnet zu haben. Ohne sie gäbe es nicht die zahlreichen Notate und Probenmitschnitte, die Brechts Anwendung seiner Theorie in der Praxis und ihre fortwährende Umbildung ausweisen. Mentorin, Dramaturgin, aber auch Mitarbeiterin in Regie war und blieb Elisabeth Hauptmann.
Während Heinrich Kilger neben dem Bühnenbild zu „Mutter Courage“ nur noch die Szenenbilder für den „Courage“-Film entwarf, entwickelten sich unter dem Vorbild von Caspar Neher und Teo Otto andere Bühnenbildner wie Hainer Hill und Kostümgestalter wie Kurt Palm. 1953 trat Karl von Ap-

pen in das Berliner Ensemble ein und bestimmte mit seinem ebenso subtilen wie kräftigen Realismus das Bühnenbild des Berliner Ensembles. Annemarie Rost und Dieter Berge konnten im Berliner Ensemble der fünfziger Jahre ihr Handwerk erlernen. Noch zu Brechts Zeiten begann Eduard Fischer seine Meisterschaft als Kascheur und Plastiker zu entwikkeln.

Brecht hatte auch das beste Verhältnis zu den Meistern der Theatertechnik Karl Ruppert, Walter Meier und Gustav Hoffmann wie zu den Technikern insgesamt. „Es war nie so weit weg (das gibt's bei anderen, die sind immer abwesend), daß er einen Arbeiter übersehen hätte", faßte der damalige Beleuchter Gerhard Rietdorff seinen Eindruck von Brecht zusammen. Der Inspizient Horst Güldemeister hob hervor: „Er hatte unheimliches technisches Verständnis. Er wußte genau, was er von der Technik verlangen konnte und was darüber hinausging. Wenn eine technische Schwierigkeit auftrat, hat er alle künstlerischen Erwägungen beiseite gelassen und zuerst das Technische geklärt. Man konnte jederzeit die Probe unterbrechen."[64]

Brecht arbeitete nach Gründung des Berliner Ensembles nicht nur mit Hanns Eisler und Paul Dessau zusammen, sondern auch mit den Komponisten Rudolf Wagner-Régeny und Kurt Schwaen. Er bot auch Anfängern in der Bühnenmusik, wie Hans-Dieter Hosalla und Henry Krtschil, Gelegenheit, ihre Begabung zu entwickeln.

Die wichtigste Arbeit, vor der Brecht und Weigel standen und die sie mit größtem Erfolg lösten, bestand schließlich darin, zusammen mit den Schauspielern, die bereits Rang und Namen hatten, junge Schauspieler zu entwickeln und sie mit Ensemblegeist zu erfüllen. Neben Schauspielern wie Friedrich Gnass, Gerhard Bienert und Ernst Busch, die mit Brecht bereits vor 1933 zusammenarbeiteten, und Schauspielern, die im antifaschistischen Kampf gestanden hatten, wie Giehse, Steckel, Bois und Geschonneck, einige Jahre auch Mathilde Danegger, entwickelten sich jüngere Schauspielerinnen wie Angelika Hurwicz, Regine Lutz, Sabine Thalbach, Elsa Grube-Deister, Carola Braunbock, Annemone Haase, Agnes Kraus, Käthe Reichel, die Brecht für Jahre stark favorisieren sollte, Isot Kilian, die später Brechts vertraute Sekretärin werden sollte, und Brechts Tochter Barbara

Berg. Auch Annemarie Hase, Betty Loewen, Doris Thalmer, Hanna Rieger, Lotte Meyer, Else Wolz, Bella Waldritter, Manja Behrens gehörten zum Berliner Ensemble der fünfziger Jahre.
Unter Brechts Anleitung vertieften oder gewannen neben den bereits erwähnten prominenten Schauspielern ihr künstlerisches Profil Schauspieler wie Wolf von Beneckendorf, Erich Franz, Heinz Schubert, Ekkehard Schall, Raimund Schelcher, Willi Schwabe, Ernst Kahler, Axel Triebel, Gert E. Schaefer, Peter Kalisch, Erik S. Klein, Fred Düren, Wolfgang E. Struck, Lothar Bellag, Werner Dissel, Stefan Lisewski, Bruno Carstens, Hans Hamacher, Dieter Knaup, Ernst-Otto Fuhrmann, Martin Flörchinger, Günter Naumann und andere.
Die Entwicklung neuer Schauspieler wurde um so wichtiger, als gerade prominente Schauspieler dem politischen Druck oder der materiellen Versuchung, die von Westdeutschland und Westberlin ausgingen, nicht standhielten oder sich mit der politischen Entwicklung der DDR nicht identifizieren wollten. Leonard Steckel wurde von dem gleichen Curt Riess unter politischen Druck gesetzt, der Brecht gerne in der Amerikanischen Besatzungszone haben wollte. 1951 zog sich Steckel vom Berliner Ensemble zurück.
Auch die Giehse kehrte 1952 an die Münchner Kammerspiele zurück, wo sie in den zwanziger Jahren begonnen hatte. 1954 sollte Egon Monk die Deutsche Demokratische Republik verlassen, vergeblich von Brecht aufgefordert, zurückzukehren. Andere sollten nachfolgen. Aber wie immer sich diese Künstler politisch entwickelten – ihre künstlerische Arbeit blieb von der Erfahrung geprägt, die sie im Berliner Ensemble unter Brecht und Weigel gewinnen konnten.
Auch die Entwicklung von Dramatikern verstand Brecht in jenen Jahren zu fördern. Durch ihn wurde Erwin Strittmatter richtiggehend entdeckt. Peter Hacks und Anna Elisabeth Wiede wurden durch Brecht gefördert und beeinflußt. Heinz Kahlau ging in Brechts Lehre.

Als Staatstheater hatte das Berliner Ensemble ein vielgestaltiges Repertoire zu entwickeln. Brecht mußte die Werke der Klassik wie die eines kritischen Realismus in die Spielplangestaltung einbeziehen. Zu seinen ersten Plänen gehörten des-

halb Aufführungen von Stücken Sean O'Caseys und García Lorcas.
Ende August 1949 sah Brecht auf einer Reise nach Salzburg, bei der er mit Berthold Viertel die Spielplanung für das Berliner Ensemble besprach, auch München und Augsburg wieder und fand letzteres *etwas zertrümmert, fremd, läßt mich ziemlich kalt*[65]. Die Verhandlungen in München brachten als Ergebnis, daß er in den Kammerspielen „Mutter Courage" inszenieren sollte.
Das Berliner Ensemble konnte tatsächlich im September 1949 zu arbeiten beginnen – *eine riesige leistung der weigel,* wie Brecht bewundernd festhielt, *die die mittel beschaffte, ein bürogebäude mit probebühne ausbaute, pässe, wohnungen und (in der zone) möbel für die wohnungen der schauspieler besorgte, dazu sonderessen für das ganze personal – unbeschreibliche anstrengungen in der ruinenstadt.*[66]
Die erste öffentliche Anerkennung erfuhr die Weigel, indem sie und ein Kollektiv von Schauspielern, die an der Aufführung der „Mutter Courage" mitwirkten, mit einem der Nationalpreise ausgezeichnet wurden, die der neue Staat erstmals im Oktober 1949 vergab.
Die Deutsche Demokratische Republik wurde am 7. Oktober 1949 gegründet, nachdem sich in den Westzonen im September die Bundesrepublik Deutschland als neues Staatsgebilde etabliert hatte und als Nachfolgerin des Deutschen Reiches den Alleinvertretungsanspruch für alle Deutschen erhob. Zum Präsidenten der DDR wurde der Vorsitzende der Sozialistischen Einheitspartei Deutschlands, Wilhelm Pieck, berufen. Brecht widmete ihm zu seinem Amtsantritt das Gedicht: „An meine Landsleute", *dessen Sprecher Du noch viel besser sein könntest als der Dichter,* wie Brecht in seinem Begleitbrief schrieb. Das Gedicht sublimierte Brechts Friedenswunsch in einer Bitte an die Deutschen, *doch nun endlich mit euch selbst Erbarmen* zu haben:

Zieht nun in neue Kriege nicht, ihr Armen
Als ob die alten nicht gelanget hätten.[67]

Die DDR war für ihn der Staat der Arbeiter und Bauern, der sich gegen den Staat der Monopole, der begnadigten Kriegsverbrecher und des amerikanischen Imperialismus zu behaupten hatte.

Brecht und Hella Wuolijoki im Herbst 1949 vor dem Deutschen Theater

Am 8. November 1949 fand die erste Premiere des Berliner Ensembles statt. Es war die Aufführung des Volksstückes „Herr Puntila und sein Knecht Matti". Regie führten Brecht und Engel. Das Bühnenbild von Caspar Neher vermied jeglichen Naturalismus und ging sowohl in Kostüm und Maske als auch in der Spielweise auf realistische Stilisierung aus. Die Arrangements wurden betont bildhaft gesetzt, die Neherschen Projektionen weiteten den künstlerischen wie ideellen Hintergrund. Steckel spielte den Puntila nun glatzköpfig, barscher und rüder im Ton als in Zürich und stellte genießerisch *den Gestus des Untiers in der Trunkenheit* aus.[68] Bedeutsam war vor allem die Darstellung des Matti durch Erwin Geschonneck, der den Chauffeur auch und gerade ohne Worte in seiner proletarischen Gegenhaltung kennzeichnete und den Humor gegenüber seinesgleichen mit verstecktem Charme brachte. Unter den Frauen von Kurgela bewegte so wie in Zürich die Giehse als Schmuggleremma die Zuschauer durch ihren Lakonismus. Ihren Einstand in Berlin gab mit großem Erfolg Regine Lutz als Kuhmädchen.

Brecht fand, die Darstellungsweise sei *natürlich nur soviel episches theater, als heute akzeptiert (und geboten) werden kann. gewisse verfremdungen stammen aus dem zeughaus der komö-*

Curt Bois als Puntila und Erwin Geschonneck als Matti in der Aufführung von „Herr Puntila und sein Knecht Matti“ in der Neuinszenierung von 1951 am Berliner Ensemble, Regie: Erich Engel und Brecht, Bühnenbild: Caspar Neher, Musik: Paul Dessau

die, das 2 000 jahre alt ist. [...] die bedenkbarkeit der szene usw. war bis zu einem gewissen grade vorhanden, aber eben nur bis zu dem gewissen grade. Er nahm an: *vermutlich wird man*

die vorschläge des KLEINEN ORGANON eine zeitlang als korrekturen akzeptieren. säkularisierung des theaters. mit dem besitz bekommt die besessenheit einen stoß. aber wann wird es das echte, radikale epische theater geben?[69] Auf die Kritik, ob ein Stück wie „Puntila" in der DDR noch aktuell sei, wo doch die Gutsbesitzer vertrieben worden seien, ging er mit den Argumenten ein: *Weil man nicht nur aus dem Kampf lernt, sondern auch aus der Geschichte der Kämpfe. Weil die Ablagerungen überwundener Epochen in den Seelen der Menschen noch lange liegenbleiben.*[70] Wenn Brecht durch die Darstellung des „Puntila" durch Steckel *die bedenkbarkeit der szene* nicht voll ermöglicht sah, so blieb dieser Mangel auch nach der Neubesetzung der Rolle durch Curt Bois im Jahre 1951 bestehen, der dem Komödiantischen durch seine agile Quickheit noch mehr stattgab als Steckel.
Für die Einbeziehung des kritischen und sozialistischen Realismus Gorkis wurde die Aufführung von „Wassa Schelesnowa" wichtig, die am 23. Dezember 1949 Premiere hatte. Regie führte Berthold Viertel. Teo Otto schuf ein detailreiches Milieu. Die Giehse spielte die Hauptrolle, die sie bereits 1947 am Zürcher Schauspielhaus in der deutschsprachigen Erstaufführung des Stückes dargestellt hatte.
Brecht bedauerte, „Die Tage der Kommune" als nächstes Vorhaben zurückstellen zu müssen, *schon weil die Volksbühne, etwa 60 000 mitglieder zählend und die hauptmasse unseres publikum ausmachend, nur etwa 0,3 % arbeiter enthält.*[71]

Als Ersatz bearbeitete er innerhalb weniger Wochen den „Hofmeister" von Jakob Michael Reinhold Lenz. Er erblickte in diesem Stück *die früheste – und sehr scharfe – zeichnung der deutschen misere. als gegenstück hat es wohl nur DIE RÄUBER, wo der mensch, mensch zu bleiben, räuber werden muß. hier muß der mann, gesellschaftsfähig zu bleiben, sich entmannen.*[72] Brecht verstand die Bearbeitung als *Beitrag zu der großen Erziehungsreform [...], die eben jetzt in der Republik durchgeführt wird*[73]. Im Epilog hieß es dementsprechend:

Schüler und Lehrer einer neuen Zeit
Betrachtet seine Knechtseligkeit
Damit ihr euch davon befreit![74]

Die Zuschauer sollten imstande sein, *die Selbstverstümmelung aus der sexuellen Sphäre in die allgemeinere geistige zu übertragen*[75].
Brecht merzte entschlossen alle Reformvorschläge, wie sie Lenz unter den gesellschaftlichen Gegebenheiten der siebziger Jahre des 18. Jahrhunderts der Figur des Geheimen Rates von Berg in den Mund legte, aus, entfernte den zeitgenössischen Sentimentalismus in den Familienbeziehungen des Majors und nahm auch dem Schulmeister Wenzeslaus, dessen Tochter der Hofmeister Läuffer nach seiner Selbstkastration zur Frau nehmen darf, den bescheidenen Ansatz von Bürgerstolz. In der Bearbeitung durch Brecht sind Knechtung, Drangsalierung, Erniedrigung, Ausbeutung, Unterbindung der natürlichen Triebe und ihre zwanghafte „Vergeistigung" nicht mehr nur die auch bei Lenz ironisch apostrophierten „Vorteile der Privaterziehung", sondern wohnen dem Gesellschaftssystem inne, das auf Ausbeutung beruht. Sie können daher auch nicht auf dem Weg von Reformen behoben werden. Daß er die Parallelhandlungen der Studenten in Halle noch mit dem Idealismus von Kant und Klopstock anreicherte, half das Fehlverhalten der Figuren geistesgeschichtlich erhellen. Brecht brachte seine Auslegung in die dialektische Sentenz: *Der Hofmeister selbst erntet unser Mitgefühl, da er sehr unterdrückt wird, und unsere Verachtung, da er sich so sehr unterdrücken läßt.*[76]
Brecht verband aber die „Hofmeister"-Bearbeitung nicht nur mit der Absicht, den Schülern und Lehrern der neuen Zeit *das ABC der Teutschen Misere*[77] historisch begreiflich zu machen, sondern verstand die Aufführung als eine *vorstudie zu einer neuen spielweise des shakespeare*[78], ohne den sich Brecht ein nationales Theater nicht vorstellen konnte. Statt der Betrachtung und Behandlung klassischer Stücke als bloßer „Materialwert", wie sie Brecht in den zwanziger Jahren vertreten hatte, ging es ihm nun um eine zeitgenössische Aneignung eines klassischen Werkes, gleichzeitig um die Einführung in eine neue Spielweise. So wie er die Sprache von Lenz entschlackt und aufgefrischt hatte, so benützte er nun die dramatische Vorlage, um das „Poetische und Artistische" auf dem Theater weitergehend als bei den Inszenierungen von „Courage" und „Puntila" zur Geltung kommen zu lassen.
Die Erniedrigung Läuffers, die Art, wie er als Marionette be-

handelt wird, offenbarte sich in der Inszenierung in dem Tanz, den der Darsteller des Läuffer, Hans Gaugler, zu einem Menuett aufzuführen hatte, das die Majorin, dargestellt von Annemarie Hase, auf dem Spinett klimperte. Gerade durch eine ausgeprägte gestische Spielweise vermochte Gaugler hierbei, *die aufsässige, brutale Vitalität des niedriggeborenen Läuffer in den Schnürstiefel der feudalen Etikette geschnürt aufzuzeigen*[79].
Paul Rilla sah in der Spielvorlage eine Summierung von „Lenz und Brecht“: „Wobei die Summierung eine Potenzierung ergibt: das Stück wird zu einer neuen Theaterpotenz erhoben.“ Für ihn war die Aufführung „ein überzeugender Ausweis des Berliner Ensembles“, der um so überzeugender war, „als die Aufführung ganz ohne prominenten darstellerischen Beistand zu einer lückenlosen Gelungenheit, zu einer bewundernswerten Konzentration des unaufhörlichen Einfalls kommt“. Er sah im jungen Berliner Ensemble bereits das „Prinzip der Auslese junger Talente“ verwirklicht: „Die Talente sind plötzlich da, nur weil sie gebraucht wurden; und allerdings weil sie bemerkt wurden.“[80]
Die Aufführung wurde durch ein Regiekollegium, bestehend aus Brecht, Neher, Monk und Besson, erarbeitet, zu dem noch die Berlau als dramaturgische Mitarbeiterin und Doku-

Arrangementskizze Caspar Nehers zu „Der Hofmeister“

mentaristin der Aufführung für ein Modellbuch kam. Bei der Einstudierung entstand eine neuartige Zusammenarbeit zwischen Regieführenden und Schauspielern: *Das Ausprobieren ersparte die üblichen psychologischen Diskussionen, der Zuruf erschwerte die ebenso übliche Bildung einer „schöpferischen Atmosphäre", bei der das Bewußtsein zu kurz kommt.*[81] Bei den Proben wurde viel mit Dialekt und Episierung gearbeitet, um „das Temperament zu zügeln" und „eine sehr lebendige Vielfalt der Gesten und Tonfälle zutage" zu fördern.[82]
Die Darstellerin des Gustchens, Regine Lutz, und der Darsteller des Grafen Wermuth, Willi Schwabe, wurden dazu gebracht, den Aufbau ihrer Rollen schriftlich festzuhalten: Der Schauspieler des „wissenschaftlichen Zeitalters" begann sich herauszubilden. Der Geheime Rat wurde von Erwin Geschonneck, der Major von Friedrich Gnass, der Schulmeister Wenzeslaus von Friedrich Maurer, der Pastor Läuffer von Ernst Kahler gespielt. Die Projektionen von Hainer Hill förderten die Transparenz der Szene, die Neher entworfen hatte.
Max Frisch sah die Aufführung, die am 15. April 1950 Premiere hatte, am 1. Mai 1950, den Brecht als besonders glücklichen Tag empfand, weil die Weigel während des Maiumzuges wiederholt als „Courage" begrüßt wurde. Frisch faßte seinen Eindruck von der künstlerischen Leistung der Aufführung in die Sätze: „Es war wie ein Schock: zum ersten Mal sehe ich, was Theater ist. Bestätigung seiner Theorie? Man vergaß sie, indem ihr Versprechen eingelöst wurde [...]. Brecht wirkte jünger als sonst."[83]

Brecht vermerkte zur begeisterten Reaktion des Publikums: *es gibt 30 vorhänge abend für abend – das volk liebt kaviar.*[84] Es sollten aber nicht nur Deutschlehrer, *diese geschlechtslosesten aller wesen*[85] sein, die bei Diskussionen über die Aufführung Einwände wegen der Umarbeitung der Lenzschen Vorlage hatten. Anstoß nahmen auch Kulturpolitiker wegen der Konzeption von der „deutschen Misere", die der Bearbeitung und der Aufführung zugrunde lag. Diese Auslegung wurde in eben dem Maße als einseitig und mißlich empfunden, wie sich die Sozialistische Einheitspartei Deutschlands als Verfechterin und Verteidigerin auch des kulturellen nationalen Erbes empfand. Auf der Ersten Kulturtagung der SED hatte Otto Grotewohl auf das Erbe und seine Werke verwiesen, die als „Denkmäler des Ringens der deutschen Menschen und des Volkes um seine innere und äußere Freiheit“ zur Wahrung der Einheit der deutschen Nation beitragen könnten.[86] Wolfgang Langhoff hatte auf dieser Konferenz gegen die Verfälschung der Klassiker durch die Nazis gesprochen und verlangt, die „Klassiker zu wahren Zeitstücken [zu] machen“. Das hieß naturgemäß, die Klassiker und ihre Werke weniger der „deutschen Misere“ als dem historischen Fortschritt zuzurechnen. Damit standen sich zwei Auffassungen gegenüber, die in den folgenden Jahren zu beträchtlichen Meinungsverschiedenheiten führen sollten.

Als Brecht den „Hofmeister“ bearbeitete und sich damit auch in gewisser Weise persönlich vom *Herrnreitter-Komplex* seiner Jugend frei machte, schrieb er gleichzeitig vorwärtsweisende „Kinderlieder“ für eine neue Generation. Wenn er sie gegenüber Hanns Eisler, der sie vertonte, als *silberschmiedekunst*[87] bezeichnete, so waren sie in ihrer Einfachheit für die Kinder ebenso eingängig wie in ihrer überraschenden Pointierung ein Anreiz zum fröhlichen Denken in und mittels Poesie. Das Gedicht „Vom kriegerischen Lehrer Huber“, den die Waschfrau Schmitten einfach in einen Zuber steckt, weil sein Auge zwar beim Alten Fritzen, aber nie bei Wilhelm Pieck blitzt, war in Poesie gebrachte Erledigung des *ABC der Teutschen Misere.* Die „Kinderhymne“ half mit ihren Versen:

Anmut sparet nicht noch Mühe
Leidenschaft nicht noch Verstand
Daß ein gutes Deutschland blühe
Wie ein andres gutes Land[88]

die kindlichen Gemüter für ein Deutschland neben *andern Völkern* zu erwecken. *Die Vögel warten im Winter vor dem Fenster* übertrug Solidarität ins Kreatürliche. Wohl weniges hat Brecht mehr beschäftigt als die Weitergabe menschlich brauchbarer Erfahrung, von Kenntnissen, von Meisterschaft an die Nachgeborenen.
Am 23. März 1950 wurde Brecht zum Ordentlichen Mitglied der neugegründeten Deutschen Akademie der Künste gewählt, deren Vizepräsident er schließlich 1954 werden sollte,

Brecht mit Jungen Pionieren während des Deutschlandtreffens der Jugend in Berlin 1950

während Becher Präsident war. Brecht benützte diese Stellung gerade auch für Vorschläge, den Deutschunterricht an den Schulen neu zu gestalten, setzte sich mit den Lehrplänen auseinander und schlug vor, welche Gedichte gelesen werden sollten. Das „Kommunistische Manifest" empfahl er als Beispiel ebenso wie „Gesang der Engel" aus Hauptmanns „Hanneles Himmelfahrt" und seine Gedichte „Legende von der Entstehung des Buches Taoteking" oder „Der Schneider von Ulm". Bemerkenswert ist, daß Brecht in den Lesebüchern Beispiele für Kitsch vermißte. Den Jungen Pionieren erläuterte er, wie Bechers Gedicht „Deutschland" gelesen werden müsse, gab Auskunft, welche Rolle für ihn Volkslieder gespielt hatten und wie er selbst Lieder schrieb, die er zur Klampfe vorsang. Als Ergänzung des Deutschunterrichts regte er „eine deutsche Rezitationsstunde" in den Schulen an. Seinen Schauspielern stellte er Listen von Büchern zusammen, die sie lesen sollten. Besonders bemühte er sich um die ästhetische Erziehung der Studenten der Arbeiter-und-Bauern-Fakultäten.

Zur Weitergabe gemachter Erfahrung setzte er in der Akademie schließlich die Einrichtung von Meisterklassen und Meisterschülern durch, die unter der persönlichen Mentorschaft von Akademiemitgliedern stehen sollten. Dabei war es ihm auch um die Sicherung der materiellen Existenz von Talenten zu tun.

Wenn zutraf, was Arnold Zweig zu Brechts Nachruhm als Akademiemitglied anführen sollte, daß alle Sektionen in ihm „nicht einfach ein Mitglied, sondern einen Vorkämpfer"[89] hatten, so galt das gerade für dieses lebhafte Interesse Brechts an der ästhetischen „Erziehung der Erzieher" in allen gesellschaftlichen Bereichen. Man darf und muß hier auch Brechts Bemühungen um eine wissenschaftliche Ausbildung von Kunstkritikern, besonders Theaterkritikern, erwähnen. Sie führten freilich zu keiner Verwirklichung und spielten auch auf den Konferenzen „Über die Verbesserung der Literaturkritik, der Bibliographie und der Propagierung des fortschrittlichen Buches" im Mai 1953 und auf der Kritikerkonferenz im April 1955 keine unmittelbare Rolle.

Für die Absicht Brechts, auch in der Bundesrepublik Deutschland sein Werk durchzusetzen, war bedeutsam, daß er, eingeladen von Intendant Hans Schweikart, im September 1950 in den Münchner Kammerspielen „Mutter Courage und ihre Kinder" mit der Giehse selber inszenieren konnte. Gegen diese Gastregie wandten sich die Münchner CSU und die auf Adenauer eingeschworene Presse. Gerade der Erfolg der Aufführung, die am 8. Oktober 1950 Premiere hatte, und der Gastspiele des Berliner Ensembles in westdeutschen Städten machten Brecht in immer stärkerem Maße zu dem kulturellen Repräsentanten der „Sowjetzone", den die westdeutsche Kulturreaktion am heftigsten angriff. Ein Kommentar wie der folgende aus der „Süddeutschen Zeitung" in München kennzeichnete die entsprechend halbherzige liberale Position: „Wir sind nicht dafür, kommunistische Propagandaschauspiele zu zeigen (die im übrigen bei uns kaum Aussicht auf Erfolg hätten) oder unseren Gesangsvereinen die SED-Hymne der sowjetzonalen Staatspreisträger Eisler und

Becher anzuempfehlen. Aber wir sind auch nicht dafür, einem Dichter, der in der Tat der Welt etwas zu sagen hat (und zwar der *ganzen* Welt), deshalb das Wort abzuschneiden, weil er in der östlichen Hemisphäre lebt. Dort zu leben ist freilich, wenn man sich zum Künder der Menschenrechte macht, ebenso Geschmacksache, wie der stilisierte Chauffeuranzug, in dem sich der Verfasser, sozusagen nobles Proletariertum verkörpernd, auf der Bühne zeigte."[90]

Als sich Brecht während seines Aufenthaltes in München mit jungen Autoren bei seinem Verleger Kurt Desch traf, versuchte er mit wenig Erfolg zu erklären, *warum der sozialismus friedlich, der kapitalismus kriegerisch ist; daß ihre existenz abhängt von dem schwierigen kampf der SED im osten.* Er konnte nur vermerken, *man hört höflich zu*[91].

Bei einem Zusammentreffen mit Peter Lorre in Garmisch-Partenkirchen erhielt Brecht auch die endgültige Absage von Lorre, am Berliner Ensemble mitzuarbeiten. Der Kalte Krieg, der sich im Sommer 1950 in Korea in den heißen verwandelt hatte, tat seine Wirkung auch auf diesen Schauspieler. In der Zeit, als Brecht in München die „Courage" inszenierte, anerkannten die westlichen Außenminister den Alleinvertretungsanspruch der Bundesrepublik für Deutschland. Präsident Truman empfahl die Beteiligung der Bundesrepublik „an der Verteidigung Europas". Der französische Ministerpräsident Pleven legte den Plan zu einer „Europäischen Verteidigungsgemeinschaft" vor, in die eine westdeutsche Armee einbezogen sein sollte. Zur gleichen Zeit schlug dagegen die Konferenz der Außenminister der Sowjetunion, der volksdemokratischen Staaten und der DDR in Prag den unverzüglichen Abschluß eines Friedensvertrages mit Deutschland und die Bildung eines gesamtdeutschen konstituierenden Rates zur Schaffung einer provisorischen Regierung für Gesamtdeutschland vor. Ministerpräsident Grotewohl richtete ein entsprechendes Schreiben an Adenauer, der aber ablehnte. Die Überzeugung, daß der Kampf um ein einheitliches, friedliches Deutschland eines festen proletarischen Kerns mit einem realen Bewußtsein über die Bedeutung der sozialistischen Revolution in Rußland bedürfe, führte Brecht zum Entschluß, 1951 erneut das Lehrstück „Die Mutter" in den Spielplan des Berliner Ensembles aufzunehmen. Damit konnte er gleichzeitig sein junges Ensemble an eine demonstrative Spielweise heranführen. In der Probenarbeit ließ sich auch das politische Bewußtsein der Schauspieler selbst erweitern. Wesentliches Kennzeichen der Neueinstudierung war, daß die Figuren einen stärkeren Ausdruck an Individualität aufwiesen, daß der Einfluß der Partei auf den politischen Gesinnungswandel und die Beteiligung der Mutter am Klassenkampf unterstrichen wurde und daß der Gewinnung der Intelligenz durch die Arbeiterklasse große szenisch-darstellerische Bedeutung zugemessen wurde. Pawel Wlassow wurde als Revolutionär „im Werden" dargestellt. Neher gestaltete das Vordergrundmilieu detailgetreu, während der Hintergrund nicht nur durch Projektionen, sondern zum Schluß durch einen Filmstreifen aufgerissen wurde, der den Vormarsch des Sozialismus bis zum Sieg der Chinesischen Volksbefreiungsarmee zeigte. Eisler bereicherte das Instrumentarium der Musik und komponierte drei neue Stücke hinzu. Für Ernst Busch profilierte Brecht die Figur des Mechanikers Semjon Lapkin, der als standhafter, unerschütterli-

Helene Weigel als Mutter in der Aufführung des Lehrstücks „Die Mutter" am Berliner Ensemble

cher Revolutionär gezeigt wird. In seiner Beschreibung des „Volksschauspielers Ernst Busch" erblickte Brecht in der Gestaltung dieser Figur *die erste große Darstellung eines klassenbewußten Proletariers auf der deutschen Bühne*[92]. Er hob besonders hervor: *Busch geht bei der Gestaltung des revolutionären Arbeiters sparsam mit Gefühlen um. Es ist die Sparsamkeit des Mannes mit großen Ausgaben. Diese Menschlichkeit hat Klugheit, Mut und Zähigkeit zur Verfügung. Das Eminente an Buschs Kunst ist, daß er eine künstlerische Werkzeichnung abliefert.*[93]

Die Weigel gab die Mutter mit mehr Wärme und Humor als 1932, so daß die Zuschauer trotz der beibehaltenen demonstrativen Spielweise mit ihr auch mitfühlen konnten. Käthe Rülicke beschrieb die Wirkung: „In der Aufführung der ‚Mutter' sah ich beim Publikum Tränen, als Arbeiter am Vorabend des ersten Weltkriegs der alten Wlassowa die Flugblätter gegen den Krieg nicht mehr abnehmen. Das sind – wer die Aufführung kennt, weiß es – politische Tränen, vergossen über die verstopften Ohren, die Feigheit, die Läßlichkeit. Mancher, der hier entsetzt zusah, war immer noch gegen die Bolschewiki, gegen die HO, gegen die Volkskammer, er mochte einen kleinen Laden besitzen, Schwierigkeiten neuer Art haben, kurz, klassenmäßig fast außerstande sein, sich mit der Wlassowa zu identifizieren, – aber er folgte doch dem Appell an einen verschütteten Sinn für die Wahrheit und vereinigte sich mit den neben ihm Sitzenden in einem Entsetzen über solche, die nicht wissen, was sie tun und nicht tun."[94]

Es ist im nachhinein schwer verständlich, warum ausgerechnet diese Aufführung als Beispiel für Formalismus herhalten mußte, gegen den sich das 5. Plenum des ZK der SED Mitte März 1951 richtete. Dort ging das Mitglied des Politbüros der SED Fred Oelßner so weit, die Aufführung als „irgendeine Kreuzung oder Synthese von Meyerhold und Proletkult" abzutun und ganze Szenen als „historisch falsch und politisch schädlich" zu bezeichnen.[95] Hans Rodenberg behauptete, „in der ‚Mutter'" werde „das Didaktische zum Selbstzweck, und das ist Formalismus"[96]. Er meinte freilich: „Brecht verbraucht augenblicklich sein altes Gepäck" und müsse sich „zurechtfinden". Er schlug vor: „Wir dürfen nicht aufhören, ihn zu kritisieren, aber so klug kritisieren, wie er selbst klug ist."[97]

In der Entschließung der 5. Tagung wurde die „ungenügende Auswahl der Stücke vom Standpunkt der Hilfe und Begeisterung unseres Volkes zur Lösung seiner großen Lebensfragen (wie der Erfüllung des Fünfjahrplanes, des Kampfes um den Frieden, der Einheit Deutschlands usw.)“[98] bemängelt. Die größte Hilfe, so hieß es abschließend, „für eine künstlerisch gelungene Gestaltung von Gegenwartsthemen ist das Studium der Gestaltung der Probleme ihrer Zeit durch die großen Klassiker. Die Behandlung von Gegenwartsthemen bei Anwendung der Lehren aus diesem Studium – das ist der wichtigste Beitrag der Kunstschaffenden zur Erfüllung des Fünfjahrplans.“ Die Theater wurden darauf orientiert, „in ihr Programm die besten Stücke aus dem klassischen kulturellen Erbe aufzunehmen“[99].
Brecht sah sich unter diesen Umständen veranlaßt, darauf hinzuweisen, daß „Die Mutter“ *eigentlich einfach ein historisches Stück ist.* Es beruhe in der Form, *wie übrigens nur sehr wenige neuere Werke, auf der Bau- und Ausdrucksweise des nationalen deutschen Theaters (von Goethes „Götz“ bis zu Büchners „Woyzeck“).* Die Bauweise finde sich auch bei Shakespeare und Ostrowski. *Selbst die eingestreuten musikalischen Partien sind in der Klassik schon vorgezeichnet (im zweiten Teil des „Faust“, im „Egmont“ und so weiter).*[100]
Diese historischen Verweisungen ließen die qualitativen Sprünge einer materialistischen Dramaturgie außer acht und können nur als taktische Antwort auf die bornierte Kritik verstanden werden, „Die Mutter“ sei formalistisch. Auf die Feststellung von Johanna Rudolph im „Neuen Deutschland“ zur „Mutter“-Inszenierung, „Ironie ist für das Volk unfruchtbar“[101], erwiderte Brecht ironisch, dann müßten wohl auch Lenins Reden *von allem kämpferischen Humor gereinigt werden. Käme der Kritiker mit diesem Satz vor die Berliner Arbeiter, würde er schnell erleben, was für ein Talent sie für Ironie haben.*[102]

Der Kampagne gegen den Formalismus in der DDR war eine solche in der Sowjetunion vorangegangen. Sie richtete sich dort in erster Linie gegen Formalismus in der Musik. In der DDR wiederholte sich nun auf parteilicher und staatlicher Ebene die Diskussion über Formalismus und Realismus, die in den dreißiger Jahren in „Das Wort“ und in der „Interna-

tionalen Literatur“ in Moskau ausgetragen worden war. Für die neue Diskussion spielte eine nicht geringe Rolle, daß die literaturwissenschaftlichen und philosophischen Werke von Georg Lukács seit dem Sieg über den Faschismus in hohen Auflagen im Aufbau-Verlag erschienen und die ästhetische Auffassung einer neuen Generation von Literaturwissenschaftlern und Kritikern nachhaltig beeinflußten.
Unter Hinweis auf den Existentialismus, die Psychoanalyse und ähnliche geistige Phänomene betonte Brecht selber: *Allenthalben wurde das Alte durch formale Neuerungen wieder schmackhaft gemacht, die abgewetzte alte Hose wurde gewendet,*[103] unterstrich aber gleichzeitig: *Ohne Neuerungen formaler Art einzuführen, kann die Dichtung die neuen Stoffe und neuen Blickpunkte nicht bei den neuen Publikumsschichten einführen.*[104] Er begründete: *Zwänge man nämlich die neuen Inhalte in alte Formen, träte sofort wieder die verhängnisvolle Scheidung von Inhalt und Form ein, indem nunmehr die Form, welche alt, sich vom Inhalt, welcher neu wäre, absetzte.*[105] Er fand die Formalismus-Diskussion insgesamt *dadurch erschwert, daß sich auf der richtigen Seite falsche Leute einsetzen und für die richtige These falsche Argumente offeriert werden.* Er kritisierte: *Es werden, im Interesse der völligen Umwandlung unseres Lebens, ewige Kunstgesetze moniert.*[106]
Wie sehr Brecht bereit war, über die Richtigkeit inhaltlicher Aussagen seiner Werke mit sich reden zu lassen und gegebenenfalls Veränderungen vorzunehmen, sollte die Diskussion über die Aufführung der Oper „Das Verhör des Lukullus“ in der Deutschen Staatsoper zeigen. Dessau hatte den Hörspieltext als Opernlibretto benützt und verwandte Schlagwerk, Akkordeon, Marimbaphon, Trautonium, tiefe Streicher, exponiertes Blech, verzichtete auf klangbindende Farben, gebrauchte vom Volkslied über den Song bis zum 12-Ton-Schema alle vokalen Ausdrucksmittel, variierte Melodien von Bach und Mozart und schuf eine polyrhythmische Struktur. Diese neuartige musikalische Gestaltung brachte die Oper in den Verruf, formalistisch zu sein. Brecht und Dessau bestanden aber auf der Einhaltung des Vertrages, betonten unter Hinweis auf die amerikanische Aggression gegen die Volksdemokratische Republik Korea *die Wichtigkeit des Inhalts, nämlich die Verdammung des Raubkriegs,* und schlugen *eine geschlossene Aufführung zur Selbstverständigung eines verant-*

Brecht in der Bühnengasse des Admiralspalastes während der Proben zu „Das Verhör des Lukullus", 1951

wortlichen Publikums und der Künstler vor.[107] Brecht wandte, als diese Probeaufführung gefährdet war, sich selbst an den Ersten Sekretär des ZK der SED, Walter Ulbricht, betonend: *Die Oper ist eine einzige Verurteilung der Raubkriege, und an-*

gesichts des schamlosen Herbeiholens der alten Generäle zum Zweck eines neuen Angriffskrieges in Westdeutschland ist ein solches Werk, in dem ein Eroberer des Altertums von einem Gericht der Nachwelt verdammt wird, in einer Stadt wie Berlin, in der eine starke Ausstrahlung nach dem Westen erfolgen kann, doch wohl aufführungswert.[108]

Die Probeaufführung fand im früheren Admiralspalast in der Friedrichstraße statt, in dem der Vereinigungsparteitag der SED stattgefunden hatte, und zwar am gleichen 17. März 1951, an dem der ZK-Beschluß „Der Kampf gegen den Formalismus in Kunst und Literatur, für eine fortschrittliche deutsche Kultur" gefaßt wurde. Träger der Veranstaltung war das Ministerium für Volksbildung. Dirigent der Aufführung war Hermann Scherchen, Regie führte Wolfgang Völker, das Bühnenbild schuf Caspar Neher. Alfred Hülgert sang die Rolle des Lukullus, Willy Heyer-Krämer die des Totenrichters, Otto Hopf die des Königs. An der Aufführung nahmen Staatspräsident Wilhelm Pieck und Ministerpräsident Otto Grotewohl teil, neben ihnen auch andere Regierungsmitglieder. Die Aufführung hinterließ einen sehr starken Eindruck. Zur Auswertung lud Präsident Wilhelm Pieck am 24. März 1951 Brecht und Dessau mit führenden Vertretern der SED und der Regierung in seinen Wohnsitz nach Berlin-Niederschönhausen ein. „In der Hauptsache ging es um musikalische Dinge", berichtete Dessau später, „um einige Szenen, die ihrer Ungewohntheit und Schärfe wegen zur Diskussion Anlaß gaben." Über die Leitung Piecks äußerte Dessau: „Nicht nur, daß Genosse Pieck ein hervorragender, aufmerksamer und höflicher Zuhörer war, er sorgte auch dafür, daß das Gespräch so geführt wurde, daß konkrete Resultate für unsere Arbeit herauskamen. Wenn das Gespräch hin und wieder scharf wurde, verstand er es, mit einer freundlichen Geste die Wogen wieder zu glätten. Seine eigenen nützlichen Gedanken brachte er mit äußerster Bescheidenheit vor." Dessau faßte zusammen: „Brecht und ich, gewohnt, bei allen unseren Arbeiten viele Male Verbesserungen und Neufassungen zu machen, nahmen aus diesem Gespräch wertvolle Ratschläge mit nach Hause."[109] Brecht äußerte, wenn Grotewohl nicht Ministerpräsident wäre, würde er ihn als Chefdramaturg zu gewinnen trachten.

Zur selben Zeit, als im „Neuen Deutschland" die Oper als

Szenenfoto von der Uraufführung der Oper „Die Verurteilung des Lukullus" von Bertolt Brecht und Paul Dessau mit Alfred Hülgert als Lukullus in der Deutschen Staatsoper Berlin am 12. Oktober 1951, Dirigent: Hermann Scherchen, Regie: Wolfgang Völker, Bühnenbild: Caspar Neher

„mißlungenes Experiment der Deutschen Staatsoper" kritisiert wurde und besonders der Musik „intellektualistische Klügeleien" angekreidet wurden („Geigen fehlen"),[110] machte sich Brecht bereits an die Ergänzungen. Der König des überfallenen Landes kann die Prüfung der Nachwelt bestehen, weil er zur unerschrockenen Verteidigung der Heimat vor den Römern aufruft. Lukullus wird als Werkzeug der Steuerpächter, Silberfirmen, Sklavenhändler und Forumbanken, nicht im Namen der Maurer, Bäcker, Weber und Bauern Roms nach Asien geschickt. Über die Verurteilung des Lukullus hinaus beschuldigen sich seine Legionäre:

Im Rock des Räubers
In des Mordbrenners Beutezug
Sind wir gefallen
Die Söhne des Volks [...]
Hätten wir doch
Uns den Verteidigern gesellt!
Ins Nichts mit ihm!

Das Gericht erhielt drei neue Arien zugebilligt, um damit *eine gewisse Disproportioniertheit* im Verhältnis zum Angeklagten auszugleichen.[11] Diese Änderung sandte Brecht Anfang April an Pieck, Grotewohl, Staatssekretär Anton Akkermann, den Chefredakteur des „Neuen Deutschland“, Rudolf Herrnstadt, den Leiter der Abteilung Kultur im ZK, Hans Lauter, und den Leiter des Amtes für Literatur, Kurt Bork.

Unter dem Titel „Die Verurteilung des Lukullus“ kam die Oper dann am 12. Oktober 1951 zur Aufführung in der Deutschen Staatsoper.

Wilhelm Girnus arbeitete in seiner Kritik im „Neuen Deutschland“ die Aktualität der historischen Parabel heraus: „Brecht sagt Lukullus, aber er meint die Hitler, Rommel, Manstein, Halder, Guderian, Frießner, Eisenhower, MacArthur und Ridgway. Ihnen spricht er in dem Bühnenwerk aus dem Munde des Volkes das Verdammungsurteil.“ Er sah in der neuen Fassung „einen erheblichen Fortschritt gegenüber der ursprünglichen Gestalt“, fand aber die Oper immer noch ohne „eigentliche dramatische Spannung“ und „in der gefährlichen Nähe des Symbolismus“. Dessau empfahl er, „die von ihm selbst künstlich gezogenen Grenzen seiner musikalischen Theorie“ zu durchbrechen, „wenn er zu einer wirksamen volkstümlichen Form in der Musik vordringen will“.[112]

Als Dessau im Januar 1951 vor dem Unternehmen gezögert

hatte, weil er *angriffe auf die form* befürchtete, hatte ihm Brecht Mut gemacht: *außerdem muß man die kritik nie fürchten; man wird ihr begegnen oder sie verwerten, das ist alles.*[113]
Die inhaltliche Kritik hatte Brecht mit den Veränderungen beachtet. Im „Versuche"-Heft 11, das 1951 bei Suhrkamp erschien, waren die Veränderungen als Anhang zum „Verhör des Lukullus" abgedruckt.

Daß Brecht gewillt war, mit seinen Mitteln den Kampf gegen die zunehmende Reaktion in Westdeutschland fortzuführen, bewies er mit dem Text für die Kantate „Herrnburger Bericht", für die III. Weltfestspiele der Jugend und Studenten geschrieben, die in der ersten Augusthälfte 1951 in der Hauptstadt der DDR stattfanden. Brecht bezog sich auf die versuchte Zwangsregistrierung von einigen tausend westdeutschen Teilnehmern am Deutschlandtreffen der Freien Deutschen Jugend Pfingsten 1950 an der Grenze bei Herrnburg durch die schleswig-holsteinische Polizei. Brecht kam mit dieser Kantate besonders dem Drängen von Gerhart und Hanns Eisler nach, einen aktuellen, politischen Text zu schreiben. Der „Herrnburger Bericht" umfaßt zehn Gedichte, die durch Dokumentarmaterial über den „Herrnburger Kessel" und einen Dokumentarfilm über das Deutschlandtreffen verbunden wurden. Die Aufführung ließ Brecht in einfachen, agitpropmäßigen Formen vornehmen.
Zu den Liedern gehörten auch die „Bitten der Kinder", eines der schönsten Kinderlieder, die Brecht geschrieben hat. Die Komposition schuf Paul Dessau. „Der Herrnburger Bericht" wurde von Egon Monk inszeniert. Die Uraufführung fand am 5. August 1951 im Deutschen Theater Berlin statt. Das Bühnenbild schuf Caspar Neher, Dirigent war Hans Sandig. Obwohl das „Neue Deutschland" fand, der „Herrnburger Bericht" sei „ein bemerkenswerter Fortschritt im Schaffen von Brecht und Dessau", konnte auch dieses in einfachen Melodien und Instrumenten gehaltene Chorwerk, über das die bürgerliche Kritik mit beißendem Hohn herfiel, erst nach Interventionen Brechts bei Wilhelm Pieck durchgesetzt werden.
Mit einer unverkennbaren Verbitterung vermerkte Brecht danach: *die literatur muß wiederum ohne nationalen widerhall*

auskommen, und sie bekommt den der arbeiterklasse nur mit abscheulichen nebengeräuschen.[114] Nach einer Diskussion mit Studenten der Arbeiter-und-Bauern-Fakultät vermerkte er um diese Zeit: *auch künstlerische werke werden nicht eigentlich studiert, besonders das künstlerische an ihnen wird links liegengelassen.* Er bewertete aber diese Zurückgebliebenheit historisch: *und doch sind dies kinderkrankheiten, nichts schlimmeres.*[115]

Nachdem Ministerpräsident Grotewohl am 15. September 1951 seine Regierungserklärung „Über die Einberufung einer gesamtdeutschen Beratung zur Durchführung gesamtdeutscher freier Wahlen für eine Nationalversammlung zur Schaffung eines einheitlichen, demokratischen, friedliebenden Deutschlands und den Abschluß eines Friedensvertrages" abgegeben hatte, griff Brecht auch unmittelbar politisch in die Entwicklung ein. Am 26. September 1951, einen Tag, bevor Adenauer die Vorschläge Grotewohls ablehnte, die Angliederung der DDR an die Bundesrepublik verlangte und die „Integration Europas" forderte, richtete Brecht einen „Offenen Brief an die deutschen Künstler und Schriftsteller". Er warnte dringend vor der Wiederaufrüstung: *Wenn wir zum Krieg rüsten, werden wir Krieg haben. Werden Deutsche auf Deutsche schießen? Die Antwort: Wenn sie nicht miteinander sprechen, werden sie aufeinander schießen.*[116]
Er forderte die westdeutschen Künstler auf, ihre Volksvertretungen zu ersuchen, für die *völlige Freiheit* des Buches, des Theaters, der Bildenden Kunst, der Musik, des Films *mit einer Einschränkung* einzutreten: *Keine Freiheit für Schriften und Kunstwerke, welche den Krieg verherrlichen oder als unvermeidbar hinstellen, und für solche, welchen den Völkerhaß fördern.* Er schloß mit der Warnung: *Das große Carthago führte drei Kriege. Es war noch mächtig nach dem ersten, noch bewohnbar nach dem zweiten. Es war nicht mehr auffindbar nach dem dritten.*[117] Dieser Appell trug wesentlich zur politischen Selbstverständigung der Künstler in der BRD bei. Er sollte über den aktuellen Anlaß hinaus als Magna Charta der Kunst in der Periode der friedlichen Koexistenz von Bedeutung bleiben.

Wie sehr Brecht die neue gesellschaftliche Wirklichkeit des Teils Deutschlands, in dem er lebte, als künstlerischer Gegen-

Wilhelm Pieck verleiht am 7. Oktober 1951 den Nationalpreis Erster Klasse an Bertolt Brecht

stand beschäftigte, zeigte sich auch in den Überlegungen, die er im Sommer 1951 während des Urlaubs in Ahrenshoop anstellte. Sie galten den von Käthe Rülicke aufgeschriebenen Erzählungen des Berliner Ofenbauers Hans Garbe, besonders über den Umbau eines Ringofens bei Siemens-Plania im Jahre 1949, den Garbe gegen den Unglauben wie Unwillen seiner Kollegen vornahm, ohne daß es zu einem Produktionsausfall kam. Garbe sparte damit eine halbe Million Mark ein und eröffnete mit der Gründung einer Brigade gleichzeitig den sozialistischen Wettbewerb in diesem Betrieb. Brecht empfand diese Tat als eine neue, eben sozialistische Heldentat, unternommen von dem Vertreter einer Klasse, die *vom objekt der geschichte zu ihrem subjekt wird.* Um der historischen Tat eine große Form zu geben, schwebte ihm *ein fragment in großen, rohen blöcken*[118] vor, wie er es im „Fatzer"-Fragment vorgeformt fand. Das Stück, das schließlich den Titel „Büsching" erhielt, sollte freilich über Szenenentwürfe und Bruchstücke nicht hinausgelangen. Erst Heiner Müller sollte in Nachfolge Brechts mit „Der Lohndrücker" Stoff und Thema in eine lehrstückhafte Form bringen.

Am 7. Oktober 1951 erhielt Brecht für sein Gesamtwerk aus den Händen von Präsident Pieck den Nationalpreis 1. Klasse. Die Begründung hatte Erich Engel schon 1949 gegeben: „Ich halte Brecht für die stärkste dichterische Begabung, die Deutschland heute überhaupt aufzuweisen hat [...] Brecht ist meiner Meinung nach bisher der einzige progressive Autor, der Fortschrittlichkeit der Haltung und Wahrung des poetischen Gehaltes glücklich vereint. Seine Preiswürdigkeit steht für mich außer Frage. Ich gehe soweit zu sagen: Wenn nicht Brecht, wer dann sonst?"[119]

An der Theaterarbeit des Berliner Ensembles beteiligte sich Brecht in diesem Jahr mit der Herstellung eines einheitlichen Stückes aus „Biberpelz" und „Roter Hahn" von Gerhart Hauptmann.
Über die Methode der Bearbeitung teilte er Viertel, der als Regisseur vorgesehen war, mit: *Wir beschlossen, Hauptmann voll zu vertrauen, was seine Kunst der Beobachtung anbelangt (das heißt wir erforschten den Sinn jedes kleinsten Details und bewahrten es, wenn irgend möglich), weniger zu vertrauen aber seiner Kenntnis des historisch Wesentlichen.*[120]
Brecht und seine Mitarbeiter Böttcher, Hubalek, Kahler, Monk, Palitzsch und Skupin brachten in der Figur des Arbeiters Rauert (an Stelle des pensionierten Wachtmeisters Rauchhaupt bei Hauptmann) die Arbeiterbewegung in Sicht

und relativierten die Gültigkeit des freisinnigen Liberalismus, vertreten durch Dr. Fleischer, entsprechend den historischen Erfahrungen. Durch die Einbeziehung der Fabel des „Roten Hahns" in die Geschichte des „Biberpelzes" wurde *das dicke Ende des individualistisch geführten Existenzkampfes der Wolffen*[121] deutlich gemacht.
Regisseur der Aufführung, die am 24. März 1951 in den Kammerspielen Premiere hatte, war Egon Monk. Die Giehse gestaltete den Umschlag der Beliebtheit der Wolffen in die

Vorderseite des Schutzumschlags zu „Theaterarbeit", Henschelverlag 1961

Probenfoto zur Aufführung „Biberpelz und Roter Hahn“ von Gerhart Hauptmann am Berliner Ensemble, Regie: Egon Monk, Bühnenbild: Heinz Pfeiffenberger, Premiere: 24. März 1951

Unbeliebtheit der Fielitz, indem *sie die Brandstifterin Mitleid mit sich selbst empfinden läßt. Das „Ma langt ... Ma langt nach was!“ der Sterbenden klingt hohl.*[122] Mit der Aufführung dieser Hauptmann-Stücke wurde am Berliner Ensemble Tradition für die Aneignung der Werke des kritischen Realismus gestiftet.

Nach der Neueinstudierung der „Courage“ im Juni 1951 hoben Brecht und seine Mitarbeiter die Erfahrungen auf, die das Berliner Ensemble bei seinen bisherigen sechs Inszenierungen gemacht hatte. Die Redaktion des Sammelbandes „Theaterarbeit“, der 1952 im Dresdner Verlag erschien, besorgten Berlau, Brecht, Hubalek, Palitzsch und Rülicke. Sie

Vorderseite des Schutzumschlags von John Heartfield zu „Hundert Gedichte“ von Bertolt Brecht, Aufbau-Verlag, Berlin 1951

schufen ein Musterbeispiel beschreibender, vergleichender, analytischer und praktischer Theaterdokumentation. Zum ersten Mal nach dem Krieg gab es ebenso sinnliche wie sinnige Beschreibungen und Bebilderungen der Arbeit der Schauspieler, wurden Methoden und Phasen der Regiearbeit dargelegt, kamen Fabeln zur Interpretation, wurden Szenen einsichtig gemacht, kam die Arbeit von Bühnenbildnern, Musikern, Masken- und Kostümbildnern zur Darstellung und wurde die Arbeit mit Inszenierungsmodellen erläutert. „Theaterarbeit" ist ein bisher nicht überholtes Standardwerk geblieben.
Nach fast einem Vierteljahrhundert erschien 1951 auch wieder ein Gedichtband von Brecht in Berlin: die Sammlung „Hundert Gedichte", zusammengestellt von Wieland Herzfelde, mit dem Theewurzellöwen als Zeichen, der nach Herzfelde in China als Glückstier betrachtet wird; ihm widmete Brecht das Gedicht „Auf einen chinesischen Theewurzellöwen":

Die Schlechten fürchten deine Klaue.
Die Guten freuen sich deiner Grazie.
Derlei
Hörte ich gern
Von meinem Vers.[123]

Lebhaften Anteil nahm Brecht am Wiederaufbau Berlins, nachdem am 22. Dezember 1951 im Neuen Stadthaus von Berlin das Nationale Aufbauwerk, proklamiert worden war. Zentrum des Wiederaufbaus wurde die im Kriege fast völlig zerstörte Frankfurter Allee, die nun unter der Leitung des Architekten Hermann Henselmann, der mit Brecht befreundet war, in die Stalinallee umgewandelt wurde. Am Hochhaus an der Weberwiese wurde als Sinnspruch die erste Strophe von Brechts „Friedenslied" angebracht:

Friede in unserem Lande!
Friede in unserer Stadt.
Daß sie den gut behause
Der sie gebauet hat.[124]

Vom Interesse an der Architektur zur bildenden Kunst war es nicht weit, der Grund kaum weniger triftig, ging es dabei doch um Weite und Vielfalt des Realismus auch in der Malerei und Bildhauerei. Anlaß bot die Ausstellung von Werken Ernst Barlachs in der Akademie der Künste vom Dezember 1951 bis Februar 1952. Brecht fand, sie *wurde in der TÄGLICHEN RUNDSCHAU und im NEUEN DEUTSCHLAND heftig angegriffen, so daß die wenigen verbliebenen künstler in lethargie geworfen wurden.* Er machte sich Notizen dazu, *die werte und das exemplarische des werks konkret ins licht zu setzen gegen eine völlig abstrakte vernichtung mit gesellschaftskritischen waffen*[125].

Brecht erklärte in den im Ersten Heft von „Sinn und Form" 1952 veröffentlichten Notizen, er halte Barlach *für einen der größten Bildhauer, die wir Deutschen gehabt haben.* Er gab an, daß ihm die religiösen Plastiken wenig besagen. *Aber in seinen für mich schönsten Plastiken läßt er die menschliche Substanz, das gesellschaftliche Potential, herrlich über Entrechtung und Erniedrigung triumphieren, und das zeigt seine Größe.*

Brecht beschrieb und deutete die Plastiken „Bettlerin mit Schale", den „Melonenschneider", „Drei singende Frauen" und den „Singenden Mann". Vom „Engel des Güstrower Doms" (1927) fühlte er sich *überwältigt: Er hat das Gesicht der unvergeßlichen Käthe Kollwitz.* Beim Anblick von „Der Blinde und der Lahme" dachte er *an die Gewerkschaften [...], die 1919 die sozialdemokratische Partei schleppten.* Die „Tanzende Alte" lobte er wegen ihres Humors, die „Kußgruppen I und II" bewertete er als *eine wohltuende Abkehr von den niedlichen geschlechtslosen Amor- und Psyche-Gruppen in den guten Stuben der Kleinbürger.*

Zur „Sitzenden Alten" assoziierte er: *Ich kann mir einen Arbeiter vorstellen, der die Alte Barlachs mit dem Ellbogen anstößt: Herrsche! Du hast alles, was dazu gehört.* Die abgemagerte, in einen Schal gehüllte junge Frau, die für Barlach „Das schlimme Jahr 1937" ausdrückte, konnte sich Brecht *gut als Aktivistin von 1951 vorstellen.* Die Plastik bedeutete für ihn *eine leidenschaftliche Ablehnung des Naziregimes, des Goebbels-Optimismus.* Bei der Deutung der „Lachenden Alten" bezog er sich darauf: *Es heißt, Barlach habe seine „Lachende Alte" gemacht, als er hörte, daß viele seiner aus den Museen als „entartet" entfernten Plastiken in die Schweiz verkauft wurden, Devisen für die Herstellung von Kanonen zu angeln. Es ist interessant, wie die historische Sicht den Genuß an sol-*

chen Werken vertieft. Aus den Plastiken leitete er *das Merkmal des Realismus* ab: *Sie haben viel Wesentliches und nichts Überflüssiges.*
Gegen die geübte Kritik an Barlach führte er an: *Eine abstrakte Kritik führt nicht zu einer realistischen Kunst.*[126]

Seit Mai 1951 waren Brecht und seine jungen Mitarbeiter auch an der Übersetzung und Neufassung des „Coriolan" von Shakespeare, *wohl der einzige halbwegs aktuale shakespeare, den wir halbwegs besetzen können,* wie Brecht notierte. Die Tendenz der Bearbeitung war vorgegeben durch die Überlegung: *die tragödie des einzelnen mannes interessiert uns natürlich weit weniger als die des gemeinwesens, veranlaßt durch den einzelnen mann.* Um so nahe wie möglich an Shakespeare zu bleiben, schien es Brecht am besten, *aus dem verletzten stolz des coriolan eine nicht allzu shakespeareferne andere bedeutende haltung zu machen, nämlich den glauben des coriolan an seine unersetzlichkeit. sie ist es, die ihn zugrunde richtet und das gemeinwesen eines wertvollen mannes beraubt.*[127]
Im November und Dezember 1951 wurde die Übersetzung zügig vorangebracht. Dennoch blieb die Arbeit schließlich wieder liegen. Der Grund war ein ideologischer: Es mußte während der Hochblüte des Personenkults in manchen Bruderparteien wenig aussichtsreich erscheinen, „Coriolan" gerade unter dem Gesichtspunkt der fatalen Folgen des Glaubens eines großen Mannes an seine Unersetzlichkeit zu lesen. Die Fortsetzung der Bemühung um eine Spielfassung dieser Shakespeare-Tragödie in den folgenden Jahren sollte diese Problematik verdeutlichen.
Dem Flug und Wind der Jahre entsprach da ungleich mehr die Inszenierung des „Glockenspiels des Kreml" von Nikolai Pogodin durch das Berliner Ensemble. Brecht arbeitete an ihr nicht unmittelbar mit. Regie führte Ernst Busch. Das Stück machte mit dem sozialistischen Realismus in der Sowjetdramatik bekannt. Es stellte an die Schauspieler insofern neuartige Anforderungen, als sie historische Persönlichkeiten darzustellen hatten, die auf vielfältige Weise sinnlich dokumentiert waren, wie etwa Lenin, den Willi Kleinoschegg darstellte, oder Dsershynski, den Peter Kalisch spielte. Schließlich war auch Josef Stalin darzustellen, der zu den noch leben-

den historischen Persönlichkeiten der Oktoberrevolution gehörte, die in Pogodins Stück gestaltet wird. Es war Ernst Kahler, der diese Figur darzustellen hatte. Das Bühnenbild schufen die Brüder John Heartfield und Wieland Herzfelde.
Herzfelde war damals wie andere Freunde Brechts, so Jacob Walcher, die in der westlichen Emigration gewesen waren, aus der SED ausgeschlossen worden. Auch Busch und Langhoff wurden von den Überprüfungen betroffen. Brecht konnte diese Maßnahmen sowenig billigen wie die im Zusammenhang mit den Moskauer Prozessen der dreißiger Jahre gegen seine damaligen Freunde getroffenen, da er von der politischen Integrität dieser Persönlichkeiten überzeugt war. Er sah aber gleichzeitig, daß es die Führung der SED in der DDR zu keinen so folgenschweren Prozessen wie denen gegen die kommunistischen Funktionäre Slánsky in der Tschechoslowakei oder Rayk in Ungarn kommen ließ. Seine grundsätzliche Haltung zur DDR als dem deutschen Staat, in dem Arbeiter und Bauern ohne Ausbeuter auszukommen versuchten und sich „gegen eine Welt von Feinden" zu behaupten wußten, wurde durch diese Maßnahmen, die später samt und sonders zurückgenommen wurden, nicht erschüttert, sowenig ihn die Moskauer Prozesse von der grundsätzlichen historischen Bedeutung der Sowjetunion hatten absehen lassen können. Er unterstützte im Juni 1951 die Volksbefragung gegen die Remilitarisierung und für den Friedensvertrag. „Das Bild Deutschlands nach allgemeinen Wahlen", die von der Volkskammer der DDR vorgeschlagen wurden, faßte er in die Überzeugung, *daß Wahlen in beiden Teilen Deutschlands Mehrheiten für den Teil ergäben, wo sie stattfinden*[128].
Und als Wolfgang Weyrauch im November 1952 in der westdeutschen Zeitschrift „Die Literatur" unter Bezugnahme auf Brechts „Offenen Brief" vom September 1951 gegen Brecht, Becher und andere polemisierte, weil sie für die Verteidigung der DDR eintraten, antwortete Brecht lapidar: *Ich habe meine Meinungen nicht, weil ich hier bin, sondern ich bin hier, weil ich meine Meinungen habe.*[129] Schauspieler wie alle übrigen, die die Deutsche Demokratische Republik verließen, taten diesen Schritt nach Brechts Überzeugung *aus Dummheit*[130]: Sie hatten nicht begriffen, daß es zum realen Sozialismus keine sinnvolle historische Alternative geben konnte.

Wenn „Das Glockenspiel des Kreml", das am 28. März 1952 Premiere hatte, dazu diente, das Repertoire des Berliner Ensembles mit sozialistisch-realistischen Stücken anzureichern und die Sowjetdramatik ins Programm aufzunehmen, so wurden zwei andere Inszenierungen des Berliner Ensembles im Jahre 1952 der Forderung der SED gerecht, bei der planmäßigen Errichtung der Grundlagen des Sozialismus in der DDR, wie sie die 2. Parteikonferenz der SED im Juli 1952 beschloß, auch das eigene nationale Erbe lebendig zu erhalten. Freilich sollte weder die Inszenierung des „Zerbrochenen Krugs" von Kleist in der Regie von Therese Giehse, die am 23. Januar 1952 Premiere hatte, noch die des „Urfaust" von Goethe in der Regie von Monk, die am 23. April 1952 erfolgte, dem Idealismus Genüge tun, der die Klassikrezeption der deutschen Arbeiterbewegung auch noch in der „Egmont"-Inszenierung durch Wolfgang Langhoff im Jahre 1951 in starkem Maße kennzeichnete.

In der Inszenierung des Kleistschen Lustspiels wurde wiederum die historisch-kritische Sicht unterstrichen. Entsprechend zur „Hofmeister"-Inszenierung wurden die deutsche Untertänigkeit und die doppelte Moral der Justiz der Ausbeutergesellschaft stark herausgestellt. Als Dorfrichter Adam machte Erwin Geschonneck anschaulich, daß er auch begabt war, parasitäre Typen kraftvoll zu zeichnen. Die Mitarbeiter an der Regie wie die Darsteller hatten sich in der Vorbereitung und während der Proben auf intensive Weise mit der ästhetischen Besonderheit der Kleistschen Verssprache beschäftigt, wie Wekwerths Notate ausweisen. Brecht selbst trug zu dieser Selbstverständigung bei.

Die „Urfaust"-Inszenierung zielte naturgemäß viel weniger auf eine Veranschaulichung der „deutschen Misere", die es zu überwinden galt, als vielmehr darauf, eine naive Spielweise zu finden, wie sie dem Fragment in Anlehnung an das Volksbuch vom Doktor Faust entsprach. Brecht drängte die jungen Mitarbeiter, sich aller vorgeprägter Meinungen über das klassische Werk zu entschlagen, und ging dabei selbst voran.

„Brecht hatte die ‚Kunst des Vergessens' zu einer solchen Meisterschaft entwickelt, daß er den ‚Urfaust' ansah wie ein fremdes Stück und ‚Goethinger', – wie er Goethe in sein Bayrisch übersetzte – wie einen neuen Autor. Er lachte, fand die ‚Sache spannend'; und von da an versäumte er keine Probe."[131] Im dänischen Exil hatte Brecht die Fabel des „Faust" stark verkürzend in eine Zusammenstellung von „Komischem" folgendermaßen einbezogen: *Nur mit Hilfe des Teufels gelingt es dem gelehrten Faust, ein deutsches Mädchen zu verführen.*[132] Etwas von dieser Auffassung bestimmte seine Einwirkung auf Konzeption und Realisierung des „Urfaust" durch die jungen Mitarbeiter des Berliner Ensembles mit. Die Hauptabsicht war, den Anteil des alten Volksbuches am „Urfaust" für die theatralische Darstellung nutzbar zu machen:

also erdgeist als quakendes hockendes vieh à la bosch und der teufel als volksteufel mit hörnern und klumpfuß.[133]

Brecht äußerte aber selbst Bedenken: *freilich, so naiv gemacht, mag es ärger verursachen, unsere publikumsschulmeister fühlen sich unterschätzt, wenn man ihnen erlaubt, sich zu amüsieren.*[134] Induktiv vorgehend, fand er schließlich: *wir sind zu naiv vorgegangen, goethe ist nicht naiv, sondern hat den späten genuß am naiven. [...] so muß doch wieder öl in das brunnenwasser gegossen werden.*[135]

Was die Bewertung der Faust-Figur betraf, blieb er freilich bei der kritischen Sicht: *die parasitäre, auf rücksichtslosen genuß gehende liebe faustens wird schärfer gekennzeichnet. der teufelspakt deformiert diese liebe völlig.*[136]

In dieser Konzeption, die kräftige, drastische, jahrmarktmäßige Darstellung (Bühnenbild Hill) mit einer Umbewertung der Hauptfigur verband, ging die Inszenierung mit Johannes Schmidt als Faust, Käthe Reichel als Gretchen und Erich Franz als Bösem Geist als Studio-Aufführung des Berliner Ensembles am 23. April 1952 über die Bühne. Noch mehr als beim „Krug" fand die Kritik im allgemeinen, durch sie werde die deutsche Klassik heruntergemacht. „Neues Deutschland" meinte, daß die jungen Mitarbeiter des Berliner Ensembles „durch methodische Prinzipien in eine falsche Richtung geführt werden, die Bertolt Brecht als künstlerischer Leiter des Berliner Ensembles bei der Bearbeitung von Klassikern anwendet". Monk habe sich an die Vorbilder von „Hofmeister" und „Zerbrochener Krug" gehalten: „Auch diese sind fatalistisch-pessimistische Zustandsschilderungen, bei denen es nur einen ‚Helden' gibt: die deutsche Misere."

Unmittelbar an Brecht gewandt, hieß es in der Kritik: „Bertolt Brecht würde die großen künstlerischen Potenzen und Ziele seines Lebenswerkes zerstören, wenn er den Weg der Negierung des nationalen kulturellen Erbes weiter beschritte."[137] Als „Kollegen vom technischen Stab" so wie das „Neue Deutschland" besonders die Szene in Auerbachs Keller und die Schülerszene wegen ihrer Drastik anstößig fanden, erläuterte Brecht diese Szenen als die „Rüpelszenen" Goethes in der Art von Shakespeare und befand insgesamt: *Der wahre Respekt vor den klassischen Werken muß aber der Größe ihrer Ideen und der Schönheit ihrer Formen gelten, und er wird auf dem Theater dadurch gezollt, daß die Werke produktiv, phantasievoll und lebendig aufgeführt werden.*[138]

In seinem Essay „Einschüchterung durch die Klassizität" verallgemeinerte er seine grundsätzliche Einstellung zur Klassik noch deutlicher: Er sah die lebendige Aneignung der klassischen Werke durch *die Denk- und Fühlfaulheit der Routiniers* gefährdet. Er verwarf sowohl die formalistische als auch die traditionsgebundene „Erneuerung". Als dialektisches Herangehen schlug er vor: *Wir müssen den ursprünglichen Ideengehalt des Werks herausbringen und seine nationale und damit seine internationale Bedeutung fassen und zu diesem Zwecke die geschichtliche Situation zur Entstehungszeit des Werks, sowie die Stellungnahme und besondere Eigenart des klassischen Autors studieren.* Er verwarf das *falsche Pathos, die Idealisierung, das Reißerische* und *das Salbungsvolle,* kurz *falsche Größe, Verfälschung und Entleerung,* und kam zur Folgerung: *Wenn wir uns einschüchtern lassen durch eine falsche, oberflächliche, dekadente, spießige Auffassung von der Klassizität, werden wir niemals zu lebendigen, menschlichen Darstellungen der großen Werke kommen. Der echte Respekt, den diese Werke verlangen können, fordert es, daß wir den scheinheiligen, lippedienerischen, falschen Respekt entlarven.*[139]

Dieser Essay wurde zwar erst 1954 formuliert, verweist aber eindeutig auf die „Urfaust"-Inszenierung des Jahres 1952.

Da Brecht das klassische Erbe nicht auf die eigene Nation begrenzt zu sehen vermochte, nahm er 1951/52 auch lebhaften Anteil an der Übersetzung und Einrichtung von Molières „Don Juan" durch Benno Besson und Elisabeth Hauptmann. Auch hier ließ er entschieden die parasitären Züge des entmachteten Adeligen herausarbeiten. Die Uraufführung fand am 25. Mai 1952 am Volkstheater Rostock in der Regie von

Brecht-Karikatur von Herbert Sandberg

Benno Besson mit Joseph Noerden vom Berliner Ensemble in der Titelrolle und Norbert Christian als Sganarelle statt. Bei der nachfolgenden Inszenierung im Berliner Ensemble, die am 16. November 1953 Premiere hatte, führte ebenfalls Besson Regie, Hainer Hill schuf wie in Rostock das Bühnenbild. Erwin Geschonneck stellte Don Juan als *sexuelle Großmacht* dar, hinter dessen *parasitärer Lebensfreude*[140] nicht einmal ein kämpferischer Atheismus steht.

Die Inszenierung wurde benutzt, um damit am 19. März 1954 den Einzug des Berliner Ensembles in das Theater am

Schiffbauerdamm zu begehen, der sich wegen schleppenden Wiederaufbaus der Volksbühne um zwei Jahre verzögert hatte. Während Brecht damit endgültig in sein „Stammtheater“ zurückkehrte, siedelte das Ensemble von Fritz Wisten in die Volksbühne über. Für die Eröffnungsvorstellung im neuen alten Haus schrieb Brecht für das Programmheft einen eigenen Beitrag: „Bessons Inszenierung des ‚Don Juan‘ beim Berliner Ensemble.“ Darin führte er programmatisch aus: *Die alten Werke haben ihre eigenen Werte, ihre eigene Differenziertheit, ihre eigene Skala von Schönheiten und Wahrheiten. Sie gilt es zu entdecken.*

Besson habe *die sozialkritische Aussage des Stückes* wiederhergestellt: *Der Glanz des Parasiten interessiert uns weniger als das Parasitäre seines Glanzes.*

Von Bedeutung für die deutsche Bühne fand Brecht, *daß Besson sehr glücklich die unschätzbare Tradition der französischen Bühne zu benutzen wußte,* um das Publikum *den weiten universalen Rang der Molièreschen Komik* gewahren zu lassen, *jene kühne Mischung der feinsten Kammermusikkomik mit der größten Farce und dazwischen jene kleinen köstlich ernsten Passagen, die ohnegleichen sind*[141]. Neben seinen grundsätzlichen Ansichten über die Art, wie mit alten Werken umzugehen sei, stellte dieser Artikel ein Hommage des Meisters an seinen Schüler dar, um so bedeutsamer, als damit die eigentliche Selbständigkeit des Berliner Ensembles begründet wurde.

1951/52 ermutigte Brecht Hanns Eisler, den „Faust“-Stoff auf selbständige Weise anzueignen, obwohl er nicht umhinkam, Eisler gleichzeitig zu warnen: *An diesem Faust hat sich schon der Goethe vergriffen, bedenk, Hanns, man verzeiht es dir nicht.*[142] Eisler zeigte in seiner Oper „Johann Faustus“ Faustus als Bauernsohn, der im Bauernkrieg auf die Seite der Herren übergeht und sich dem Teufel verschreibt, um als „freie Persönlichkeit“ es zu Macht, Reichtum und Ruhm zu bringen. Faustus bleibt aber ein Renegat mit schlechtem Gewissen, das ihn schließlich zur großen „Confessio“ treibt:

> „Der eignen Kraft mißtrauend,
> Hab den Herren ich die Hand gegeben.
> Gesunken bin ich tiefer als tief,
> Verspielt hab ich mein Leben.“[143]

Brecht und Hanns Eisler

Eisler ließ seinen Faustus nach „Atlanta" gelangen, das er als eine Ausbeuterordnung kennzeichnet, und zeigte die Wirkung des „Atlantischen Goldes" in Deutschland. Faustus als Renegat zielte auf die Intellektuellen, die sich an den Imperialismus verkauften und in das Lager der westdeutschen Bourgeoisie überliefen. In der Gestaltung machte Eisler erfrischenden Gebrauch von seiner Kenntnis des altösterreichischen Volkstheaters; in den Figuren des Hanswursten und seiner Grete schuf er plebejische Gegenpositionen, woran Brecht Gefallen fand. Das Libretto gestattete auch den Einsatz von Ballett und Pantomime.
Als das Textbuch 1952 im Aufbau-Verlag erschien, belebte es die Diskussion über den Umgang mit dem klassischen Erbe bis zur Erhitzung. Für die Umfunktionierung Fausts in einen intellektuellen Renegaten sprach sich Ernst Fischer, damals noch „orthodoxer" Kommunist, aus, dagegen besonders Alexander Abusch in seinem im Mai 1953 veröffentlichten Artikel „Faust – Held oder Renegat in der deutschen Nationalliteratur?"[144].
Brecht entwarf für die „Mittwoch-Gesellschaft" der Akademie der Künste „Thesen zur Faustus-Diskussion". Er fand, daß Eislers Werk *weder asozial noch antinational* sei. Er stimmte mit der die Diskussion bestimmenden Auffassung

überein: *Eine Konzeption, der die deutsche Geschichte nichts als Misere ist und in der das Volk als schöpferische Potenz fehlt, ist nicht wahr.* Auch dürfe der Goethesche „Faust“ nicht preisgegeben werden. Er grenzte sich von der Interpretation Fischers ab, wonach der deutsche Humanist ein Renegat gewesen sei, und wies darauf hin: *In Faustus lebt die Wahrheit, gewonnen in der Bauernrevolution, weiter bis zu seinem Ende, untilgbar von ihm selber, ihn zur Strecke bringend am Ende. Seine Selbstverwerfung macht ihn natürlich nicht zum Vorbild – der Teufel soll ihn holen! –, aber sie lohnt seine Darstellung.*
Für die Vertiefung dessen, worum es Eisler ging, hielt er es aber für zweckmäßig, daß die Bauern *als Gegenspieler groß gestaltet* werden sollten. Insgesamt fand er: *Es sollte nicht abgelehnt werden, daß eine große Figur der Literatur neu und in einem anderen Geist behandelt wird.*[145]
Brecht sorgte dafür, daß diese „Thesen“ noch 1953 in „Sinn und Form“ veröffentlicht wurden. Als er im Oktober 1953 in Wien „Die Mutter“ an der Scala inszenierte, die von Wekwerth vorbereitet worden war, redete er Eisler, der von der Diskussion über seine Oper entmutigt und in seiner Schaffenskraft gelähmt war, zu, die Oper doch zu komponieren, und versprach ihm die Aufführung am Berliner Ensemble.[146]
Die „Thesen zur Faustus-Diskussion“ ließen erkennen, daß Brecht ein ausgewogenes Verhältnis zur Klassik gewonnen hatte. Für die Folgezeit sollte kennzeichnend werden, daß er sein Werk gerade durch die Berufung auf klassische Vorbilder zu legitimieren trachtete. Seine Neigung galt jedoch, wie er es in den Notaten zur „Hofmeister“-Inszenierung belegte, mehr den *Anfängen der Klassik, wo sie noch realistisch und zugleich poetisch ist*[147]. Mit der gleichen Intensität sich eines Werkes von Goethe oder Schiller aus ihrer Hoch-Zeit anzunehmen, wie er es mit „Coriolan“ von Shakespeare tat, fand Brecht nie Zeit noch Lust.

Wenn er mit Besson das Hörspiel „Der Prozeß der Jeanne d‘Arc zu Rouen“ von Anna Seghers bearbeitete, so ging es ihm auch hier um eine Korrektur des herkömmlichen Johanna-Bildes. Jeanne scheitert, *weil sie nicht an das Volk geglaubt hatte* bis zum Schluß.[148] Auch hier ging es Brecht um aktuale politische Bezüge: Jeanne wurde als Patriotin aufgefaßt, die sich gegen die Kollaboration von Besatzungsmacht und einheimischer Reaktion wendet. Unter der künstlerischen Anleitung von Brecht brachte Besson die Historie am 23. November 1952 in den Kammerspielen des Deutschen Theaters zur Uraufführung. Käthe Reichel arbeitete hervorragend den plebejischen, bäuerlichen, letztlich ununterdrückbaren Charakter der Heldin heraus.

Auch die kurz vor dieser Aufführung erfolgte Neueinstudierung der „Gewehre der Frau Carrar" (Premiere am 15. November 1952) in der Regie von Monk und mit Helene Weigel in der Hauptrolle hatte eine solche politisch-mobilisierende Funktion. Sie fiel zusammen mit der Bildung der Kasernierten Volkspolizei in der DDR, die notwendig geworden war, nachdem Adenauer mit allen Mitteln die Wiederaufrüstung der Bundesrepublik anstrebte. Die Aufführung der „Carrar" schärfte das Bewußtsein, daß es gegen die Reaktion nur den energischen Schutz der Errungenschaften der neuen Gesellschaftsordnung geben konnte.

Die Hauptaufgabe für die Schaffung eines wirklichkeitsnahen, gesellschaftlich aktivierenden Spielplans mußte Brecht zu dieser Zeit jedoch zu Recht in der Förderung und Aufführung neuer, sozialistischer Stücke sehen. Im Mai 1952 beschloß die Autoren- und Dramaturgentagung der DDR, einen Dramatikerwettbewerb auszuschreiben. Brecht gehörte dem Gremium der Leitung des Wettbewerbs an und erklärte sich bereit, zwei Stipendiaten zu betreuen. Bei dieser Gelegenheit wurde er mit dem Stück „Katzgraben" von Erwin Strittmatter bekannt, das vom Theater in Potsdam abgelehnt worden war. Er fand das Stück besonders deshalb bemerkenswert, weil es sich auf unmittelbare Probleme des Klassenkampfes auf dem Dorfe bezog. Strittmatter hatte die Umwandlung der Produktions- und Lebensweise im Dorf Eichwege, Kreis Spremberg in der Lausitz, vor Augen. Mit der Problematik war Brecht auch aus Unterlagen des damaligen Ministers für Staatskontrolle Fritz Lange vertraut, der Brecht auf dringende Bitte von Helene Weigel markante Beispiele sozialistischer Aktivitäten, aber auch gegnerischer Wühl- und Zersetzungstätigkeit zur Verfügung gestellt und sie Brecht in mehreren Gesprächen erläutert hatte.

Die 2. Parteikonferenz der SED, die im Juli 1952 die planmäßige Errichtung der Grundlagen des Sozialismus in der

DDR beschloß, gab die Orientierung, auf dem Lande bäuerliche Produktionsgenossenschaften zu bilden. Bis Ende 1952 wurden gegen den Widerstand der meisten Großbauern und unter ständiger Einflußnahme durch die Massenmedien Westberlins und der BRD über 1900 landwirtschaftliche Produktionsgenossenschaften gegründet. Dabei hatten Arbeiterfunktionäre, die von der SED aufs Land geschickt wurden, einen entscheidenden Anteil. Die 2. Parteikonferenz hatte auch nochmals die Notwendigkeit für die Künstler betont, sich frei zu machen „von Formalismus und anderen Kunstrichtungen der kapitalistischen Dekadenz", um „Kunstwerke im Geiste des sozialistischen Realismus" zu schaffen, gab aber eine neue Orientierung: „Im Mittelpunkt des Kunstschaffens muß der neue Mensch stehen, der Kämpfer für ein einheitliches, demokratisches Deutschland, der Aktivist, der Held des sozialistischen Aufbaus."[149]

Strittmatters Stück-Entwurf hatte zu Helden genau die bäuerlichen Kräfte und das Arbeiterelement, die unter den gegebenen historischen Umständen in der Lausitz darangingen, auf dem Land die Grundlagen des Sozialismus zu errichten. Strittmatter sah als das eigentliche Thema seines Stückes an, wie die Bauern der DDR aus einer Reserve der Bourgeoisie immer mehr zu einer „Reserve der Arbeiterklasse" wurden und „die Großmanns" als die letzten Repräsentanten der Ausbeutung entmachteten.

Brecht fand die Fabel des Stückes *in großer Weise gestaltet: Die Gestalten des Stücks sind voller Individualität, mit köstlichen Einzelzügen, liebenswert oder hassenswert, widerspruchsvoll und zugleich eindeutig, Gestalten, die sich den bekannten Gestalten der dramatischen Literatur würdig gesellen.*

Er fand die Sprache des Stücks *außerordentlich plastisch, bilderreich und kräftig, voll von neuen Elementen*[150] und billigte es voll und ganz, daß die Helden wie in klassischen Werken in Jamben sprechen.

Brecht hatte an Strittmatter, dieser an Brecht Gefallen gefunden. Strittmatter mit seiner gewitzten Lebenserfahrung, seinem proletarischen Blick und seinem trockenen Humor war für Brecht gerade der richtige Mann. Mit ihm betrieb er, begleitet von Ensemblemitgliedern, Studien „vor Ort" in der Lausitz. Strittmatter nahm mit Brecht und den Darstellern erst die Überarbeitung des Textes, dann die Einstudierung

Erwin Geschonneck, Friedrich Gnaß, Bella Waldritter, Brecht und Gerhard Bienert auf einer Probe zur Aufführung von „Katzgraben" am Berliner Ensemble 1953

vor. Wenn Strittmatter schließlich von „Gesellenjahren bei Brecht" sprechen sollte, so sammelte Brecht in dieser Zusammenarbeit die Erfahrung, wie „positive Helden" realistisch zu gestalten sind.

Mit Energie ging Brecht 1953 an die Proben. Die Notate, von Rülicke festgehalten, beweisen erneut Brechts Fähigkeit, vom Sinnlichen auszugehen und zu ästhetischen und politi-

schen Verallgemeinerungen fortzuschreiten: *Wir müssen nicht nur schildern, wie die Wirklichkeit ist, sondern wie die Wirklichkeit wirklich ist.*[151]
Zum ersten Mal bekannte sich Brecht uneingeschränkt zur Zielstellung: *Wir müssen uns bemühen, nicht nur Abbilder zu geben, sondern auch Vorbilder.*[152]
Dabei wollte er beachtet sehen: *Es ist die Aufgabe des Theaters, den Helden so vorzustellen, daß er zu bewußter, nicht zu blinder Nachahmung reizt.*[153]
Er selbst fand besonders die *Sprünge in der Entwicklung* der Figuren wie der Geschichte als Ganzes reizvoll.[154] Als Regisseur schuf er in den Arrangements, durch Karl von Appens flächige, aus Fotografien entwickelte Prospekte unterstützt, *solche Bilder, die im Gedächtnis bleiben*[155]. Die Spielweise nahm Rücksicht auf das Vermögen der Schauspieler wie das ästhetische Bewußtsein des Publikums. Bei ausgeprägt verfremdeter Spielweise würde er, so erklärte Brecht, *schneller, unbetonter, nebensächlicher* spielen lassen und *den Vorgängen einen demonstrativen Charakter geben, natürlich ohne ihre Lebendigkeit, Realistik, Vollheit zu beschädigen.* Dazu müßte er aber *die Schauspieler völlig umschulen und würde bei ihnen und beim Publikum einen ziemlich hohen Bewußtseinsstand benötigen, Verständnis für Dialektik und so weiter*[156].
In diesem Zusammenhang erklärte er nochmals, was er unter epischem Theater verstand: *ein philosophisches, wenn man diesen Begriff naiv auffaßt: ich verstehe darunter Interesse am Verhalten und Meinen der Leute.*
Er erläuterte: *Ich wollte auf dem Theater den Satz anwenden, daß es nicht nur darauf ankommt, die Welt zu interpretieren, sondern sie zu verändern. Die Änderungen, die sich aus dieser Absicht ergaben, einer Absicht, die ich selbst erst langsam erkennen mußte, waren, klein oder groß, immer nur Änderungen innerhalb des Theaterspielens, das heißt eine Unmasse von alten Regeln blieb „natürlich" ganz unverändert.*[157]
Auf die Frage, ob „das Publikum auch den Anspruch auf blutvolle, allseitig interessante Menschen von eigenem Wuchs aufgeben muß", die Palitzsch stellte, erwiderte Brecht: *Das Publikum braucht überhaupt keine Ansprüche aufzugeben. Was ich von ihm erwarte, ist nur, daß es neue Ansprüche dazu anmeldet.*[158]
Strittmatter selbst hat lebendige Schilderungen der Probenar-

beit gegeben, wie Brecht mit Witz, einleuchtenden Vergleichen, viel lachend und auf Angebote der Schauspieler wartend vorging: „Wurde gar nichts Passendes angeboten, griff er zur Suggestion und vermittelte den Schauspielern das Gefühl, selber gefunden zu haben, was er ihnen ‚beibrachte' und abverlangte."

Strittmatter fand einen sehr schönen Vergleich: „Wenn ich in den Probenraum kam, schien's mir manchmal, als hockte dort ein Bergarbeiter im Schacht der nach Kristallen sucht, von denen nur er weiß, wo sie liegen."[159]

Die Rolle des Kleinbauern Kleinschmidt spielte erst Friedrich Gnass, später Erich Franz, zwei Schauspieler proletarischer Herkunft. Die Rolle des Parteisekretärs Steinert, in dem Brecht den eigentlichen „positiven Helden" sah, stellte erst Willi Kleinoschegg, dann Raimund Schelcher, ebenfalls ein proletarischer Typ, schließlich Norbert Christian dar. Die Aufführung hatte am 23. Mai 1953 Premiere.

„Katzgraben" war die Probe auf Brechts damals zu einer neuen Stufe der Erkenntnis gebrachte Funktionsbestimmung eines sozialistischen Theaters: *Es ist nicht genug verlangt, wenn man vom Theater nur Erkenntnisse, aufschlußreiche Abbilder der Wirklichkeit verlangt. Unser Theater muß die Lust am Erkennen erregen, den Spaß an der Veränderung der Wirklichkeit organisieren. Unsere Zuschauer müssen nicht nur hören, wie man den gefesselten Prometheus befreit, sondern auch sich in der Lust schulen, ihn zu befreien. Alle die Lüste und Späße der Erfinder und Entdecker, die Triumphgefühle der Befreier müssen von unserem Theater gelehrt werden.*[160]

Zu den größten Genugtuungen Brechts sollte schließlich gehören, daß die Eichweger die Entwässerungsanlage, um die es ging, wirklich bauten, dazu noch ein Kulturhaus mit 1000 Plätzen. Den Brief mit dem Bericht darüber ließ Brecht am Schwarzen Brett des Berliner Ensembles mit seiner und Weigels Unterschrift aushängen.

Der „Katzgraben"-Premiere war die deutsche Erstaufführung des „Guten Menschen von Sezuan" an den Städtischen Bühnen Frankfurt (Main) vorangegangen (Premiere 16. November 1952). Regie führte Harry Buckwitz, Teo Otto schuf das Bühnenbild, Solveig Thomas spielte die Hauptrolle. Brecht hatte an den letzten Proben teilgenommen. Buckwitz

Gartenhaus Brechts in Buckow, 1956

sollte in Frankfurt der unerschütterliche Parteigänger Brechts bleiben, wie Schweikart in München.

Im Sommer 1952 hatten Brecht und Weigel in Buckow am Schermützelsee, etwa eine Autostunde östlich von Berlin, eine Villa mit einem Gärtnerhaus erworben. Die Landschaft der Märkischen Schweiz mochte Brecht an die Ammerseelandschaft und das Landhaus in Utting erinnern, aus dem ihn die Nazis verjagt hatten, aber auch an die Landschaft von Skovsbostrand. Brecht ließ sich das Gärtnerhaus als Arbeitsstätte ausbauen und einrichten, von dem aus er einen schönen Blick über den See und die Hügel hatte. In den folgenden Jahren nahm Brecht jede Gelegenheit wahr, hier zu arbeiten und sich mit Freunden zu treffen. An der Türe seines Hauses brachte Brecht den Anschlag an:
In Erwägung, daß ich nur ein paar Wochen im Jahr für mich arbeiten kann,
in Erwägung, daß ich, arbeitend, auf meine Gesundheit achten muß,
in Erwägung, daß bei dem Schreiben von Stücken und dem Lesen von Kriminalromanen jede menschliche Stimme im Haus

oder vor dem Haus eine willkommene Ausrede für eine Unterbrechung bildet, habe ich beschlossen, mir eine Sphäre der Isolierung zu schaffen, und benutze dazu das Stockwerk mit meinem Arbeitszimmer und den kleinen Platz vor dem Haus, begrenzt durch Gewächshaus und Laube. Ich bitte, diese Regelung nicht als allzu bindend aufzufassen. Prinzipien halten sich am Leben durch ihre Verletzung.[161]

Die Weigel wohnte in der „Eisernen Villa", wo sie ihre Kochkunst wie ihre Gastfreundschaft unter Beweis stellte.

Zu den ersten Gästen gehörte Georg Lukacs. Er war nach wie vor der marxistische Literaturwissenschaftler mit dem größten Einfluß in der DDR. Brecht bot ihm Gelegenheit, vor dem Ensemble über künstlerische Fragen zu sprechen. Am prinzipiellen Unverständnis Lukács' für Brechts Dramatik und Theater sollte diese persönliche Beziehung freilich nichts ändern.

Im Sommer 1952 führte Brecht in Buckow mit Jacob Walcher intensive Gespräche über „Die Rolle Rosa Luxemburgs in der deutschen Arbeiterbewegung nach Ausbruch des ersten Weltkriegs". Walcher hatte mit Luxemburg während des ersten Weltkriegs illegal gearbeitet. Ein Stück über Luxemburg zu schreiben, schwebte Brecht mehrfach in der Emigration vor. Wenn er auch diesen Plan schließlich über einige Skizzen nicht hinausbrachte und ruhen ließ, so aus folgender politischer Überlegung, die er gegenüber dem Verfasser dieser Zeilen um 1952 anstellte: *Ich bin über ein Vorspiel nicht hinausgekommen. Ich habe mich mit anderen besprochen. Wir sind zu der Meinung gelangt, daß eine wahrheitsgetreue Bearbeitung nur den Zwiespalt in der Arbeiterbewegung vertiefen, alte Wunden wieder aufreißen würde. Das war angesichts der Reaktion, angesichts der Notwendigkeit, die eigenen Reihen zu festigen, nicht zu verantworten. Der Kampf zwischen Rosa und Lenin um den besseren Parteitypus, um die Spontaneitätstheorie war doch nicht vergessen. Ich hätte in bestimmter Weise gegen die Partei argumentieren müssen. Aber ich werde doch den Fuß nicht abhacken, nur um zu beweisen, daß ich ein guter Hacker bin.*[162]

Brecht ließ jedoch die Gespräche mit Walcher durch Rülicke protokollieren, um sie als Material zur Verfügung zu haben.

Das Jahr 1952 brachte für das Berliner Ensemble den ersten Erfolg im Ausland. Im November zeigte es in Kraków, Łódź

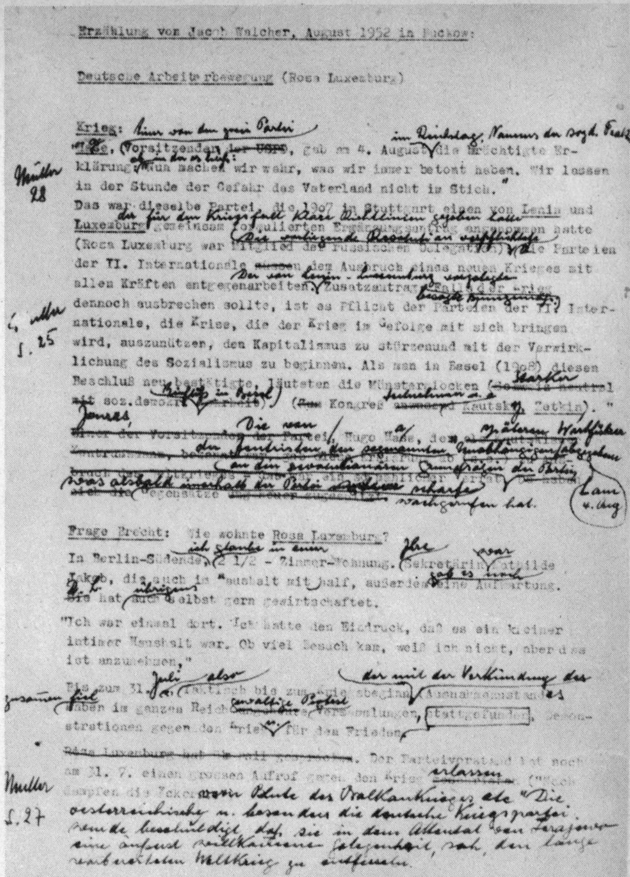
Erzählung von Jacob Walcher, August 1952 in Buckow:

Deutsche Arbeiterbewegung (Rosa Luxemburg)

Krieg: Einer von den zwei Partei- Vorsitzenden, gab am 4. August im Reichstag Namens der sozd. Frakt. die berüchtigte Erklärung: "Nun machen wir wahr, was wir immer betont haben. Wir lassen in der Stunde der Gefahr das Vaterland nicht im Stich."

Müller 28

Das war dieselbe Partei, die 1907 in Stuttgart einen von Lenin und Luxemburg gemeinsam formulierten Ergänzungsantrag angenommen hatte (Rosa Luxemburg war Mitglied der russischen Delegation): Die Parteien der II. Internationale müssen dem Ausbruch eines neuen Krieges mit allen Kräften entgegenarbeiten. Zusatzantrag: Falls der Krieg dennoch ausbrechen sollte, ist es Pflicht der Parteien der II. Internationale, die Krise, die der Krieg im Gefolge mit sich bringen wird, auszunützen, den Kapitalismus zu stürzen und mit der Verwirklichung des Sozialismus zu beginnen. Als man in Basel (1908) diesen Beschluß neu bestätigte, läuteten die Münsterglocken (... mit soz.demokr. ...) (Am Kongreß anwesend Kautsky, Zetkin)."

Müller S. 25

Frage Brecht: Wie wohnte Rosa Luxemburg?

In Berlin-Südende, 2 1/2 - Zimmer-Wohnung. Sekretärin Mathilde Jakob, die auch im Haushalt mit half, außerdem eine Aufwartung. Sie hat auch selbst gern gewirtschaftet.

"Ich war einmal dort. Ich hatte den Eindruck, daß es ein kleiner intimer Haushalt war. Ob viel Besuch kam, weiß ich nicht, aber das ist anzunehmen."

Bis zum 31. Juli also (faktisch bis zum Kriegsbeginn) Ausnahmezustand haben im ganzen Reich gewaltige Protest-Versammlungen stattgefunden, Demonstrationen gegen den Krieg, für den Frieden.

Der Parteivorstand hat noch am 31. 7. einen grossen Aufruf gegen den Krieg erlassen: "Noch dampfen die Äcker vom Blute des Balkankrieges etc." "Die oesterreichische u. besonders die deutsche Kriegspartei werde beschuldigt, daß sie in dem Attentat von Sarajewo eine äußerst willkommene Gelegenheit sah, den lange vorbereiteten Weltkrieg zu entfesseln.

Müller S. 27

Seite aus dem von Käthe Rülicke mitstenografierten Gespräch zwischen Brecht und Jacob Walcher über Rosa Luxemburg und die deutsche Arbeiterbewegung, mit handschriftlichen Korrekturen Walchers, vom August 1952 in Buckow

und Warschau „Mutter Courage", „Die Mutter" und den „Zerbrochenen Krug". Brecht und Weigel hatten im Februar 1952 das Gastspiel vorbereitet, als sie zusammen mit Hans

Marchwitza, Brechts Emigrationskameraden in den USA, durch den Polnischen Schriftstellerverband nach Warschau eingeladen worden waren. Sie trafen dort Léon Schiller, der 1929 die „Dreigroschenoper" inszeniert hatte, Léon Kruczkowski, der mit den „Sonnenbrucks" aus polnischer Sicht den Selbstverständigungsprozeß reflektierte, den Polen und Deutsche nach der Niederschlagung des Faschismus zu vollziehen hatten, und den langjährigen engen Mitarbeiter Albert Einsteins, Professor Leopold Infeld.

Die Kritik des Gastspiels bewies mehr höfliche Achtung denn Verständnis für Brechts Theatertheorie und die Spielweise des Berliner Ensembles. Das Gastspiel sollte jedoch in der Tiefe wirken. Unter den jugendlichen Zuschauern in Łódź befand sich der damalige Student Andrzej Wajda: Die Aufführung der „Mutter" wurde ihm zur Offenbarung eines politisch wie artistisch hochstehenden Theaters.

Mit dem Gastspiel wurde recht eigentlich der Kulturaustausch zwischen der DDR und Volkspolen eröffnet. Auf das Argument eingehend, „Mutter Courage" sei pazifistisch, sah Brecht im Schicksal der kleinen Händlerin jetzt *symbolische bedeutung: das bild deutschlands taucht auf, raubkriege führend, andre und sich selber vernichtend, unbelehrt durch alle katastrophen.*[163]

Blickte Brecht auf sein eigenes Vaterland, so konnte er dem Szenarium des „Courage"-Filmes, das von Emil Burri erarbeitet wurde, als zeitgemäße Klage nur das Gedicht „Deutschland 1952" mitgeben:

> O *Deutschland, wie bist du zerrissen*
> *Und nicht mit dir allein!*
> *In Kält' und Finsternissen*
> *Läßt eins das andre sein.*
> *Und hätt'st so schöne Auen*
> *Und reger Städte viel;*
> *Tät'st du dir selbst vertrauen*
> *Wär alles Kinderspiel.*[164]

Am 10. März 1952 schlug die Sowjetunion den Abschluß eines Friedensvertrages mit Deutschland vor, dem nach einem Jahr der Abzug aller Besatzungstruppen folgen sollte; Deutschland sollte eigene Streitkräfte aufstellen können und sich lediglich aller Koalitionen oder Militärbündnisse enthal-

ten, die sich gegen einen seiner früheren Kriegsgegner richteten. Für die Bildung einer gesamtdeutschen Regierung schlug die Sowjetunion die Abhaltung freier Wahlen in beiden deutschen Staaten vor.
Die Antwort der Westmächte und der Bonner Regierung bestand darin, daß sie am 26. Mai 1952 den sogenannten „Generalvertrag“ unterzeichneten, mit dem ein Vertrag über die „Europäische Verteidigungsgemeinschaft“ inhaltlich verbunden war. Der Preis für die Souveränität der BRD bestand in der Einbeziehung in die amerikanisch beherrschte westliche Wirtschafts- und Militärallianz, die Belohnung in der westdeutschen Remilitarisierung.
Diese gefährliche politische Entwicklung veranlaßte Brecht als Mitglied des Weltfriedensrates, dem „Völkerkongreß für den Frieden“ im Dezember 1952 durch Helene Weigel, die zur gesamtdeutschen Delegation gehörte, eine Botschaft verlesen zu lassen, die von der bestürzenden Tatsache ausging, daß *das Gedächtnis der Menschheit für erduldete Leiden [...] erstaunlich kurz* sei. Fast noch geringer sei *ihre Vorstellungsgabe für kommende Leiden.* Er folgerte: *Diese Abgestumpftheit ist es, die wir zu bekämpfen haben, ihr äußerster Grad ist der Tod.* Er fand, *der Menschheit drohen Kriege, gegen welche die vergangenen wie armselige Versuche sind.*
Mit seinem eigenen Bekenntnis den Friedenskämpfern Mut machend, bekannte er: *Und doch wird nichts mich davon überzeugen, daß es aussichtslos ist, der Vernunft gegen ihre Feinde beizustehen. Laßt uns das tausendmal Gesagte immer wieder sagen, damit es nicht einmal zu wenig gesagt wurde! Laßt uns die Warnungen erneuern, und wenn sie schon wie Asche in unserem Mund sind!*[165]

Daß in diesem Kampf um den Frieden die Sowjetunion die entscheidende Kraft war, blieb Brecht so bewußt, wie er in den dreißiger Jahren in der Sowjetunion die entscheidende Macht gesehen hatte, um den Faschismus zu schlagen.
Wie sehr er Aufbau und Entwicklung der Sowjetunion nach dem Kriege verfolgte und daraus Anregungen gewann, beweist sein Lehrgedicht „Die Erziehung der Hirse“, das er nach dem Bericht von G. Fisch „Der Mann, der das Unmögliche wahrgemacht hat“ im Jahre 1950 schrieb. Das Leitmotiv hatte einen übergreifenden historischen Bezug:

Träume! Goldnes Wenn!
Laß die schöne Flut der Ähren steigen!
Säer, nenn
Was du morgen schaffst, schon heut dein Eigen![166]

In diesem von Paul Dessau als Text für eine Kantate benutzten Gedicht war Stalin als *des Sowjetvolkes großer Ernteleiter*[167] apostrophiert worden. Als Stalin am 5. März 1953 starb, nahm Brecht wie folgt lakonisch Stellung: *Den Unterdrückten von fünf Erdteilen, denen, die sich schon befreit haben, und allen, die für den Weltfrieden kämpfen, muß der Herzschlag gestockt haben, als sie hörten, Stalin ist tot. Er war die Verkörperung ihrer Hoffnung. Aber die geistigen und materiellen Waffen, die er herstellte, sind da, und da ist die Lehre, neue herzustellen.*[168]
Mitte April 1953 fand in Berlin in den Räumen der Akademie der Künste die Stanislawski-Konferenz statt, die von der Staatlichen Kommission für Kunstangelegenheiten und der Akademie der Künste einberufen worden war. Die Richtung war in einem Artikel vorgegeben, der zwei Tage vor der Konferenz im „Neuen Deutschland" veröffentlicht worden war. Darin hieß es, „daß die sträfliche Unterschätzung der Bedeutung der Methode Stanislawskis für die Entwicklung eines deutschen Nationaltheaters der Hauptgrund dafür ist, daß der Kampf gegen den Formalismus und Kosmopolitismus auf der Bühne nicht jene prinzipielle Schärfe erreicht hat, die allein die Gewähr dafür bietet, daß ein entscheidender Durchbruch im Kampf für den sozialistischen Realismus auf der Bühne erzielt wird". Die Spitze richtete sich gegen Brecht und das Berliner Ensemble, wenn gefragt wurde: „Gibt es nicht etwa noch – gerade auch in der Hauptstadt – Aufführungen, in denen unter Anleitung wirklich großer Künstler sehr gut ‚Theater gespielt' wird und in denen dennoch der Formalismus und sein Zwillingsbruder, der Schematismus, aus allen Ecken und Winkeln schauen, angefangen von der Auswahl der Stücke bis hin zur Dramaturgie, Regiekonzeption, Regie, Bühnenbild und schauspielerischer Methodik."[169]
Die Konferenz wurde von Fritz Erpenbeck geleitet. Wolfgang Langhoff sprach zum Thema „Die Darstellung der Wahrheit auf der Bühne mit Hilfe der Methodik Stani-

slawskis". Den Beweis führte er am Beispiel seiner „Egmont"-Inszenierung im Deutschen Theater.

In der Diskussion kam es zur Gegenüberstellung von Grundauffassungen Brechts und Stanislawskis. Der Dramatiker Harald Hauser wandte sich gegen die „Überintellektualisierung des Ausdrucks" im Berliner Ensemble, der nicht auf die „innere physische Handlung" aufbaue. Die Weigel betonte demgegenüber, das Berliner Ensemble spiele seit Jahren realistisch, und zwar von einem sozialistischen Standpunkt aus. Sie berichtete: „Wir haben noch etwas festgestellt: Es gibt eine erstaunliche Anzahl von Methoden in unserer Arbeitsweise, die denen Stanislawskis sehr ähnlich sind." Sie gab zu, daß zwischen den Arbeitsweisen Brechts und Stanislawskis ein Unterschied besteht, „wenn auch noch nicht recht klar ist, worin der Unterschied besteht oder wie groß er ist". Brecht selbst kenne keine absolute Kluft zwischen sich und Stanislawski.[170]

Demgegenüber betonte Langhoff, daß sich das „Theater des Darstellens", wie es Brecht anstrebe, und das „Theater des Erlebens" Stanislawskis nicht in Deckung bringen ließen. Er kritisierte an Brecht, daß er es nicht zu „einem lebendigen künstlerischen Abbild" kommen lasse.

Brecht beteiligte sich zwar an der Diskussion, aber seine Ausführungen blieben nicht erhalten. Er reichte auch eine schriftliche Stellungnahme zu Langhoffs Ausführungen nach, in der er die „Egmont"-Inszenierung unter Anwendung von Kriterien Stanislawskis als „idealistisch und undialektisch" überführte.[171] „Was unter anderem vom Theater Stanislawskis gelernt werden kann", sah er in folgendem aufgreifbar und anwendbar: *Der Sinn für das Dichterische eines Stücks / Das Verantwortungsgefühl der Gesellschaft gegenüber / Das Ensemblespiel des Stars / Wichtigkeit der großen Linie und des Details / Die Verpflichtung zur Wahrheit / Der Einklang von Natürlichkeit und Stil / Darstellung der Wirklichkeit als voll von Widersprüchen / Die Wichtigkeit des Menschen / Die Bedeutung der Weiterentwicklung der Kunst.*[172]

Er definierte den Unterschied zwischen sich und Stanislawski: *Stanislawski ist inszenierend hauptsächlich Schauspieler, ich bin inszenierend hauptsächlich Stückeschreiber.*[173]

Den grundsätzlichen Unterschied zwischen „Darstellen" und „Erleben" des Schauspielers hob er dialektisch auf: *Als Stük-*

keschreiber brauche ich die Fähigkeit des Schauspielers zu völliger Einfühlung und restloser Verwandlung, die Stanislawski wohl als erster systematisch faßt, aber auch und vor allem den Abstand von der Figur, den der Schauspieler als Vertreter der Gesellschaft (ihres fortschrittlichen Teils) zu erarbeiten hat.
Sein System ließe sich als „ein System, die Überaufgabe betreffend", definieren.[174] Brecht hatte vor allem Gortschakows „Regieunterricht bei Stanislawski" im Manuskript gelesen. Bei der Einstudierung von „Der Prozeß der Jeanne d'Arc zu Rouen" und von „Katzgraben" ließ er während der Proben Stanislawskis Methode ohne sichtlichen Erfolg anwenden. Die ganze Diskussion krankte daran, daß selbst die Anhänger Stanislawskis in deutscher Übersetzung nur „Mein Leben in der Kunst", W. Toporkows „K. S. Stanislawski bei der Probe" und ansonsten nur Auszüge aus den Schriften und Äußerungen Stanislawskis kannten.
Es steht heute außer Zweifel, daß Brecht sein Verhältnis zu Stanislawski in ungleich stärkerem Maße wissenschaftlich-praktisch zu objektivieren vermochte als umgekehrt die Anhänger der Stanislawski-Methode ihr Verhältnis zur Theorie und Praxis Brechts. Als sich Brecht zum 1. Mai 1953 für die „Formierung von Brigaden" im Berliner Ensemble einsetzte, schlug er auch die Bildung einer Brigade „zu Studium und Kritik der Stanislawskischen Arbeitsweise" vor.
Tatsächlich führten jedoch die Diskussionen und Beschlüsse über Formalismus, in die wesentliche Arbeiten Brechts einbezogen wurden, und die einseitige Orientierung auf die Methode Stanislawskis dazu, daß Werk und Wirkung Brechts in diesen Jahren in der DDR in starkem Maße auf das Berliner Ensemble beschränkt blieben. Die verspätet erscheinenden Kritiken fand Brecht gekennzeichnet durch *ein paar kümmerliche soziologische analysen.* Er fand: *die bemühungen sind nur dann nicht ganz sinnlos, wenn die spielweise späterhin aufgenommen werden kann, dh wenn ihr lehrwert einmal realisiert wird.*[175]

Wie Brecht außerhalb des Theaters gesellschaftlich und politisch arbeitete, bewies er damit, daß er sich im Mai 1953 durch die 5. Generalversammlung des Deutschen PEN-Zentrums Ost und West zum Präsidenten wählen ließ. Er benutzte in der Folgezeit dieses Amt, um über diese internatio-

nale Schriftstellervereinigung die Öffentlichkeit für den Kampf um den Frieden und gegen die Gefahr eines atomaren Krieges zu mobilisieren. Brechts politische Haltung als Kommunist bewährte sich am 17. Juni 1953. Der Aufbau des Sozialismus in der DDR hatte es nötig gemacht, die Schwerindustrie, die im Gebiet der DDR schwach entwickelt war, mit allen Mitteln voranzubringen, um von den westdeutschen Monopolen unabhängig zu werden. Das führte zu einer Einschränkung der Konsumgüterindustrie. Außerdem hatte die Erfüllung der Reparationen an die Sowjetunion weiterhin Vorrang. Der Aufbau machte auch nötig, technisch begründete Arbeitsnormen einzuführen, um die Arbeitsproduktivität zu erhöhen. Die sozialistische Umgestaltung der Landwirtschaft erforderte zusätzliche Staatsmittel.
Unter Bezug auf die falsche Theorie Stalins, der Klassenkampf verschärfe sich notwendig mit dem Aufbau des Sozialismus, wurden die Maßnahmen administrativ, ohne überzeugende Aufklärung der Massen, durchgesetzt und unangebracht harte Urteile gegen tatsächliche und vermeintliche Saboteure, Zersetzer und Hetzer gefällt. Der Entzug von Lebensmittelkarten entfremdete Teile der kleinbürgerlichen Schichten, auf die sich die Propaganda der Massenmedien der „Frontstadt" Westberlin richtete. Als das Politbüro der SED am 9. Juni und der Ministerrat der DDR am 11. Juni überspitzte Verordnungen zurücknahmen und die forcierte Schwerindustrialisierung korrigierten, hielten die Kalten Krieger den lange angekündigten „Tag X" zur Beseitigung der DDR für gekommen. Als Berliner Bauarbeiter am 17. Juni 1953 für die Wiederherstellung der bisherigen Normen demonstrierten, benutzten konterrevolutionäre Kräfte, gelenkt von Westberlin, diese Gelegenheit zu einem Putschversuch. Innerhalb weniger Stunden zeigten sich alle jahrelang verschwundenen reaktionären Elemente auf der Straße, bis hin zur Kommandeuse des Frauenkonzentrationslagers Ravensbrück, Erna Dorn, die in Halle zu den „Freiheits"-Rufern gehörte, die zum Mord an Partei- und Staatsfunktionären schritten.
Brecht war am 16. Juni von Buckow nach Berlin gekommen. Er hielt, wie Wekwerth als Augenzeuge berichtet, „die Frage der Normen für ein Gesprächsthema und nicht für einen Streikgrund"[176]. Er schätzte den Ernst der Situation real ge-

nug ein, um am 17. Juni Ministerpräsident Grotewohl anzubieten, eine Rede Grotewohls im Rundfunk, die er für wichtig hielt, durch Rezitationen von Busch und Weigel umrahmen zu lassen. Nach einer Betriebsversammlung des Berliner Ensembles im Probenhaus schrieb Brecht drei sinngemäß gleichlautende Briefe an den Ersten Sekretär der SED, Walter Ulbricht, Ministerpräsident Grotewohl und den sowjetischen Hochkommissar Wladimir Semjonow. Im Brief an Ulbricht schrieb er: *Die Geschichte wird der revolutionären Ungeduld der Sozialistischen Einheitspartei Deutschlands ihren Respekt zollen. Die große Aussprache mit den Massen über das Tempo des sozialistischen Aufbaus wird zu einer Sichtung und Sicherung der sozialistischen Errungenschaften führen. Es ist mir ein Bedürfnis, Ihnen in diesem Augenblick meine Verbundenheit mit der Sozialistischen Einheitspartei Deutschlands auszusprechen.*[177]

Welchen Eindruck Brecht dann gewann, als er sich durch die Friedrichstraße zum Brandenburger Tor begab, hat er in einem Brief vom 1. Juli 1953 an seinen Verleger Suhrkamp festgehalten: *Von den Linden aus konnte man die Rauchwolke des Columbushauses, an der Sektorengrenze des Potsdamer Platzes liegend, sehen, wie an einem vergangenen Unglückstag einmal die Rauchwolke des Reichstagsgebäudes.*

Er sah *allerlei deklassierte Jugendliche, die durch das Brandenburger Tor, auf der Warschauer Brücke, kolonnenweise eingeschleust waren, dazu die scharfen brutalen Gestalten der Nazizeit, die man seit Jahren nicht mehr in Haufen hatte auftreten sehen, und die doch immer da gewesen waren*[178].

Brecht sah *die Unzufriedenheit eines beträchtlichen Teils der Berliner Arbeiterschaft mit einer Reihe verfehlter wirtschaftlicher Maßnahmen*, aber das Entscheidende für ihn war: *Organisierte faschistische Elemente versuchten, diese Unzufriedenheit für ihre blutigen Zwecke zu mißbrauchen.*

Mehrere Stunden lang stand Berlin am Rande eines dritten Weltkrieges.

Nur dem schnellen und sicheren Eingreifen sowjetischer Truppen ist es zu verdanken, daß diese Versuche vereitelt wurden.[179]

In der zweiten Betriebsversammlung des Berliner Ensembles am Nachmittag des 17. Juni hielt Brecht eine lange Rede, in der er eine große Aussprache zwischen Regierung und Arbeiterschaft, aber gleichzeitig eine große Aufklärungsaktion über die Demagogie des Faschismus für nötig erklärte. Von Brechts Brief an Ulbricht wurde am 21. Juni 1953 im „Neuen Deutschland" nur der Schlußsatz veröffentlicht. Brecht gab dann nochmals eine Stellungnahme ab, die am 23. Juni erschien:

Ich habe am Morgen des 17. Juni, als es klar wurde, daß die Demonstrationen der Arbeiter zu kriegerischen Zwecken mißbraucht wurden, meine Verbundenheit mit der Sozialistischen Einheitspartei Deutschlands ausgedrückt. Ich hoffe jetzt, daß die Provokateure isoliert und ihre Verbindungsnetze zerstört werden, die Arbeiter aber, die in berechtigter Unzufriedenheit demonstriert haben, nicht mit den Provokateuren auf eine Stufe gestellt werden, damit nicht die so nötige große Aussprache über die allseitig gemachten Fehler von vornherein gestört wird.[180]

Gegenüber Erwin Leiser äußerte er im Oktober 1953 über sein Verhältnis zur SED: *Ich gehöre ihr nicht an. Aber ich respektiere viele ihrer historischen Errungenschaften, und ich fühlte mich mit ihr verbunden, als sie – nicht ihrer Fehler, sondern ihrer Vorzüge wegen – von faschistischem und kriegstreiberischem Gesindel angegriffen wurde. Im Kampf gegen Krieg und Faschismus stand und stehe ich an ihrer Seite.*[181]

Um die politische Aufklärung voranzubringen, schlug Brecht Ministerpräsident Grotewohl die Bildung von fliegenden Kommissionen vor, die aus *natürlichen Sozialisten* zusammengesetzt sein sollten. Zum anderen drängte er auf energische und großzügige Auflösung der Staatlichen Kommission für Kunstangelegenheiten, *um ihre Diktate, arm an Argumenten, ihre unmusischen administrativen Maßnahmen, ihre vulgärmarxistische Sprache, die die Künstler abstießen*, zu beenden.[182]

In seinem grundsätzlichen Artikel „Kulturpolitik und Akademie der Künste", der am 12. August 1953 im „Neuen Deutschland" erschien, ging er davon aus: *Große Teile der Bevölkerung sind noch tief in kapitalistischen Vorstellungen befangen. Dies trifft sogar für Teile der Arbeiterschaft zu. Bei der Zertrümmerung dieser Vorstellungen muß auch die Kunst mithelfen.*

Sich dagegen wendend, *ganz bestimmte Schemata für Kunstwerke aufzustellen*, sprach er sich erneut für einen sozialistischen Realismus aus, der gleichzeitig ein kritischer Realismus

ist: *Schönfärberei und Beschönigung sind nicht nur die ärgsten Feinde der Schönheit, sondern auch der politischen Vernunft.* Unter Hinweis darauf: *Der Bildungsgrad und auch der Grad der Verbildung ist bei diesem Publikum sehr verschieden. Ebenfalls verschieden sind die Bedürfnisse, die durch die Kunst befriedigt werden müssen,* sprach sich Brecht für *eine hochqualifizierte, hochdifferenzierte Kunst* aus, der *die individuelle Sicht und der persönliche Stil* zustatten kommen müßten. Er warnte vor einem *oberflächlichen Optimismus* und sah die Zukunft *abhängen von der Erledigung der Vergangenheit.*[183]
An Paul Wandel als Sekretär des ZK der SED schickte er das Gedicht „Die Wahrheit einigt", das den Wunsch ausdrückte, die Partei möge die Wahrheit in der offenen Art Lenins sagen.
Satirisch geißelte Brecht „Nicht feststellbare Fehler der Kunstkommission" und „Das Amt für Literatur". Aber auf das *betäubende Beifallsgeklatsche / Von jenseits der Sektorengrenze* erwiderte er in dem Gedicht „Nicht so gemeint":

Selbst die schmalsten Stirnen
In denen der Friede wohnt
Sind den Künsten willkommener als jener Kunstfreund
Der auch Freund der Kriegskunst ist.[184]

Brechts Bekenntnis zur DDR und ihrer führenden Partei löste in der Bundesrepublik vorwiegend Unverständnis bei den „Wohlwollenden", Wut und Haßausbrüche bei den Gegnern aus. Es kam zum ersten „Brecht-Boykott". Nach dem 17. Juni 1953 sahen sich Intendanten wie Buckwitz, Schweikart, Hilpert, die Brecht-Werke spielten oder spielen wollten, einem massiven Druck ausgesetzt. In Westberlin wurde es für Jahre unmöglich, Brecht zu spielen. Auch Emil Burri sah sich nicht mehr in der Lage und willens, Brechts Angebot, am Drehbuch für die Verfilmung des „Puntila" mitzuarbeiten, anzunehmen, nachdem er wegen seiner Mitarbeit am Drehbuch für den „Courage"-Film von den westdeutschen Filmfirmen boykottiert, aber auch von Filmschaffenden geschnitten wurde. Die „Hallstein-Zeit" hatte begonnen.

Über die Stimmung Brechts im Sommer 1953 geben die „Buckower Elegien" Aufschluß. Es sollte die letzte in sich ge-

Brecht in Buckow, 1954

schlossene Sammlung von Gedichten Brechts sein, die aus einer einheitlichen Grundstimmung entstanden. Die Gedichte, nach dem Vorbild der Vergilschen „Bucolica“ geschrieben, offenbaren die Gefühle eines Mannes, der sich an der Schwelle des Alters sieht und endgültig weiß, daß die Zeit, die ihm auf Erden gegeben, zu kurz sein würde. Mit großer Genauigkeit ohnegleichen sieht Brecht auf die Natur, um immer wieder über sie hinwegzusehen, hin auf die Menschen. Und diese Menschen erscheinen ihm von der neuen Zeit kaum erreicht. *Die Teller werden hart hingestellt*; Kinder rudern eine Nonne und – wahrscheinlich – einen Priester *wie in alten Zeiten*; im „Einarmigen im Gehölz“, glaubt er, verkörpere sich *der gefürchtete SS-Mann*, und so wie er sich im amerikanischen Exil schuldbewußt gefühlt hatte, weil er zu *den Stärkeren* gehörte, die überlebten, sieht er nun im Traum *Finger, auf mich deutend / Wie auf einen Aussätzigen. Sie waren zerarbeitet und / Sie waren gebrochen.* „Die Musen“ erscheinen ihm vom *Eisernen* geprügelt. Den Radwechsel sieht

er mit Ungeduld, und die „Große Zeit" kommt ihm „vertan" vor *ohne die Weisheit des Volkes.* „Der Himmel dieses Sommers" mit seinen Bombern läßt ihm die nach ihnen ausschauenden Menschen wie junge Stare erscheinen, *die Schnäbel aufreißend / Der Nahrung entgegen.*
Aber zu diesen nicht mehr nur elegischen, sondern bestürzend düsteren Gedichten gehören untrennbar die anderen mit ihren bukolischen Empfindungen, den weichen Erinnerungen an die Jugend, die politisch vorwärtsweisenden und -treibenden Gedichte. Brecht sieht den „Blumengarten", mit ihm sich wünschend, *allezeit / In den verschiedenen Wettern, guten, schlechten / Dies oder jenes Angenehme [zu] zeigen.* „Der Rauch" macht ihm die Landschaft menschlich. Die „Tannen" erinnern ihn daran, wie er sie vor zwei Weltkriegen mit jungen Augen sah. „Rudern, Gespräche" und „Laute" bekunden Geselligkeit.
„Die Wahrheit einigt" ist ihm nach wie vor Gewißheit. „Bei der Lektüre eines sowjetischen Buches" sieht er die Sowjetmenschen die Wolga bezwingen, in und mit ihnen die Menschen als *erfinderische Genies*[185]. Mit Jacob Walcher setzte Brecht in diesem Sommer schließlich die Gespräche über die Luxemburg mit Gesprächen über Stalin und Lenin fort.
Vor allem aber fühlte er sich durch das *betäubende Beifallsgeklatsche / Von jenseits der Sektorengrenzen,* die Ereiferungen der Westberliner und westdeutschen „Freiheitsglockenläuter" über den 17. Juni 1953 dazu gedrängt, den Tui-Komplex der dreißiger und vierziger Jahre dramatisch aufzuarbeiten. 1951 hatte Brecht an Gottfried von Einem geschrieben: *Der Versuch, neues Theater aufzubauen, nimmt mir die Zeit, dafür zu schreiben.*[186] Nun stellte er im Sommer 1953 in wenigen Wochen die erste Fassung des Schauspiels „Turandot oder Der Kongreß der Weißwäscher" her. Seine Lesart der Turandot-Fabel hatte er schon 1938 in „Komisches" dargelegt: *In „Turandot" (meine Version) verspricht der Kaiser jedem die Hand seiner Tochter, der das Rätsel lösen kann, was an dem Elend des Landes schuld ist. Wer es nicht kann, es aber versucht, wird enthauptet. Der Kaiser selbst ist schuldig, was die Lösung der Aufgabe schwierig macht.*[187] Mit den Tuis, die sich nun in seinem Stück an diese riskante Aufgabe machen, meinte Brecht im Jahre 1953 die intellektuellen *Kopflanger,* die den Kapitalis-

mus und Imperialismus als „die freie Welt“ ausgaben. Die Satire hatte aber auch einen hochaktuellen politischen Bezug. Kurz vor der Hinrichtung der beiden angeblichen „Atomspione“ Ethel und Julius Rosenberg Mitte Juni 1953 hatte Albert Einstein in der „New York Times“ gegen „jene neuzeitlichen Inquisitionsmethoden“ in den Verhören vor den verschiedenen Komitees in den Vereinigten Staaten protestiert, die dazu führten, „die freie Lehre zu unterdrücken und die nicht Gefügsamen aus allen Stellungen zu verdrängen, d. h. auszuhungern“[188].

Die fatale Fähigkeit, sich gegen eine solche „Aushungerung“ zu schützen, ließ Brecht nun in seiner „Turandot“-Adaption auf der Tui-Schule lehren: Wer nicht zu begründen vermag, warum die Lehren des Kai Ho, der für die Materialistische Weltauffassung und die revolutionäre Bewegung steht, falsch sind, dem wird der Brotkorb im buchstäblichen Sinne des Wortes höher gehängt. Zur großen Bewährungsprobe der Tuis eines fiktiven China werden die Begründung, warum es keine Baumwolle gibt, und die öffentliche Weißwaschung der Spekulanten mit dem Kaiser an der Spitze. Die Anspielungen auf der großen Tui-Konferenz auf den „Kongreß für kulturelle Freiheit“, auf „unchinesische Gedanken“, die Befragung, ob der Bewerber „zu irgendeiner Zeit der Gesellschaft der Freunde des bewaffneten Aufstands“ oder „den Lügnern für Menschenrechte“ angehört habe oder für „den Frieden in irgendeiner Form“ eingetreten sei, die Versicherung, *es handelt sich um die Freiheit der Meinung über die Baumwolle* und um die *innere Freiheit,* waren bissige Bezüge auf *den Abend eben jener Art von Vernunft, die gegen Ende des sechzehnten Jahrhunderts das kapitalistische Zeitalter eröffnet hatte.*[189] Wenn der Möchtegern-Intellektuelle Gogher Gogh nach seinem Aufstieg zur Macht durch seine bewaffneten Banden einfach das Fragen verbieten und die Tuis verfolgen läßt, so war das in gleicher Weise Erinnerung an Hitler und den antiintellektuellen Faschismus wie Vorwegnahme einer erneuten Faschisierung, die Brecht mit der „Hexenjagd“ auf die Intellektuellen heraufkommen sah. Freilich ließ sich das Ende seiner „Turandot“ nur „legendär“ mit der Realität in Deckung bringen, wenn die Massen unter Führung des Kai Ho den Straßenräuber wie den Kaiser und die Kaisertochter davonjagen. Doch wandte Brecht hier auch Grund-Sätze seiner erneuten Definitionsbemühung um sozialistischen Realismus auf dem Theater an:

Realistische Künstler betonen das Sinnengemäße, „Irdische", im großen Sinn Typische (historisch Bedeutsame).

Realistische Künstler betonen das Moment des Werdens und Vergehens. Sie denken in allen ihren Werken historisch.[190]

Historisch gesehen kann es nur die Vertreibung der „Kaiser" und „Gogher Goghs" geben, und auch Einschätzung und Behandlung der Intelligenz können von den revolutionären Kräften kaum sinnvoller vorgenommen werden, als sie in „Turandot" der alte Bauer Sen vornimmt. Als Sen von seinem Enkel befragt wird: *Müssen sie mit Feuer und Schwert ausgetilgt werden, Großvater?* erwidert Sen: *Nein, es ist mit ihnen eher wie mit dem Boden. Man muß bestimmen, was man von ihm haben will, Hirse oder Unkraut.*[191]

Brecht blieb auch bei dieser Bearbeitung streng parteilich. Er versagte es sich, gegen die „sozialistischen" Tuis den Hauptstoß zu richten, die *das Mittel der Idealisierung und Legendisierung einer führenden Person zur Gewinnung der großen rückständigen Massen in eine Ursache der Distanzierung und Lahmlegung dieser Massen*[192] *verwandelt* hatten. Lediglich die Phrase des Gogher Gogh: *Kann sich etwa das Regime sein Volk wählen?* war eine Anspielung auf die Flugblätter des Sekretärs des Schriftstellerverbandes Kurt Bartel (KuBa) nach dem 17. Juni, *auf denen zu lesen war, daß das Volk / Das Vertrauen der Regierung verscherzt habe,* die Brecht im Gedicht „Die Lösung" satirisch glossierte: *Wäre es da / Nicht doch einfacher, die Regierung / Löste das Volk auf und / Wählte ein anderes?*[193]

Wenn „Turandot", von Brecht im Sommer 1954 schließlich endgültig fertiggestellt, sich in der Fabelgestaltung und Motivation als mixtum compositum von „Die Rundköpfe und die Spitzköpfe", „Ui" und dem Tui-Roman erwies; wenn die Fabelstränge nur schwach verbunden sind und die dramatische Sprache wenig originäre Metaphorik bietet, so bietet der Parabelcharakter für eine Aufführung große theatralische Möglichkeiten.

Zur Uraufführung sollte es erst am 5. Februar 1969 im Zürcher Schauspielhaus kommen. Regie führte Benno Besson, die Ausstattung schuf Horst Sagert. Die Inszenierung glossierte kräftig das „Persilweiß" der Schweizer Gesellschaft.

Die industrielle Werbung, die die Ausstattung beherrschte, wurde zum Symbol auch für geistigen Kauf und Verkauf: Intelligenz als Ware auf dem Markt. Die Rolle des Kaisers spielte Erwin Parker, die der Turandot Erla Prollius, die des Gogher Gogh Peter Ehrlich und die des Sen Otto Mächtlinger.

Die Arbeit an „Turandot" hatte Brecht, wie er dem Verfasser dieser Zeilen darlegte, in der Überzeugung bestärkt, daß *die Gleichnisform noch immer am geeignetsten* sei, gesellschaftliche Probleme zu verfremden. *Im Bereich des „direkten Realismus" wäre das nur schwer zu machen gewesen,* erläuterte Brecht unter Verweis auf den „Guten Menschen von Sezuan". *Wie plump würde ein solches Stück gegen die Parabelform wirken, wie wenig lustig und amüsant! Ich bin fest überzeugt, daß bei zunehmender Zivilisation im Kommunismus gerade die Parabel eine große Zukunft hat, weil sie die Wahrheit so elegant zu servieren vermag.*
Er wolle nicht widersprechen, wenn man sage, „die Parabel hinkt". Dafür biete sie den Vorteil des Einfachen und Eingängigen und die Möglichkeit, die Wahrheit auf indirekte Weise an den Mann zu bringen. *Die Parabel ist um vieles schlauer als alle anderen Formen. Lenin hat die Parabel doch nicht als Idealist, sondern als Materialist gebraucht. Die Parabel gestattete ihm das Komplizierte zu entwirren. Sie stellt für den Dramatiker das Ei des Kolumbus dar, weil sie in der Abstraktion konkret ist, indem sie das Wesentliche augenfällig macht.* Zum Beweis verwies Brecht auf eben die Szene in „Turandot", in der der Brotkorb um so höher steigt, je näher der Tuischüler der Wahrheit kommt.[194]
Im Oktober 1953 konnte Brecht eine neue Wohnung im Hinterhaus der Chausseestraße 125 mit Blick auf den Dorotheenstädtischen Friedhof in der Nähe vom Berliner Ensemble und dem Probenhaus beziehen. Es war ein Altbau, der Brecht mehr zusagte als die Villa in Weißensee. Die Weigel bezog den zweiten, Brecht den ersten Stock; das gemeinsame Eßzimmer befand sich im Parterre. Brecht richtete die Räume vornehmlich mit alten Möbeln ein, die hauptsächlich von der Weigel besorgt worden waren. An der Wand wurde wieder „Der Zweifler" entrollt. Fotos von Marx, Engels und Lenin wiesen die Verbundenheit Brechts mit diesen Genien

Brecht 1955 in seiner Wohnung in der Chausseestraße 125

aus. Wieder äußerte sich Brecht zufrieden über die Weitzügigkeit der Räume, *so daß ich für verschiedene Arbeiten mehrere Tische aufstellen kann.* Seinem Verleger Peter Suhrkamp schrieb er über die Folgen: *Seit ich dem Theater soviel näher wohne, habe ich meine jungen Leute noch öfter auf dem Hals.*

Wohnhaus Brechts in der Chausseestraße 125, Hinterhaus

Wohn- und Arbeitsraum in Brechts Wohnung

Sie kommen in Rabenschwärmen, aber Sie wissen, ich bin dafür.[195] Hier traf sich Brecht, mit Vorliebe in seinem niedrigen Ledersessel sitzend, mit alten und neuen Freunden, zur Arbeit wie zum ungezwungenen Gedankenaustausch, auch zu purer Flaxerei. Hier erinnerte er sich in „Schwierige Zeiten", von der Arbeit am Stehpult aufblickend, *plötzlich des Holders / Meiner Kindheit in Augsburg.*

Mehrere Minuten erwäge ich
Ganz ernsthaft, ob ich zum Tisch gehen soll
Meine Brille holen, um wieder
Die schwarzen Beeren an den roten Zweiglein zu sehen.[196]

Und hier verschränkte er dialektisch die „Vergnügungen", die er Käthe Reichel widmete:

Der erste Blick aus dem Fenster am Morgen
Das wiedergefundene alte Buch
Begeisterte Gesichter
Schnee, der Wechsel der Jahreszeiten
Die Zeitung
Der Hund
Die Dialektik
Duschen, Schwimmen
Alte Musik
Bequeme Schuhe
Begreifen
Neue Musik
Schreiben, Pflanzen
Reisen
Singen
Freundlich sein.[197]

Aktiv nahm Brecht an der Neuorganisation der künstlerischen Institutionen Anteil. Besonderes Interesse brachte er der Bildung des neuen Ministeriums für Kultur unter der Leitung von Johannes R. Becher entgegen, das die Staatliche Kommission für Kunstangelegenheiten ersetzte. Brecht wurde in den künstlerisch-wissenschaftlichen Beirat gewählt. Vor dem Ministerrat erklärte er: *Es liegt jetzt bei den Schriftstellern und Künstlern, neue Initiative zu entwickeln, d. h.*

Helene Weigel und Brecht auf dem Schriftstellerbasar am 1. Mai 1953

Kühnheit, Phantasie, Weisheit und Humor.[198] Brecht entwarf nach Gesprächen mit Theaterschaffenden der DDR und der BRD Vorschläge für *die Rettung des deutschen Theaters und seine Wiedergeburt,* die in allen wesentlichen Punkten in der

Brecht auf dem Wagen des Berliner Ensembles am 1. Mai 1954

Programmerklärung des Ministeriums für Kultur der Deutschen Demokratischen Republik „Zur Verteidigung der Einheit der deutschen Kultur“ vom März 1954 aufgenommen wurden.[199]

Ende Januar 1954 begann in Berlin die Außenministerkonferenz der vier Großmächte, die bis zum 18. Februar dauerte. Die Sowjetunion erneuerte den Vorschlag für den Abschluß eines Friedensvertrages mit einem wiedervereinigten Deutschland und regte an, eine provisorische gesamtdeutsche Regierung aus Vertretern der Parlamente beider deutscher Staaten unter Teilnahme demokratischer Organisationen zu bilden. Außerdem unterbreitete sie einen Plan für ein System kollektiver Sicherheit in Europa. Die westlichen Außenminister lehnten diese Vorschläge mit der Begründung ab, die Regierung der DDR besitze kein echtes Mandat, um für die Bevölkerung der DDR zu sprechen. Der Abschluß eines Friedensvertrages könne erst nach Bildung einer repräsentativen Regierung erfolgen. Brecht reagierte auf diese „freien Wahlen“ polemisch: *Es ist der älteste Trick der Bourgeoisie, den Wähler seine Unfreiheit frei wählen zu lassen, indem man ihm das Wissen um seine Lage vorenthält.*[200] Er erinnerte daran, daß die Deutschen während seines Lebens zweimal den Krieg gewählt hatten.

Nachdem der Bundestag am 30. März 1954 den Deutschlandvertrag und den EVG-Vertrag ratifiziert hatte, entwarf Brecht einen „Aufruf an die Jugend", der gegen die sogenannte „Europaarmee" gerichtet war, die dazu dienen sollte, *die Wiederbewaffnung Westdeutschlands zu verschleiern*[201]. Der Außerordentlichen Tagung des Weltfriedensrates in Berlin, die im Mai 1954 stattfand, leitete Brecht einen „Vorschlag" zu. Darin ging er von der Tatsache aus, daß seit Wochen über japanischen und amerikanischen Städten auf Grund der Atombombenversuche der Amerikaner radioaktiver Regen niedergegangen war. *Die Gesundheit des Menschengeschlechts ist bedroht auf Jahrhunderte hinaus.* Brecht rief *zu großen Geldsammlungen* auf, um Flugblätter, Broschüren und Bücher *über die Gefahr der Experimente mit Atomwaffen für die ganze Erde* an *die Millionen in allen fünf Erdteilen* heranzutragen.[202]

Brecht unterstützte aktiv die Ende Juni 1954 in der DDR durchgeführte Volksbefragung für einen Friedensvertrag und gegen die „Europäische Verteidigungsgemeinschaft".

Im Oktober 1954 arbeitete er Vorschläge für die Volkskammerwahl aus. Dabei verwies er auf die Pflicht der Massenmedien zu einer kritischen Berichterstattung. Zu seinen Wahllosungen gehörten auch folgende: *Gegen die Kriegstreiber in der Bundesrepublik! / Gegen die Wiederkehr der Nazis in der Bundesrepublik!*[203] Erneut betonte er um diese Zeit: *Die Weisheit des Volkes muß in allem das letzte Wort sprechen und doch ist sie vermengt mit Aberglaube. Irgendwo müssen wir anfangen, nirgends dürfen wir aufhören.*[204]

Am 23. Oktober 1954 wurden in Paris die sogenannten „Pariser Verträge" unterzeichnet. Sie sahen den Beitritt der BRD in die „Westeuropäische Union", die Aufnahme der BRD in die NATO, die Aufstellung einer westdeutschen Armee von 500 000 Mann und die Ablösung des Besatzungsstatuts durch den „Deutschlandvertrag" vor, in dem der Alleinvertretungsanspruch der BRD für alle Deutschen erneut festgeschrieben wurde. Adenauer glaubte sich nun stark genug, Grotewohls Angebot auf Durchführung freier gesamtdeutscher Wahlen vom November 1954 schroff zurückweisen zu können. In der Regierungserklärung von Mitte Dezember 1954 führte

Adenauer vor dem Bundestag „Zur Wiedervereinigung Deutschlands in Frieden und Freiheit" aus, die Bundesrepublik müsse ein „lebendiges, gesundes Staatswesen" werden, das in der Lage sei, „die terrorisierte und ausgeblutete Sowjetzone am Tage der Wiedervereinigung zu tragen und zu stützen". Erst die Pariser Verträge machten die Bundesrepublik fähig, „um auch den Menschen in der Sowjetzone die innere und äußere Freiheit zu geben und die wirtschaftlichen Aufgaben zu bewältigen"[205].

Im Dezember 1954 entwarf Brecht zusammen mit dem Präsidenten des Deutschen Friedensrates Professor Walter Friedrich „Erklärungen" zu den Pariser Abmachungen:

Wir wollen nicht die Pariser Abmachungen. Wir wollen keine „Vereinigung" Deutschlands durch Krieg, und wir wollen kein Deutschland, das in einem Kriegslager steht. Wir wollen ein friedliches Deutschland.[206]

Diesen Erklärungen schlossen sich sofort fünfzig namhafte Wissenschaftler und Künstler an. Am 13. Februar 1955 konnte Brecht in Dresden dem Präsidium des Deutschen Friedensrates 176 203 Unterschriften übergeben, die bis zum 8. Februar 1955 als Einzel- und Kollektivunterschriften eingegangen waren, um sie an den Weltfriedenskongreß in Helsinki weiterzuleiten. Es war die größte Bewegung unter der Intelligenz seit Kriegsende. Brecht verband die Übergabe mit einer Warnung vor neuen Kriegen:

Heute vor zehn Jahren wurde Dresden, eine der schönsten Städte Deutschlands, in wenigen Stunden durch Fliegerbomben so zerbrochen und verkrüppelt, daß die Verwüstungen heute noch sichtbar sind. (Die Spuren sind schrecklich, aber erschrekken sie jedermann?) Am zehnten Jahrestag dieser Greuel legen wir hier in Dresden ein Dokument vor, das vor Kriegen warnen soll, schrecklicheren noch als die vergangenen, Kriegen, die nicht mehr mit einfachen oder wie die Amerikaner sagen, konventionellen Bomben geführt werden würden.[207]

Ende des Jahres 1954, Anfang Dezember, sollte Brecht schließlich zusammen mit Johannes R. Becher im „Sachsenhof" in der Motzstraße in Westberlin an einer Diskussion teilnehmen, die den Lebensfragen der deutschen Nation galt. Von westlicher Seite nahm neben Richard Löwenthal und Ernest Salter auch derselbe Melvin Lasky, Herausgeber des antisowjetischen „Monat", teil, der schon 1947 den Ersten

Feierliche Plenartagung des Deutschen Friedensrates am 12. Februar 1955 in Dresden

Deutschen Schriftstellerkongreß in eine antisowjetische Veranstaltung umzuwandeln versucht hatte. Brecht führte schließlich aus: *Auch ich halte es für vollständig wertlos, mit Kriegshetzern zu diskutieren, dabei kann gar nichts herauskommen. Mit Kriegsverbrechern und Kriegshetzern kann nicht diskutiert werden. Das sind Feinde der Menschheit und sie müssen vernichtet werden, das ist im Sinn der Humanität.*[208]
Auch seine künstlerische Produktion stellte Brecht 1954 mit seinem Anteil am Film „Lied der Ströme" unmittelbar in den Dienst der Friedensbewegung. Der Film wurde im DEFA-Studio für Wochenschau und Dokumentarfilme hergestellt. Auftraggeber war der Weltgewerkschaftsbund. Regie führte Joris Ivens, der mit Vladimir Pozner auch das Drehbuch verfaßte. Die Liedtexte stammten von Brecht und Semjon Kirsanow. Die Musik komponierte Dmitri Schostakowitsch. Die Lieder wurden von Paul Robeson gesungen. Im Film wurden Dokumentaraufnahmen von Kameramännern aus 30 Ländern verwendet. Brecht widmete dem Mississippi, dem Ganges, dem Nil, dem Jangtsekiang, der Wolga und dem Amazonas je eine Strophe. Im Refrain kennzeichnete er die Lage der Arbeiterklasse in den betreffenden Ländern, ob sie schon

Dmitri Schostakowitsch und Brecht anläßlich einer außerordentlichen Tagung des Weltfriedensrates im Mai 1954 in Berlin

Herren des Landes oder noch nicht. Er hob die Arbeiterbewegung im Bild des fruchtbarsten Flusses auf:

> *Mächtige Flüsse hat die Erde*
> *Daß sie viele schöne Früchte tragen muß*
> *Aber wir, das Proletariat, sind*
> *Dieser Erde fruchtbarster Fluß.*

Freunde, er ist auch der stärkste
Und ist für ihn kein Damm:
Über die Erde ergießt er sich
Unaufhaltsam.[209]

Der Film wurde am 17. September 1954 in Berlin erstmals aufgeführt. Er fand durch die Friedensbewegung über viele Länder der Erde Verbreitung.

In diesem Sommer 1954 begann der Aufstieg Brechts und des Berliner Ensembles in den Weltruhm mit dem Gastspiel in Paris, das von Ende Juni bis Anfang Juli im Rahmen des Festivals des „Theaters der Nationen" stattfand. Das Ensemble zeigte die Inszenierung „Mutter Courage und ihre Kinder" und „Der zerbrochene Krug". Brecht kam von Holland aus nach Paris. Er hatte mit Strittmatter an der Tagung des PEN-Clubs teilgenommen und dort eine Resolution gegen die amerikanischen Wasserstoffbombenversuche vorgelegt. Brecht kam in ein Paris, das von heftigen politischen Auseinandersetzungen über den Kolonialkrieg Frankreichs in Vietnam geprägt war, der mit der Niederlage von Dien Bien Phu geendet hatte. Die politische Szene war aber auch vom Streit über die „Europäische Verteidigungsgemeinschaft" gekennzeichnet. Das Berliner Ensemble vertrat jenen Teil Deutschlands, in dem gegen die Remilitarisierung Deutschlands und für den Frieden gekämpft wurde. „Mutter Courage" wurde als Bekenntnis gegen den Krieg und für den Frieden genommen.
Während die Inszenierung der „Courage" durch Jean Vilar im Théâtre National Populaire im Jahre 1951 keinen tiefen künstlerischen Effekt zu machen wußte, entdeckten nun die französischen Kritiker und Theaterwissenschaftler eine „Revolution des Theaters" und sahen im Gastspiel des Ensembles „ein historisches Datum des Theaters." Neben dem Brecht-Übersetzer Pierre Abraham waren es vor allem die Vertreter der jüngeren Generation von Kritikern wie Roland Barthes und Bernard Dort, Guy Dumur, Jean Duvignaud und Jean Paris, die über die Interpretation der Brechtschen Theatertheorie und die Analyse der entsprechenden Aufführungspraxis zu einer neuen Bestimmung des französischen Theaters, eines „kritischen Theaters", eines Theaters gesellschaftlicher

Brecht, um 1954

Verbindlichkeit, aber auch zu einem neuen Verhältnis zur eigenen Tradition kamen. Das Gastspiel übte einen störenden Einfluß auf die damals vorherrschende Richtung des Absurden Theaters aus, und es war nur folgerichtig, daß Eugène Ionesco, der diese Richtung verkörperte, zum vehementen Wortführer der „Antibrechtianer" wurde und Brecht wegen der sozialen „Botschaft" seiner Stücke als „Briefträger" abzuwerten versuchte. „So sind es die Ereignisse und das ‚Epische Theater', die wesentlich zu der Entstehung einer eigenen politisch akzentuierten Dramatik beitragen."[210]
Für die drei Vorstellungen im „Théâtre Sarah Bernhardt" erhielt das Berliner Ensemble den ersten Preis für das beste Stück („Mutter Courage") und die beste Inszenierung (Brecht und Engel).

Nach der Sommerpause trat Brecht in das letzte Stadium der Proben für die Aufführung des „Kaukasischen Kreidekreises" ein, mit denen er schon im Winter und Frühjahr begonnen hatte. Es war die erste Aufführung eines Brecht-Stückes im Theater am Schiffbauerdamm nach Übergabe des Hauses durch das Ministerium für Kultur an Brecht und Weigel im März 1954. Brecht legte der Aufführung folgende Konzep-

Brecht, André Stil und Arthur Adamov in Paris, 1954

tion zugrunde: *In einem Gleichnis soll erzählt werden, wie das Recht auf eine Sache abhängig ist von der Arbeit, die man dafür leistet.*[211]

Er arbeitete in der Figurenführung wie in der Abfolge der Vorgänge scharf das Widersprüchliche heraus. Er wandte sich dagegen, Stilisierung auf Kosten des Realismus zu gewinnen: *Es ist klar, daß alle Kunst verschönert (was nicht heißt beschönigt). Sie verschönert schon, weil sie die Realität dem Genuß zuführen muß. Aber diese Verschönerungen, Formulierungen, Stilisierungen dürfen nicht Fälschungen und Entleerungen sein. Die Darstellerinnen der Grusche sollten die Schönheit der Breughelschen ‚Tollen Grete' studieren.*[212]

Zur Darstellung der Rollen der Grusche und des Azdak meinte Brecht, sie können *in unserer zeit nicht durch regiearbeit gestaltet werden. nicht weniger als fünf jahre am BE waren nötig, der außerordentlichen angelika hurwicz die voraussetzungen zu geben. und das ganze leben buschs, von der kindheit im proletarischen hamburg über die kämpfe in der weimarer republik und im spanischen bürgerkrieg zu den bitteren erfahrungen nach 45 war nötig, diesen azdak hervorzubringen.*[213]

Hurwicz war beeindruckt, daß Brecht während der ganzen achtmonatigen Probenzeit nur ein einziges Mal das Wort „Verfremdung" fallen ließ: „Er erschien auf der Probe unbelastet von Wissen, ‚wie man so etwas macht'."

Wie in der Rolle der Grusche sollten auch bei den anderen Figuren „innere subtile Vorgänge [...] durch Gesten und Handlungen abgebildet werden". Auch hier bewährte sich nach Hurwicz' Erfahrung das Episieren: „Der Erzählergestus befreite von dem Zwang, gestalten zu müssen." Im übrigen wünschte Brecht auch bei dieser Inszenierung erneut, „einmal eine Vorstellung ‚markiert' spielen zu lassen, das heißt unter raschem, ohne Anstrengung durchgesprochenem Text bei Einhaltung des Arrangements und aller festgelegten Gesten". Die Aufführung blieb jedoch von dieser Spielweise völlig frei.[214]

Karl von Appen schuf ein in den Farben subtiles Bühnenbild und stattete die Kostüme mit hohen visuellen Reizen aus. Spätestens nach dieser Inszenierung konnte von einer sogenannten „grauen Periode" des Berliner Ensembles nicht mehr gesprochen werden. Wenn eine der letzten Äußerungen von Brecht über den „neuen Helden" die sein sollte: *Von allen*

Kostümentwürfe Karl von Appens zu „Der kaukasische Kreidekreis“

Farben deprimiert ihn am tiefsten das Rosenrot,[215] so ist die ihm zugesprochene Antwort auf die Frage eines Mitarbeiters, welche Farbe eine bestimmte Kulisse haben sollte, zwar Brechtisch, aber doch untypisch für sein tatsächliches Verhältnis zur Farbigkeit: *Jede Farbe ist mir recht, Hauptsache, sie ist grau.*[216]

Er, der im gleichen Jahr die Meisterwerke niederländischer Malerei in Amsterdamer Museen studierte, als er im Juni an der Tagung des PEN-Clubs in Amsterdam teilnahm, unterstützte gerade in der „Kreidekreis“-Inszenierung eine hohe Abgestuftheit und Ausdruckskraft des Bühnenbildes und der Halbmasken, in denen er die Repräsentanten der Macht agieren ließ.

Arbeitete die Hurwicz das Hin- und Hergerissensein der Grusche zwischen naivem Egoismus und sozialem Trieb auf frische Weise heraus, so gestaltete Busch den Azdak mit den Zügen des Vielerfahrenen, Vielgeschlagenen und deshalb Verschlagenen, gab der Rolle die Schläue des Odysseus, die Robustheit des Plebejers und die Empörung des Klassenkämpfers über die finsteren Zeiten, über die Verkehrung der

Helene Weigel, Angelika Hurwicz und Ernst Busch in der Aufführung des Berliner Ensembles von „Der kaukasische Kreidekreis", Regie: Bertolt Brecht, Bühnenbild: Karl von Appen, Musik: Paul Dessau, Premiere: 7. Oktober 1954

Tugenden und Laster. Gerade weil ihm nichts Menschliches fremd zu sein schien, machte er die Unmenschlichkeit der Verhältnisse deutlich.
Paul Dessau berichtet, daß die langen und ausführlichen Vorbesprechungen über die Musik „oft recht hartnäckig" verliefen. Dessau stellte sich eine Besetzung mit neun Musikanten vor, die „bei der Berliner Aufführung unter Brecht ‚fast erreicht' wurde". Die Musik weist 41 Nummern auf. Dessau verwendete nach dem Bild „In den nördlichen Gebirgen" aserbaidshanische Volkstänze für Melodien. Unter den Instrumenten fand sich ein mit Reißnägeln präpariertes Klavier. Dessau erfand außerdem ein Gongspiel, das ihm der Leipziger Instrumentenbauer Conrad Katz konstruierte. Es besteht aus acht Gongs und verfügt über Klaviermechanik mit Unterdämpfung.[217]
Tadeusz Kulisiewicz, der polnische Künstler, schuf schließlich subtile Grafiken, für deren Veröffentlichung Brecht die Fabel nochmals in Prosa schrieb.
Die Diskussion in der DDR über die Aufführung, die am 7. Oktober 1954 Premiere hatte, wurde durch die apodiktische Vorgabe Erpenbecks in „Theater der Zeit" beeinflußt: „Ich lehne das Epische Theater als gangbaren Weg in die Zu-

Brecht und Paul Dessau

kunft ab." Er fand: „Unsere nationale Kunstentwicklung ging [...] auf dem Theater den Weg der direkten Handlung von Menschen, die ‚sind': den Weg des dramatischen Theaters", und fragte polemisch, warum wir „zu einer uns wesensfremden, asiatischen Frühform der Kunst zurückgehen sollen?". Seine Bewertung der Aufführung entsprach wohl der eines als Zeugen angeführten „feinfühligen Besuchers", der von „raffiniertem Primitivismus" sprach.[218] Wie erwähnt, erschien im „Neuen Deutschland" überhaupt keine Kritik über die Aufführung. Der bedeutende ästhetische Wert dieser Inszenierung wurde erst durch die Gastspiele des Ensembles 1955 in Paris, 1956 in London und 1957 in Moskau richtig erkannt.

Um die Folgen einer Wiederaufrüstung unter imperialistischen Vorzeichen, wie sie sich in Westdeutschland anbahnte, zu Bewußtsein zu bringen, machte sich Brecht unmittelbar nach der „Kreidekreis"-Inszenierung an die Herstellung einer Bühnenfassung des Schauspiels „Die Winterschlacht" von Johannes R. Becher. Dieses Schauspiel, von Becher 1941 in Taschkent geschrieben, zeigt, wie ein junger Ritterkreuzträger der Naziwehrmacht, der aus dem Bürgertum kommt, sich schließlich weigert, an der Ermordung sowjetischer Partisanen teilzunehmen, und deshalb selbst deren Schicksal erleidet. Es war bereits 1954 in einer, wie Brecht meinte, falschen, weil pathetischen und idealisierenden Form in Leipzig aufgeführt worden. Brecht sah *die für die politische Erziehung in der DDR wichtige Funktion* von Stück und Inszenierung in der *ideologischen Abrechnung mit der Nazizeit.*

Becher stellte nach Meinung Brechts *die Überlegenheit der kommunistischen UdSSR über das faschistische Deutschland* gerade auch als *moralische Überlegenheit der UdSSR* dar.

Er kam in diesem Zusammenhang zur aktualen politischen Folgerung: *Es stellt sich heraus, daß die große nationale Frage bei einer feindlichen Haltung zur Sowjetunion nicht gelöst werden kann.*[219]

Das war unmißverständlich an die Verfechter einer „Politik der Stärke" gerichtet, die, wie Hallstein im März 1952 es formuliert hatte, den „Zusammenschluß des freien westlichen mit dem vom Bolschewismus befreiten östlichen Europa – bis zum Ural" verlangten und in der Wiederaufrüstung Westdeutschlands den ersten und entscheidenden Schritt für diese

„Neuordnung Osteuropas", die mit der „Befreiung der Sowjetzone" beginnen sollte, sahen. In diesem Sinne schrieb Brecht an E. F. Burian in Prag, der für die Regie vorgesehen war: *Die Aufführung der „Winterschlacht" wird politische Bedeutung haben, nicht nur weil damit eine produktive Zusammenarbeit der Künste unserer Völker beginnt, sondern auch weil das Stück in einem Augenblick kommt, wo die westdeutsche Bourgeoisie alles an militärische Aufrüstung setzt, um ihre Anschläge gegen uns und die Sowjetunion ausführen zu können – wobei sie mehr und mehr auf die Nazis zurückgreifen muß.*[220]

Als er in der Schlußphase zusammen mit Wekwerth selbst die Regie übernahm, achtete er darauf, daß der Darsteller des Ritterkreuzträgers Hörder Ekkehard Schall den Helden nicht von Anfang als schwankend gegenüber dem Nazismus zeigte, sondern erst durch das Erlebnis des Patriotismus der sowjetischen Partisanen zu einer zweifelnden und verweigernden Haltung kommt. Er verschärfte die Widersprüche der Figur und veranlaßte den Schauspieler, sie kräftig zur Geltung zu bringen. Die eigentlichen Helden des Stücks sah Brecht in dem Feldwebel Nohl und dem Stabskoch Oberkofler, die bewußt zur Roten Armee übergehen.

Den pantomimischen Rückzug der Wehrmacht in der Winterschlacht um Moskau erfand er eigens dazu; gegenüber Burian erläuterte er: *Die Flucht der Wehrmacht am Ende scheint mir für unser Publikum von sehr großer Bedeutung, weil die Armee von 400 000 Mann, die Adenauer aufzustellen sich anschickt, ja ausschließlich gegen den Osten aufgestellt werden soll. Und heute noch kann man Stimmen hören wie „Wenn es gegen den Russen geht, nehme ich noch einmal das Gewehr auf den Buckel". Es tut unserm Publikum gut, das Versacken (in geistiger wie materieller Bedeutung) der Wehrmacht auf ihrem Rußlandfeldzug warnend vor Augen geführt zu sehen. Das wird die einen abschrecken und die andern bestärken. Das ist das hereinbrechende Gericht für das Abenteuer! Eisler war gerade von dieser Szene hell begeistert und stellte sich sogleich eine Musik dafür vor.*[221]

Die Aufführung der „Winterschlacht" hatte am 11. Januar 1955 Premiere mit der Musik von Eisler, *die zugleich Triumph und Trauer ausdrückte, Triumph über die Besiegung Hitlers durch die Sowjetarmee und Trauer über die Leiden der deutschen Soldaten und die Schmach ihres Einfalls in die Sowjetunion*[222].

Von der Grundüberzeugung ausgehend, daß das „andere Deutschland", für das er im Exil gekämpft hatte und das sich mit der Gründung der DDR herausbildete, nur in Freundschaft mit der Sowjetunion gedeihen und eine Zukunft haben konnte, war es für Brecht eine besondere Ehre, am 21. Dezember 1954 als dritter Deutscher mit dem Stalin-Preis „Für Frieden und Verständigung zwischen den Völkern" ausgezeichnet zu werden. Brecht bedankte sich bei dem Internationalen Komitee: *Ein solcher Preis scheint mir der höchste und am meisten erstrebenswerte von allen Preisen, die heute verliehen werden können.*[223]

Wilhelm Pieck gratulierte ihm: „Als Dichter und Friedens-

Verleihung des Internationalen Stalin-Friedenspreises durch den Vorsitzenden des Sowjetischen Friedenskomitees N. S. Tichonow an Brecht am 25. Mai 1955

kämpfer sind Sie, lieber Bert Brecht, einer der hervorragenden Vertreter des anderen, friedliebenden Deutschlands, das Vertrauen und Anerkennung auch bei den Völkern findet, die Opfer der Überfälle des faschistischen deutschen Imperialismus waren."[224]

Am 15. Mai 1955 fuhren Brecht und Weigel, begleitet von Käthe Rülicke als Dolmetscherin, nach Moskau, um dort den Preis in Empfang zu nehmen. Die Verleihung fand am 25. Mai 1955 im Swerdlow-Saal des Kreml statt. Nikolai Tichonow würdigte Brechts Werk als „Waffe, die für das Glück der Menschheit streitet, die im Dienst des Friedens steht". Konstantin Fedin, der zusammen mit Boris Polewoi die Glückwünsche des Sowjetischen Schriftstellerverbandes überbrachte, äußerte seine Überzeugung, daß Brecht „ein Soldat des Friedens" bleiben werde, „solange die Bedrohung durch den Krieg besteht". Er würdigte Brecht: „Immer, wenn Sie über Probleme der Kunst sprechen, bestätigen Sie Ihre gesellschaftliche Zielsetzung."[225] Nikolai Ochlopkow gratulierte für die sowjetischen Theaterschaffenden.

Brecht stellte seine Rede, die von Boris Pasternak übersetzt worden war, unter das Motto: *Der Frieden ist das A und O aller menschenfreundlichen Tätigkeiten, aller Produktion, aller Künste, einschließlich der Kunst zu leben.*

Brecht erinnerte daran, daß er neunzehn Jahre war, als er von der Oktoberrevolution hörte, *zwanzig, als ich den Widerschein des großen Feuers in meiner Heimat erblickte.* Er fuhr dann fort: *In den folgenden Jahren der Weimarer Republik waren es die Schriften der Klassiker des Sozialismus, die durch den großen Oktober neu belebt worden waren, und die Berichte von Ihrem kühnen Aufbau einer neuen Gesellschaft, die mich diesen Idealen verpflichteten und mit Wissen versahen.*

Die wichtigste der Lehren bestand darin, daß eine Zukunft für die Menschheit nur „von unten her" vom Standpunkt der Unterdrückten und Ausgebeuteten aus, sichtbar wurde. Nur mit ihnen kämpfend, kämpft man für die Menschheit.

Er stellte schließlich dem Kampf aller gegen alle im Kapitalismus *den Kampf aller für alle* in der sozialistischen Gesellschaft gegenüber. Er zog Bilanz seines Lebens: *Ich selbst habe zwei Weltkriege erlebt. Jetzt, an der Schwelle des Alters, weiß ich, daß von neuem ein ungeheurer Krieg vorbereitet wird. Aber ein Viertel der Welt ist jetzt befriedet. Und in anderen*

Teilen befinden sich die sozialistischen Ideen im Vormarsch. Er schloß die Rede: *Es lebe der Friede! Es lebe Ihr großer Staat des Friedens, Staat der Arbeiter und Bauern!* [226]
Es waren vierzehn Jahre vergangen, seit Brecht in Moskau gewesen war. Er fand eine veränderte Stadt und eine sozialistische Gesellschaft vor, die nach neuen Formen und Normen des Zusammenlebens suchte, Menschen, die nach den schrecklichen Leiden des Krieges keinen höheren Wunsch als den Frieden hatten. Er sah in der neuen Universität einen *unprofessoralen* Bau, *wie für künste gebaut (in welche die wissenschaften einmal wieder aufgehen werden),* und sah sich in den Moskauer Theatern um, begeistert über die Aufführung von Majakowskis „Schwitzbad" im Theater der Satire, *allüber verfremdungseffekte, komisches pathos,* und im Künstlertheater *mit enormem vergnügen* eine Aufführung von Ostrowskis „Heißem Herz" mit Gribow als Chlinow: *die ganze größe stanislawskis wird sichtbar,* während ihm andere Aufführungen *mit hohlem pathos* und einem *pathetischen naturalismus* ganz und gar mißfielen.[227]
Brecht hatte Bernhard Reich und Asja Lacis nach Moskau eingeladen, um sie nach langen Jahren wiederzusehen. Reich

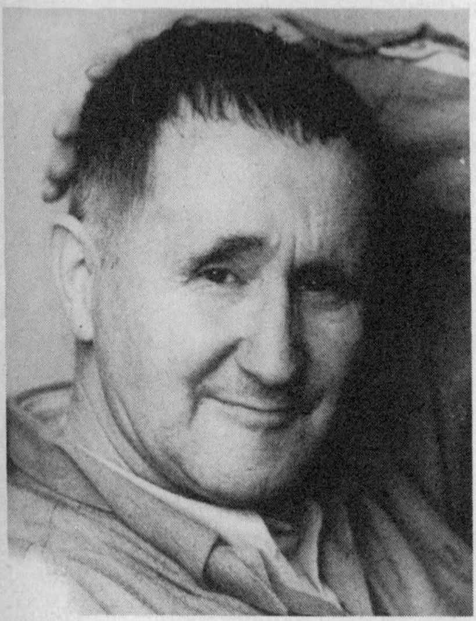

Brecht, 1955

fand den Brecht „äußerlich recht verändert: Das Gesicht breit [...], der Körper stämmig." Brecht ließ sich von Reich über das sowjetische Theater unterrichten und erörterte mit ihm auch die weiteren Pläne für das Berliner Ensemble, wohin er Reich für eine Gastregie einlud. „Er stellte Nachforschungen über das Schicksal von Carola Neher an und kümmerte sich um die Instandhaltung der Grabstätte der Margarete Steffin, die in Moskau gestorben war. Auch für mich setzte er sich mit Nachdruck ein, um die Erledigung meines Rehabilitierungsgesuches zu beschleunigen."[228] Gleichzeitig erörterte Brecht mit Reich, Ilja Fradkin und anderen, welche Regisseure und Schauspieler seine Stücke endlich auch in der Sowjetunion aufführen könnten, nachdem seit der „Dreigroschenoper" im Jahre 1930 kein Stück mehr aufgeführt worden war. Ochlopkow gegenüber, dem er die Wiederaufführung der „Aristokraten" von Pogodin empfahl, bezeichnete es Brecht als schmerzlich, daß es ihm bisher nicht möglich sei, seine Stücke in der Sowjetunion zu sehen, und nannte es seinen größten Wunsch, das Berliner Ensemble in Moskau spielen sehen zu können. Dieses Gastspiel sollte freilich erst ein Jahr nach seinem Tode zustande kommen. Die Übersetzungen seiner Arbeiten vertraute er vor allem Ilja Fradkin an. Er machte ihn dabei aufmerksam: *Die Stücke sind von so verschiedener Art und so sehr in der deutschen Tradition verankert, daß selbst literarisch gute Übersetzungen für die Theater unaufführbar sein können.*[229]

Die Verleihung des Stalin-Friedenspreises erhöhte Brechts Ansehen in der DDR im selben Maße, wie sie es vor allem in der Bundesrepublik schmälerte. Als die Leitung der Ruhrfestspiele sich unter Berufung auf die Rede Brechts in Moskau weigerte, in ihr Programm die Aufführung des „Kaukasischen Kreidekreises" aufzunehmen, den Buckwitz am 28. April 1955 in den Städtischen Bühnen Frankfurt zur Premiere gebracht hatte (Käthe Reichel spielte die Grusche, Hanns Ernst Jäger den Azdak), schrieb Brecht an Buckwitz, er hoffe seine Moskauer Rede in seinen Händen: *Sie behandelt den Weltfrieden vom Standpunkt eines Sozialisten aus. Der Preis ist kein gewöhnlicher Stalin-Preis, der für bestimmte Werke, sondern ein internationaler Friedenspreis, etwa entsprechend dem Nobel-Preis, der für Bemühungen um den Weltfrieden verliehen wird. Im letzten Jahr wurde er u. a. an Charlie Chaplin verliehen.*[230]

Harry Buckwitz, Peter Suhrkamp und Brecht während der Proben zur Aufführung von „Der kaukasische Kreidekreis" in Frankfurt (Main), Regie: Harry Buckwitz, Bühnenbild: Teo Otto, Premiere: 28. April 1955

Brecht, 1955

Brecht und Vladimir Pozner, 1955

Angesichts der Hetze, die in der BRD nach der Annahme des Stalin-Friedenspreises gegen Brecht betrieben wurde, mußte es Brecht tief befriedigen, daß das zweite Gastspiel des Berliner Ensembles im Rahmen des „Festivals des Theaters der Nationen" im Juni 1955 in Paris wiederum ein voller Erfolg wurde. Gezeigt wurde der „Kaukasische Kreidekreis". In den Kritiken wurden wieder der Erfindungsreichtum und die Präzision der Regie bewundert. Der Gebrauch von Masken wurde größtenteils gutgeheißen. Bemerkenswert war jedoch, daß nun ernstere Auseinandersetzungen über Brechts Theorie der Verfremdung begannen.
Pozner hat beschrieben, wie Brecht auf der Terrasse eines Cafés neben dem „Théâtre Sarah Bernhardt" auf das Ende der Vorstellungen zu warten pflegte. (Brecht wohnte nur selten Premieren oder Aufführungen bei Gastspielen im Theater selbst bei. Der Verfasser dieser Zeilen hat erlebt, wie Brecht anläßlich der Premiere seiner Inszenierung von „Mutter Courage" in den Münchner Kammerspielen im Oktober 1950 die ganze Vorstellung über um den Häuserblock ging, in dem die Kammerspiele sich befinden, als wolle er böse Geister fernhalten.) Pozner berichtet über Brechts Aussehen im Juni 1955: „In der Menge, die vom Bürgersteig auf den

Manfred Wekwerth, Brecht, Ernst Busch und Isot Kilian in Paris, 1955

Fahrdamm überströmte, ahnte niemand, daß der Mann mit der Haarfranse, der im 15. Jahrhundert das Modell irgendeines primitiven Malers, eines x-beliebigen Augsburger Meisters hätte sein können, daß dieser Bauer in der bis zum Hals zugeknöpften grauen Joppe ein genialer Dichter war, der Schöpfer von Mythen, von Sagen, einer ganzen Folklore eines unbekannten Volkes, das es zweifellos niemals gegeben hat, das aber nicht ohne Ähnlichkeit mit dem deutschen Volk war."[231]

Sowohl das mangelhafte Verständnis, das Brechts Theorie des Theaters in Deutschland, aber auch im Ausland gefunden hatte, als auch die Notwendigkeit, die in der praktischen Theaterarbeit des Berliner Ensembles gemachten Erfahrungen zu verallgemeinern, veranlaßten Brecht in dieser Zeit verstärkt, seine Absichten zu verdeutlichen, Grundpositionen zu überdenken und vor allem die materialistische Dialektik in ihrer Bedeutung für die Theaterarbeit zu untersuchen. Dabei ging es Brecht um die Förderung besonders der Schauspiel- und der Zuschaukunst.
Im Frühjahr 1955 nahm er die Arbeit an Modellbüchern wie-

der auf. Zusammen mit Berlau und Palitzsch bereitete er das „Antigone"-Modellbuch für die Ausgabe im Henschelverlag vor.
Nach Feststellung Wekwerths wurde das Berliner Ensemble 1951 „‚erfaßt' von der Entdeckung des Materialismus für das Theater". 1953 wurde es, „ausgelöst durch die politischen Ereignisse", „von einer großen Lernperiode erfaßt: Dialektik auf dem Theater. Alles, auch das bereits auf der Bühne Erarbeitete, wurde nun auf seine Widersprüche hin befragt. Hatten wir den materialistischen Standpunkt durch die Erzählung der Fabel erreicht, wo waren nun in dieser ‚einheitlichen' Fabelerzählung die ‚disparaten' Widersprüche, die die Fabel in Bewegung setzen? Erneut stürzen wir in die Staatsbücherei, besuchen wir Vorlesungen, streiten, ja verkrachen uns über die Negation der Negation, und wieder ist es Brecht, der wie ‚Buddha unter dem Brotbaum' genußvoll und vergnügt seine Schüler über Dialektik unterrichtet. Und dabei – das macht die Sache angenehm – selbst über Dialektik lernt."[232]
1953 legte Brecht dem Studium Lenins „Zur Frage der Dialektik" zugrunde. 1954 zeigte er selbst sich besonders von Mao Tse-tungs Schrift „Über den Widerspruch" beeindruckt, zu der dann die Schrift „Über die Praxis" kam. Brecht wollte damit der *Verkümmerung der Dialektik* abhelfen, in der er *eine der schlimmsten Folgen des Stalinismus* erblickte.[233]
Die erste Vertiefung seiner Theatertheorie durch das Studium der materialistischen Dialektik stellten die „Nachträge zum ‚Kleinen Organon'" dar, die im wesentlichen 1954 abgeschlossen wurden. Hier war Brecht bereit, den Begriff „episches Theater" aufzugeben, weil zu *ärmlich und vage für das gemeinte Theater.* Auch der Begriff „ Theater des wissenschaftlichen Zeitalters" schien ihm *nicht weit genug:* Der Terminus „wissenschaftliches Zeitalter" *ist zu sehr verschmutzt.* Damit wir *den historischen Sinn [...] zu einer wahren Sinnlichkeit ausbilden* können, strebte er schließlich ein „dialektisches Theater" an. Er zitierte Lenin: „Bedingung der Erkenntnis aller Vorgänge in der Welt in ihrer ‚Selbstbewegung', in ihrer spontanen Entwicklung, in ihrem lebendigen Sein ist die Erkenntnis derselben als Einheit von Gegensätzen." Daraus folgerte er für das Theater, daß Darstellungen der Welt, die

nicht irreführend sein sollten, *ohne Kenntnis der Dialektik – und ohne Dialektik zur Kenntnis zu bringen –, nicht befriedigend ausfallen.* Er folgerte: *Das Theater des wissenschaftlichen Zeitalters vermag die Dialektik zum Genuß zu machen. Die Überraschungen der logisch fortschreitenden oder springenden Entwicklung, der Unstabilität aller Zustände, der Witz der Widersprüchlichkeiten und so weiter, das sind Vergnügungen an der Lebendigkeit der Menschen, Dinge und Prozesse, und sie steigern die Lebenskunst sowie die Lebensfreudigkeit.*

Alle Künste tragen bei zur größten aller Künste, der Lebenskunst.

Im bürgerlichen Theater gingen die Darstellungen *immer auf die Verschmierung der Widersprüche, auf die Vortäuschung von Harmonie, auf die Idealisierung aus.* Das „dialektische Theater" dagegen vermeide *jene banale Durchidealisierung* und zeige die Fabel als *zurechtgemachte Vorgänge, in denen die Ideen des Fabelerfinders über das Zusammenleben der Menschen zum Ausdruck kommen.* Die Fabel entwickle sich in *Wendungen und Sprüngen,* die *zurechtgemacht und nach Ideen geformt sind.* Brecht wiederholte nochmals den Zusammenhang zwischen einer solchen Zwecksetzung des Theaters und den Interessen der Gesellschaft: *Echte, tiefgreifende Verwendung der Verfremdungseffekte setzt voraus, daß die Gesellschaft ihren Zustand als historisch und verbesserbar betrachtet. Die echten V-Effekte haben kämpferischen Charakter.*[234]

Die „Notizen über die Dialektik auf dem Theater", die vornehmlich 1954 und 1955 entstanden, führten diese Überlegungen weiter.

Der Begriff „episches Theater" habe seine Schuldigkeit getan, *wenn das erzählerische Element, das in allem Theater steckt, gestärkt und bereichert worden ist.* Das „dialektische Theater" sei *zumindest dadurch neu, daß es Züge bisherigen Theaters – die dialektischen – bewußt ausbildet und vergnüglich macht.* Dieses Theater ist gerichtet *auf den Spaß, den es seinem Publikum bereitet, menschliches Verhalten und seine Folgen kritisch, das heißt produktiv zu betrachten.*

Brecht verfocht in diesem Zusammenhang die Auffassung, *daß das Publikum in seinem Ko-Fabulieren den Standpunkt des produktivsten, ungeduldigsten, am meisten auf glückliche Veränderungen dringenden Teils der Gesellschaft muß einnehmen können.* Dazu ist nötig, den Blick auf *die Veränderbarkeit des*

Zusammenlebens der Menschen (und damit der Veränderbarkeit des Menschen selbst) zu lenken: *Das kann nur geschehen dadurch, daß man das Augenmerk auf alles Unfeste, Flüchtige, Bedingte richtet, kurz auf die Widersprüche in allen Zuständen, welche die Neigung haben, in andere widerspruchsvolle Zustände überzugehen.*
Brecht stellte klar: *Dabei gehen wir aus von der Dialektik der sozialistischen Klassiker.*[235]
Die bündigsten Definitionen arbeitete Brecht schließlich in den Thesen zu „Sozialistischer Realismus auf dem Theater" aus. Realistische Kunst wird als *kämpferische Kunst* verstanden. Realistische Künstler betonen *das Typische (historisch Bedeutsame),* weiter *das Moment des Werdens und Vergehens,* sie stellen *die Widersprüche in den Menschen und ihren Verhältnissen zueinander* dar, und zwar so, *daß die sozialistischen Impulse erstarken,* und schließlich berücksichtigen sie *Bildungsgrad und Klassenzugehörigkeit ihres Publikums sowie den Stand der Klassenkämpfe.*
Ein Großteil des Vergnügens ist nach Brecht beim sozialistischen Realismus *das Vergnügen an der Meisterungsmöglichkeit des menschlichen Schicksals durch die Gesellschaft.*[236]
Damit war nochmals klargestellt, daß sich das Theater Brechts, gleich welches Attribut es sich voransetzte, als gesellschaftliche Praxis verstand, als Instrument der Bewußtseinsbildung wie der „Erziehung der Gefühle", und dazu die fortwährende Selbstverständigung und Selbstveränderung der Produzenten als Voraussetzung für die gesellschaftliche Einflußnahme betrachtete.
Auf die Problematik, daß dies weniger von der Theaterkritik als vom Publikum verstanden wurde, ging Brecht in seinem Gespräch mit den Mitarbeitern Hans Hamacher, Wolf Kaiser, Isot Kilian, Erik S. Klein, Peter Palitzsch, Ekkehard Schall, Raimund Schelcher und Else Wolz „Über Kritiken" ein, das er nach der ohne Begeisterung aufgenommenen Aufführung der „Winterschlacht" am 30. Januar 1955 führte. Er meinte: *Das Pech ist, daß wir politisches Theater machen in einer Presseumgebung, die völlig unpolitisch ist.* Im *Kampf gegen die Verluderung und verlumpte Theaterberichterstattung* empfahl er: *Kritiker sollen mehrfach die Inszenierung ansehen.* Er vermerkte kritisch: *Die These, daß der Ernst des Theaters auf Heiterkeit basiert, ist für die Leute unbekannt.*

Brecht in Holland, 1954

Er sah aber auch die Begrenztheit des Publikums, mit dem er es zu tun hatte: *Der einzelne Zuschauer ist auch in sich geteilt, er will vieles. Er will von Ihnen haben, daß Sie seine verschlampten schlechten Instinkte bedienen sollen, andererseits aber auch ziemlich hohe moralische. [...] Darum geht die Angleichung sehr schwer zu machen.* Dabei unterstrich er die einzunehmende Position des Theaters: *Wirkliche Kunst ist nicht gefällig. Das Natürliche ist schon das Nachgeben, dabei muß man eine gewisse Herbheit halten.*[237]

In dem ebenfalls von der Kritik an der „Winterschlacht" ausgehenden „Kleinen Gespräch in der Dramaturgie" über „Einige Irrtümer über die Spielweise des Berliner Ensembles" nahm Brecht vornehmlich zum Vorwurf Stellung, die Spielweise lasse kalt und wirke zu wenig gefühlsmäßig. Er wandte sich dagegen, *daß das Gefühl des Menschen, seine Intuition, sein Instinkt etwas Verläßliches, ‚Gesundes' und so weiter ist.* Er begründete: *Der reinigende Prozeß einer Revolution war Deutschland nicht beschieden worden. Die große Umwälzung, die sonst im Gefolge einer Revolution kommt, kam ohne sie.* Da daher *die entsprechende neue Denk- und Fühlweise fehlte, kann die Kunst nicht ohne weiteres an Instinkt und Gefühl ei-*

nes mannigfaltig zusammengesetzten Publikums appellieren. […] Das verband er mit der Überzeugung: *Das Publikum, angetrieben durch seine Interessen, lernt sehr schnell. Besonders solange wir noch andere Wünsche erfüllen.*
Er erläuterte am Beispiel der Darstellung der Courage durch die Weigel, daß das Publikum durchaus willens und fähig sei, *bei ihrem immerfort verschiedenen Verhalten ganz verschiedene Gefühle der Courage gegenüber* zu entwickeln.[238]
Seinen Dramaturgen empfahl er grundsätzlich, besonders mißtrauisch zu sein gegen Leute, die in irgendeiner Weise die Vernunft aus der künstlerischen Arbeit verbannen möchten. Er faßte zusammen: *Uns drängen die Gefühle zur äußersten Anspannung der Vernunft, und die Vernunft reinigt unsere Gefühle.*[239]

Der „Brief an den Darsteller des jungen Hörder in der ‚Winterschlacht'", Ekkehard Schall, beweist, wie Brecht den Darstellern durch politische wie psychologische Erläuterung einer Figur half, richtige Gestaltungsmittel zu organisieren und durch die Beschreibung der Gestaltung selbst zur Verbesserung des Eindrucks befähigte. Nach der Premiere der „Winterschlacht" teilte Brecht auf einem Zettel Schall mit: *Ich finde Ihren Hörder jetzt von großer Art.* Als sich jedoch Schall von der Kritik eines „wichtigen Mannes" beeindruckt zeigte, der einen „heroischen Tod" erwartet hatte, und daraufhin in der nächsten Vorstellung die Darstellung in diesem Sinne änderte, verlangte Brecht „aufs höchste empört" den Zettel von Schall zurück.[240]
Brecht konnte im Umgang mit Schauspielern in diesen Jahren auch große Heftigkeit bezeigen, wenn er den Eindruck von Schlamperei, Gleichgültigkeit und Dezentration hatte.
Für das Interesse, das Brecht an der Entwicklung der einzelnen Schauspieler nahm, sei aus dieser Zeit hervorgehoben, daß er Wolf Kaiser im Januar 1956 *eine Art Dreijahresplan* vorschlug, wobei er konkrete Hinweise auf die gleichmäßige Entwicklung seiner sprachlichen und gestischen Gestaltungsmittel zur Entfaltung seines *großen Talents* machte, damit er Rollen wie Shylock gewachsen sei. (In diesem Zusammenhang betonte er: *Außerdem muß das ganze Ensemble ja noch erst die Feuerprobe SHAKESPEARE bestehen.*[241])
Gegen die Unterstellung, er fordere eine „kalte" Artistik

beim Spielen, stellte er in seinem „Brief an einen Schauspieler" richtig: *Nicht einmal das Sprechenlernen, das für die meisten unserer Schauspieler sehr nötig ist, kann ganz kalt, als etwas Mechanisches vor sich gehen.*[242] Er führte grundsätzlich aus: *Wir werden formalistisches, leeres, äußerliches, mechanisches Spiel bekommen, wenn wir bei der artistischen Ausbildung auch nur einen Augenblick außer acht lassen, daß es die Aufgabe des Schauspielers ist, lebendige Menschen darzustellen. [...] Natürlich müssen auf der Bühne eines realistischen Theaters lebendige, runde, widerspruchsvolle Menschen stehen, mit all ihren Leidenschaften, unmittelbaren Äußerungen und Handlungen. Die Bühne ist kein Herbarium oder zoologisches Museum mit ausgestopften Tieren.*

Er blieb aber dabei, daß *ein völliges Aufgehen des Schauspielers in seiner Figur* zur Folge hat, *daß der Zuschauer sie einfach hinzunehmen hat,* während es doch darauf ankomme, *den Menschen „von der Seite aus zu zeigen", wo er änderbar durch den Eingriff der Gesellschaft erscheint.*

Brecht hielt es für unmöglich, *zu einem Theater der großen Gegenstände für die neue Gesellschaft [...] ohne tiefes Verständnis und leidenschaftliches Bejahen der neuen großen Ordnung der menschlichen Beziehungen zu kommen.*[243]

Er hielt aber eben auch und gerade einen neuen Gebrauch der Emotionen beim schauspielerischen Schöpfungsprozeß für unumgänglich. Er strebte eine Darstellungsweise an, *welche der gesellschaftlichen Umfunktionierung gerecht wird. Man muß auf das Temperament als Schlüssel zu aller Kunst nicht nur verzichten, weil es längst nur noch ein schäbiger Ersatz jener Leidenschaftlichkeit geworden ist, welche die bürgerliche Kultur während des revolutionären Aufstiegs des Bürgertums erfüllte.*

Er war der Überzeugung: *Die neue Leidenschaftlichkeit, der Kampfgeist des proletarischen Aufstiegs, produziert sich anders. Die Ausbrüche des Individuums sind keine Durchbrüche mehr. Die Charaktere machen nicht mehr die Geschichte und die Geschichten. Es ist an der Zeit, Geduld in Anspruch zu nehmen für Arbeiten, die Leidenschaftlichkeit neuer Art erfordern.*[244]

Brechts besonderes Interesse gehörte daher der Ausbildung der Schauspieler, ein Interesse, das die Weigel teilte. Er meinte, bei den Eignungsprüfungen für Schauspielschulen und bei den Engagements werde *immer noch zu sehr auf Büh-*

nenschönheit und Bühnentemperament geachtet, anstatt auf wirkliche Persönlichkeit und echte Leidenschaft für Menschendarstellung[245].

Nötig seien nicht Aussehen oder Stimme oder „Ausbruch", sondern nur Talent und Interesse. Der Schüler sollte mit sechzehn Jahren in die Schule eintreten können. Die technische Ausbildung sollte drei Jahre dauern; das dritte Jahr sollte Studioarbeit auf eigener Bühne sein. Als entscheidend sah Brecht den Sprechunterricht an. Er wünschte aber auch Unterricht in Pantomime und Grundausbildung im Ballett. Auffälligerweise verlangte er statt Fechtunterricht Schießunterricht. Kunst- und Theatergeschichte sollten durch weltanschaulichen Unterricht fundiert werden. Als Ausgangspunkt der schauspielerischen Lehre betrachtete er Beobachtung und Nachahmung, warnte aber in bezug auf die Nachahmung von Vorbildern: *Wird der Anteil der theatralischen Tradition in einer Gestaltung zu groß, dann wird die Gestalt zum Klischee. Hingegen könnte es nicht schaden, wenn in die Gestaltung plötzlich ganz ungewohnt viel vom Leben der Zeit hineingetan würde.*

Grundsätzlich meinte Brecht: *Der Schauspieler kann von allen Künsten lernen, denn das Theater nimmt von allen Künsten.*[246]

Seiner Freundin Käthe Reichel stellte er zehn „Elementarregeln für Schauspieler" zusammen. Er war gegen verstellte Stimme, für Entwicklung von Figuren, gegen fixierte Charakteristika, zu lautes und pathetisches Sprechen. Seine Grundüberzeugung faßte er in die Regel: *Wenn der Schauspieler den Zuschauer rühren will, muß er nicht einfach selber gerührt sein.*

Er kritisierte: *Die meisten Figuren auf der deutschen Bühne sind nicht aus dem Leben gegriffen, sondern aus dem Theater.*

Soziales Gefühl sei für den Schauspieler nötig, ersetze jedoch *nicht das Wissen um soziale Zustände.* Dieses Wissen bedürfe ständigen Studiums. *Für jede Figur und für jede Situation und für jede Aussage ist neues Studium nötig.* Temperament, *besser gesagt: Vitalität* sollten die Zuschauer nicht mitreißen, sondern die für die Figuren nötige Steigerung erreichen. Den Kunstwerken solle ihr Auf und Ab belassen werden. Mit dem Pathos solle *sehr vorsichtig* umgegangen werden.[247]

Nochmals definierte er das Wechselverhältnis zwischen Gestik, Gesten und Gestus, wobei er dem Gestus die entscheidende Bedeutung zumaß: *Ein Gestus zeichnet die Beziehungen von Menschen zueinander.*[248] Er gab seinen Schauspielern anschauliche Erläuterungen, was unter dem Gestus eines Stückes oder einer Szene zu verstehen sei, und beschrieb ihnen die entsprechenden Gestaltungsmittel. Er bestimmte die Funktion der Arrangements: *Die theatralische Darstellung muß die Vorgänge vom Zufälligen, Nichtssagenden reinigen.* Deshalb müsse man auf dem Theater *nicht mehr, sondern eher weniger Stellungswechsel haben als im Leben. Es muß mehr Plan und Logik in allem sein.*[249]

Die Arbeit des Spielleiters erläuternd, erklärte er: *Das Arrangement, das heißt das Plazieren der Personen, das Festlegen ihrer Stellung zueinander, ihrer Stellungswechsel, ihrer Auftritte und Abgänge. Das Arrangement muß die Geschichte sinnreich erzählen.*

Als Richtlinie für den Regisseur bei der Arbeit mit dem Text gab Brecht vor: *Der Spielleiter hat eine Lesart zu wählen, die seine eigene Zeit interessiert.*

Als das Wichtigste an der darzustellenden Geschichte bezeichnet Brecht ihren *Sinn, das heißt ihre gesellschaftliche* Pointe. [250]. Die von Rülicke beschriebene „Spielleitung Brechts" feilte er eigenhändig nach. Ihrzufolge betrachtete er die Schauspieler keineswegs als „seine Instrumente". Er half ihnen vielmehr, *sie ins schöne Schwimmen* zu bringen. Wenn er auch viel vormachte, so brach er *mitten drin ab, um nur ja nichts Fertiges zu geben. Und er ahmte dabei immer den Schauspieler nach, dem er vormachte, freilich ohne sich zu verstellen.*

Er liebte es, mit einem Stab von Schülern zu inszenieren. Dabei sprach er immmer laut [...], damit alle alles hören konnten. Brecht bemühte sich gleichzeitig, *„während des Sprechens zu hören"*, und gab gute Vorschläge weiter. *Selbst den großen Schauspielern rief er zu, welche Worte in den Sätzen zu betonen waren, oder diskutierte dies mit ihnen.* Wenn ein Schauspieler etwas Richtiges und Wichtiges gefunden hatte, rief ihm Brecht zu, das sei sein Moment: *Jetzt sind Sie dran, zum Teufel mit dem Stück.* Rülicke hob schließlich hervor: *B. mischte gern Schauspielschüler mit Meistern (Stars). Er sagte: „Da lernen die Schüler als Meister und die Meister als Schüler aufzutreten."*[251]

Auch Wekwerth betonte, als er über die Gespräche zur geplanten Uraufführung von „Schweyk im zweiten Weltkrieg" berichtete, Brecht habe gern im Kollektiv gearbeitet. „Bekannt ist aber auch, daß Brecht oft sehr nachdrücklich (manche sagen auch: laut) seine Meinung durchsetzt. [...] Brechts ‚Weisheit', die angeblich auf Proben immer lächelnd anwesend war, ist eine Erfindung der Anekdote. In Wirklichkeit gibt es sogar solche Sprüche: Brecht geht vor Recht. Das ist natürlich übertrieben, aber man kann nicht sagen, daß es überhaupt nicht stimmt. [...] Brechts Begriff der praktischen Demokratie an seinem Theater ist viel weiter. Die Probe auf der Bühne ist nicht der Ort der Diskussion, sondern der konzentrierten und aufmerksamen Erprobung des Diskutierten."[252] Zur induktiven Methode Brechts bemerkte Wekwerth an anderer Stelle: „Er hatte ein Vergnügen an der Unstetigkeit der Gedanken"[253] und kennzeichnete als besondere Form das „Blödeln", durch das auf dem Wege der paradoxalen Zuspitzung oder Ironisierung nach dem Wesentlichen eines Vorgangs gesucht wurde. Auch Wekwerth bestätigt Brechts aktive Regiearbeit: „Oft springt Brecht auf und spielt vor. Oft spielt er etwas anderes vor, als im Stück steht. Oftmals korrigiert er auch das Stück nach dem, was er vorspielt. Oft dachte ich, warum kann das nicht Theater sein, es ist viel lustiger als nachher nur die feierliche Ablieferung der fertigen Inszenierung!"[254]

Durch diese intensive Arbeit mit den Schauspielern; die genauen Beobachtungen, die er machte, weitergab und verallgemeinerte; durch die Fähigkeit, Prinzipien unauffällig, gleichsam naturwüchsig aus der Arbeit an Rollen und Figuren hervorgehen zu lassen; durch kollektive Arbeitsweise, aber auch bewußte Führung formte Brecht die Talente, gab ihnen handwerkliche Sicherheit, ließ sie zu individuellem wie gemeinschaftlichem Selbstverständnis gelangen, schuf ein reiches Anschauungsmaterial und bot mit seinen theoretischen Verallgemeinerungen die Möglichkeit ästhetischer wie politischer Reflexion. Brecht lehrte auf diese Weise auch die jungen Regisseure, ein Spiel induktiv aufzubauen, überließ ihnen die Verantwortung für ganze Inszenierungen und griff nur korrigierend ein.

Diese zeitaufwendige, fortwährende Konzentration erfordernde, in der theoretischen Nachbereitung langwierige praktische Theaterarbeit mußte auf Kosten der Arbeit an Stückvorhaben gehen. Aber Brecht hatte gerade als Regisseur die „dramatische Ernte" des Exils aufzubereiten. Er hatte als künstlerischer Leiter des Berliner Ensembles anschaulich zu machen, was „episches Theater", „Theater des wissenschaftlichen Zeitalters", „dialektisches Theater" an Sinnenreichtum wie Sinnfälligkeit zu eröffnen hatte. Wenn er sich immer als *inszenierender Stückeschreiber* verstanden hatte, so mußte er notwendig der Arbeit mit dem Produzenten im Theater eine besondere Bedeutung zumessen. Nur auf diese Weise konnte er eine neue Tradition stiften.

Und nur durch dieses außerordentliche Engagement Brechts in der praktischen Theaterarbeit konnte das Berliner Ensemble innerhalb eines Jahrfünfts ein international beachtetes Profil bekommen. Brecht leistete in wenigen Jahren, wozu andere Theaterleiter und Menschen-Führer auf der Bühne, wie etwa Reinhardt oder Stanislawski, Jahrzehnte benötigten.

Er konnte sich bei dieser Theaterarbeit einer großzügigen materiellen Unterstützung durch den sozialistischen Staat erfreuen, mußte sie aber gleichzeitig gegen normative ästhetische Auffassungen über Realismus und Formalismus in den eigenen Reihen durchsetzen: Ein wesentlicher Teil seiner theoretischen Verallgemeinerungen, aber auch konkreter Beschreibungen entstand in Auseinandersetzung mit solchen Ansichten.

Im gleichen Jahr 1955, das ihm die höchste Anerkennung als Friedenskämpfer brachte und sein politisches Ansehen enorm erhöhte, hielt Brecht es für notwendig, in einem Schreiben an das Zentralkomitee der Sozialistischen Einheitspartei Deutschlands die „Eigenarten des Berliner Ensembles" zu erläutern. Die Kennzeichnung richtete sich gegen unterstellte Schädigungen der Rezeption des Publikums und gegen unrealistische Tendenzen oder Merkmale der Spielweise. Brecht brachte die Arbeit des Berliner Ensembles in bezug zur *ungeheuren Umwälzung der Lebens-, Arbeits- und Denkweise bei der Einführung des Sozialismus* und stellte klar:

Einige Eigenarten des Berliner Ensembles, die mitunter Befremden erregen, kommen von den Bemühungen:

1. Die Gesellschaft als veränderbar darzustellen.

2. Die menschliche Natur als veränderbar darzustellen.

3. *Die menschliche Natur als abhängig von der Klassenzugehörigkeit darzustellen.*
4. *Konflikte als gesellschaftliche Konflikte darzustellen.*
5. *Charaktere mit echten Widersprüchen darzustellen.*
6. *Entwicklungen von Charakteren, Zuständen und Ereignissen als diskontinuierlich (sprunghaft) darzustellen.*
7. *Die dialektische Betrachtungsweise zum Vergnügen zu machen.*
8. *Die Errungenschaften der Klassik im dialektischen Sinn „aufzuheben".*
9. *Aus Realismus und Poesie eine Einheit herzustellen.*

Nochmals betonte er, daß damit *der Kunstgenuß des Publikums nicht geschmälert, sondern nur in seiner Natur verändert* werde. Er unterstrich die Notwendigkeit einer *allgemeinen Ausbildung* der Schauspieler, *eine Unterweisung in realistischem, auf Beobachtung gestelltem, natürlichem und zugleich gestaltetem Spiel, die das Ensemble seinem Schauspielernachwuchs gewährt.*[255]

Worum es Brecht der Sache nach ging, nämlich parteiliches, aktivierendes Vergnügen an der Veränderungsmöglichkeit des Menschen und seiner Verhältnisse auslösendes Theater zu machen, hat Brecht schließlich auf dem IV. Schriftstellerkongreß der DDR im Januar 1956 in fast vehementer Form ausgeführt. Es ging ihm um den Realismus als *kämpferische Methode.*[256]

Vor der Sektion Dramatik, vor der er am 12. Januar 1956 sprach, äußerte sich Brecht jedoch kritischer. Er meinte, *daß ein beträchtlicher Teil unserer Theater in der DDR sich in sehr schlechten Händen befindet. Es gibt sehr schlechte Intendanten, so etwa aus der Gattung der Operettenbuffos.* Weiter führte er aus: *Wir haben überhaupt, wie ich meine, hauptsächlich ein Bildungstheater, und wir sollten ein Umbildungstheater haben, auch im großen Theater.*

Er steckte das Ziel ab: *Was wir erreichen müssen, ist, daß im Publikum ein Kampf entfacht wird, und zwar ein Kampf des Neuen gegen das Alte. Wir müssen also erreichen, daß wir durch unsere Stücke und durch unsere Aufführungen unser Publikum wirklich scheiden.*

Er kam zur Folgerung: *Wenn wir uns die neue Welt „künstlerisch-praktisch aneignen" wollen, müssen wir neue Kunstmittel schaffen und die alten umbauen. Die Kunstmittel Kleists, Goe-*

thes, Schillers müssen heute studiert werden; sie reichen aber nicht mehr aus, wenn wir das Neue darstellen wollen. Den unaufhörlichen Experimenten der revolutionären Partei, die unser Land umgestalten und neu gestalten, müssen Experimente der Kunst entsprechen, kühn wie diese und notwendig wie diese. Experimente ablehnen heißt, sich mit dem Erreichten begnügen, das heißt zurückbleiben.[257]

Brecht leitete also die Umgestaltung der Kunstmittel unmittelbar aus der revolutionären politischen Praxis ab.

Das eigentliche Problem war zunächst ein inhaltliches, nämlich den Umgestalter der alten, den Erbauer einer neuen, sozialistischen Gesellschaft als Helden zu zeigen. Das Problem des „positiven Helden" des Sozialismus war nicht von dogmatischen Ästhetikern ausgedacht, sondern von der gesellschaftlichen Notwendigkeit bestimmt. Brecht hat diese Forderung nicht nur in seinen „Notaten" zu Strittmatters „Katzgraben" als seine eigene anerkannt. Im Gespräch mit den Greifswalder Studenten grenzte er sich zwar vom schematischen „positiven Helden" ab, fügte aber hinzu: *Es ist heute eine gewisse Notwendigkeit, positive Figuren auf der Bühne zu zeigen. Denn wir befinden uns in einem Übergangszeitalter, in dem das nützlich und gut ist.*[258]

Er unterstützte die Politiker insoweit: *Sie wenden sich gegen alles, was ihnen die Kampfkraft des Proletariats zu schwächen scheint. Das ist doch selbstverständlich, das ist einfach richtig, finde ich. Ich würde mich auch dagegen wenden, unter allen Umständen, von allen Standpunkten aus.* Er fügte allerdings in diesem Gespräch, das er 1955 mit Walter Besenbruch, Fritz Cremer, Alfred Kurella, Herbert Sandberg und Gustav Seitz über Malerei führte, hinzu: *Das kommt aber an die Künstler teilweise in einer ganz entmutigenden Art heran.*[259] Brecht verwarf aber bei Gestaltung des neuen Helden eine Kunst des „keep smiling" im Sozialismus. Sosehr er anstrebte, daß die Kunst *die sozialistischen Impulse erstarken* macht, indem sie *praktikable Einsichten in das gesellschaftliche Getriebe* ermöglicht,[260] war er gegenüber einem oberflächlichen Optimismus mißtrauisch. Er wandte sich in dem angeführten Gespräch über Malerei gegen eine *moralinsaure Definition der Kunst.* Gleichzeitig befürchtete er, mit der Forderung, Kunst solle Optimismus verbreiten, *wird die Kunst echt degradiert*[261].

Seine Grundüberzeugung war: *Wirkliche Kunst ist nicht gefällig.*[262] Er verurteilte die Theorie der Konfliktlosigkeit in der sozialistischen Gesellschaft, warnte aber davor, *die Konflikte ausschließlich in den Schoß der Familie oder in die Parteizelle eines einzigen Betriebes zu verlegen.*

Ein solches spätbürgerliches Schema, das des naturalistischen Stücks, verwarf Brecht: *Der Klassenkampf, in dem die Arbeiter und Bauern die neue Gesellschaft aufbauen, ist weder eine reine Familien- noch eine reine Betriebsangelegenheit. Hier wirkt vieles zusammen, hier kämpfen viele widerspruchsvolle Einheiten gegen widerspruchsvolle Einheiten, und der Kampf ist ein ungeheurer. Viele unserer Stücke wirken zahm und kleinbürgerlich, ohne Feuer, auch ohne das Feuer der Brände übrigens.*[263]

Gerade die Partei lasse sich nicht *in Form eines Sekretärs oder zweier Sekretäre oder einer kleinen Zelle* darstellen, denn: *Sie ist eine riesige, sich entwickelnde, das heißt widerspruchsvolle Vereinigung kämpfender Sozialisten. [...] Selbst wenn sie einmal, sofern die Handlung es erfordert, von einem einzigen Mitglied vertreten werden muß, muß in ihm all dies nachzittern und lebendig werden.*

In diesem Zusammenhang empfahl Brecht: *Um zur großen Handlung zu kommen, sollten wir die Bauart der Klassiker studieren, besonders die Shakespeares.* Stückebau für solche Gegenstände lasse sich auch *studieren an den großen politischen Stücken „Emilia Galotti" und „Wallenstein", Rhetorik bei Schiller und Goethe, die Massenszene im „Demetrius" und im „Guiskard" und in „Dantons Tod"*[264].

Wenn Brecht damit eine erstaunliche „Weite und Vielfalt" in dramaturgischen Vorbildern bis hin zu Werken der Hochklassik aufzeigte, die er ansonsten umgangen hatte, so kreisten zu dieser Zeit seine Überlegungen für eine neue sozialistische Dramatur um die Erneuerung und Wiederanwendung der „klassischen" Struktur der Lehrstücke, der Fragmente und der großen Formgebungen eines „epischen Theaters", wie sie in „Die heilige Johanna der Schlachthöfe" erstmals vorlagen.

Brecht setzte sich zur Politisierung des sozialistischen Theaters wie zur Durchsetzung sozialistischer Politik mit dem Theater seit 1954 für die kunsttheoretische wie kunstpraktische Rehabilitierung des kommunistischen Agitprop-Theaters der zwanziger und dreißiger Jahre ein. Im Zusammenhang mit der Inszenierung des chinesischen Volksstückes von

Lo Ding, Tschang Fan, Tschu Dschin-nan nach der Übersetzung von Yuan Miau-tse wußte Wekwerth, dem die Regie anvertraut war, zu berichten: „Brecht begann zu Anfang des Jahres mit seiner Neuentdeckung und Wiederbelebung des Agitprop. Er beauftragte einige Gruppen, im ganzen drei, Bereiche des Agitprop, des Laienspiels, der Clownerie, der Posse zu durchforschen, um diese ‚edlen plebejischen Elemente' für die ‚große Volksaussprache' nutzbar zu machen."[265]

Im Gespräch mit den bildenden Künstlern „Über Malerei" von 1955, das bereits angeführt wurde, kam Brecht unter Bezug auf die *Agitprop-Kunst in der Weimarer Republik* zur Folgerung: *Wenn wir eine solche Wirksamkeit heute erzielen könnten, wären wir sehr froh. Man könnte hier ohne weiteres anknüpfen, aber hier kam eine völlig undialektische, schematische, ungebildete, einheitliche Devise herunter: Schafft Kunst! Etwa mit folgender Begründung schein-marxistischer Art: Diese Etappe der Agitprop-Kunst hat das Proletariat überwunden. Jetzt wünscht es bereits Kunstwerke. Das stand dahinter. Der Stempel des Primitiven wurde ohne weiteres auf das Leichtere gedrückt. Damit wurde das Leichtere natürlich der Verachtung preisgegeben und gar nicht geschaffen.*[266]

Im Herbst 1955 setzte sich Brecht zum Zwecke der öffentlichen Diskussion dieser Problematik energisch dafür ein, daß das Kapitel „Agitproptheater und Arbeiterbühne", das 1954 durch die Anweisung des Amtes für Literatur aus der Untersuchung „Die dramatischen Versuche Bertolt Brechts 1918 bis 1933" des Verfassers dieser Zeilen vor ihrer Veröffentlichung im Verlag Rütten & Loening hatte herausgenommen werden müssen, in der Zeitschrift „Aufbau" schließlich doch veröffentlicht wurde.[267]

Vor der Sektion Dramatik auf dem IV. Schriftstellerkongreß im Januar 1956 hielt Brecht es daher für eine wesentliche Frage, *wie wir, abgesehen von dem großen Stück Theater, wieder zu kleinen, wendigen Kampfformen kommen, wie wir sie einmal in der Agitprop-Bewegung gehabt haben.*

Die Hauptaufgabe für mobile kleine Theatergruppen sah er darin, sich *mit Alltagsfragen* zu befassen. Dabei wies er auf die Möglichkeit hin, die politische Arbeit in den Territorien wirksam zu unterstützen.

Die kleine Form gestattet ein direktes Sichengagieren im Kampf.

Denn wir werden mit einer Kampfphase rechnen müssen, und wir werden unsere Gemütlichkeit irgendwann ablegen, bekämpfen müssen, zusammen mit anderen kleinbürgerlichen Bestrebungen.[268]
Bei einer Zusammenkunft mit Mitarbeitern des BE und Mitgliedern politischer Kabaretts am 20. Februar 1956 definierte er diese Truppen nochmals als *kämpfende Truppen, die Kultur auf das Land tragen, einen kultivierten, humanistischen Kampf.* Er wollte diese Truppen aber auch zur *Bewußtseinsumbildung* der Arbeiterklasse eingesetzt sehen, denn *auch von Teilen der Arbeiterklasse bekommt man idiotische Antworten.* Ebenso sollten die Kleinbürger erreicht werden. Zur Methode führte Brecht aus: *Man darf nicht versuchen, etwas zu streichen, das den oder jenen erzürnen könnte. Man muß wagen, zu erzürnen.* Diskutiert werden sollten *nicht nur Kulturfragen,* sondern *Hauptthemen [...], die für große Teile der Bevölkerung ungeheuer wichtig sind*[269]. Während der „letzten Gespräche", die Brecht im Sommer 1956 in Buckow mit seinen Schülern und Freunden führen sollte, gab er schließlich während der Diskussion „über das Theater der Zukunft" auf die Aufforderung Wekwerths: „Brecht, nennen Sie ein Stück, welches Sie für die Form des Theaters der Zukunft halten", spontan und ohne Zögern die Antwort: „Die Maßnahme."[270]
Im Kontext mit Brechts Forderung nach dem *Theater der großen Gegenstände* und dem Stück mit *großer Handlung* und Klassenkampf-Konflikt stellte „Die Maßnahme" für Brecht offensichtlich ein dramaturgisches Modell dar, das sich auch für die Gestaltung von Widersprüchen in der sozialistischen Gesellschaft wie für die Darstellung von Konflikten zwischen sozialistischer und kapitalistischer Ordnung sinnvoll anwenden ließ.

Verglichen mit diesen sehr konkreten Vorstellungen und Richtungsgebungen über eine *eingreifende Dramatik* und eine ihr entsprechende Darstellungsweise für eine sozialistische Gesellschaft blieb Brechts schriftlicher Beitrag zum 5. Darmstädter Gespräch 1955 „Über das Theater" so allgemein wie das benannte Thema. Friedrich Dürrenmatt hatte auf diesem Gespräch angezweifelt, ob die heutige Welt durch das Theater überhaupt noch wiedergegeben werden könne. Brecht äußerte in seinem Beitrag, der von Bunge verlesen wurde: *Die*

heutige Welt ist den heutigen Menschen nur beschreibbar, wenn sie als eine veränderbare Welt beschrieben wird.
Im Zeitalter der Wissenschaft könne *der Mensch dem Menschen nicht mehr lange als Opfer beschrieben werden, als Objekt einer unbekannten, aber fixierten Umwelt.*
Die *Beschreibbarkeit der Welt* wurde von Brecht als *eine gesellschaftliche Frage* definiert. Als Beispiel für die reale Veränderbarkeit und Veränderung der Gesellschaft führte Brecht die DDR an.[271]

Wie Brecht klassische dramatische Vorgestaltungen auf eine Weise las, einstrich, umschrieb, ergänzte und für die Darstellung aufbereitete, daß sie für die sozialistischen Zeitgenossen verbindlich wurden, läßt sich aus seinem im Juli 1955 wieder vorgenommenen und in die endgültige Fassung gebrachten Protokoll des „Studiums des ersten Auftritts in Shakespeares ‚Coriolan'" sehr gut ersehen. Brecht fragte sich dabei, *ob eine aufführung ohne zufügungen (die ich schon vor zwei jahren gemacht habe) gemacht werden könnte, oder mit nur sehr wenigen, nur durch glückliche regie*[272]. Die redigierte Analyse schickte Brecht Anfang November 1955 Ruth Berlau zu, die er nach Kopenhagen geschickt hatte, damit sie dort wieder ins seelische Gleichgewicht kommen sollte (Brecht hatte in Humlebaek auch ein Landhaus erworben, das er der Berlau zur Verfügung stellte). Brecht maß dem methodischen Herangehen an den ersten Auftritt des „Coriolan", das von ihm, Rülicke, Palitzsch und Wekwerth 1954 vorgenommen worden war, den Rang der „Straßenszene" im „Messingkauf" zu. Tatsächlich offenbart sich in diesem „Studium" Brechts dramaturgische Meisterschaft, einen dramatischen Text geschichtsmaterialistisch und gleichzeitig theatergemäß zu erschließen: *Wir möchten den Spaß haben und vermitteln, ein Stück durchleuchteter Geschichte zu behandeln. Und Dialektik zu erleben.*
Die Voraussetzung war die offene Parteinahme für das Volk in Shakespeares Stück, was gerade einschloß, die Widersprüche auch im Volk selbst zu suchen und als dramaturgische Triebkraft zu bestimmen. Mit dialektischer Schärfe wurde, von Brecht zusammengefaßt, extrapoliert: *Wir haben eine widerspruchsvolle Einheit zwischen Patriziern und Plebejern, die sich in Widerstreit verwickelt hat mit dem Nachbarvolk der*

Volsker. Der letztere ist jetzt der Hauptwiderspruch. Der Widerspruch zwischen Patriziern und Plebejern, der Klassenkampf, ist „außer Kurs gesetzt" durch das Auftreten des neuen Widerspruchs, den nationalen Krieg gegen die Volsker. Aber er ist nicht verschwunden. (Die Volkstribunen „stehen heraus wie verletzte Daumen".) Das Volkstribunat ist durch den Kriegsausbruch zustande gekommen.

Als „Lehre" zog Brecht schließlich ab: *Daß die Position der unterdrückten Klassen verstärkt werden kann durch einen drohenden Krieg und geschwächt dann durch einen ausgebrochenen.*[273]

Die selbstgestellte Frage, ob „Coriolan" auch ohne *zufügungen*, allein *durch glückliche regie* gespielt werden könne, ließ Brecht in der Endredaktion unbeantwortet. Auch im Brief an Berlau findet sich außer dem Hinweis, der Aufsatz beschreibe die *dialektische Struktur* des Auftritts und gebe an, *wie man auf der Bühne das „über die Rampe bringt", d. h. was für Erfindungen man benötigt*, keine weitere Konkretisierung.[274]

Aber die Bearbeitung, die mit der Übersetzung 1951 ihre erste Stufe erfahren hatte, ließ die Richtung, die von politischer Verbindlichkeit sein sollte, klar erkennen: *Wir müssen zumindest imstand sein, außer der Tragödie des Coriolan auch die Tragödie Roms, insbesondere der Plebs zu „erleben".*[275]

Brecht äußerte die Überzeugung: *Die scheinbare Unersetzlichkeit des Individuums ist ein Riesenthema noch auf lange Zeit, von der Antike bis zu uns führend. Die Lösung muß positiv für die Gesellschaft sein, d. h. sie hat es nicht notwendig, sich von einem Individuum erpressen zu lassen. Das Problem ist prinzipiell lösbar, die Gesellschaft kann sich wehren. Im „Coriolan": Der Ausweg für die Plebs ist die Selbstverteidigung.*[276] Aus dieser Ansicht ergaben sich Umwertungen vor allem der Plebs. Bei Shakespeare ist der Adel feig und das Volk wankelmütig; die Tribunen sind alles andere als standhafte Männer. In der Bearbeitung Brechts ist das Volk, wenn nicht zerrissen, so hin- und hergerissen, aber unter Führung der Tribunen bildet sich nicht nur eine Art Volksfront, sondern sogar eine Volksmacht heraus. An ihr scheitern der Angriffskrieg der Volsker wie die Selbstherrschaft des Coriolan, die von den reaktionärsten und kapitulantenhaften Elementen des Senats unterstützt wird. Bei Shakespeare wird der schließliche Verzicht Coriolans auf Rache an Rom aus dem Verhältnis zur Mutter erklärt. Bei Brecht ist er politisch motiviert, indem Volumnia Coriolan darauf aufmerksam macht:

> *[...] wisse: Daß du auf ein sehr andres Rom marschierst*
> *Als du verließest. Unersetzlich*
> *Bist du nicht mehr, nur noch die tödliche*
> *Gefahr für alle. Wart nicht auf den Rauch*
> *Der Unterwerfung! Wenn du Rauch sehn wirst*
> *Dann aus den Schmieden steigend, die jetzt Schwerter*
> *Wider dich schmieden.*[277]

Diese Argumentation vermag freilich nur zu überzeugen, insoweit sie das strategische Kalkül Coriolans anspricht; sein reaktionäres Klassenbewußtsein müßte durch sie zu berserkerhaftem Amoklauf angetrieben werden.
Die *Umfunktionierung* von einer Tragödie des Stolzes in eine solche der Unersetzlichkeit, und hier wieder viel mehr für das Volk als den Helden, der sich unentbehrlich glaubt, läßt die Bearbeitung im Zusammenhang mit Brechts Kritik an Stalin als zeitgenössische politische Tragödie in historischer Verkleidung erscheinen. Dabei gibt freilich nur die Thematik, nicht die klassenmäßige Bedingtheit und psychologische Motivation einen stimmigen Analogiebezug her. Zum Kontext gehören auch die „Me-ti"-Geschichten über die „Selbstherrschaft des Ni-en", „Aufbau und Verfall unter Ni-en" und andere.

Es bedurfte freilich erst des XX. Parteitages der KPdSU im Februar 1956, um die thematische Tendenz der Tragödie der Unersetzlichkeit des großen Individuums, wie sie die „Coriolan"-Bearbeitung Brechts herstellt, in ihrer historischen Relevanz voll hervortreten zu lassen.
Zu den letzten politischen Klärungen und Erklärungen, die Brecht vornahm, sollte die Beantwortung einer Anfrage gehören, die der dänische Kommunist Hans Scherfig über Ruth Berlau an Brecht stellte. Die Frage betraf den Beschluß des ZK der KPdSU vom 30. Juni 1956 „Über die Überwindung des Personenkults und seiner Folgen", der sich auf den Bericht bezog, den der Generalsekretär der KPdSU N. S. Chruschtschow den Delegierten des XX. Parteitages gegeben hatte. Brecht nahm in seiner Antwort die Gedanken wieder auf, die er Ende der dreißiger Jahre in seinen politischen

Thesen über „Voraussetzungen für die erfolgreiche Führung einer auf soziale Umgestaltung gerichteten Bewegung“ angestellt hatte. Die erste These hatte gelautet: *Aufgabe und Bekämpfung des Führergedankens innerhalb der Partei.* In der fünften These hatte Brecht gefordert: *Aufgabe alles unehrlichen Behandelns (taktischen Täuschens, Neutralisierens und so weiter) der verbündeten Schichten, dagegen Aufspüren und Verteidigung ihrer wirklichen Interessen.*

In der sechsten These trat er ein für die *Liquidierung allen Wortglaubens, aller Scholastik, aller Geheimlehren, Pfiffigkeiten, Eingebildetheiten, aller mit der tatsächlichen Lage nicht in Übereinstimmung befindlicher Hochnäsigkeiten, Aufgabe alles Verlangens nach „Glauben“ und Übergeben zum Beweisen*[278].

Nun, im Frühsommer 1956, erklärte er: *Eine der schlimmen Folgen des Stalinismus ist die Verkümmerung der Dialektik. Ohne Kenntnis der Dialektik sind solche Übergänge wie die von Stalin als Motor zu Stalin als Bremse nicht verstehbar. Auch nicht die Negierung der Partei durch den Apparat. Auch nicht die Verwandlung von Meinungskämpfen in Machtkämpfe. Noch das Mittel der Idealisierung und Legendisierung einer führenden Person zur Gewinnung der großen rückständigen Massen in eine Ursache der Distanzierung und Lahmlegung dieser Massen.*

Den „Einschnitt“ konnten nur die Massen selbst vornehmen: *Die Liquidierung des Stalinismus kann nur durch eine gigantische Mobilisierung der Weisheit der Massen durch die Partei gelingen. Sie liegt auf der geraden Linie zum Kommunismus.*[279]

Auch hier also keine liquidatorische, Führung überhaupt negierende Lösung, sondern bewußtes Handeln, organisiert durch die Kommunistische Partei.

Methodisch war die „Coriolan“-Bearbeitung anregend für die Politisierung, „Vergesellschaftung“ von Figuren und ihrer treibenden Motive. Der dramatische Konflikt wurde historisch materialisiert, gleichzeitig das Wesentliche für das heutige Selbstverständnis der Zuschauer herausgearbeitet. Wenn Brecht die poetische Substanz Shakespeares unangetastet ließ und für die Tiecksche Übersetzung anschaulichere und klarere Bilder und Vergleiche schuf, so ließ er die den Vorgängen wie den Subjektivitäten der Figuren innewohnende Dialektik gerade durch diese historische Materialisierung als poetische Qualität zur Wirkung kommen.

Daraus bezog schließlich die Aufführung im Berliner Ensemble, die am 25. September 1964 als Beitrag zum Shakespeare-Jahr erfolgte, ihre künstlerische wie ihre ideologische Kraft. Die Bühnenfassung fügte der Bearbeitung durch Brecht und seine Mitarbeiter noch einige Textstellen aus Shakespeare hinzu, behielt aber die Tendenz der Bearbeitung – gerichtet auf die soziale Erledigung der gesellschaftlichen Erpressung durch ein großes Individuum – bei. In der Regie von Manfred Wekwerth und Joachim Tenschert erwies sich die dramaturgische Analyse des ersten Auftritts, wie sie Brecht vornahm und vornehmen ließ, als szenisch wie darstellerisch ergiebig. Die Konfrontation des als Reaktionär zu spät gekommenen Coriolan, dargestellt durch Ekkehard Schall, mit den Volkstribunen Brutus (Günter Naumann) und Sicinius (Martin Flörchinger) bestimmte von Anfang an den Konflikt. Eine Aufwertung erfuhr die Figur des Aufidius (Hilmar Thate): Sie diente vor allem dazu, die militärische Größe Coriolans, damit seine scheinbare Unentbehrlichkeit, groß vor Augen zu führen. Die Schlachtszenen vor Corioli, einstudiert von Ruth Berghaus nach rhythmisch geschlagener Musik von Paul Dessau, waren von einer artistischen Perfektion, die sich fast zu verselbständigen drohte. Manja Behrens, später Helene Weigel stellten die Volumnia dar, die sich aus historischer Einsicht gegen den Sohn wenden muß, ohne freilich dessen Verzicht damit glaubhaft machen zu können.

Wenn Brecht mit der „Coriolan"-Bearbeitung seit Anfang der fünfziger Jahre nach einem Modell für die Bearbeitung klassischer Fabeln gesucht hatte, so sollten 1955 Konzeption und Entwürfe für das Schauspiel „Leben des Einstein" beweisen, daß Brecht für die Gestaltung aktualer Stoffe mit hohem politischem und ideologischem Gehalt bewußt auf die dramaturgische Struktur des ursprünglichen „epischen Theaters" zurückging, wie sie in „Die Maßnahme" von 1930 exemplarisch vorlag.

Brecht hatte mit wachsender Besorgnis die Eskalation der angloamerikanischen Versuche mit Wasserstoffbomben, verbunden mit dem Ziel der „Zurückrollung" des Kommunismus, wie es der amerikanische Außenminister John F. Dulles anstrebte, verfolgt. Die Beteiligung führender Wissenschaftler, an der Spitze Edward Teller, war für Brecht der *zweite*

Sündenfall der Atomforscher. 1954 erhielt Brecht von seinem Sohn *auf umwegen* die Verteidigungsschrift des Atomphysikers J. Robert Oppenheimer zugeschickt, der sich im November 1953 vor der Atomenergiekommission der USA wegen des Verdachts zu rechtfertigen hatte, daß er „aller Wahrscheinlichkeit nach eher ein Agent der Sowjetunion sei als nicht“. Der Grund lag darin, daß Oppenheimer Bedenken gegen Bau und Erprobung der Wasserstoffbombe hatte und für eine starke Defensivverteidigung an Stelle der Offensivverteidigung mittels Atombomber eintrat, wie sie das Pentagon verfocht. Am 1. März 1954 wurde im Pazifik die erste H-Bombe der USA zur Zündung gebracht. In ihren radioaktiven Abfall gerieten japanische Fischerboote.
Der Befehl Trumans zum Bau der Wasserstoffbombe, die Rückkehr des Großteils der Atomwissenschaftler in die Laboratorien zur Entwicklung der Wasserstoffbombe in den Staaten, die Verfolgung der zögernden oder sich verweigernden Atomforscher von der Art Oppenheimers waren für Brecht Anlaß, daß er 1953 Elisabeth Hauptmann und Benno Besson beauftragte, aus dem Text der ersten deutschen Fassung, den deutschsprachigen Entwürfen für die amerikanische Fassung und den Rückübersetzungsfragmenten, die Brecht selbst in der Schweiz vorgenommen hatte, eine neue deutsche Textfassung von „Leben des Galilei“ herstellen zu lassen. Zu dieser Arbeit wurde auch Ruth Berlau herangezogen.
Für die Veröffentlichung in den „Versuchen“, die 1955 erfolgte, nahm Brecht selbst noch bedeutsame Veränderungen vor. Sie betrafen vor allem die Selbstanalyse Galileis im vorletzten Bild. Galilei läßt nun die gesellschaftliche Situation gekennzeichnet sein durch einen *perlmutternen Dunst von Aberglauben und alten Wörtern.* Er fügt hinzu: *Das Elend der Vielen ist alt wie das Gebirge und wird von Kanzel und Katheder herab für unzerstörbar erklärt wie das Gebirge.*
Er definiert präziser als in der amerikanischen Fassung: *Wenn Wissenschaftler, eingeschüchtert durch selbstsüchtige Machthaber, sich damit begnügen, Wissen um des Wissens willen aufzuhäufen, kann die Wissenschaft zum Krüppel gemacht werden, und eure Maschinen mögen nur neue Drangsale bedeuten.*
Der Behauptung, daß er große Erschütterungen hätte her-

vorrufen können, wenn er standhaft geblieben wäre, fügte er nun hinzu: *Hätte ich widerstanden, hätten die Naturwissenschaftler etwas wie den hippokratischen Eid der Ärzte entwikkeln können, das Gelöbnis, ihr Wissen einzig zum Wohle der Menschheit anzuwenden! Wie es nun steht, ist das Höchste, was man erhoffen kann, ein Geschlecht erfinderischer Zwerge, die für alles gemietet werden können.*[280]

Diese Fassung wurde zur Grundlage für die Aufführung des Stückes im Berliner Ensemble genommen, die Brecht selbst vorbereitete.

Am. 13. Februar 1955 warnte der Entdecker der Urankernspaltung, Professor Otto Hahn, in einem Rundfunkvortrag vor den furchtbaren Gefahren, die der Menschheit durch die Herstellung einer Kobalt-60-Bombe drohten. Er appellierte an die verantwortungsbewußten Wissenschaftler, „die Verantwortlichen der großen Politik auf beiden Seiten des Eisernen Vorhangs an den Verhandlungstisch zu bringen".

Dieser Appell von Hahn bestärkte Brecht, die Generalversammlung des Deutschen PEN-Zentrums Ost und West im März 1955 zu einem Protest gegen die Atombombenversuche zu mobilisieren. Zu diesem Zweck bat er Mitte Februar 1955 den Atomphysiker Werner Heisenberg, die Tagungsteilnehmer *über die Folgen von Bombenexperimenten zu informieren. Es scheint uns auch die Aufgabe der Schriftsteller, die Bevölkerung auf die ungeheuerliche Situation aufmerksam zu machen.*[281]

Heisenberg sagte mit der kuriosen Begründung ab, der Brief sei ihm unverständlich, da Brecht den Blick nur auf die Symptome des Krankheitszustandes unserer Zeit, nicht aber auf die Ursachen richte. Brecht ließ sich freilich dadurch nicht abhalten, auf der Tagung, die Ende März 1955 in Hamburg stattfand, eine entsprechende Protestresolution zur Vorlage auf der XXVII. Jahresversammlung des PEN-Clubs in Wien vorzuschlagen. Darin wurde auf die Gefahr für die Menschheit durch die Einleitung von radioaktiven Prozessen durch Atombombenexplosionen hingewiesen. Auf diese Bedrohung wies Brecht auch auf einem Diskussionsabend im Hamburger Künstlerklub „Die Insel" hin, zu dem er durch Günther Weisenborn eingeladen worden war.

In diesen Monaten des Frühjahrs 1955 festigte sich in Brecht endgültig der Plan, das „Leben des Einstein" zu schreiben.

Brecht hatte schon zur Kommentierung der amerikanischen Fassung von „Leben des Galilei“ die Einstein-Formel $E = mc^2$ herangezogen. Eine abschätzige Bewertung Einsteins wegen dessen Vorstellung einer „Weltregierung“ unmittelbar nach dem Krieg änderte Brecht in den fünfziger Jahren, als Einstein mit Mut und Entschiedenheit den Bau der Wasserstoffbombe verurteilte. Anfang 1953 wandte sich Brecht an Einstein, daß dieser seinen Einfluß geltend mache, die Hinrichtung der „Atomspione“ Ethel und Julius Rosenberg zu verhindern. Bei seinem Aufenthalt in Warschau im Februar 1952 traf sich Brecht mit Leopold Infeld, dem langjährigen Mitarbeiter von Einstein. Das Studium einschlägiger Literatur zum Fall Oppenheimer ließ Brecht die hervorragende Stellung Einsteins im Kampf gegen die mit dem „Atomschwert“ betriebene „Politik der Stärke“ der USA erkennen. Er verschaffte sich weitere Literatur über Einstein.
Einsteins Tod am 18. April 1955 bewegte Brecht außerordentlich, wie sich der Verfasser dieser Zeilen bei seiner Zusammenkunft mit Brecht Ende April 1955 in München überzeugen konnte. Mit Interesse nahm Brecht den Hinweis zur Kenntnis, daß Antonina Vallentin in ihrer Darstellung „Das Drama Albert Einsteins“ die Tragödie des Forschers darin erblickte, daß seine Formel der „Harmonie der Welten“ zu einem Schlüssel für die mögliche Zerstörung der Welt wurde; daß er, der jahrzehntelange Vorkämpfer der Kriegsdienstverweigerung, Roosevelt veranlaßte, den Bau der Atombombe in Gang zu bringen, um den Nazis zuvorzukommen, und daß Einstein schließlich Postdam in Washington wiederfinden mußte.

Auf der Karte für die Ehrentribüne zum 1. Mai 1955 auf dem Marx-Engels-Platz in Berlin hielt Brecht schließlich erste Gedanken für die Ausarbeitung des Einstein-Stückes fest. Auf der Reise nach Moskau zur Entgegennahme des Stalin-Friedenspreises Mitte Mai 1955 fragte er bei einem Aufenthalt in Warschau Leopold Infeld, dessen Erinnerungen an Einstein in deutscher Übersetzung Brecht vom Verfasser dieser Zeilen beschafft worden waren, über Einstein aus. Er hielt darüber im „Arbeitsjournal“ fest: *er betont seine abgekehrtheit, ‚wir müssen heut leiser sprechen, meine frau stirbt nebenan.‘ infeld: ‚einstein ist nichts fürs drama, er hat keinen partner, mit wem wollen Sie ihn reden lassen?' mich interessiert aber ein fragebogen über die verhältnisse in polen, den einstein dem physiker nathan nach warschau mitgegeben haben soll.*[282]

Während des Gastspiels des Berliner Ensembles im Juni 1955 in Paris zeigte Paul Dessau Brecht einen Operntext, den er über Einstein entworfen hatte. Zur Belebung des Interesses Brechts am Einstein-Thema trug dann in den folgenden Wochen und Monaten bei, daß im Juli 1955 52 Nobelpreisträger auf einer Tagung in Mainau (Bodensee) vor der radioaktiven Verseuchung der Erde warnten und zum Verzicht auf Gewaltanwendung „als letztes Mittel der Politik" aufriefen. Noch mehr bewegte Brecht der von Bertrand Russel initiierte, von Einstein kurz vor seinem Tod unterschriebene Aufruf, der kurze Zeit nach der Erklärung von Mainau veröffentlicht wurde. In ihm riefen elf international bekannte Wissenschaftler (neben Einstein und Russel Born, Infeld, Joliot-Curie, Muller, Pauling, Powell, Rotblat und Yukawa) die Wissenschaftler der ganzen Welt auf, zur Abwendung der Atomgefahr zusammenzuarbeiten. Aus dem Aufruf ging dann 1957 die sogenannte Pugwash-Bewegung der Wissenschaftler aus Ost und West hervor, deren Vorschläge vorrangig auf Abrüstungsschritte gerichtet sein sollten.

Brecht nahm zu Dessaus Libretto Stellung, skizzierte aber gleichzeitig weitere Bruchstücke zu seiner eigenen Version von „Leben des Einstein". Am deutlichsten tritt die politische Problematik Einsteins in der Sicht Brechts in dem Notat *ZUR DESSAUOPER* hervor:

Zwei Mächte sind im Kampf (und undeutlich, ihm undefinierbar), eine dritte, außerhalb und innerhalb der beiden Mächte (der Kommunismus). X übergibt der einen davon die große Formel, daß sie ihn selber beschützt. Er übersieht die Ähnlichkeit ihrer Gesichtszüge.

Die freundliche Macht siegt und ringt die andere nieder und das Schreckliche geschieht: Sie verwandelt sich in die andere und tritt dem Schützling schrecklich gegenüber. Und zwar hat sie ihn, den sie freundlich behandelt, als Mitkämpfer.[283]

Die vorhandenen Fragmente lassen eindeutig erkennen, daß Brecht wie bei der Dramatisierung des Garbe-Stoffes die Struktur der „Maßnahme" benützen wollte. Chöre von Arbeitern sollten das aktive, weltverändernde, von Einstein in seiner historischen Bedeutung nur ungenügend erkannte

Prinzip des Kommunismus wie seine reale Macht verkörpern. Einstein selbst wurde in direkte Beziehung zum Publikum gesetzt. Das Stück war als eine Art Vorverhandlung jenes *Gerichts der Völker* über die Intellektuellen konzipiert, das Brecht in einem Notat zu „Leben des Galilei" entworfen hatte.
Leider blieb „Leben des Einsteins" nur skizziert, so wie es vorher auch „Prometheus" geblieben war, den Brecht in den Staaten während der Umarbeitung von „Leben des Galilei" entworfen hatte. Prometheus übergibt in dieser Adaption des antiken Mythos das von ihm erfundene Feuer den Göttern und wird von ihnen gefangen und gefesselt, damit er es den Menschen nicht übergeben kann; die Götter aber brandschatzen mit seiner Erfindung die Menschen. Auch hier sollten die Götter als Chor auftreten.
„Leben des Einsteins" hätte sowohl gegenüber „Leben des Galilei" als auch „Prometheus" eine wirklichkeitsnähere Darstellung der politisch-moralischen und spezifisch wissenschaftlichen Probleme ermöglicht. Die Entwürfe blieben aber zugunsten der Inszenierung von „Leben des Galilei" liegen, die Brecht nun im Herbst 1955 aktiv anging.

Zusätzliche Kraft kostete Brecht die Mitarbeit an vier Produktionen, die das Berliner Ensemble in der Spielzeit 1955/56 herausbrachte:
Zusammen mit Hauptmann und Besson stellte er eine Bühnenfassung des „Recruiting Officer" von George Farquhar her. Die Komödie, die den Titel „Pauken und Trompeten" erhielt, war eindeutig gegen die Aufstellung der Bundeswehr in der BRD gerichtet. Besson führte Regie, die Musik schrieb Rudolf Wagner-Régeny. Die lichten, farbigen Prospekte führte Karl von Appen aus. Die Rolle der Victoria, die den Captain Plume von dem Kriegsdienst in der Kolonie Amerika mit List und Keckheit abhält, spielte Regine Lutz, die des Plume Dieter Knaup. Bei der Inszenierung des Volksstückes aus dem alten China „Der Tag des großen Gelehrten Wu", das von Palitzsch und Weber am 8. November 1955 in Szene gesetzt wurde, unterstützte Brecht vor allem die Anwendung einer demonstrativen Spielweise. Angelika Hurwicz half er bei der Inszenierung der „Ziehtochter oder Wohltaten tun weh" von Ostrowski, mit der die Aneignung

des russischen kritischen Realismus fortgesetzt wurde. Wesentlichen Anteil hatte Brecht dann an der Einrichtung der Komödie „Der Held der westlichen Welt“ von Synge, die Peter Hacks und Anna Elisabeth Wiede aus „The Playboy of the Western World“ übersetzt hatten. Brecht hatte Gefallen am schwarzen Humor des Iren und ermutigte die Regisseure Palitzsch und Wekwerth, kräftiges, gestisch reiches Volkstheater zu versuchen (Premiere 11. Mai 1956). Als wichtig betrachtete Brecht schließlich die Aufführung des „Guten Menschen von Sezuan“ am Volkstheater Rostock, die in der Regie von Besson und mit der Reichel in der Hauptrolle im Januar 1956 Premiere hatte.

Für die internationale Durchsetzung seines Werkes schätzte Brecht die Inszenierung der „Dreigroschenoper“ durch Giorgio Strehler am Piccolo Teatro Milano im Februar 1956 sehr hoch ein. Strehler beschrieb seine erste Begegnung mit Brecht in dessen Wohnung in der Chausseestraße, die der Vorbereitung der Aufführung galt: „Ich erinnere mich an seine Stimme. Sie kommt mir merkwürdig scharf vor. Wir sitzen in seinem Zimmer, und Brecht sagt einen Satz, den ich später immer wieder von ihm höre; es ist seine Art, unpersönlich um etwas zu bitten: ‚Irgend jemand müßte uns ein wenig Tee machen!‘ Und irgend jemand steht auf und geht hinaus, um den Tee zu holen. Die Atmosphäre ist hier einfach, nicht kalt, nicht mißtrauisch, aber auch nicht im geringsten eingestimmt auf den Ton, den ich nicht leiden kann, jenen sozialistischen Ton der fingierten ‚Kameraderie‘.“

Brecht ließ es sich trotz seiner angegriffenen Gesundheit nicht nehmen, zur Aufführung nach Mailand zu fahren. Er wurde von Helene Weigel, Elisabeth Hauptmann und seiner Tochter begleitet. Strehler berichtet, wie Brecht unbemerkt in die Generalprobe kam und ihn aufforderte, sich nicht darum zu kümmern, daß er anwesend sei. Doch dann: „Fast sofort geschieht etwas Unvergeßliches. Brecht lacht plötzlich spontan und laut los. Und gleich darauf noch einmal. Ich sehe mich verwundert und ungläubig nach ihm um. Aber B.B. amüsiert sich weiter vor sich hin, als wäre die ‚Dreigroschenoper‘ von irgend jemand anderem.“[284]

Brecht schrieb über die Aufführung an Berlau in Kopenhagen: *Das Stück wirkt sehr frisch. Strehler, vermutlich der beste Regissör Europas, hatte das Stück auf 1914 verlegt, und Teo*

Paolo Grassi, Brecht und Giorgio Strehler in Mailand, Februar 1956

Otto hat herrliche Dekorationen gemacht (statt Pferdestall jetzt Autogarage usw.). Das ist sehr gut, und nach dem Dritten Weltkrieg könnte man es auf 19 ... verlegen.[285]

Brechts Anerkennung für Strehler bestand darin, daß er Strehler für Italien und, soweit dies möglich, auch für Westeuropa die künstlerische „Wahrung der Interessen" anvertraute.

Von Berlin aus richtete Brecht an Paolo Grassi, den Direktor des Piccolo Teatro, die Einladung, „Die Dreigroschenoper" in Berlin zu zeigen.

Brechts eigenstes Interesse galt aber der Einstudierung von „Leben des Galilei". Brecht hatte den Probenbeginn mehrfach verschoben, weil er sich körperlich geschwächt fühlte. Sein Aussehen hatte sich in den letzten Jahren verändert. Er war stark gealtert und hatte ein leicht aufgeschwemmtes Gesicht bekommen. Obwohl erst Mitte Fünfzig, benützte er zum Gehen im Freien einen Stock. Er bewegte sich nur wenig, auch kurze Entfernungen legte er im Auto zurück. Ein Abbau der Kräfte war unverkennbar. Das mochte mit ein Grund dafür sein, daß er am 15. Mai 1955 vor der Reise nach Moskau dem Direktor der Akademie der Künste Rudi

Engel als letzten Wunsch mitteilte, er wolle im Fall seines Todes *nirgends aufgebahrt und öffentlich ausgestellt werden. Am Grab soll nicht gesprochen werden. Beerdigt werden möchte ich auf dem Friedhof neben dem Haus, in dem ich wohne, in der Chausseestraße.* Aus Moskau war Brecht erschöpft zurückgekommen. Obwohl Ernst Busch schließlich zusagte, die Hauptrolle im „Galilei" zu übernehmen, schob Brecht den Probenbeginn bis Mitte Dezember 1955 hinaus, da er sich *immer noch sehr erschöpft* fühlte, wie er Berlau wissen ließ. Die Aufnahme der Proben machte er außerdem abhängig von der Zusage Erich Engels, bei der Regie mitzuarbeiten. Als wichtig sah er auch an, daß Caspar Neher das Bühnenbild schuf. Brecht band damit beide Künstler wieder an das Berliner Ensemble, zu dem ihre Beziehungen sehr lose geworden waren.

Von Mitte Dezember 1955 bis Ende März 1956 leitete Brecht 59 Proben, die er allerdings auf zwei Stunden pro Tag zu beschränken pflegte.

Die 13. Szene, in der Galilei seine „mörderische Analyse" anstellt, wurde neunmal, damit am meisten probiert. Die Proben wurden auf Tonband festgehalten und machen nacherlebbar, wie Brecht mit ebensoviel nüchterner Begründung, warum sich die Figuren so und nicht anders verhielten, wie mit psychologischem Einfühlungsvermögen die Schauspieler befähigte, den Gestus des Vorgangs wie den komplexen Charakter der Figuren, die sie darstellten, zu erarbeiten. Brecht sprach bei den „Galilei"-Proben, wie Rülicke als Assistentin berichtet, nun mehr vor, als daß er vorgemacht hätte. Es kam ihm darauf an, das scheinbar Selbstverständliche als ganz und gar ungewöhnlich zu Bewußtsein zu bringen.

Der Aufbau der Figuren erfolgte ausgeprägt dialektisch. Busch hatte einmal den *völligen Lumpen,* dann aber auch *den Helden* zu zeigen, der durch *die Gesellschaft, die die Produktion zum Verbrechen macht,* zum Verbrecher wird. Brecht wünschte, Busch solle den Galilei zwischen zwei großen Lastern hin- und hergerissen zeigen, zwischen *der Wissenschaft und dem Fressen.* Er wollte den Galilei *verfressen und irdisch und sündig und fleischlich* haben. Aber bei der Verwerfung der „neuen Ethik", die Andrea allzu schnell aus der Tatsache ableitete, daß Galilei heimlich die „Discorsi" schrieb, wünschte Brecht die Logik des Wissenschaftlers voll ausge-

Brecht und Ekkehard Schall bei einer Probe zu „Leben des Galilei“ auf der Probebühne des Berliner Ensembles in der Reinhardtstraße, 1956

prägt. Galileis Selbstanalyse sollte als *wirklich geistige Leistung* erscheinen, *aber nicht mit zuviel Interesse, etwa mit dem an einer mathematischen Gleichung* vorgebracht.
Schall wurde von Brecht angehalten, Andrea zwischen Bewunderung und Verachtung für Galilei zu zeigen und den Umschlag in die Erleuchtung, daß Galilei eine „neue Ethik“ praktiziert habe, mit Schillerschem Pathos zu sprechen. Die Virginia der Lutz sollte wie *diese religiösen Menschen [...] ungeheuer bösartig* sein, von Galilei in ihrer Intelligenz unterschätzt. – Insgesamt bemängelte Brecht, daß die Tradition der Schauspielkunst das Interesse für Wissenschaft nicht einschließe: *Die Schauspieler sind gewöhnt, sich aufzuregen, wenn eine Schlacht verlorengeht – aber nicht über die Wissenschaft.*
Er ließ sich lieber von Ernst Busch selbst mangelhafter astronomischer Kenntnisse im Detail überführen, als sich mit der

Ernst Busch, Brecht, Angelika Hurwicz und Willi Schwabe auf einer Probe zu „Leben des Galilei“, 1956

überkommenen Gleichgültigkeit der Schauspieler gegenüber der Wissenschaft und ihren Folgen abzufinden. Beim Publikum setzte Brecht einfach voraus: *Wenn das Publikum nicht verstanden hat, am Schluß hören sie, der Mann verurteilt sich selbst. Mehrere Sätze werden sie schon verstehen, einige werden sie gar nicht verstehen, das ist so im Theater.*[286]
Die Arbeit an „Leben des Galilei“ war die siebente Regiearbeit Brechts im Berliner Ensemble. Sie zeigte seine Kunst der Menschenführung im Theater auf voller Höhe.
Im April 1956 mußte Brecht die Proben abbrechen. Er wurde von einer Virusgrippe befallen, die ihn zwang, sich Anfang Mai in die Charité zu begeben, um sie auszuheilen. Er behielt ständig erhöhte Temperatur, geriet leicht ins Schwitzen. In der Charité schrieb er das Gedicht:

Als ich in weißem Krankenzimmer der Charité
Aufwachte gegen Morgen zu
Und die Amsel hörte, wußte ich
Es besser. Schon seit geraumer Zeit

Hatte ich keine Todesfurcht mehr. Da ja nichts
Mir je fehlen kann, vorausgesetzt
Ich selber fehle. Jetzt
Gelang es mir, mich zu freuen
Alles Amselgesanges nach mir auch.[287]

Diese elegische Heiterkeit schlug gegenüber Karl Kleinschmidt, der ihn am Krankenbett besuchte, in Ironie um: Er bedaure nur, „im Todesfall die Kränze nicht sehen zu können, die die Nachwelt ihm flechten würde, um ihr erleichtertes Aufatmen darin aushauchen zu können". Er riet Kleinschmidt, der damals in der „Berliner Zeitung" für die Kolumne „Offen gesagt" schrieb: „Wen interessiert es, daß Sie einen bewunderten Freund verloren haben. Schreiben Sie lieber, daß ich Ihnen unbequem war und unbequem zu bleiben gedenke. Es gibt da auch nach meinem Tod noch gewisse Möglichkeiten."[288]

Auch nach seiner Entlassung aus der Charité, wo er in der Abteilung von Prof. Brugsch behandelt worden war, blieb Brecht kränkelnd und fühlte sich schwach. Im Juni und Juli hielt er sich meistens in Buckow auf. Er wurde auch hier die leichte Temperatur nicht los und ermüdete schnell. Mit Peter Suhrkamp verabredete er, beim „Atemschmidt" in München sich im Sommer gemeinsam einer Kur zu unterziehen. Damals äußerte er Wekwerth gegenüber, er habe die Absicht, nicht mehr regelmäßig ins Theater zu kommen: *Das könnt ihr machen, wozu habe ich Schüler!*[289] Er wollte mehr zu Hause arbeiten, um die Stückprojekte Garbe und Einstein voranzubringen.

Zu den Vorhaben, denen er im Frühsommer 1956 seine Aufmerksamkeit schenkte, gehörte die Uraufführung der „Tage der Commune" an den Städtischen Bühnen Karl-Marx-Stadt in der Spielzeit 1956/57 in der Regie von Besson und Wekwerth. Brecht hatte sich vor der Sektion Dramatik auf dem IV. Schriftstellerkongreß darüber beklagt: *Die Theater der Deutschen Demokratischen Republik gehören — betrüblicherweise, von meinem Standpunkt aus — zu den wenigen Theatern in Europa, die meine Stücke nicht aufführen. Ich bin also gezwungen, sie selber aufzuführen.*[290]

„Die Tage der Commune" waren Brechts Morgengabe für die Deutsche Demokratische Republik gewesen. Es lag

Brecht viel daran, sie in einer Arbeiterstadt wie Chemnitz, das seit Mai 1953 Karl-Marx-Stadt hieß, uraufgeführt zu sehen. Die Vorgespräche, die Besson und Wekwerth im Sommer 1956 mit Brecht in Buckow führten, waren, wie Wekwerth beschrieb, mit dem „Auffinden einer neuen ästhetischen Kategorie" verbunden, nämlich der der Naivität. Brecht hatte die Notwendigkeit, unbefangen, unvoreingenommen, im eigentlichen Sinne naiv an Kunstwerke heranzugehen, schon immer betont und gerade in seiner eigenen Regiearbeit vorgemacht. Nun unterstrich er aber, es gäbe überhaupt keine *großen Schönheiten in der Kunst ohne Naivität. Das Naive ist eine ästhetische Kategorie, die konkreteste.*
Als Gegenteil von Naivität bezeichnete er den Naturalismus. In der politischen Literatur fand er Lenins Parabel vom Besteigen hoher Berge naiv, in der Malerei den „Sturz des Ikarus" von Breughel. Aber im Kontext der Unterhaltung empfahl er seinen Schülern gleichzeitig das Studium von 50 Popularsätzen der Dialektik, die sein Sohn zusammengestellt hatte, und betrachtete die Dialektik als Voraussetzung, einen Vorgang lebendig darzustellen. Das Naive erweist sich schließlich als Ergebnis von *Dialektisieren* (wobei sich Brecht wieder in einem seiner Paradoxa gefiel: *Dialektisieren ist letzten Endes Gefühlssache).* Das Naive ist also alles andere als naiv: Es ist zur Anschaulichkeit gebrachte, auffällig gemachte Dialektik.[291]
Als die Adenauer-Regierung dem westdeutschen Bundestag für den 7. Juli 1956 Gesetzentwürfe zur Wiedereinführung der allgemeinen Wehrpflicht in der BRD zur Abstimmung vorlegte, sah sich Brecht erneut veranlaßt, sich unmittelbar politisch zu äußern. Die Volkskammer der DDR hatte am 29. Mai 1956 acht Vorschläge für die „innerdeutsche Entspannung" vorgelegt. Im ersten Punkt sollten sich die beiden deutschen Staaten verpflichten, die Wehrpflicht nicht einzuführen und eine Vereinbarung über die Begrenzung der Streitkräfte zu treffen. Im zweiten Punkt wurde vorgeschlagen, daß sich die beiden Regierungen gemeinsam oder getrennt für das Verbot der Stationierung von Atomkanonen und anderen Atomwaffen auf deutschem Boden einsetzen sollten. Für die Prüfung beiderseitig aufgeworfener Fragen sollte eine aus Vertretern beider deutscher Staaten bestehende Kommission gebildet werden.

In Übereinstimmung mit diesen Vorschlägen richtete Brecht am 2. Juli einen „Offenen Brief an den Deutschen Bundestag Bonn", der am 4. Juli im „Neuen Deutschland" veröffentlicht wurde. Brecht erinnerte daran, daß er im Laufe seines Lebens zweimal Zeuge geworden war, wohin die allgemeine Wehrpflicht geführt hatte, nämlich zu zwei Katastrophen für Deutschland.

Jetzt an der Schwelle des Alters, höre ich, daß die Wehrpflicht zum dritten Mal eingeführt werden soll.

Gegen wen ist der dritte Krieg geplant? Gegen Franzosen? Gegen Polen? Gegen Engländer? Gegen Russen? Oder gegen Deutsche? Wir leben im Atomzeitalter, und zwölf Divisionen können einen Krieg nicht gewinnen – wohl aber beginnen.

Unter Bezug auf die Wiedervereinigung betonte er, daß es nur friedliche Möglichkeiten dazu gebe: *Krieg hat uns getrennt, nicht Krieg kann uns wieder vereinigen.* Keines der Parlamente habe von der Bevölkerung den Auftrag oder die Erlaubnis, *eine allgemeine Wehrpflicht einzuführen.*

Da ich gegen den Krieg bin, bin ich gegen die Einführung der Wehrpflicht in beiden Teilen Deutschlands, und da es eine Frage auf Leben und Tod sein mag, schlage ich eine Volksbefragung darüber in beiden Teilen Deutschlands vor.[292]

Brecht schickte diesen Brief auch an Heinz Hilpert, den Intendanten des Deutschen Theaters in Göttingen, der die „Courage" inszenierte. Hilpert machte den Brief allen Mitgliedern seines Ensembles zugänglich und empfahl seine Unterzeichnung. Sämtliche Mitglieder richteten ein Protestschreiben gegen die Wiedereinführung der Wehrpflicht an den Bundestag.

Gleichlaufend mit der Forderung der Wiederbewaffnung betrieb die Bonner Regierung zur selben Zeit, daß das Bundesverfassungsgericht das von ihr beantragte Verbot der Kommunistischen Partei Deutschlands zum Abschluß bringe, um die politische Kraft in die völlige Illegalität zu treiben, die all die Jahre hindurch am entschiedensten gegen die Spaltung Deutschlands, für den Abschluß eines Friedensvertrages mit einem wiedervereinigten Deutschland und gegen die Wiederaufrüstung der BRD gekämpft hatte.

Brecht behielt auch zu diesem Zeitpunkt die übergreifenden politischen Gefahren im Auge. Bodo Uhse berichtete über

Brechts diesbezügliche Befürchtungen und Aktivitäten. Obgleich Brecht „mit fast grober Heftigkeit" es aus Arbeits- und Gesundheitsgründen ablehnte, an der Jahresversammlung des PEN-Clubs in London im Juli 1955 teilzunehmen, beauftragte er Uhse, dem Kongreß erneut die Resolution gegen die Versuche mit A- und H-Bomben vorzulegen, die er für die Wiener Tagung 1955 ausgearbeitet hatte.
Brecht entwarf eine zusätzliche Resolution, die davon ausging: *Die materielle und geistige Aufrüstung zu einem dritten Weltkrieg bedroht Wissenschaft und Künste mit Entwürdigung und Vergewaltigung.* Er schlug daher vor, *unmittelbar mit den Vorarbeiten zur Errichtung einer Internationalen Akademie der Wissenschaften und Künste zu beginnen, deren Mitglieder in gegenseitiger Korrespondenz feststellen, was in den verschiedenen Ländern getan werden muß, damit der Frieden der Welt erkämpft werden kann.*[293]
Uhse beschrieb, wie Brecht auf seinen Bericht über den Verlauf des PEN-Kongresses in London reagierte: „Er saß in seinem alten, gar nicht so recht bequem erscheinenden hölzernen Lehnstuhl, müde aussehend, unrasiert, mit seiner Zigarre beschäftigt. Hin und wieder streichelte er den freundlichen mischrassigen Hund an seiner Seite.
Nun konnte ich ihm also endlich berichten, daß die von ihm vorgeschlagene Resolution über die Haltung der Schriftsteller gegen die Atomwaffen und gegen die Versuche mit ihnen angenommen worden war, freilich in abgeschwächter Form.
Brecht lächelte – mir schien, ich sah es zum erstenmal – ohne Ironie. ‚Hören Sie, Uhse', sagte er mit seiner trockenen Stimme die den bayrischen Dialektton im Grunde immer bewahrte, ‚man soll das nicht überschätzen. Aber etwas ist damit doch getan, nicht viel, aber eine Kleinigkeit. Die Resolution ist gut. Sie drückt aus, was die Menschen beschäftigt. Sie ist auch deshalb gut, weil sie Leute, die sonst nicht viel miteinander zu tun haben, in dieser wichtigen Frage zusammengeführt hat. Ein Schritt vorwärts also.'"[294]

Der Londoner PEN-Kongreß mußte Brecht notwendig in Zusammenhang mit dem Londoner Gastspiel des Berliner Ensembles sehen, das für Ende August 1956 geplant war. Nach den Erfolgen des Berliner Ensembles in Paris galt es in

London zu einer doppelten Anerkennung zu kommen: für das Ensemble, damit gleichzeitig für die „nichtexistente" Deutsche Demokratische Republik, die es kulturell repräsentierte.

Um die doppelte Anerkennung mit dem Gastspiel des Berliner Ensembles in London zu erreichen, ging Brecht noch einmal von dem Grund-Satz aus: *Die Kunst, befreit, bleibt Kunst,*[295] das heißt, jegliche Wirkung vermittelt sich durch ästhetische Qualität. Deshalb orientierte Brecht Anfang August 1956 das Ensemble darauf, für die Vorstellungen des „Kaukasischen Kreidekreises" und der „Courage", die für das Gastspiel vorgesehen waren, eine spezifische Spielweise zu finden. Da die meisten Zuschauer nicht Deutsch könnten und *in England eine alte Befürchtung* bestehe, *die deutsche Kunst (Literatur, Malerei, Musik) sei schrecklich gewichtig, langsam, umständlich und „fußgängerisch"*, regte Brecht an: *Wir müssen also schnell, leicht und kräftig spielen.* Außerdem drängte er darauf: *Man muß merken, daß da viele Künstler als ein Kollektiv (Ensemble) an der Arbeit sind, Geschichten, Ideen, Kunststücke gemeinsam dem Publikum zu übermitteln.*[296]

Zur gleichen Zeit setzte er die Besprechungen über die „Galilei"-Inszenierung fort. Im Juli wurde er von Caspar Neher in seiner Wohnung in der Chausseestraße aufgesucht, der ihm seine Vorstellungen über das Bühnenbild präzisierte. Dabei war merkwürdig, daß Brecht mit einem geschlossenen Bühnenraum einverstanden war, der sogar eine Kassettendecke im Stile der Renaissance haben sollte. Neher fand Brecht „zwar kränklich und angegriffen", doch wähnte er ihn auf dem Weg der Besserung. Neher hatte eine Ausgabe der Cicero-Briefe in der Übersetzung von Wieland besorgt. Brecht zeigte sich für „Coriolan" an der altrömischen Sitte interessiert, sich in Sack und Asche zu kleiden, wenn man sich um ein öffentliches Amt bewarb. Aber auch beim Begräbnis von Freunden und Verwandten sei das „itaque in luctu et squalore" Brauch gewesen. Brecht habe darauf bemerkt: „‚Dort', sagte er, ‚dort', und zeigte auf den Friedhof in der Nähe seiner Wohnung, ‚werdet ihr bald in luctu et squalore sein.' Mit einer Handbewegung ging er lächelnd über diese Bemerkung hinweg und sprach dann von den Plänen im Alter." Neher wollte von Salzburg nach München kommen, wenn Brecht sich im August dort behandeln lassen wollte. „Noch nie war das Bedürfnis nach Ruhe bei ihm so stark", erinnerte sich Neher.[297]

Am 10. August 1956 nahm Brecht an zwei Umbesetzungs- und Kürzungsproben des „Kaukasischen Kreidekreises" im Berliner Ensemble teil, mußte aber das Theater wegen eines Schwächeanfalls vorzeitig verlassen. Er hatte sich Erkundigungen nach seinem Gesundheitszustand verbeten. Während des darauffolgenden Wochenendes nahmen Müdigkeit und Abgeschlagenheit zu.
Eine entschiedene Verschlechterung trat in der Nacht zum 14. August ein. Es war der Tag, an dem Brecht zur Kur nach München fahren sollte; der Schlafwagen war schon bestellt. Der Kreislaufspezialist Prof. Beyer stellte schließlich einen ausgedehnten, schon vor Tagen erlittenen Herzinfarkt fest. Gegen 18 Uhr verlor Brecht das Bewußtsein. Helene Weigel schickte dann in den Abendstunden die engen Freunde, die sich eingefunden hatten, darunter Jacob und Hertha Walcher, nach Hause. Fünf Minuten vor Mitternacht des 14. August 1956 starb Brecht. Die Versuche, Herz und Kreislauf intensiv zu stützen, waren erfolglos geblieben, wie das Ärztekollegium – neben den Professoren Brugsch und Beyer die Doktoren Krocker und Brechts Jugendfreund Müllereisert – im Bulletin erklärte.
„Dienstag gegen dreiundzwanzig Uhr rief mich Besson an", hielt Wekwerth das Ereignis aus seiner Sicht fest. „Wir waren den ganzen Tag zusammengeblieben. Wir hatten uns vorgenommen, nur über Arbeit zu sprechen. Wenn Brecht Dienstag wegfahren würde, mußten neue Organisationspläne gemacht werden. Die Arbeit kam uns hart an. Denn wir wußten seit achtzehn Uhr, daß Brecht einen Infarkt hatte. Trotzdem achteten wir bei unseren Plänen streng darauf, daß wir nur mit zeitweiliger Abwesenheit Brechts rechneten. Wir trennten uns um einundzwanzig Uhr, die fertigen Pläne in der Tasche.
Nun erfuhr ich am Telefon, daß Brecht tot war.
Wir gingen noch einmal zu seiner Wohnung, wo uns Ärzte entgegenkamen, welche die Sauerstoffgeräte abbauten. Das ganze Haus war hell erleuchtet. Wir gingen nicht hinein. Vor Bessons Haustür standen wir etwa vier Stunden, Besson, Pa-

litzsch und ich. Wir sagten nichts. Gegen vier Uhr früh trennten wir uns und gingen schlafen. Wir hatten früh Probe."[298]
Wie er verfügt hatte, wurde Brecht am 17. August 1956 um 8 Uhr 45 auf dem Dorotheenstädtischen Friedhof in einem Zinksarg gegenüber den Gräbern von Hegel und Fichte beigesetzt. Nur die Familie und enge Freunde, unter ihnen Hanns und Gerhart Eisler, Erich Engel, Paul Dessau, Johannes R. Becher, Jacob Walcher, Paul Wandel, Fritz Cremer, und Mitglieder des Berliner Ensembles nahmen an der Beerdigung teil. Als Peter Suhrkamp fünf Minuten nach 9 Uhr kam, weil er an der Grenze aufgehalten worden war, war die Beisetzung bereits beendet.
Es war die gleiche Stunde, in der in der Bundesrepublik das Verbot der Kommunistischen Partei Deutschlands ausgesprochen wurde und Schwärme von Polizisten die Parteibüros besetzten, Druckereien und Verlage schlossen, das Vermögen der Partei beschlagnahmten und die führenden Funktionäre in die Illegalität trieben.

Wie Brecht sich geehrt sehen wollte, hatte er in einem Gedicht hinterlassen:

Ich benötige keinen Grabstein, aber
Wenn ihr einen für mich benötigt
Wünschte ich, es stünde darauf:
Er hat Vorschläge gemacht. Wir
Haben sie angenommen.
Durch eine solche Inschrift wären
Wir alle geehrt.[299]

Am Nachmittag des 17. August fanden offizielle Kranzniederlegungen statt. Tausende Berliner erwiesen an diesem wie am folgenden Tag Brecht die letzte Ehre. Eine Einheit der Nationalen Volksarmee bildete auf dem Friedhof ein Ehrenspalier.
Am Vormittag des 18. August, einem Sonnabend, fand im Theater am Schiffbauerdamm die vom Ministerrat der DDR und der Deutschen Akademie der Künste getragene Trauerfeier statt. In der Mitte des Parketts war das Pult aufgebaut, von dem aus Brecht Regie geführt hatte. Die Bühnenrück-

Kranzniederlegung am Grabe Brechts am 17. August 1956

wand schmückte die Friedenstaube von Picasso. Auf einer Tafel stand Bertolt Brechts Namenszug in goldenen Buchstaben.
Helene Weigel und die Angehörigen nahmen die Bekundung der Trauer der Vertreter des politischen, kulturellen und künstlerischen Lebens aus der DDR sowie aus dem sozialistischen und kapitalistischen Ausland entgegen.
Der erste Stellvertreter des Vorsitzenden des Ministerrates der DDR Walter Ulbricht zitierte aus dem Nachruf, den Wilhelm Pieck Brecht gewidmet hatte: „Er war uns allen nicht nur der bedeutendste deutsche Dramatiker unserer Gegenwart. Er war zugleich Sprecher und Lehrer der einfachen werktätigen Menschen, die er vor den traurigen Fehlern der Vergangenheit warnte, denen er eine bessere Zukunft durch friedliches Schaffen kündete."

Ulbricht wies darauf hin: „Aus der klaren Erkenntnis der künstlerischen Bedeutung Bertolt Brechts, die wir bereits während der Hitlerzeit erkannt hatten, ergab sich für uns die Verpflichtung, ihm im Berliner Ensemble eine Stätte für die Verwirklichung seiner schöpferischen Pläne zur Verfügung zu stellen. Zuerst im Deutschen Theater, dann hier im eigenen Theater am Schiffbauerdamm erhielt Bertolt Brecht von unserer Republik alle Möglichkeiten, um als Meister des Wortes und der Szene zu unseren Werktätigen sprechen zu können. Hier hat er sich und seinem Werk Weltruhm errungen – und er hat damit das Ansehen unserer Republik in ganz Deutschland und bei allen Völkern stärken helfen."
Der Minister für Kultur Johannes R. Becher hob hervor: „Brechts Werk ist ein schlüssiger Beweis dafür, daß ein bedeutendes Kunstwerk in unserem Jahrhundert nicht nur möglich, sondern daß es eine lebensnotwendige Forderung ist, wie sie die Völker den Künstlern gegenüber erheben. Brecht widerlegt aufs großartigste das sterile Gerede von der Überholtheit der Kunst, von dem zur Unwirksamkeit verurteilten poetischen Gedanken."
Der Sekretär des Zentralkomitees der Sozialistischen Einheitspartei Deutschlands Paul Wandel zitierte aus dem Glückwunsch, den Brecht 1942 an Karin Michaelis zu deren 70. Geburtstag gerichtet hatte: *Wir waren immer darin einig, daß die Zeit, in der wir leben, für Kämpfer eine vortreffliche Zeit ist. In welcher anderen Zeit hatte die Vernunft eine solche Chance? In keiner lohnte der Kampf mehr.*[300] Er folgerte: „In diesem sich so lohnenden Kampf für das Recht und die Menschheit hat er auf der Seite der Arbeiterklasse und ihrer marxistisch-leninistischen Vorhut Partei ergriffen, unversöhnlich, mit aller Härte und allen Konsequenzen." Und er unterstrich: „Bertolt Brecht, die Arbeiterklasse und ihre Partei waren, sind und bleiben eine untrennbare Einheit."
Nachdem Ernst Busch das „Einheitsfrontlied" vorgetragen hatte, wurden Beileidstelegramme von Konstantin Fedin, Ilja Ehrenburg, Charlie Chaplin, Lion Feuchtwanger und den westdeutschen Kultusministern Rucker, Hennig und Biermann-Ratjen verlesen. Im Anschluß daran bewies Georg Lukács noch einmal sein Unverständnis für Brechts Ziel und Methode, indem er sie intentionell mit der aristotelischen Katharsis gleichsetzte.

Erwin Strittmatter drückte in einfachen Worten aus, was er empfand: „Wer nicht traurig wird, wenn er vernimmt, daß du nicht mehr hier bist, weiß nicht, was Größe ist in unserer Zeit."[301]

Unter den Trauernden befand sich der Verfasser dieser Zeilen. Die Gefühle und Gedanken, die ihn „Während des Flugs zu seinem Grab" von München nach Berlin bewegt hatten, brachte er für den „Sonntag" in die Verse: „Der Himmel, den ich schneide, / heitert. / Gewittrig ist mein Herz. / Der Blitz des Todes zuckt, / Doch nicht ergießt sich / Traurigkeit. / Im Sturm vertrocknen Tränen. / Er tot, / Die Feinde oben? / In seiner Helle streckt sie / Unser Zorn."[302]

Von den vielen Äußerungen zum Tode Brechts seien folgende hervorgehoben.

Pablo Neruda verbeugte sich vor Brecht, „dem internationalen deutschen Dichter", und Helene Weigel, der „Mutter Courage", mit dem Bekenntnis: „Man braucht viel Courage, wenn ein Dichter stirbt."[303]

Günther Weisenborn sprach am Grabe Brechts ein „Nachwort zu Brechts Tod", als er es am 13. September 1956 zusammen mit Mitgliedern des Dresdner Staatsschauspiels besuchte, das mit seiner Szenischen Ballade „Das verlorene Gesicht" im Berliner Ensemble gastierte. Die Schlußverse lauteten:

> „Brecht ist ein ständiger Prozeß in vielen Hirnen.
> Brecht ist ein Veränderer hinter den Stirnen.
> Darum sag ich: Brecht ist da und nicht gewesen."[304]

Die von den Bildhauern Fritz Cremer und Gerhard Thieme abgenommene Totenmaske Brechts zeigt ein Gesicht, von dem alle Masken abgefallen sind, die er je getragen hatte, erhellt von einem sanften Lächeln, ohne Ironie, im Einverständnis mit etwas, was geheimnisvoll, was vieldeutig blieb.

Wie immer dieses Lächeln zu deuten sein mag – Wahreres und Verpflichtenderes läßt sich über Brecht, geboren zu Augsburg, gestorben im Alter von achtundfünfzigeinhalb Jahren in Berlin, nicht sagen, als er es in der letzten Strophe der „Kantate zu Lenins Todestag" ausgedrückt hatte:

Totenmaske Bertolt Brechts

Die Schwachen kämpfen nicht. Die Stärkeren
Kämpfen vielleicht eine Stunde lang.
Die noch stärker sind, kämpfen viele Jahre. Aber
Die Stärksten kämpfen ihr Leben lang. Diese
Sind unentbehrlich.[305]

V Nachleben Brechts: Werk und Wirkung

Wie lange
Dauern die Werke? So lange
Als bis sie fertig sind.
So lange sie nämlich Mühe machen
Verfallen sie nicht.

Einladend zur Mühe
Belohnend die Beteiligung
Ist ihr Wesen von Dauer, so lange
Sie einladen und belohnen.[1]

Brechts Werk hat in der Vielfalt seiner Ansätze, der Unterschiedlichkeit seiner Ausführung, der Totalität seines Strebens und der Vielschichtigkeit seiner Deutung eine große Ähnlichkeit mit dem Werk Picassos und stößt dabei durch die Verbindlichkeit seiner Aussagen weit in die Zukunft vor. Über das Ausmaß, die allseitige Verflechtung innerhalb seiner selbst wie die Zuordnung zu Kunst, Kultur, Gesellschaft im zwanzigsten Jahrhundert gibt am besten das vierbändige Bestandsverzeichnis des Bertolt-Brecht-Archivs der Akademie der Künste der Deutschen Demokratischen Republik, untergebracht in Brechts Wohnung in der Chausseestraße 125, Auskunft. Herta Ramthun hat hier mit großer Akribie rund 180 000 Blatt Nachlaß unter 21 229 Nummern registriert und in einer zweihundertseitigen Konkordanz für die Einsicht in Komplexe erschlossen. Die Stücke umfassen fast 5 000, die Gedichte über 6 000, Prosa, Filmtexte, Schriften über 7 000 Angaben. Dazu kommen 3 500 Angaben zu Schriften zum Theater, zur Literatur, zum Film, zur Musik, zur bildenden Kunst, zur Kunst allgemein, zu Philosophie und Wissenschaft und zu Kultur und Gesellschaft. Die 2 280 Angaben zu Schriften zum Theater weisen den Schwerpunkt der Arbeit Brechts aus. Die Angaben über Mitarbeit an Schriften lassen noch einmal Brechts vielseitige Interessen erkennen. Erwähnt ist die Mitarbeit am Braunbuch zum Reichstagsbrandprozeß, an der Satzung für eine schwedische

Volksbühne, an Stellungnahmen zum Nationalkomitee „Freies Deutschland“, an einem Theatergesetz, an Erklärungen zur Kriegsgefahr wie zur Kunstpolitik 1953, gegen bürokratische Administrierung wie an einem Gelöbnis zur Jugendweihe in der DDR. 166 Angaben beziehen sich auf die Tagebücher und Notizbücher Brechts. Vermerkt und ausgewiesen sind schließlich 66 Angaben zu Noten, die Brecht selbst verfaßt hat. Im vierten Band sind Gespräche, Notate und Arbeitsmaterialien festgehalten, die Brecht mit Mitarbeitern führte.[2]

Elisabeth Hauptmann, um 1970

Das Labyrinth des Nachlasses von Brecht ist damit im wesentlichen vermessen, sieht man davon ab, daß sich bei Freunden und Mitarbeitern Brechts noch einschlägiges Material in begrenztem Umfang befinden mag. Mit dieser Erfassung der Bestände, mit der unmittelbar nach Brechts Tod durch den damaligen Leiter des Archivs Dr. Hans-Joachim Bunge begonnen wurde, war die Grundlage für eine wissenschaftlich abgesicherte Herausgabe der Werke Brechts, soweit sie literarischen Charakter haben, geschaffen. Wie erwähnt, hat Brecht die Veröffentlichung seiner Werke im Jahre 1950 dem Verleger Peter Suhrkamp anvertraut. In der Deutschen Demokratischen Republik übernahm der Aufbau-Verlag die Herausgabe der Werke; der Henschelverlag erhielt die Subvertriebsrechte für das Bühnenwerk. Hauptverantwortliche Herausgeberin seiner Werke war Elisabeth Hauptmann.

Man mag bedauern, daß das Modell für eine historisch-kritische Ausgabe, das Hans-Joachim Bunge und Gerhard Seidel erarbeitet haben, bisher nicht in Angriff genommen wurde. Aber Komplexität und Kompliziertheit des Werkes von Brecht schlossen eine rasche Erledigung dieser Säkularaufgabe aus. Der Umfang dieser historisch-kritischen Ausgabe dürfte auf 400 bis 500 Bände veranschlagt werden.

Bisher wurde 1957 die Herausgabe der „Versuche“ mit Heft 15 („Die Tage der Commune“ als Kern) abgeschlossen. Der Ausgabe der *Stücke* in 14 Bänden, die zwischen 1953 und 1965 im Suhrkamp Verlag und zwischen 1955 und 1968 im Aufbau-Verlag erschien, folgten in der DDR 1961 bis 1969 die Ausgabe der *Gedichte* in 9 Bänden, 1964 der „Schriften zum Theater“ in 7 Bänden, 1966 der „Schriften zur Literatur und Kunst“ in 2 Bänden, 1968 der „Schriften zur Politik und Gesellschaft“ in 2 Bänden und 1973 bis 1975 die vierbändige Ausgabe der „Prosa“. In der „edition suhrkamp“ erschienen 1967 Brechts „Gesammelte Werke“ in 20 Bänden (auch als „Werkausgabe“ bekannt) nebst einer achtbändigen Dünndruck-Ausgabe (1967). Diese Veröffentlichung erfolgte anläßlich des 70. Geburtstages von Brecht. 1969 bzw. 1971 wurde sie durch „Texte für Filme“ ergänzt, zu deren Veröffentlichung der Herausgeber der „Werkausgabe“, Werner Hecht, den Filmwissenschaftler Wolfgang Gersch hinzuzog. Es handelte sich damit um die bisher vollständigste Ausgabe der Werke Brechts. Ihre biographische Ergänzung erfuhr die *Werkausgabe* durch die Veröffentlichung des „Arbeitsjournals 1938–1955" in zwei Bänden und einem Anmerkungsband, die 1973 im Suhrkamp Verlag, 1978 in einer einbändigen Ausgabe im Aufbau-Verlag erfolgte, sowie durch die einbändige Veröffentlichung der „Tagebücher 1920–1922. Autobiografische Aufzeichnungen 1920–1954", die 1975 im Suhrkamp Verlag und 1976 im Aufbau-Verlag erfolgte. Den vollständigsten Überblick über die deutschsprachigen Veröffentlichungen aus den Jahren 1913 bis 1972 der Werke von Brecht, aufgeteilt in Sammlungen, Dramatik und Ergänzungen, gibt am umfassendsten die „Bibliographie Bertolt Brecht" von Gerhard Seidel.[3] Die Sekundärliteratur und Einzeluntersuchungen sind heute kaum mehr zu überblicken.

In zwei Jahrzehnten wurde Brechts Werk durch Übersetzungen in die großen Weltsprachen, aber auch in die Sprachen kleinerer Völker über die ganze Erde verbreitet. Wenn Goethe über die Wirkung seines ersten Romans sagen konnte, auch der ferne Chinese male zärtlich Werthern und Lotten auf Glas, so gilt dies analog auch für Brechts Figuren. In ein und derselben Sprache gibt es auch mehrere Übersetzungen ein und desselben Werkes. Die ursprünglichen Übersetzungen werden oftmals als veraltet, nicht genügend poetisch, nicht präzise genug empfunden, besonders um der brechteigenen Durchdringung von Dialekt und Dialektik einen analogen Ausdruck in der fremden Sprache zu verschaffen. Als noch entscheidender erwies es sich, für das Gestische der Brechtschen Sprache den richtigen Ausdruck zu finden. Auf dem Brecht-Dialog der Übersetzer und Verleger 1968 stimmten alle dem französischen Germanisten und Brecht-Übersetzer André Gisselbrecht zu, als er ausführte: „Eine rein philologische Übertragung eines Brechtschen Textes ist von Grund auf ausgeschlossen."[4] Die entscheidende Folgerung zog Carlos Rincón: „Diese Sprache verlangt vielmehr eine ‚politische' Übertragung."[5]

Durch die Erfassung und Zuordnung des Werks, wie sie im Brecht-Archiv vorgenommen wurde, und die Schaffung von Ausgaben, die eine gewisse philologische Genauigkeit besitzen, wurde auch der wissenschaftliche Zugang zum Werk Brechts erleichtert. Die wichtigsten Erkundungen haben dabei Forscher vorgenommen, die sich am dialektischen und hi-

Giorgio Strehler, Helene Weigel und Juri Ljubimow auf dem Brecht-Dialog in Berlin im Februar 1968

storischen Materialismus orientieren, da sie damit eine Methodologie anwandten, die sich aus dem Gegenstand selbst ergibt. Sie haben, noch zu Lebzeiten Brechts beginnend, die künstlerische Besonderheit wie die ideelle Wirksamkeit des Werkes von Brecht in die Epochenproblematik eingebettet und Brechts historische Bedeutung als Avantgardist einer proletarisch-revolutionären, im Fortgang einer sozialistischen und kommunistischen Kunst zum Verständnis gebracht. Diese geschichtsmaterialistische Brecht-Forschung ist naturgemäß besonders in der Deutschen Demokratischen Republik vertreten. Sie findet sich aber auch in anderen sozialistischen Staaten, und nicht wenige der zahlreichen Brecht-Forscher, die es heute auf der ganzen Welt gibt, haben ihre Erkenntnisse als gesichert übernommen und bedienen sich mehr oder weniger ausgeprägt der zugrunde liegenden Methodologie. Das bestätigten auch Kongresse und Publikationen der in den USA ansässigen „Brecht-Society", die vornehmlich von bürgerlichen Brecht-Forschern getragen waren. Die Versuche, Brecht von Positionen des Idealismus aus anzugehen, denen in den meisten Fällen politisch reaktionäre Haltungen entsprachen, haben selten zu brauchbaren

Erkenntnissen geführt. Tatsächlich hat der Umgang mit Brecht den Selbstverständigungsprozeß der Literatur-, im weiteren Sinn der Kunstwissenschaft erheblich beeinflußt. Die Herausbildung eines brauchbaren Bezugs- und Bewertungssystems des Realismus in der Kunst vollzog sich als Rückgriff und Anwendung Brechtscher Kategorien. Für die Breitenwirkung des Werkes von Brecht besitzt diese Materialisierung der Forschung eine nicht geringe Bedeutung, da durch sie der richtigen Rezeption in immer beträchtlicherem Maße vor- und nachgearbeitet wird.

Die millionenfache Verbreitung des Werkes von Brecht über die ganze Erde, verbunden mit einer heute schon kaum mehr überschaubaren Sekundärliteratur, läßt Brecht bereits heute als deutschen Klassiker erscheinen. Er wird auf der ganzen Welt gleichrangig genannt mit den Genien, die die deutsche Kultur verkörpern. Er steht in einer Reihe mit Lessing, Schiller, Goethe, nur daß die „Botschaften", die er zu vermitteln hat, auf Grund des Materialismus, der seinem Werk innewohnt, für die Zeitgenossen viel unmittelbarer verständlich und anwendbar sind.
Er wird aber auch mit dem größten dramatischen Genie, das die Menschheit hervorgebracht hat, mit Shakespeare in Bezug gesetzt. Das Ensemble seiner Figuren ist kaum weniger reich als das Shakespeares, die Konflikte, die er gestaltet, sind von enormer gesellschaftlicher Brisanz, die ideellen Horizonte, die aufgerissen werden, erzwingen den Blick nach vorne, angesprochen ist der Mensch als Schöpfer seiner selbst.

Wenn Brecht mit seinem dramatischen Werk wirksame Vorlagen geschaffen hatte, so schuf das Berliner Ensemble produktive Vorbilder. Unter der Intendanz von Helene Weigel wurde nach dem Tode von Brecht nach den Prinzipien und mit der Methodik Brechts weitergearbeitet. Helene Weigel traf die richtige Entscheidung, neben Erich Engel als dem ältesten Mitarbeiter Brechts auf die Schüler Brechts und ihre Koproduzenten im Ensemble zu setzen, um die Umwandlung des Berliner Ensembles in ein „Brechtmuseum" zu verhindern. Im Rückblick auf zwei Jahrzehnte Theaterarbeit des Berliner Ensembles nach dem Tode von Brecht läßt sich sa-

Berliner Ensemble am Bertolt-Brecht-Platz

gen, daß das Ensemble – alles in allem – seinem historischen Auftrag gerecht geworden ist.
Die Inszenierung von „Leben des Galilei", die Brecht noch begonnen hatte, wurde von Erich Engel im Januar 1957 mit Ernst Busch in der Titelrolle auf beeindruckende Weise zu Ende gebracht. Die Inszenierung der „Dreigroschenoper", die im April 1960 Premiere hatte, stellte Engel bewußt unter die Absicht, „die Lebensverfälschungen durch den Kapitalismus der Kritik des Zuschauers auszuliefern"[6]. Wolf Kaiser zeigte den Räuber als Aufsteiger in die Oberklasse. Auch in seiner letzten Inszenierung im Berliner Ensemble, nämlich „Schweyk im zweiten Weltkrieg", die zu Silvester 1962 Premiere hatte, unterstrich Engel zusammen mit Wolfgang Pintzka die politisch-aufklärerische, den Geist des Antifaschismus erneuernde Funktion. Martin Flörchinger als Schweyk und Gisela May als Wirtin Kopecka trugen entsprechend den Rollen dieser Absicht besonders Rechnung.
1957 wurde ein Regiekollektiv geschaffen, das Manfred Wekwerth leitete, der schließlich 1960 zum Chefregisseur des Berliner Ensembles berufen wurde.

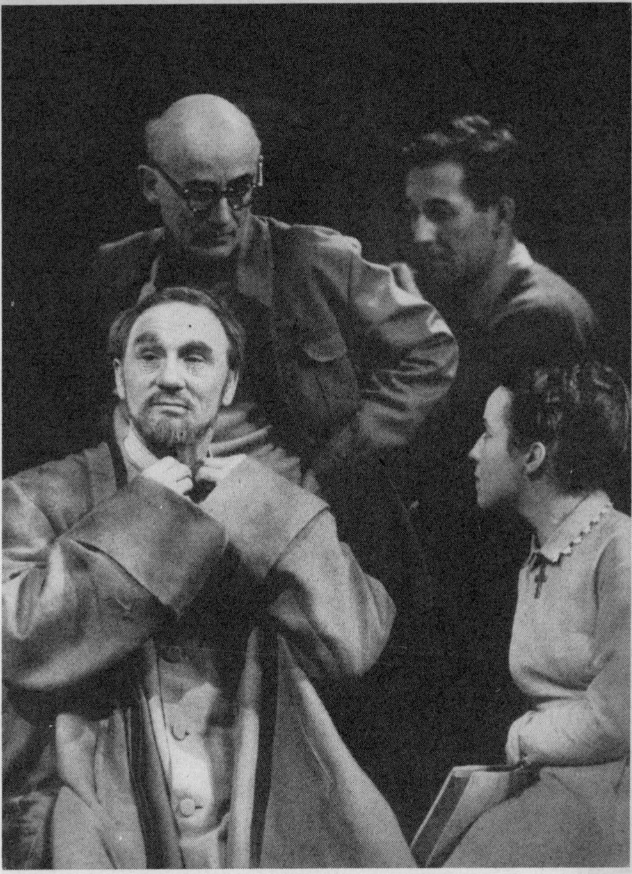

Ernst Busch, Erich Engel und Regine Lutz auf einer Probe zu „Leben des Galilei“

Als erstes großes Brecht-Stück inszenierte Benno Besson im Oktober 1957 die „Sezuan“-Parabel. Wie in Rostock spielte Käthe Reichel die Hauptrolle. Gerade für diese Parabel sollte Besson dann zu Beginn der siebziger Jahre in der Volksbühne Berlin mit Ursula Karusseit neue, phantasiereiche Variationen finden. Besson verließ 1958 das Berliner Ensemble. Aber was er bei Brecht, was er bei der Arbeit im Ensemble

Regine Lutz als Polly Peachum und Wolf Kaiser als Macheath in der Aufführung von „Die Dreigroschenoper“ am Berliner Ensemble 1960

Szenenfoto der Aufführung von „Schweyk im zweiten Weltkrieg" am Berliner Ensemble mit Otfried Knorr, Angelica Domröse, Renate Richter, Martin Flörchinger als Schweyk, Regie: Erich Engel und Wolfgang Pintzka, Bühnenbild: Manfred Grund, Premiere: 31. Dezember 1962

gelernt hatte, prägte seine weitere künstlerische Arbeit, wo immer er tätig war. 1969 vertraute die Weigel Besson die Uraufführung von „Turandot" am Zürcher Schauspielhaus an. Auch die Inszenierung der „Heiligen Johanna der Schlachthöfe" an den Münchner Kammerspielen 1974 bewies Bessons Fähigkeit, aus der gegebenen gesellschaftlichen Situation heraus der Fabel eine poetisch wie ideell schlüssige Auslegung zu geben.
Manfred Wekwerth und Peter Palitzsch kamen als Regisseure der Politparabel „Der aufhaltsame Aufstieg des Arturo Ui" im März 1959 zu einem auch international anerkannten Erfolg. Diese Aufführung, die über fünfhundertmal gezeigt werden sollte, war nachhaltig von der exzentrischen Nachahmung und gleichzeitigen Verfremdung des üblen Urbildes der Hauptfigur durch Ekkehard Schall geprägt. Nachdem Palitzsch nach dem 13. August 1961 die DDR verlassen hatte, setzte Wekwerth zusammen mit Joachim Tenschert die

Gisela May als Madame Cabet und Wolfgang Langhoff als Pierre Langevin in der Aufführung von „Die Tage der Commune" am Berliner Ensemble, 1964

Aneignung bedeutsamer Brecht-Werke fort. Zur Unterstützung der Maßnahmen, die am 13. August 1961 getroffen wurden, studierten sie „Die Tage der Commune" ein und verbanden dabei die „kleine" Geschichte der Familie Cabet bewußt mit der „großen" Geschichte, die die „Namenlosen" im Frühjahr 1871 in Paris gemacht hatten. Zu einer besonderen Bewährungsprobe wurde die Aufführung des „Coriolan“ von Shakespeare in der Bearbeitung von Brecht, war es doch das erste Shakespeare-Drama, das im Berliner Ensemble gespielt wurde. Die Premiere fand Ende September 1964 statt. Es war der schauspielerische Triumph Ekkehard Schalls als Coriolan und Hilmar Thates als Aufidius. Bis in die zweite Hälfte der siebziger Jahre sollten sich Lesart und Ausführung, geprägt durch den realistischen Stilwillen Wekwerths, als spielfähig erweisen. Die Schlachtszenen wurden von Ruth

Rolf Ludwig als Flieger Sun, Ursula Karusseit als Shui Ta, Hans Teuscher als Friseur, der Regisseur Benno Besson und Susanne Düllmann als Witwe Shin auf einer Probe zur Aufführung von „Der gute Mensch von Sezuan“ an der Volksbühne Berlin, Regie: Benno Besson, Bühnenbild: Achim Freyer, Premiere: 17. April 1970

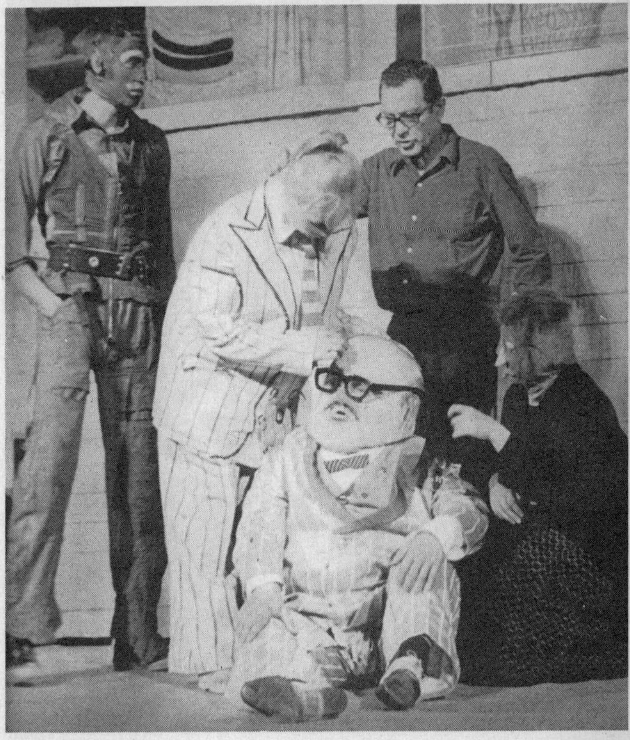

Martin Flörchinger als Bauer Sen, Victor Deiß als der Hoftui und Olga Strub als Turandot in der Aufführung von „Turandot oder Der Kongreß der Weißwäscher“ am Berliner Ensemble, Regie: Peter Kupke und Wolfgang Pintzka, Ausstattung: Karl von Appen und Eberhard Keienburg, Premiere: 10. Februar 1969

Berghaus nach Musik von Dessau choreographiert. Die Einstudierung der „Heiligen Johanna der Schlachthöfe“ im Juni 1968 durch Wekwerth und Tenschert sollte die erste Phase der Brecht-Rezeption im Berliner Ensemble unter der künstlerischen Leitung Wekwerths abschließen; Brechts Tochter Hanne Hiob wirkte in der Hauptrolle weniger originell als bei der Uraufführung unter Gründgens in Hamburg neun Jahre vorher. Ein gewisser ‚Akademismus‘ in der Brecht-Rezeption war unverkennbar geworden.
Ihm wirkten am kräftigsten die jüngeren Regisseure entgegen, die man bereits als Schüler der Schüler Brechts bezeichnen kann. Diese Nachwuchskräfte profilierten sich vor allem mit den „Brecht-Abenden“. Der „Brecht-Abend Nr. 1“ von 1962 stand unter dem Motto „Lieder und Gedichte“. Die künstlerische Leitung hatten Manfred Karge, Isot Kilian, Matthias Langhoff und Manfred Wekwerth. Der „Brecht-

Abend Nr. 2" hieß „Über die großen Städte" und war dem 65. Geburtstag Brechts gewidmet. Höhepunkt war die Inszenierung des „Kleinen Mahagonny" nach dem Songspiel von 1927 in der Regie von Manfred Karge und Matthias Langhoff. Am 12. Oktober 1963 setzten diese Regisseure sowie Uta Birnbaum, Guy de Chambure, Werner Hecht, Hans-Georg Simmgen, Kurt Veth und Manfred Wekwerth den „Messingkauf" von Brecht in Szene. Die Erörterung der Brechtschen Theatertheorie durch die Schauspieler Gisela May, Ekkehard Schall, Wolf Kaiser und Willi Schwabe war dabei

Szenenfoto der Aufführung von „Coriolan" am Berliner Ensemble mit Helene Weigel als Volumnia und Ekkehard Schall als Coriolan

Szenenfoto der Aufführung von „Die heilige Johanna der Schlachthöfe" am Berliner Ensemble mit Hanne Hiob als Johanna Dark und Martin Flörchinger als Mauler, Regie: Manfred Wekwerth und Joachim Tenschert, Bühnenbild: Karl von Appen, Premiere: 12. Juni 1968

weniger aufschlußreich für eine verfremdende und nicht verfremdende Spielweise als die „Übungsstücke für Schauspieler" von Brecht. Von diesen wurden besonders „Der Streit der Fischweiber" in der Regie von Kurt Veth und in der Darstellung durch Carola Braunbock und Agnes Kraus sowie „Der Wettstreit des Homer und Hesiod" in der Regie von Hans-Georg Simmgen und in der Darstellung durch Hilmar Thate als Homer und Stefan Lisewski als Hesiod (Masken: Eduard Fischer; Kostüme: Christine Stromberg) zu einem Triumph gestischer Spielweise. Ihr erstes „Meisterstück" lieferten Karge und Langhoff mit der Einstudierung des Fragments „Der Brotladen" von Brecht am 13. April 1967, bei der Agnes Kraus als Witwe Queck eine außerordentliche Leistung vollbrachte und die Darstellung der chorischen Passagen als aktives soziales Verhalten vor sich ging. Uta Birnbaum fand im Februar 1967 für die Parabel „Mann ist Mann" mit Hilmar Thate als Galy Gay eine große Form.
Entsprechend dem Programm, das Brecht dem Berliner Ensemble als Repertoiretheater gegeben hatte, profilierte sich das Ensemble auch nach dem Tode Brechts durch Aufführungen von Stücken, die dem sozialistischen Realismus zuzurechnen sind oder ihm nahestehen (1958 „Optimistische Tragödie" von Wsewolod Wischnewski in der Regie von Palitzsch/Wekwerth; 1965 „In Sachen J. Robert Oppenheimer" von Heinar Kipphardt in der Regie von Wekwerth/Tenschert; 1966 „Purpurstaub" von Sean O'Casey in der Regie von Hans-Georg Simmgen; 1968 „Viet Nam Diskurs" von Peter Weiss in der Regie von Ruth Berghaus). Brechts Adaption der Antike, die er mit „Antigone" vorgenommen hatte, erfuhr 1969 eine Fortsetzung mit der Aufführung von Aischylos' „Sieben gegen Theben" in der Regie von Karge/Langhoff, die durch entschiedenen gestischen Ausdruck und ein hohes Maß an bildnerischer Verfremdung (Pieter Hein) geprägt war. Das Ensemble setzte auch Brechts Geburtshilfe für eine neue sozialistische Dramatik, bezeigt bei Strittmatters „Katzgraben", mit der Aufführung von Helmut Baierls „Frau Flinz" im Mai 1961 fort. In dieser Komödie verliert die Flinz – in der Aufführung im BE dargestellt durch Helene Weigel – ihre Söhne nicht an den Krieg, sondern an den Frieden, den Sozialismus, und behält sie damit. In „Johanna von Döbeln" wurde durch Baierl das gleiche Verfahren der

Helene Weigel und Peter Weiss auf einer Probe zum „Viet Nam Diskurs“ von Peter Weiss am Berliner Ensemble, Premiere: 20. März 1968

Umkehrung der Fabel eines Brecht-Stückes, der „Heiligen Johanna der Schlachthöfe“, angewandt, erwies sich aber bei der Aufführung des Stückes im April 1969 in der Regie von Wekwerth und Helmut Rabe als weniger durchschlagend.
In der zweiten Hälfte der sechziger Jahre geriet das Berliner Ensemble in eine unverkennbare Krise. Herausgebildet hatte sich eine Darstellungsweise, die in ihren besten Leistungen präzise, klar, sinn- und sinnenfällig wirkte, aber wenig variierte und das Experiment so gut wie ausschloß. Die intensive Arbeit an den Hauptproduktionen führte zu einer mangelnden Produktivität im ganzen.
Manfred Wekwerth formulierte 1969 die Problematik: „Nicht das Halten erreichter Qualität, sondern die Suche neuer ist die eigentliche Qualität des Berliner Ensembles.“ Das Berliner Ensemble in die Entwicklung des realen Sozialismus in der DDR einbettend, meinte Wekwerth, das Theater werde „neben der Aufklärung vor allem die soziale Phantasie entwickeln müssen“. Seine Konzeption richtete sich in starkem Maße auf das Individuum als Gegenstand der dar-

stellenden Kunst. In Fortführung von Überlegungen, wie sie auf dem „Brecht-Dialog 1968“ im Dialog der Theaterleute mit Philosophen, Politikern und Naturwissenschaftlern angestellt worden waren, plädierte er für „verschiedene Typen der Vermittlung“, was eine Umschreibung für einen stärkeren Gebrauch der schauspielerischen Verfremdung war (nicht zufällig erörterte er dabei die Möglichkeiten der Clownerie). Auch die Brecht-Stücke sollten vor ihrer Einbeziehung in den Spielplan „nach Thema, Schreibweise und aktuellem Im-

Norbert Christian als Kalle und Martin Flörchinger als Ziffel in der Aufführung der „Flüchtlingsgespräche“ am Berliner Ensemble, Regie: Manfred Wekwerth und Joachim Tenschert, Bühnenbild: Pieter Hein, Premiere: 7. Dezember 1966

puls“ befragt werden, bevor sie alle zwei Jahre regelmäßig im Spielplan erscheinen sollten. Wekwerth sprach sich auch für eine Lockerung des „Brecht-Monopols“ für die Theater der Hauptstadt aus.[7]
Als sich Helene Weigel mit dieser Konzeption nicht befreunden konnte, verließ Wekwerth 1969 das Berliner Ensemble. Mit ihm gingen Renate Richter, Günter Naumann und andere Schauspieler. Bereits vorher hatten die Regisseure Veth, Simmgen und Birnbaum das Berliner Ensemble verlassen, ebenso die Schauspieler Thate und Kaiser. Schließlich schieden auch der Chefdramaturg Joachim Tenschert und die Regisseure Karge und Langhoff aus, letztere, um zur Volksbühne Berlin überzuwechseln. Das Berliner Ensemble verlor also um die Wende von den sechziger zu den siebziger Jahren eine Reihe von Künstlern, die zum Teil noch unter Brecht gearbeitet und Erfahrungen gesammelt hatten. Dieser Weggang hatte aber auch das Gute, das Werk Brechts und seine Spielweise an den Institutionen durchzusetzen und zu fördern, zu denen diese Künstler gingen. Manfred Wekwerth versuchte besonders in den Filmen, die er vornehmlich für das Fernsehen der DDR herstellte, eine epische Darstellungsweise anzuwenden. Hier sei seine filmische Adaption von „Happy end“ von Elisabeth Hauptmann mit den Songs von Brecht aus dem Jahr 1977 hervorgehoben; Renate Richter und Wolf Kaiser spielten die Hauptrollen. Seine Einstudierung des „Guten Menschen von Sezuan“ am Zürcher Schauspielhaus im März 1976 mit Renate Richter in der Titelrolle und Helmut Lohner als Flieger Sun ließ interessante Vergleiche mit der vorangegangenen, mehrfach variierten Inszenierung des gleichen Stückes durch Benno Besson zu. Wekwerth wie Besson waren nun selbst in das Alter eingetreten, in dem ihr Meister seine reifste Kunst bezeigt hatte, und beiden stellte sich das Werk ihres Lehrers nach wie vor als größte künstlerische Aufgabe dar.
Nach dem Weggang Wekwerths wurde Ruth Berghaus zur Stellvertretenden Intendantin, nach dem Tode von Helene Weigel im Mai 1971 zur Intendantin des Berliner Ensembles berufen. Der Tod der Weigel machte wie der bald nachfolgende Tod Ruth Berlaus und Elisabeth Hauptmanns bewußt, daß das Werk Brechts nun ganz in die Hände von Nachfolgern gegeben war, die mit Brecht bestenfalls für ein Jahr-

fünft, in ihrer Mehrzahl aber überhaupt nicht mehr unmittelbar zusammengearbeitet hatten. Die Weigel war nicht nur die Mutter Courage, sondern die Mutter des Ensembles gewesen. Sie besaß Autorität, ohne autoritär zu sein. Sie repräsentierte als Künstlerin die Kontinuität der Arbeit mit Brecht und am Werk Brechts über Jahrzehnte hinweg, zu ganz unterschiedlichen gesellschaftlichen Bedingungen. Sie hatte sich in den Kämpfen der Arbeiterbewegung, an der Seite der Kommunistischen Partei Deutschlands, später der Sozialistischen Einheitspartei Deutschlands ein hohes politisches Bewußtsein angeeignet, das sie mit Verstand, Mutterwitz, auch Schlauheit prinzipienfest auf die Leitung des Berliner Ensembles und die Kunstproduktion selbst anzuwenden wußte.

Ruth Berghaus anerkannte in Nachfolge der Weigel die Verpflichtung des Berliner Ensembles, das Werk Brechts zu pflegen. Der Lyriker und Dramatiker Karl Mickel, der 1970 noch von der Weigel als Mitarbeiter engagiert wurde, kennzeichnete im Rückblick auf das 25jährige Bestehen des Berliner Ensembles 1974 die sich vollziehenden Veränderungen: „Seit 1970 ist das Berliner Ensemble in einer Phase des Experimentierens."[8] In bezug auf die Brecht-Stücke wurde davon ausgegangen, daß Modelle von Aufführungen, die Brecht selbst geschaffen hatte oder seine Billigung erfahren hatten, sich nicht einfach reproduzieren ließen. Der Beweis dafür wurde in der Einstudierung von „Leben des Galilei" durch Fritz Bennewitz im Oktober 1971 erblickt, die dem Vorbild von Brecht/Engel bis in die Kostüme folgte und doch lediglich die Darstellung des Galilei durch Wolfgang Heinz als subjektive Prägung einer fundamentalen Rolle interessant erscheinen ließ. Eine weitere Grundüberlegung zur inhaltlichen Seite der Brecht-Stücke war: „Die Vorgänge sind der unmittelbaren Erfahrung ferngerückt, die Geschichte gilt für abgeschlossen."[9] Daraus wurde abgeleitet, daß nun eine stärkere Aufmerksamkeit auf die besondere Art der Darstellung, eine stärkere Ausprägung der gestischen Spielweise, ein höheres Maß ästhetischer Verfremdung gelegt werden könne, wie schon Wekwerth 1969 angenommen hatte. Exemplarisch dafür wurde die Inszenierung von „Im Dickicht der Städte" durch Ruth Berghaus Ende Januar 1971. Hier war die „sinnliche Zeichenhaftigkeit"[10], die die Berghaus von der Oper übernahm, schon im Bühnenbild von Andreas Reinhardt au-

Szenenfoto der Aufführung „Im Dickicht der Städte" am Berliner Ensemble, Victor Deiß als Pavian, Olga Strub als Marie Garga und Christine Gloger als Jane, Regie: Ruth Berghaus, Bühnenbild: Andreas Reinhardt, Premiere: 28. Januar 1971

genfällig gemacht, der das Dickicht durch mobiles, frei im Raum schwebendes Alteisen kennzeichnete. Die Darstellung trug sich als Judokampf zwischen Shlink (Schall) und Garga (Reinecke) zu.

Die extremere Anwendung gestischer Ausdruckskraft, verbunden mit stark abstrahierten Spielräumen, führte schon bei der Inszenierung der „Gewehre der Frau Carrar" im Juni 1971, besonders aber bei der Neueinstudierung der „Mutter" im Oktober 1974 durch Ruth Berghaus zu scharfen Spannungen zwischen Sinngebung und Sinnfälligkeit. Regisseurin und Ausstatter (Reinhardt) schienen weniger am Text als an den „Anmerkungen zur ‚Mutter'" interessiert zu sein, in denen Brecht seine Grund-Sätze *antimetaphysischer, materialistischer, nichtaristotelischer Dramatik und* einer entsprechenden Spielweise dargelegt hat, als da sind: Verhinderung der *hingebenden Einfühlung, mittelbare Wirkung der epischen Bühne,* kein *suggestives Theatererlebnis, Sich-bemerkbar-Machen* des Schauspielers *zwischen den Vorgängen, denkbar einfachste [...] Gruppierungen,* bedeutender und typischer *Gestus.*[11]

Tatsächlich handelte es sich bei diesen Inszenierungen um den Versuch, über die von Brecht bemängelten „30 %" einer gestischen Spielweise hinauszukommen. Er führte bei Felicitas Ritsch als Pelagea Wlassowa und Jürgen Holtz als Lehrer in der „Mutter" zu auffälligen, einprägsamen Haltungen, aber auch zu einer Enthistorisierung der Fabel und zu Eingriffen in die dramaturgische Struktur. Der Vorzug wurde daher schließlich Inszenierungen von Brecht-Stücken gegeben, die sich mehr an das Modell anlehnten und Verfremdung nicht bis zur Befremdung vorantrieben, wie sie etwa mit den Aufführungen von „Turandot" zu Brechts 75. Geburtstag in der Regie von Peter Kupke und Wolfgang Pintzka, mit „Leben Eduards des Zweiten von England" (Juni 1974) in der Regie von Ekkehard Schall und Barbara Berg, mit „Herr Puntila und sein Knecht Matti" Ende Februar 1975 und mit dem „Kaukasischen Kreidekreis" im April 1976 (letztgenannte Inszenierungen in der Regie von Peter Kupke) erfolgten.
Die Stilrichtung einer extrem gestischen Spielweise wurde auch von jüngeren Regisseuren übernommen, so von Jürgen Pörschmann und Günter Schmidt bei der Einstudierung des „Badener Lehrstücks vom Einverständnis" im August 1973, und wurde übertragen und angewandt auf Inszenierungen von Stücken von Heiner Müller, Peter Hacks, Karl Mickel, aber auch des altspanischen Klassikers de Rojas. Die radikalsten Experimente veranstalteten B. Klaus Tragelehn und Einar Schleef bei den Inszenierungen von „Frühlings Erwachen" von Wedekind und Strindbergs „Fräulein Julie" mit Jutta Hoffmann in der Titelrolle und Jürgen Holtz als Jean.
Im April 1977 trat Ruth Berghaus als Intendantin zurück. Als neuer Intendant wurde Manfred Wekwerth, als sein Stellvertreter Ekkehard Schall berufen. Beide waren seit ihren Anfangsjahren als Künstler mit dem Berliner Ensemble verbunden und hatten damit ein engeres Verhältnis zur Tradition des Ensembles, als es Ruth Berghaus hatte und wollte. Wekwerth erklärte zur künftigen Entwicklung des Berliner Ensembles: „Das BE ist kein Theater der Neuheiten mehr, es ist ein Repertoire-Theater. Wir müssen uns den großen Stücken stellen und dürfen uns nicht in Randerscheinungen verlieren. Brechts Methode ist nicht nur auf seine Stücke anzuwenden,

nicht nur auf die anderer Stückeschreiber (Gorki, Shakespeare, Fleißer), sondern auch bei der Aufarbeitung aktueller Gegenwartsstoffe zu nutzen."

Die Spielplanung werde in den folgenden Jahren von drei Linien geprägt sein: „Entdeckungen an revolutionären Stükken, die Wiederentdeckung der Komödie, die vom bürgerlichen Theater verfälscht wurde (bis hin zur Farce), die kritisch-realistischen Stücke (von den russischen Realisten bis zu Marivaux). In weitreichende Überlegungen sind auch frühe bzw. selten gespielte Stücke Brechts (‚Trommeln in der Nacht', ‚Fatzer') einbezogen."[12]

Bei der Neuinszenierung eines der bedeutendsten Stücke Brechts, nämlich von „Leben des Galilei", anläßlich des 80. Geburtstages von Brecht im Februar 1978 handhabten Wekwerth und Joachim Tenschert „die dialektische Methode des Herangehens an alle politisch-künstlerischen Fragen"[13] erstaunlich unaktuell. Sie bevorzugten eine von Werner Mittenzwei entwickelte Fassung des Schauspiels, die in ihrer Aussage dem Publikum die Einsicht vermitteln sollte, daß sich die Wahrheit nur sehr widersprüchlich und langwierig durchsetzt, statt es für den höchst zeitgemäßen Kampf gegen die von dem amerikanischen Präsidenten Jimmy Carter angekündigte Neutronenbombe mit kräftigen Impulsen zu versehen.

In der Neuinszenierung des Stückes, mit dem nach Brechts Auffassung „das Theater des neuen Zeitalters" eröffnet worden war, nämlich der Chronik „Mutter Courage und ihre Kinder" in der Regie von Peter Kupke im Oktober 1978, gelang es Gisela May, der Darstellung der Courage, die im Berliner Ensemble durch Helene Weigel geprägt war, ein eigenständiges Profil zu geben. Die angekündigten „Entdeckungen an revolutionären Stücken" begannen unter der neuen Leitung mit der Aufführung des „Großen Friedens" von Volker Braun in der Regie von Wekwerth und Tenschert, gefolgt von der Aufführung des „Spielbaukastens für Theater und Schule" „Simplex Deutsch" des gleichen Autors (Regie Piet Drescher). In Braun unterstützt das Berliner Ensemble einen Dramatiker, der bewußt die historisch-materialistische Dialektik zur Gestaltung seiner Stoffe und Themen verwendet, wie es Brecht vormachte und anregte, und der damit das Theater herausfordert, sinn- und sinnenfällige Formen der Darstellung zu entwickeln.

So wie bei den Gastspielen in Paris 1954 und 1955, vermochte das Berliner Ensemble unmittelbar nach Brechts Tod mit seiner Tournee in London im August 1956 aufstörend und befruchtend zu wirken. Es half den Geist des Victorianismus von der englischen Bühne vertreiben. Es ließ gleichzeitig die jungen englischen Dramatiker Brecht und seine materialistische Dramaturgie entdecken, so daß Brecht entscheidende inhaltliche, aber auch formale Anstöße für die sozialkritische Dramatik der fünfziger und sechziger Jahre gab. Das Gastspiel des Berliner Ensembles in London im Jahre 1965 widerlegte sodann die Annahme, die auch in Großbritannien Verbreitung gefunden hatte, das Ensemble stagniere. Die Aufführung des „Coriolan“ befruchtete die einheimische Diskussion über eine zeitgemäße Aneignung Shakespeares durch das britische Theater selbst.

Das Gastspiel des Berliner Ensembles in Moskau 1957 ließ die sowjetischen Theaterschaffenden Brecht, sein dramatisches Werk und seine Theaterkunst so recht eigentlich erst entdecken. Es bewirkte, daß Brecht nun auch in der Sowjetunion häufig gespielt wurde. Es förderte gleichzeitig die

Szenenfoto der Aufführung von „Der gute Mensch von Sezuan“ an der Schtschukin-Theaterschule Moskau 1963, Regie: Juri Ljubimow

Wiederbesinnung auf die Theaterexperimente Wachtangows und Meyerholds, die denen Brechts in vielem entsprachen, und setzte Theorie und Praxis Brechts und Stanislawskis einem produktiven Vergleich aus. Die Gastspiele in Moskau und Leningrad 1968 und in Tbilissi 1971 vertieften das Verständnis für Brecht und sein Theater. Am originellsten und produktivsten hat wohl Juri Ljubimow mit seinen Inszenierungen von „Der gute Mensch von Sezuan“ erst mit Schauspielschülern, dann in seinem eigenen Theater an der Taganka in Moskau, nachfolgend mit der Inszenierung von „Leben des Galilei“ die Erfahrung Brecht reflektiert und in seine eigene Theatertheorie und -praxis übergeführt.

Durch einen ähnlichen zeitlichen Abstand, wie es bei den Gastspielen des BE in der Sowjetunion der Fall war, getrennt, ermöglichten die erneuten Gastspiele des Berliner Ensembles in Paris im Jahre 1960 und schließlich im Jahre 1971 den Zuschauern und Kritikern einen Vergleich über den Leistungsstand des BE. Sie bestärkten das französische Theater, die Brecht-Aneignung fortzusetzen, so daß Brecht in den sechziger Jahren zu den drei am meisten gespielten ausländischen Dramatikern gehörte. Sie ermutigten auch die Bestrebungen, ein klassenkämpferisches Volkstheater zu schaffen. In der Banlieue von Paris spielte Helene Weigel 1971 buchstäblich mit letzter Kraft die Hauptrolle in „Die Mutter“: Als mütterliche Kämpferin und kämpferische Mutter ist sie dem französischen Publikum in Erinnerung geblieben.

Das erste Gastspiel des Berliner Ensembles in Italien im Jahre 1966, nach langem Anlauf gegen Travelboard-Restriktionen der NATO durchgesetzt, forderte naturgemäß wie die nachfolgenden von 1973 und 1977 zum Vergleich mit den Brecht-Aufführungen heraus, die Giorgio Strehler im Piccolo Teatro Milano mit großer künstlerischer Kraft und gesellschaftlichem Einsatz auf die Einstudierung der „Dreigroschenoper“ im Jahre 1956 hatte folgen lassen. Strehler hat immer neidlos die Leistungen des Berliner Ensembles bewundert, wie umgekehrt das Berliner Ensemble von seinen Aufführungen lernte. Sowohl die „Rassegna dei Teatri Stabili“ in Florenz als auch die „Tavola Rotonda“ der Biennale von Venedig waren in den sechziger und siebziger Jahren mehrfach vom Thema Brecht

und seiner Bedeutung für das zeitgenössische, im engeren Sinne für das italienische Theater geprägt. Hier, im Italien der Veränderung des Jahres 1975, studierte schließlich Benno Besson im Stahlwerk Terni mit Arbeitern das Lehrstück „Die Ausnahme und die Regel“ ein, ehe er das gleiche mit sozialistischen Eigentümern und Produzenten, den Arbeitern des VEB Secura in Berlin, wiederholte.
Auch die Gastspiele des Berliner Ensembles in Prag und Bratislava, Budapest, Bukarest, Poznań, Sofia, Belgrad, Zagreb und Ljubljana waren für die Aneignung Brechts in den sozialistischen Staaten Tschechoslowakei, Ungarn, Polen, Bulgarien und Jugoslawien wichtig und wirkten auf die Entwicklung der nationalen Theater dieser Länder ein. Gleiches gilt für die Gastspiele des Berliner Ensembles in den nordischen Ländern, wo es in Stockholm, Helsinki und Bergen gastierte.
In diesem Zusammenhang kann nur erwähnt werden, daß Regisseure des Berliner Ensembles wie andere Regisseure der Deutschen Demokratischen Republik, die mit dem Werk Brechts besonders vertraut waren und sind, durch ihre Regiearbeit im Ausland viel zur richtigen Vermittlung Brechts beitragen konnten. Auch die singenden Schauspielerinnen Gisela May, Sonja Kehler und Vera Oelschlegel vermochten in vielen Städten Europas, Amerikas und Asiens ein ganz unterschiedliches Publikum für Brecht zu begeistern.

Naturgemäß war das Berliner Ensemble für die Durchsetzung Brechts in der Bundesrepublik Deutschland eine Einrichtung, die seinen Freunden in der BRD viele materielle und ideelle Impulse vermitteln konnte und für die Gegner bis auf den heutigen Tag ein Ärgernis blieb. Das Verhältnis zu Brecht und seinem Werk wurde besonders im Theater als einer öffentlichen Sache gerade in der Bundesrepublik und in Westberlin auch nach Brechts Tod mehrfach zu einer eminent politischen Angelegenheit. Kein Vierteljahr nach Brechts Tod lösten konterrevolutionäre Ereignisse in Ungarn den zweiten „Brecht-Boykott“ aus. Als es dem Imperialismus nicht gelang, die VR Ungarn aus der sozialistischen Staatengemeinschaft herauszubrechen und den Kapitalismus wiederherzustellen, mußte Brecht abermals – wie nach dem 17. Juni 1953 – als „Sündenbock“ herhalten. Als der Bochu-

Hanns Eisler, Harry Buckwitz und Teo Otto auf einer Probe zur Uraufführung von „Die Gesichte der Simone Machard" an den Städtischen Bühnen Frankfurt (Main), 1957

mer Intendant Hans Schalla für ein Gastspiel seines Theaters zur Teilnahme am „Theater der Nationen" in Paris 1957 einen Zuschuß des Auswärtigen Amtes in Bonn beantragte, gab der Staatssekretär Hallstein die Antwort, „Der Marquis von Keith" von Wedekind und „Die Dreigroschenoper" Brechts, mit denen das Bochumer Theater gastieren wollte, besäßen „weder für die deutsche klassische noch für die deutsche Gegenwartskunst sinnfälligen Aussagewert", eine Feststellung, die sogar von einer bürgerlichen Zeitung glossiert wurde: „Das AA als Sachwalter einer moralischen Bedürfnis-Anstalt!"[14] Hallstein fand nicht nur Rückendeckung durch seinen Minister, sondern dieser Dr. Heinrich von Brentano benützte die Gelegenheit zu dem ebenso dummen wie unverschämten Vergleich: „Aber ich bin wohl der Meinung, daß die späte Lyrik des Herrn Brecht nur mit der Horst Wessels zu vergleichen ist." Peter Suhrkamp, Verleger Brechts, gab die Antwort zunächst in der Form einer Frage: „Leben wir der Zeit des Nationalsozialismus noch so nah, daß wir nicht genug auf der Hut sind vor den schlechten Angewohnheiten von damals – oder ist es, weil unser Unglück schon so lange zurückliegt, daß man bei uns wieder anfängt, leichtfertig zu reden und auch in die allgemeine Formverwilderung gerät?" Er schloß: „Wie soll da Dichtung gedeihen, wo die Staatsmänner sie so leichtfertig abtun? Wo aber Dichtung, Kunst und Musik verkümmern, da verkümmert das Volk."[15]

Gegen „politische Ressentiments und überkommene Anschauungen" etablierte sich 1959 in der Bundesrepublik der „Arbeitskreis Bertolt Brecht", für den erst Elisabeth Weisgerber, dann André Müller verantwortlich zeichneten. Er wollte „in der Bundesrepublik alle zusammenführen, die sich ernsthaft und produktiv mit dem Werk auseinandersetzen wollen. (...) Er wird die junge Generation ermutigen, Brechts Methoden zu studieren und anzuwenden. Er wird böswilligen Entstellungen des Brechtschen Schaffens entgegentreten."[16] Zu den Mitgliedern gehörten unter anderen Harry Buckwitz, Erich Engel, Erwin Piscator, Hans Schweikart und Günther Weisenborn, Theaterschaffende also, die auch in den Jahren des Kalten Krieges und zur Zeit der ersten „Brecht-Boykotte" Stücke von Brecht spielten und zu seinem Werk standen. In den „Mitteilungen und Diskussionen" wurde auch der erste Überblick über Brecht-Aufführungen in der DDR der westdeutschen Öffentlichkeit bekanntgemacht.[17]

Der vor allem von der Springer-Presse nachhaltig unterstützte dritte „Brecht-Boykott", der nach dem 13. August 1961 ausgerufen wurde, scheiterte im wesentlichen bereits an der Erklärung von 66 Intendanten westdeutscher Bühnen, die daran erinnerten, daß „von den parlamentarischen Gremien der Bundesrepublik die geistige und künstlerische Freiheit der deutschen Theater zum Grundsatz erhoben" worden sei, und sich auf „persönliche Verantwortung", ihr „künstlerisches Gewissen" und ihre „Einsicht" beriefen.[18] Langfristigen Erfolg hatte der Boykott nur in Westberlin, nachdem Boleslav Barlog vor dem massiven Druck zurückgewichen war und im Schillertheater „Puntila" abgesetzt hatte. Harry Buckwitz brachte trotz Protesten der CDU im Oktober 1961 „Leben des Galilei" mit neuen Kompositionen von Hanns Eisler heraus. Sogar im Fernsehen konnte Brecht schließlich wieder gezeigt werden: im November 1961 „Schweyk im zweiten Weltkrieg", im Januar 1962 „Leben des Galilei".

Seitdem war der Aufstieg Brechts in der Bundesrepublik unaufhaltsam. In den siebziger Jahren lag Brecht abwechselnd mit Shakespeare an der Spitze der Inszenierungen und Aufführungen der bundesrepublikanischen Theater, wenn auch seine spezifischen Revolutionsstücke wie „Die Mutter" und „Die Tage der Commune" nur selten und nur von solchen Theaterschaffenden gespielt werden, die Brecht auch geistig nahestehen. Hier verdient die Inszenierung der „Mutter" an der Schaubühne in Berlin (West) in der Regie von Peter Stein von 1971 hervorgehoben zu werden, in der die Giehse mit überwältigendem Lakonismus, intensivem mimisch-sprachlichem und gestischem Ausdruck, vor allem aber mit hoher politischer Parteilichkeit die Hauptrolle spielte. Stein und seine Koregisseure Wolfgang Schwiedrzik und Frank-Patrick Steckel episierten die Struktur des Lehrstücks noch mehr, indem sie es gleichzeitig historisierten und politisierten. Sie fügten Auszüge aus Gorkis Roman „Die Mutter", aus Lenins Analysen der russischen Revolution von 1905 und aus der „Geschichte der Kommunistischen Partei der Sowjetunion (Bolschewiki)" über die Jahre bis 1912 ein. Zum Schluß las die Giehse die Fabel, wie sie Brecht in seinem *Brief an das Arbeitertheater „Theatre Union" in New York, das Stück „Die Mutter" betreffend* beschrieben hat, resümierend und objektivierend vor. Die Inszenierung wurde vom Ensemble der Schaubühne zur politischen Selbstverständigung benützt, wobei maoistische Einflüsse nicht zu verkennen waren. Die aktuelle Problematik des Lehrstücks wurde durch die Gegenüberstellung der Außerung der Wlassowa: *Jetzt ist die Suppe noch schlechter geworden. So wird er immer unzufriedener,* mit der fragenden These erreicht: „Die Suppe ist jetzt besser geworden. Wird er drum auch zufriedener?"[19] Zu den Verdiensten der Schaubühne um Brecht ist schließlich noch die Uraufführung des Fragments „Der Untergang des Egoisten Fatzer" in der Regie von Frank-Patrick Steckel mit Wolf Redl in der Titelrolle im März 1976 zu zählen, das Brecht immer als Muster einer epischen Dramenstruktur auffaßte und das in der gegebenen gesellschaftlichen Situation dazu diente, die Schädlichkeit extremen Individualismus und Anarchismus im Klassenkampf vor Augen zu führen.

So wie zu Brechts Lebzeiten waren es auch in den darauffolgenden Jahrzehnten grundsätzlich die Kommunisten in der

Bundesrepublik, die Brechts Werk gegen die politische und kulturelle Reaktion verteidigten und durchsetzen halfen. Sie durchschauten und durchkreuzten auch die Taktik, die schließlich besonders in der auswärtigen Kulturpolitik der Bundesrepublik vorherrschend werden sollte, nämlich Brecht für „den Westen" zu beanspruchen und ihn gegen „den Osten" auszuspielen. Oskar Neumann, nach dem Verbot der KPD in führender Position in der illegalen Parteiarbeit tätig und dabei im Juni 1961 verhaftet, analysierte in einem Brief aus dem Gefängnis „Die Sache mit Brecht": „Bei Brecht geht es um die Klärung der Position auch gegen die Versuche von Leuten, die ihn gegen die Ultras und für den ‚Westen' retten wollen – als ihren Gesinnungsfreund gegen ‚Auswüchse' im besten und als ‚freiheitliches' und zugleich so hübsch ästhetisches Pflästerchen im schlimmsten Fall. Er hat es verdient, gegen diese ‚Freunde' mit aller Energie geschützt zu werden; denn was ihn ebenso grundsätzlich von den ‚Heimatlosen' und anderen Halb‚linken' unterscheidet, ist die Tatsache, daß er nicht gegen ‚Auswüchse', sondern gegen das System des Monopolkapitals gestanden und geschrieben hat, daß er ein Dialektiker höchsten Ranges war und darum – wie kaum ein anderer – sehr früh die geschichtliche Polarisierung von Fortschritt und Reaktion in den zwei deutschen Staaten begreifen konnte und danach gehandelt hat."[20]
Die Deutsche Kommunistische Partei war es schließlich, die Brechts zwanzigsten Todestag im August 1976 zum Anlaß nahm, seiner öffentlich zu gedenken und gleichzeitig die Frage nach einer demokratischen Kultur in der BRD aufzuwerfen und die Kunstschaffenden auf das Vorbild Brecht zu orientieren. Gegen das Verbot des Augsburger Oberbürgermeisters Breuer, der der SPD angehört, erwirkte die DKP die Freigabe des Oberen Fletz des Augsburger Rathauses zu dieser Brecht-Ehrung. Der 80. Geburtstag Brechts im Februar 1978 machte die Polarisierung der Kräfte in der Bundesrepublik noch deutlicher. Auf einem Kolloquium „Brecht mit 80 Jahren" in Frankfurt (Main) behauptete der Regisseur Ernst Wendt, Brecht „sei weder für die psychologische noch die geschichtliche Fragestellung ein Auskunftgeber"[21]. „Die Welt" hielt ihren jahrzehntealten Stil in der Herabsetzung des „DDR"-Autors Brecht durch, indem sie schrieb, Brecht „war ein schlimmer Professor Unrat, ein richtiger Rohrstock

der Arbeiterklasse"[22], und Hellmuth Karasek stellte im „Spiegel" wieder einmal fest: „Brecht ist tot."[23] Demgegenüber verwies Hannes Stütz, der im Präsidium der DKP für Kultur verantwortlich ist, unter der Losung „Mit Bertolt Brecht" auf Brechts Vorleistungen und Anregungen für die Demokratisierung und Revolutionierung von Kultur und Kunst auch in der Bundesrepublik Deutschland,[24] und Oskar Neumann zog in einem Überblick über die internationale wie spezifisch bundesrepublikanische Wirkung Brechts die Folgerung: „Ein Totgesagter lebt lang."[25]
Faktisch wurde auch in den siebziger Jahren die auf dem Kolloquium in Frankfurt (Main) mehrfach apostrophierte „Brecht-Müdigkeit" schon dadurch widerlegt, daß Brecht neben Shakespeare und Schiller weiterhin der am häufigsten gespielte Dramatiker blieb und sein gedrucktes Werk weiterhin stark verbreitet wurde. Auch in den siebziger Jahren wurde damit die von Max Frisch auf westdeutschen Boden aufgestellte Behauptung entkräftet, Brecht habe inzwischen „die Wirkungslosigkeit eines Klassikers" erreicht.
Nach dem Tode von Helene Weigel im Jahre 1971 übernahm der sozialistische Staat der DDR die Verpflichtung, das Werk und den Nachlaß von Bertolt Brecht und Helene Weigel zu pflegen und zu schützen. Der Ministerrat ließ das Brecht-Weigel-Haus in Buckow restaurieren und als Gedenkstätte einrichten. Noch bedeutsamer war die Renovierung der letzten Wohn- und Arbeitsstätten beider Künstler in der Chausseestraße 125 in Berlin. Im überholten Brecht-Haus unter der Direktion von Werner Hecht wurde das „Brecht-Zentrum der DDR" eingerichtet, dessen Aufgabe darin liegt, das Werk Brechts im nationalen und internationalen Rahmen zu verbreiten und zu fördern. Das 1956 eingerichtete Bertolt-Brecht-Archiv mit seinen 300 000 Dokumenten und das 1974 gegründete Helene-Weigel-Archiv erhielten hier neue Räume und Arbeitsmöglichkeiten. Erich Honecker erklärte zur Einweihung anläßlich des 80. Geburtstages von Brecht: „Hier wurde im Zentrum Europas ein Ort eingeweiht, der im wahrsten Sinne des Wortes jenen Geist symbolisiert, auf dessen Grundlage auch unsere Deutsche Demokratische Republik beruht – einen zutiefst humanistischen und revolutionären Geist. Und alle, die die Werke von Bertolt Brecht kennen, und vor allem die, die sein Wirken

und Schaffen unmittelbar miterleben konnten, werden das bestätigen: Was die Welt heute so großartig bewegt, war auch die Sache von Bertolt Brecht und Helene Weigel, die Sache des Sozialismus, für dessen Triumph wir gemeinsam kämpfen."[26]

Zum 80. Geburtstag von Helene Weigel wurde ein an ihren Namen gebundener Preis gestiftet, der jedes Jahr für hervorragende schauspielerische Leistungen vergeben wird.

Orientierungen sowohl für die Pflege als auch für die konkrete historische Aneignung des Werkes von Brecht setzten die „Brecht-Dialoge" 1968, 1973 und 1978, die in der Hauptstadt der DDR durchgeführt wurden. Auf dem Dialog von 1968 bestimmten Peter Weiss' „Notizen zum dokumentarischen Theater" die Diskussion über die Weiterentwicklung der Brechtschen Gestaltungsmittel.[27] Auf dem Dialog von 1973 fragten die Dramatiker der DDR, wie sie mit Brecht über Brecht hinausgelangen und zur gesellschaftlichen Wirklichkeit von hier und heute und von morgen vorstoßen könnten.[28] Peter Hacks hatte zu diesem Zeitpunkt seinen Lehrer Brecht mit der Bemerkung zu disqualifizieren getrachtet, Brecht habe lediglich „Gewerkschaftsstücke" geschrieben,[29] eine Bewertung, die den, der sie traf, selbst abwertete. Der „Brecht-Dialog 1978" stand unter dem Motto „Kunst und Politik" und beschäftigte sich mit der „Brauchbarkeit und Anwendung ästhetischer Kategorien Brechts auf Theorie und Praxis zeitgenössischer Kunst". Künstler und Wissenschaftler bemühten sich um inhaltliche Bestimmungen eines „sozialistischen Realismus heute"[30]. Als Kern einer zeitgenössischen künstlerischen Methodik, handhabbare, „eingreifendes Denken" ermöglichende Abbilder der Wirklichkeit mit den Mitteln verschiedenster Künste zu schaffen, wurde erneut die materialistische Dialektik erkannt und anerkannt. Tatsächlich ist in den besten sozialistischen Stücken, die in der DDR entstanden sind, gleichgültig, ob sie von Heiner Müller, Peter Hacks, Volker Braun, Helmut Baierl oder anderen Dramatikern stammen, die materialistische Dialektik nach dem Vorbild von Brecht angewandt, ist seine Dramaturgie erkennbar, werden dramatische Situationen in seiner Art poetisiert, Figuren in seinem Sinne als Individuen wie als Stellvertreter für andere gekennzeichnet. Besonders die parabolischen und hyperbolischen Richtungen sind von Brechts Vorbild beeinflußt. In der Gestaltung von welthistorisch bedeutsamen Stoffen und Themen bleibt Brecht bedauerlicherweise von allen unerreicht. Spiel- und Darstellungsweise des DDR-Theaters verraten allerorts Beschäftigung und Anwendung Brechtscher Vorbilder und Anregungen. Das gilt für Schauspieler wie für Regisseure und Bühnenbildner in gleicher Weise. Die Richtung bestimmt ein sinnlich ausdruckskräftiger Realismus, wie ihn Brecht für Realisten als Zuschauer wünschte. Die allgemeine Verbreitung dialektischen Denkens, die Kenntnisse in historischem Materialismus, die reale Fähigkeit der Erbauer des Sozialismus, aus eigener Kraft eine menschengemäßere Gesellschaft zu errichten, schufen und schaffen erst die Voraussetzungen für die volle Verwirklichung und Anwendung des Grund-Satzes, den Brecht in seiner „Politik auf dem Theater" formulierte: *Alle die Lüste und Späße der Erfinder und Entdecker, die Triumphgefühle der Befreier müssen von unserem Theater gelehrt werden.*[31]

Von besonderer Bedeutung erwiesen sich seine Werke und seine Methode zur Unterstützung des nationalen und sozialen Befreiungskampfes in den früheren Kolonien und jetzigen unabhängigen jungen Nationalstaaten und Entwicklungsländern.

Bereits auf dem „Brecht-Dialog 1968" drückte die Schauspielerin Manel Jayasena aus Colombo die Gefühle aus, die Theaterschaffende und Zuschauer gerade in den Ländern der dritten Welt bewegen, wenn sie mit dem Werk Brechts bekannt werden: „Als wir Brecht entdeckten, waren wir überraschter von seiner Vertrautheit mit uns als von deren Abwesenheit."[32] Die von Brecht gestalteten Konflikte des Klassenkampfes, die Enthüllung verdeckter Ideologie, die Parteinahme für die Unterdrückten machen fast alle Brecht-Stücke in diesen Weltregionen, die sich von der nationalen und sozialen Unterdrückung befreien, höchst aktuell.

Von elementarer Wirkung erwies sich dabei überall das Lehrstück „Die Ausnahme und die Regel". Aber auch „Der kaukasische Kreidekreis" wurde zu einem mobilisierenden Theaterstück, besonders wenn das Vorspiel entsprechend den historischen Gegebenheiten des jeweiligen Landes umgeschrieben wurde. Das geschah bei der Einstudierung des Stückes durch die Theatergruppe Bombay im Jahre 1973, bei der die Regisseurin Vijaya Metha durch den Weimarer Regisseur Fritz Bennewitz unterstützt wurde, der bereits 1970 mit Studenten der National School of Drama in New Dehli die „Dreigroschenoper" und 1971 den „Guten Menschen von Sezuan" einstudiert hatte. Für die Aufführung des „Kreidekreises" transformierte der indische Dramatiker Khanolkar die Fabel aus dem verfremdeten Kaukasus in Sprache und Geschichte der indischen Unionsrepublik Maharashatra. Für die Aktualisierung wurde die Improvisationskunst der Theaterform Tamasha und für die Darstellung die hochstilisierte Bewegungskunst des Dashavtra, für die Musik die Tradition des Sitar-Spiels benützt.

Das Umschreiben des Vorspiels machte den „Kaukasischen Kreidekreis" nach Beseitigung der faschistischen Diktatur auch in Portugal aktuell. Luiz Francisco Rebello ließ in seiner Umarbeitung portugiesische Landarbeiter und landarme Bauern nach der besten Lösung der Bodenreform suchen. Auf die Belange zypriotischer Flüchtlinge nach der Invasion Zyperns durch die Türkei schnitt der DDR-Regisseur Heinz-Uwe Haus das Vorspiel zum „Kreidekreis" für die Aufführung in Nikosia im Jahre 1975 zu. Dieses Verfahren ließ sich freilich auch ohne Mühe in Großbritannien, einem Land der „ersten Welt", anwenden, in dem Howard Davies bei der Inszenierung des Stückes in Birmingham im Vorspiel Squatters, die ohne Mietvertrag oder amtliche Erlaubnis leerstehende Wohnungen besetzen, ihr Recht auf Wohnen begründen ließ.

Als ein anderes Beispiel, wie die aktive Aneignung der Methode Brechts die Theaterarbeit auch in hochentwickelten kapitalistischen Staaten künstlerisch wie politisch zu beleben vermag, wurde durch den „Arbeitskreis Brecht" in Tokio geschaffen. Dieser Arbeitskreis hat seinen Sitz im Haiyû-za-Theater in Tokio, das zu den fortschrittlichen Truppen des „Shingeki", des Neuen Theaters, gehört. Auf Anregung des Leiters der Truppe Koreya Senda, der seit den fünfziger Jahren zu den Förderern des Werkes von Brecht in Japan gehört, erarbeiteten die Arbeiterdramatiker Ryusuke Hochi und Takashi Yano sowie die aus der Arbeiterklasse hervorgegangenen Dramatiker Kiichi Ohashi und Tamio Yamada nach dem Vorbild von Brechts „Furcht und Elend des dritten Reiches" eine Szenenfolge, „die die Furcht und das Elend in Japan in der Phase des raschen Wirtschaftswachstums zeigen sollte"[33]. Senda brachte sie 1976 unter dem Titel „Einführung in die Lehre über das Aufblühen und Gedeihen Japans“ zur Aufführung in seinem Theater.

Eine methodisch vorbildliche, theaterhistorisch wie theaterpraktisch bemerkenswerte Untersuchung über strukturelle und kommunikative Gemeinsamkeiten wie Unterschiede zwischen dem klassischen Theater Vietnams und dem epischen Theater Brechts sowie über die Möglichkeiten, durch die Adaption der Werke Brechts und nach dem Vorbild seiner Dramaturgie dem postrevolutionären nationalen Theater Vietnams inhaltliche wie ausdrucksmäßige Impulse zu verleihen, führte der vietnamesische Regisseur Nguyen Dinh Quang in seiner Dissertation „Das vietnamesische Theater in der Epoche des nationalen Befreiungskampfes und seine Perspektive unter besonderer Berücksichtigung der Integration der Arbeitsweise Bertolt Brechts in das vietnamesische Theater“ durch, die anläßlich der „Brecht-Woche der DDR“ 1973 an der Humboldt-Universität zu Berlin öffentlich verteidigt wurde.

Welche Probleme die Aufführung von Brecht-Stücken in Entwicklungsländern aufwerfen kann, geht aus der Beschreibung der Aufführung von „Mutter Courage und ihre Kinder“ in Nsukka, Nigeria, durch Nick Wilkinson hervor, bei der die Absicht war, den religiös kaschierten Bürgerkrieg um die ökonomischen Positionen von Biafra mittels der Brechtschen Fabel aus dem Dreißigjährigen Krieg in Europa transparent zu machen, ein Vorhaben, das bis zu Eingriffen in die Fabel führte, dessen Hauptschwierigkeiten aber vor allem in der ganz anders gearteten Tradition der Schauspielkunst der Darsteller lagen.[34]

Die vom „Brecht-Zentrum der DDR“ im Februar 1980 veranstalteten „Brecht-Tage 1980“ galten folgerichtig der Erörterung der „Probleme der Brecht-Rezeption in jungen Nationalstaaten“. Es wurden zahlreiche Beispiele aus Afrika, Lateinamerika und Asien gebracht, die bewiesen, daß Brechts Stücke ihre stärkste Wirkung dort hatten, wo die Fabeln und Darstellungsmittel in die Traditionen des regionalen Theaters eingebettet wurden. Es wurde freilich auch vor zu weitgehenden Adaptionen gewarnt: Miguel Cardella aus Argentinien verglich sie mit einer Aufführung von Mozarts „Cosi fan tutte“ im Tango-Rhythmus. Einig waren sich jedoch alle aus-

ländischen Teilnehmer in der Auffassung: „Bestimmte politische Situationen erzwingen Brecht ...“[33]
Der Regisseur Ruben Yáñez aus Uruguay, der im Exil in Mexico lebt, bestimmte die Bedeutung Brechts nicht nur für sein Land, sondern alle Entwicklungsländer und Gesellschaften, in denen um die soziale Befreiung gekämpft werden muß, dahingehend: „Brecht gibt uns nicht nur die Möglichkeit für ein politisches Theater, sondern für eine Theaterpolitik. Brecht ist mehr als ein Dramatiker – er ist der Initiator einer ganzen Strategie fortschrittlicher Kultur.“[36]
In den zwei Jahrzehnten, die seit dem Tode Brechts vergangen sind, hat sich bekanntlich auch ein antitraditionalistisches Theater herausgebildet, das keineswegs seinen Hauptehrgeiz darin sieht, wie das Theater Brechts *aufschlußreiche Abbilder der Wirklichkeit* zu geben, sondern vorrangig kathartische Wirkungen bei den Darstellenden wie bei den Zuschauern auszulösen bemüht ist. Aber auch das „Living Theatre“ von Julian Beck und Judith Malina, das „Arme Theater“ Grotowskis, das Theater des „leeren Raums“ von Peter Brook, das sich über die Verarbeitung von Riten und Selbstdarstellungen in fortwährender Verwandlung befindet, und andere experimentelle Theatereinrichtungen haben sich entweder in Auseinandersetzung mit Brecht ihr Profil gegeben oder versuchen, ihn zu integrieren, wie es vielleicht am erfolgreichsten und auf eine auch für die Zuschauer produktive Weise bei der Aufführung der „Mutter Courage und ihre Kinder“ durch die Performance Group von Richard Schechner in New York 1975 der Fall war.[37]
Hier verdient auch die Einstudierung des „Kaukasischen Kreidekreises“ durch das La MaMa Theatre in New York im Jahre 1977 hervorgehoben zu werden. Regisseur Fritz Bennewitz aus Weimar, der von der Direktorin dieser Truppe, Ellen Stewart, eingeladen worden war, benützte das Stück, um mit Schauspielern von 14 Nationalitäten Brecht einzuüben und sie damit auf Aufgaben in ihren Ländern in Asien, in Lateinamerika und Afrika vorzubereiten. Die Experimente dieses Off-Off-Broadway-Theaters erfuhren damit eine klare gesellschaftliche Zielsetzung, die das für dieses Theater typische Straßenpublikum stark zu bewegen vermochte. Gleichzeitig gewannen die Schauspieler, die in ihrer Mehrzahl Amateure waren, dem Stück auffällige, einprägsame formale Seiten ab.[38]

Daß die vielfältigen Straßentheater nicht nur im darstellerischen Ausdruck, sondern auch in der Wirkungsabsicht von der Brechtschen Theorie der Verfremdung wie der *Straßenszene* als Urform theatralischer Äußerung und Kommunikation bestimmt sind, braucht nicht weiter begründet zu werden. Und es ist schließlich nur folgerichtig, daß gerade Kräfte, die sich auf dem Wege der Selbstverständigung befinden und andere daran beteiligt sehen wollen, sich erneut auf die Brechtsche Theorie und Praxis der Lehrstücke besonnen haben.

Wirft man den Blick auf die achtziger Jahre, richtet man ihn gar auf den weiten Horizont der Epoche der friedlichen Koexistenz, so eröffnen sich für Werk und Wirkung Brechts weite Perspektiven, die sich hier nur skizzieren lassen. Brecht wird für das Theater der bürgerlichen Welt seine Anziehungskraft behalten, weil seine Stücke für ein Publikum, das sich der Geschichte nicht entziehen kann, nicht nur sinnlichen Reiz, sondern auch ideellen Anreiz zu bieten haben, indem sie Grundfragen der Epoche an menschlichen Schicksalen aufreißen. Brechts Theater bietet gleichzeitig den Reformern Gelegenheit, ihre Anliegen künstlerisch wie theoretisch abzustützen. Es bietet schließlich auch Gelegenheit, wie es sie gebietet, an ein neues Publikum heranzukommen, das nur ein Publikum von Arbeitern sein kann, die bisher vom bürgerlichen Theater weitgehend ausgeschlossen bleiben. Brecht wird in dem Maße die Herausbildung einer „zweiten Kultur" in der bürgerlichen Gesellschaft, eben die der Arbeiter, fördern helfen, wie diese selbst zu ihrem geschichtlichen Selbstverständnis gelangen. Dabei kann eben auch das Spielen von Brecht-Stücken durch die Arbeiter und die mit ihnen verbündeten Intellektuellen ein Mittel des Begreifens von Grundproblemen sein. Nicht nur in der Bundesrepublik Deutschland, sondern in allen entwickelten bürgerlichen Gesellschaften führt das Entstehen von Stücken, die dem sozialistischen Realismus zuzuschreiben sind und dementsprechend klassenkämpferische Funktionen zu erfüllen vermögen, unvermeidlich zu einer Verarbeitung des Werkes, der Erfahrungen, der Vorschläge Brechts.

Auf historisch fortgeschrittener Entwicklungsstufe kann in den sozialistischen Staaten die volle Entfaltung der sozialistischen Kulturrevolution durch die Aneignung des Werkes von

Brecht gefördert werden, wie das Fortschreiten dieses massenhaften Prozesses seinerseits erst die günstigen Voraussetzungen für die tiefgreifende Aneignung Brechts, den vollen ästhetischen wie geistigen Genuß an seinem Werk ermöglicht. Erst wenn die Arbeiterklasse, wie es Brecht wollte, den entscheidenden Anteil am Publikum stellen wird, erst wenn die ästhetische „Erziehung der Erzieher“ durch ein mehrheitliches Interesse auch am Theater befördert sein wird, wird Brecht im eigentlichen Sinne „unser“ sein können. Brechts Interesse an einer dramatischen Gestaltung der jeweils neuen Wirklichkeit, seine ständige Forderung nach neuen Gestaltungs- und Darstellungsformen werden treibende Anstöße für die Produzenten wie Rezipienten einer aktivierenden, große Gefühle und Gedanken vermittelnden Kunst bleiben. Die Vielfalt seiner dramatischen Formen, aber auch seiner lyrischen und epischen Gestaltungen, die Kühnheit der Vereinfachung wie der Sinn für die allen Vorgängen innewohnende Dialektik, sein Vertrauen in die Selbstauslegung durch die Rezipienten, der Entwurf großer Fabeln, abgezogen aus der Größe des geschichtlichen Selbstbefreiungsaktes der Menschen, letztlich der Menschheit, geben inhaltliche wie methodisch-formale Anregungen für die sozialistischen, für die kommunistischen Kunstproduzenten wie Kunstgenießer. Brechts Ideal war, wie der Philosoph im „Messingkauf“ ausführt, ein *Auditorium von Staatsmännern.* Sich zu solchen Staatsmännern zu qualifizieren, wird den Erbauern des Kommunismus gerade auch durch die intensive Beschäftigung mit Brechts Werk möglich sein.

Damit ist der zweite wesentliche Aspekt berührt, den die Projektion von Werk und Wirkung Brechts in die Zukunft eröffnet. Es ist wahrscheinlich, daß Brecht für immer mehr Menschen nicht nur als marxistischer Künstler, sondern auch als Nachdenker und Vordenker über Politik und Gesellschaft in unvermittelter Form etwas zu sagen hat. Hierfür wird vor allem seine Erkenntnis von Bedeutung sein, daß sich die Arbeiterklasse selbst befreien muß, aber dazu der Unterstützung durch die Intelligenz bedarf, wie umgekehrt die Intelligenz nur mehr dann zu ihrer Selbstverwirklichung gelangen kann, wenn sie sich mit der Arbeiterklasse verbündet. In diesem Zusammenhang gewinnen Brechts Auffassung und

Überzeugung Gewicht, daß das Proletariat zu seiner Befreiung eine revolutionäre Partei notwendig hat. Brecht war Verfechter der Leninschen Parteiorganisation und hat immer wieder die fundamentale Bedeutung unterstrichen, die die Oktoberrevolution unter Führung der bolschewistischen Partei und die Schaffung der Sowjetunion als erster Staat der Arbeiter und Bauern für den Gang der Weltgeschichte hatten. Seine Überzeugung, daß der Kampf gegen den Faschismus nur durch die Existenz und die Kraft der Sowjetunion zu einem siegreichen Ende gebracht werden könne, läßt sich ohne Mühe auf den Kampf gegen den heutigen Imperialismus übertragen. Wenn er den Sozialismus schließlich nicht mehr nur als die *Große Ordnung*, sondern als die *Große Produktivität* auffaßte, so lag dem die humanistische Vorstellung vom Menschen als Schöpfer seiner selbst zugrunde, wie sie Marx und Engels in ihren philosophischen Frühschriften als Gegenentwurf gegen den Idealismus entworfen hatten, und die nur Wirklichkeit zu werden vermag, wenn die Menschen sich von der Ausbeutung frei machen. Eben dafür verlangte Brecht *eingreifendes Denken*, und dazu wiederum die Beherrschung der materialistischen Dialektik. Das Entscheidende an dieser *Großen Methode* ist das Eingreifenkönnen in die Verhältnisse. Sie ist auf die Praxis gerichtet und bedeutet unter den gegebenen historischen Umständen Parteinahme im eigentlichen Sinne des Wortes: Teilnahme am Klassenkampf, Parteigängerschaft, aktives Handeln für den gesellschaftlichen Fortschritt. Hier sind und bleiben Brechts Auffassungen besonders für die Intellektuellen von Belang, und im besonderen seine Klarstellungen, daß individuelle Freiheit letztlich nur bei Freiheit, bei Befreiung aller zu haben und zu sichern ist: *Die Freiheit ist eine Produktion und eine Sache der Produktion. Die Menschen müssen die Produktion befreien, ihre Fesseln abstreifen, dann sind sie frei. Nur bei einer Produktion aller Menschen für alle Menschen sind alle Menschen frei.*[39]
Wenn ein solcher Zustand nur im Sozialismus, letztlich nur im Kommunismus möglich sein wird, so gab Brecht der sozialistischen und kommunistischen Bewegung, die diesen Zustand herbeiführen wird, eine historische Perspektive, die zutiefst philosophisch, zutiefst menschlich ist: *Eines ist der Satz: Der Kommunismus ist das Ziel oder soll das Ziel sein aller Menschen und ein anderes der Satz: Die Sache des*

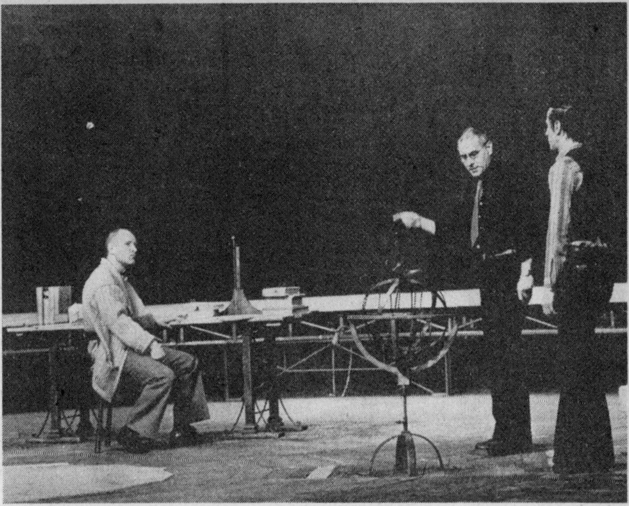

Manfred Wekwerth, Ekkehard Schall als Galileo Galilei, Michael Gerber als Ludovico Marsili auf einer Probe zu „Galileo Galilei" am Berliner Ensemble, Ende Oktober 1977

Proletariats, eben der Kommunismus, sei die am allgemeinsten menschliche, breiteste und tiefste.[40]
Unter den historischen Umständen, die wir im Auge haben können, erwächst daraus für die Arbeiterklasse und ihre revolutionäre Partei die besondere Verpflichtung, im Kapitalismus die breiteste Plattform für ein Bündnis mit der Intelligenz, darüber hinaus mit den Bauern und Kleinbürgern zu schaffen, um die Gesellschaft umzuwandeln, im Sozialismus aber die Notwendigkeit, die gemeinsamen Interessen von Arbeiterklasse, Bauern und Intelligenz bei der Erzeugung der materiellen wie auch der Kultur-Güter immer stärker zu stimulieren: *Wir müssen das Produzieren zum eigentlichen Lebensinhalt machen und es so gestalten, es mit soviel Freiheit und Freiheiten ausstatten, daß es an sich verlockend ist.*[41]
Schon heute läßt sich von seinen Werken, seien sie künstlerischer, seien sie kunsttheoretischer, seien sie politischer und philosophischer Art, sagen, was er in dem Gedicht „Von allen Werken" an solchen besonders schätzte:

Eingegangen in den Gebrauch der vielen
Oftmals verändert, verbessern sie ihre Gestalt und
werden köstlich
Weil oftmals gekostet.[42]

Und als Frohe Botschaft bleibt an uns wie an die Ungeborenen sein „*Gegenlied zu* ‚Von der Freundlichkeit der Welt'" gerichtet:

Soll das heißen, daß wir uns bescheiden
Und „so ist es und so bleib es" sagen sollen?
Und, die Becher sehend, lieber Dürste leiden
Nach den leeren greifen sollen, nicht den vollen?

Soll das heißen, daß wir draußen bleiben
Ungeladen in der Kälte sitzen müssen
Weil da große Herrn geruhn, uns vorzuschreiben
Was da zukommt uns an Leiden und Genüssen?

Besser scheint's uns doch, aufzubegehren
Und auf keine kleinste Freude zu verzichten
Und die Leidenstifter abzuwehren
Und die Welt uns endlich häuslich einzurichten![43]

Anmerkungen

Abkürzungen

AJ – Bertolt Brecht: Arbeitsjournal. Hrsg. von Werner Hecht, Berlin und Weimar 1977.

BBA – Bertolt-Brecht-Archiv: Bestandsverzeichnis des literarischen Nachlasses. Hrsg. von der Akademie der Künste zu Berlin. Bearbeitet von Herta Ramthun, Band I–IV, Berlin und Weimar 1969 bis 1973.

Benjamin – Walter Benjamin: Versuche über Brecht, Frankfurt (Main) 1966.

Brecht im Gespräch – Brecht im Gespräch, Berlin 1977.

B – Bertolt Brecht: Briefe 1913–1956, herausgegeben und kommentiert von Günter Glaeser, 2 Bände, Berlin 1983.

Bronnen – Arnolt Bronnen: Tage mit Bertolt Brecht. Geschichte einer unvollendeten Freundschaft, Berlin 1973.

Bunge – Hanns Eisler: Gespräche mit Hans Bunge. Fragen Sie mehr über Brecht. Übertragen und erläutert von Hans Bunge. Hanns Eisler: Gesammelte Werke, Serie III, Band 7, Leipzig 1975.

Erinnerungen – Erinnerungen an Brecht. Zusammengestellt von Hubert Witt, Leipzig 1964.

Engberg – Harald Engberg: Brecht auf Fünen. Exil in Dänemark 1933–1939, Wuppertal 1974.

Frisch/Obermeier – Werner Frisch/K. W. Obermeier: Brecht in Augsburg, Berlin und Weimar 1975.

G – Bertolt Brecht: Gedichte. Band I–IX, Berlin und Weimar 1961–1969, und Band X, Berlin und Weimar 1978.

Jhering – Herbert Jhering: Von Reinhardt bis Brecht. Vier Jahrzehnte Theater und Film, 3 Bände, Berlin 1958–1961.

ND – „Neues Deutschland" (Berlin).

P – Bertolt Brecht: Prosa. I–IV, Berlin und Weimar 1973–1975.

Piscator – Erwin Piscator: Das politische Theater, Berlin 1929 (Faksimiledruck in Erwin Piscator: Schriften I, Berlin 1968).

St – Bertolt Brecht: Stücke. Band I–XIV, Berlin und Weimar 1955–1968.

SzL – Bertolt Brecht: Schriften zur Literatur und Kunst. 2 Bände, Berlin und Weimar 1966.

SzP – Bertolt Brecht: Schriften zur Politik und Gesellschaft. 2 Bände, Berlin und Weimar 1968.

SzT – Bertolt Brecht: Schriften zum Theater, Band I–VII, Berlin und Weimar 1964.
Sinn und Form II – Sinn und Form. 2. Sonderheft Bertolt Brecht, Berlin 1957.
Suomessa – Erwin Burkert/Matti-Juhani Karila/Veikko Kerttula: Brecht in Finnland/Brecht Suomessa. Eine Co-Produktion zwischen dem DDR-Fernsehen und OY MAINOS-TV-REKLAM AB (Typoskript), Berlin 1975.
T – Bertolt Brecht: Tagebücher 1920–1922. Autobiographische Aufzeichnungen 1920–1954, Berlin und Weimar 1976.
Theaterarbeit – Theaterarbeit. 6 Aufführungen des Berliner Ensembles, Dresden 1952.
Völker/Biographie – Klaus Völker: Bertolt Brecht. Eine Biographie, München 1976.
Völker/Chronik – Brecht-Chronik. Daten zu Leben und Werk. Zusammengestellt von Klaus Völker, München 1971.
WA – Bertolt Brecht: Gesammelte Werke in 20 Bänden (Werkausgabe), Frankfurt (Main) 1967–1969.
Wekwerth – Manfred Wekwerth: Schriften. Arbeit mit Brecht, Berlin 1975 (2., erweiterte Auflage).

Kapitel I

1 P III, 217–220.
2 Notate 3, Juni 1980, S. 7.
3 G VIII, 33.
4 St I, 12.
5 G IX, 136.
6 SzT I, 173.
7 T, 137.
8 T, 41–42.
9 T, 42.
10 T, 185.
11 G I, 147.
12 P III, 224.
13 Frisch/Obermeier, 194.
14 Brechts Brief an Neher vom Juni 1918. In: B,45.
15 T, 51.
16 G II, 30.
17 AJ, 3. 8. 38, S. 12.
18 G II, 17.
19 T, 39.
20 G I, 75.

21 G I, 144.
22 G I, 58.
23 G I, 22.
24 G II, 18–19.
25 G II, 83.
26 G II, 87.
27 G I, 149.
28 AJ 20. 8. 40, S. 101.
29 Zit. bei Hanns Otto Münsterer: Bert Brecht. Erinnerungen aus den Jahren 1917–1922, Berlin und Weimar 1966, S. 86.
30 SzP I, 43–44.
31 G VIII, 27.
32 SzP I, 43.
33 T, 61.
34 T, 65.
35 Frisch/Obermeier, 98.
36 Brief Brechts an Neher vom Juni 1918. In: B,45.
37 St I, 79.
38 T, 61–62.
39 T, 17.
40 St I, 28.
41 St III, 59–60.
42 St I, 8.
43 St I, 9.
44 St I, 203–204.
45 St I, 6.
46 St I, 7.
47 St I, 209.
48 T, 137.
49 St I, 307–308.
50 St I, 307.
51 St I, 306.
52 Marx/Engels: Werke, Bd. 4, Berlin 1959. S. 464 u. 478.
53 St I, 288.
54 St I, 318.
55 T, 89.
56 T, 59.
57 T, 66.
58 T, 125.
59 T, 127.
60 T, 131–132.
61 T, 9.
62 T, 176.
63 T, 116, 174.

Kapitel II

1 T,8.
2 T, 19.
3 T, 162.
4 T, 160.
5 T, 165.
6 Bronnen, 12.
7 Bronnen, 16.
8 Bronnen, 30.
9 St I, 203–204.
10 SzT II, 68.
11 Jhering, 273.
12 Jhering, 274.
13 „Berliner Tageblatt“, 20. Dezember 1922.
14 Jhering, 274.
15 „Berliner Tageblatt“, 21. Dezember 1922.
16 „Berliner Tageblatt“, 30. Oktober 1924.
17 „Berliner Tageblatt“, 27. September 1926.
18 „Berliner Tageblatt“, 18. Januar 1932.
19 SzT I, 267.
20 SzT III, 219.
21 SzT III, 219.
22 SzT II, 253–254.
23 Erich Engel: Schriften. Über Theater und Film, Berlin 1971, S. 79.
24 „Süddeutsche Zeitung“ (München), 8. Juni 1951.
25 SzL II, 161.
26 St I, 14.
27 „Süddeutsche Zeitung“ (München), 8. Juni 1951.
28 Bernhard Reich: Im Wettlauf mit der Zeit. Erinnerungen aus fünf Jahrzehnten deutscher Theatergeschichte, Berlin 1970, S. 257.
29 Herbert Jhering: Die zwanziger Jahre, Berlin 1948, S. 166.
30 Bronnen, 99.
31 Bronnen, 110.
32 SzT V, 92.
33 Bernhard Reich: Im Wettlauf mit der Zeit, Berlin 1970, S. 252.
34 Bronnen, 112.
35 Bronnen, 112.
36 Bronnen, 117.
37 Bronnen, 95.
38 Bronnen, 70.
39 Carl Zuckmayer: „Drei Jahre“. In: Theaterstadt Berlin. Ein Almanach. Berlin 1948, S. 88.

40 SzT I, 64–69.
41 G I, 169.
42 G I, 163.
43 G I, 170.
44 G I, 167.
45 G I, 196.
46 G VIII, 82.
47 SzL I, 73.
48 WA 18, 43.
49 SzL I, 69.
50 SzL I, 81.
51 SzL I, 85.
52 T, 189.
53 BBA 460/8.
54 St II, 229, 235, 293.
55 SzT II, 88–89.
56 SzT II, 90.
57 „Die Rote Fahne“ (Berlin), 6. Januar 1928.
58 St II, 327.
59 SzT II, 45.
60 SzT I, 107.
61 SzT I, 98.
62 SzT I, 98.
63 SzT I, 215.
64 SzT I, 160–161.
65 SzT I, 129–130.
66 SzT I, 130.
67 SzP I, 102.
68 SzL I, 65.
69 SzT I, 242–243.
70 SzT I, 84.
71 SzT I, 113.
72 SzT I, 184.
73 Piscator, 57.
74 Piscator, 163.
75 Piscator, 162.
76 Piscator, 163.
77 Piscator, 65.
78 SzT I, 271.
79 Sinn und Form II, 243.
80 SzT I, 195.
81 SzT II, 40–41.
82 SzP I, 147.
83 SzP I, 251.
84 SzP I, 247.

85 SzP I, 270.
86 SzT I, 274–275.
87 SzT I, 243.
88 Bertolt Brecht: Versuche 5, H. 2, Berlin 1932, S. 104.
89 SzT I, 135.
90 SzT I, 232.
91 SzT I, 200.
92 SzT II, 156.
93 Bertolt Brecht: Versuche 5, H. 2, Berlin 1932, S. 103.
94 SzT I, 277.
95 SzT I, 219–220.
96 SzT I, 244.
97 SzT II, 148.
98 Bertolt Brecht: Versuche 5, H. 2, Berlin 1932, S. 103–104.
99 SzT I, 222.
100 SzT II, 82.
101 SzT II, 129.
102 SzT II, 125.
103 SzT II, 126.
104 SzT I, 275.
105 SzT II, 209.
106 SzT II, 80, 83.
107 SzT II, 95.
108 St III, 140.
109 G III, 164.
110 G VI, 206.
111 Sinn und Form II, 443.
112 G IX, 16.
113 Erich Kästner in: Ein Mann, der Ideale hat. Hrsg. Helga Bemmann, Berlin 1973, S. 134.
114 SzT II, 121.
115 SzT II, 122.
116 SzT II, 122.
117 SzT II, 127.
118 SzT II, 120.
119 St III, 246.
120 St III, 258.
121 „Die Weltbühne“ (Berlin), 28. Januar 1930, S. 443.
122 SzL II, 166.
123 „Melos“ (Mainz), Januar 1932, S. 28.
124 AJ 25. 2. 39, S. 26.
125 WA 7, 2940.
126 Bertolt Brecht: Versuche 1–3, H. 1, Berlin 1930, S. 6.
127 Bertolt Brecht: Versuche 1–3, H. 1, Berlin 1930, S. 22.
128 Bertolt Brecht: Versuche 1–3, H. 2, Berlin 1930, S. 141.

129 St IV, 245.
130 St IV, 257 ff.
131 Alfred Kurella: „Ein Versuch mit nicht ganz tauglichen Mitteln (Kritik der ‚Maßnahme' von Brecht, Dudow und Eisler)". In: „Literatur der Weltrevolution" (Zentralorgan der Internationalen Vereinigung revolutionärer Schriftsteller) (Moskau), Jg. 1931, Nr. 4, S. 105 und 107.
132 Georg Lukács: „Aus der Not eine Tugend". In: „Die Linkskurve" (Berlin), Januar 1931, S. 12, 1932, S. 21.
133 „Die Rote Fahne" (Berlin), 20. Januar 1931.
134 Alfred Kurella: „Ein Versuch mit nicht ganz tauglichen Mitteln (Kritik der ‚Maßnahme' von Brecht, Dudow und Eisler)". In: „Literatur der Weltrevolution" (Zentralorgan der Internationalen Vereinigung revolutionärer Schriftsteller) (Moskau), Jg. 1931, Nr. 4, S. 100, 105, 108–109.
135 „Die Linkskurve" (Berlin), Januar 1931, S. 12.
136 SzT II, 144–146.
137 Benjamin, 40–41.
138 St V, 89.
139 St V, 170.
140 Hanns Eisler: Komposition für den Film, Berlin 1949, S. 44.
141 SzT III, 299.
142 St IV, 202 und 206.
143 Iwan Anissimow: „Die Filmwerke Eisensteins". In: „Literatur der Weltrevolution" (Moskau), Jg. 1931, Nr. 3, S. 124.
144 SzT I, 252.
145 Fritz Sternberg: Der Dichter und die Ratio. Erinnerungen an Bertolt Brecht, Göttingen 1965, S. 25.
146 Sternberg: a. a. O., S. 27.
147 G VIII, 93.
148 G V, 9.
149 Ludwig Marcuse: Mein zwanzigstes Jahrhundert, München 1960, S. 133.
150 George Grosz: Ein kleines Ja und ein großes Nein, Hamburg 1955, S. 181.
151 Sergej Tretjakow: Lyrik. Dramatik. Prosa, Leipzig 1972, S. 323.
152 Tretjakow: a. a. O., S. 345.
153 G VIII, 107.

Kapitel III

1 SzP II, 15.
2 SzP II, 18.
3 P III, 256–257.

4 Zit. nach: Engberg, 97.
5 G IV, 144.
6 Benjamin, 125.
7 Karin Michaelis: Der kleine Kobold, Wien 1948, S. 257.
8 Engberg, 23.
9 BBA 722 / 22–23.
10 SzT III, 10–14.
11 G III, 63.
12 Bertolt Brecht: Lieder Gedichte Chöre, Paris 1934, 114–115.
13 „Neue Deutsche Blätter" (Prag), Dezember 1934, S. 124.
14 G V, 82.
15 SzP II, 103.
16 Ernst Schumacher: „Er wird bleiben". In: Brecht – Theater und Gesellschaft im 20. Jahrhundert. 21 Aufsätze, Berlin 1973, S. 17, und Berlin 1981, S. 9.
17 „Die Internationale" (Berlin), Jg. 1924, H. 6, S. 234.
18 G V, 104.
19 Benjamin, 125.
20 Benjamin, 126.
21 Brief Brechts an Hanns Eisler vom 29. August 1935, in B, 249.
22 G III, 201.
23 P II, 471.
24 St V, 274–275.
25 P II, 560.
26 P II, 515.
27 P II, 526.
28 St XIV, 173.
29 St XIV, 153.
30 St XIV, 196.
31 AJ 15. 12. 40, S. 136.
32 St XIV, 173.
33 St XIV, 265.
34 SzL I, 298.
35 SzL I, 299.
36 SzL I, 300.
37 XIII. Plenum des EKKI der Kommunistischen Internationale, Dezember 1933, Thesen und Beschlüsse, S. 5.
38 SzP II, 92.
39 SzP II, 90.
40 SzP II, 91.
41 SzL I, 267.
42 SzL I, 270–271.
43 SzL I, 276–277.
44 SzL I, 277.
45 SzL I, 277.

46 SzL I, 278.
47 G IV, 39.
48 Friedrich Wolf: „Faschistische und antifaschistische Dramaturgie«. In: „Internationale Literatur“ (Moskau) 1934, Nr. 5. Zit. nach: Zur Tradition der sozialistischen Literatur in Deutschland. Eine Auswahl von Dokumenten, Berlin 1962, S. 391.
49 SzL II, 227.
50 SzL II, 229.
51 Brief Brechts an Bernhard von Brentano [etwa 1935]. In: B,226
52 Brief Granachs an Lotte Lieven-Stiefel vom 10. Mai 1935. Alexander-Granach-Archiv, Akademie der Künste, Berlin (West).
53 G IV, 82.
54 „Deutsche Zentral-Zeitung“ (Moskau), 23. Mai 1935.
55 Bernhard Reich: Im Wettlauf mit der Zeit, Berlin 1970, S. 371 bis 372.
56 Reich: a. a. O., 372.
57 G IV, 72.
58 „Deutsche Zentral-Zeitung“ (Moskau), 23. Mai 1935.
59 „Rote Zeitung“ (Leningrad), 22. Mai 1935.
60 „Deutsche Zentral-Zeitung“ (Moskau), 23. Mai 1935.
61 Brief Brechts an Michail Kolzow [Juni 1935]. In: B,238
62 G VIII, 149.
63 SzP II, 57.
64 SzT II, 195.
65 SzT II, 200.
66 SzT II, 200.
67 Brief Brechts an Erwin Piscator vom 8. Dezember 1935. In: B,264. Vgl. auch: Eberhard Brüning: Das amerikanische Drama der Dreißiger Jahre, Berlin 1966, S. 61.
68 SzT II, 190.
69 Mordecai Gorelik: „Brecht: I am the Einstein of the New Stage Form“. In: „Theatre Arts“, XLI (March 1957), H. 3, S. 72 ff.
70 SzT IV, 114.
71 SzT IV, 104.
72 SzT IV, 104.
73 SzT IV, 97.
74 SzT IV, 98.
75 SzT IV, 99.
76 SzT IV, 102.
77 SzT IV, 102.
78 Engberg, 148—178.
79 Brief Brechts an Karl Korsch, undatiert [Ende 1936]. In: B,286. Vgl. auch: Wolfdietrich Rasch: „Bertolt Brechts marxistischer Lehrer“. In: „Merkur“ (München), VIII. Jg. Okt. 1963, H. 10.
80 SzP II, 66.

81 Bunge, 199.
82 SzL II, 274.
83 SzP II, 120.
84 SzP II, 119.
85 SzL I, 306.
86 Benjamin, 131.
87 Benjamin, 134–135.
88 St VI, 403.
89 St VI, 398.
90 Walter Benjamin: „Das Land, in dem das Proletariat nicht genannt werden darf." In: „Die Neue Weltbühne" (Prag), 30. Juni 1938. Zit. nach: Benjamin, 46–47.
91 „Das Schwarze Korps" (München), 7. Juli 1938.
92 „Das Wort" (Moskau), Juni 1938, H. 6, S. 137.
93 SzT IV, 133; AJ 15. 8. 38, S. 15.
94 St VII, 60.
95 G IV, 218.
96 St VI, 58.
97 G IV, 219.
98 G IV, 5.
99 SzL II, 170.
100 G IV, 13.
101 G IV, 46.
102 G IV, 54.
103 G IV, 74.
104 G IV, 141.
105 G IV, 150.
106 G V, 92.
107 „Die Neue Weltbühne" (Prag), 9. Dezember 1937.
108 SzL II, 33.
109 „Das Wort" (Moskau), Juni 1938, H. 6.
110 „Internationale Literatur" (Moskau), Juli 1938, H. 7.
111 Brief Hays an Bertolt Brecht vom 7. März 1937. In: B,II.113.
112 Brief Brechts an Johannes R. Becher vom 11. März 1937. In: B,298.
113 Bunge, 212.
114 SzL II, 60.
115 SzL II, 61.
116 SzL II, 61.
117 SzL II, 61–62.
118 SzL II, 95.
119 Bertolt Brecht: „Notizen über realistische Schreibweise". In: SzL II, 121–122.
120 Sinn und Form 4/1958.
121 Brief Brechts an Willi Bredel, undatiert [Juli/August 1938].

122 Brief Brechts an Johannes R. Becher vom 11. März 1937. In: B,299.
123 Benjamin, 135.
124 SzT III, 117–118.
125 AJ 23. 11. 38, S. 22.
126 BBA 143/116–130.
127 BBA 143/129.
128 AJ 25. 2. 39, S. 26–27.
129 Brief Brechts an F. Reyher vom 2. Dezember 1938. In: B, 361.
130 BBA 348/07.
131 AJ 19. 2. 39, S. 26.
132 AJ 25. 7. 38, S. 11.
133 AJ 26. 2. 39, S. 27.
134 Berthold Viertel: „Bert Brecht“. In: „Die Neue Weltbühne“ (Prag), 5/1938. Zit. nach Berthold Viertel: Schriften zum Theater, Berlin 1970, S. 174.
135 T, 183.
136 AJ 15. 3. 39, S. 29.
137 AJ 15. 7. 39, S. 32.
138 „Über Dialektik. Bertolt Brecht, Hermann Greid. Lidingö 1939“. In: Brecht im Gespräch, 53–56; Hermann Greid: Der Mensch Brecht, wie ich ihn erlebt habe. Stockholmer Koordinationsstelle für Erforschung der deutschsprachigen Exil-Literatur, Stockholmer Universität, Deutsches Institut, März 1974, Veröffentlichung Nr. 10, S. 8–11.
139 SzL I, 337–345.
140 SzT III, 85.
141 SzT III, 99.
142 SzT III, 98.
143 SzT III, 108.
144 SzT III, 109.
145 SzT III, 110.
146 SzT III, 111–112.
147 SzT III, 112.
148 SzT III, 113.
149 SzT III, 114.
150 SzT III, 59.
151 SzT III, 31.
152 SzT III, 50.
153 SzT III, 70.
154 SzT V, 181.
155 SzT V, 190.
156 SzT V, 195.
157 SzT V, 44–45.
158 SzT V, 66.

159 SzT V, 81.
160 SzT V, 84.
161 SzT V, 85.
162 SzT V, 163.
163 SzT V, 266.
164 SzT V, 291.
165 SzT V, 292.
166 SzT V, 293.
167 SzT V, 294.
168 SzT V, 298.
169 SzT V, 323.
170 SzT V, 323.
171 SzT V, 249.
172 SzT V, 254.
173 SzT VII, 13.
174 SzT VII, 22.
175 SzT VII, 38.
176 SzT VII, 38.
177 SzT VII, 45.
178 SzT VII, 48.
179 SzT VII, 53.
180 SzT VII, 54.
181 SzT VII, 61.
182 SzT V, 162.
183 BBA 1382/40–41.
184 BBA 525/13.
185 St VII, 156.
186 St VII, 156.
187 St VII, 156.
188 St VII, 200.
189 St VII, 153.
190 St VII, 147.
191 St VII, 101.
192 AJ 22. 4. 41, S. 165.
193 AJ 7. 11. 39, S. 41.
194 Jan E. Olsson: Bertolt Brechts schwedisches Exil, III. Teil, Lund 1969, S. 68.
195 G IV, 230.
196 Brief Brechts an Erwin Piscator vom 27. Mai 1940.
197 Suomessa, 20.
198 AJ 19. 8. 40, S. 101.
199 AJ 8. 6. 40, S. 62.
200 AJ 24. 6. 40, S. 78.
201 AJ 22. 9. 40, S. 116.
202 AJ 9. 4. 41, S. 160.

203 AJ 18. 4. 41, S. 163.
204 AJ 25. 4. 41, S. 171.
205 Suomessa, 27.
206 Suomessa, 37.
207 AJ 16. 1. 41, S. 146.
208 AJ, S. 154.
209 AJ 20. 6. 40, S. 78.
210 AJ 9. 8. 40, S. 97.
211 St VIII, 291.
212 G IV, 41.
213 AJ 20. 4. 41, S. 164.
214 AJ 16. 9. 40, S. 112.
215 AJ 1. 4. 41, S. 157.
216 AJ 2. 4. 41, S. 158.
217 AJ 24. 4. 41, S. 168.
218 P III, 253.
219 Benjamin, 107.
220 AJ 5. 8. 40, S. 95–96.
221 Brief Granachs an Lotte Lieven-Stiefel vom 16. Juli 1941, mit Nachtrag vom 22. Juli 1941. Alexander-Granach-Archiv, Akademie der Künste, Berlin (West).
222 AJ 13. 7. 41, S. 175.
223 G VI, 50.
224 AJ 1. 8. 41, S. 178.
225 AJ 30. 6. 42, S. 283.
226 AJ 22. 7. 41, S. 177.
227 Brief Granachs an Lotte Lieven-Stiefel vom 1. August 1941. Alexander-Granach-Archiv, Akademie der Künste, Berlin (West).
228 Brief Granachs an Lotte Lieven-Stiefel vom 1. August 1941. Alexander-Granach-Archiv, Akademie der Künste, Berlin (West).
229 AJ 1. 8. 41, S. 178.
230 AJ 9. 8. 41, S. 180.
231 AJ 13. 2. 42, S. 226.
232 Zit. nach: Wolfdietrich Rasch: „Bertolt Brechts marxistischer Lehrer". In: „Merkur" (München), VIII, Jg., Oktober 1963, H. 10, S. 932.
233 AJ 23. 3. 42, S. 243.
234 AJ 21. 4. 42, S. 256.
235 AJ 27. 7. 42, S. 290.
236 G VI, 51.
237 G VI, 55–56.
238 G VI, 7.
239 G VI, 52.

240 G VI, 52.
241 Brief Brechts an Ruth Berlau, undatiert [1943].
242 AJ 27. 12. 41, S. 210–211.
243 Hans-Joachim Bunge: Gespräch über Bertolt Brecht mit Ruth Berlau in Prieros [1959] (Typoskript), S. 123; auch: SzT III, 207.
244 AJ 9. 8. 44, S. 375.
245 Salka Viertel: Das unbelehrbare Herz, Hamburg und Düsseldorf 1970, S. 232.
246 AJ 2. 12. 41, S. 198.
247 AJ 29. 6. 42, S. 282.
248 AJ 18. 10. 42, S. 303.
249 AJ 27. 7. 42, S. 290.
250 AJ 16. 10. 42, S. 300.
251 AJ 24. 11. 42, S. 312.
252 G VI, 165.
253 Sinn und Form II, 449.
254 AJ 24. 6. 43, S. 325.
255 AJ 7. 7. 40, S. 88.
256 AJ 2. 12. 42, S. 314.
257 Bunge, 137.
258 AJ 25. 11. 42, S. 314.
259 Lion Feuchtwanger: „Zur Entstehungsgeschichte des Stückes ‚Simone'". In: Schauspiel Frankfurt, Spielzeit 1956/57, H. 9, S. 131 ff; auch: Bunge, 315.
260 AJ mitte november [43] bis mitte märz [44], S. 358.
261 SzP I, 106–107.
262 AJ märz, april, mai 43, S. 323.
263 AJ 27. 5. 43, S. 323–324.
264 St X, 130.
265 St X, 124.
266 AJ 21. 7. 43, S. 333.
267 AJ, S. 334.
268 AJ 1. 8. 43, S. 335.
269 AJ 9. 9. 43, S. 346.
270 BBA 26/15.
271 Thomas Mann: Die Entstehung des Doktor Faustus. In: Gesammelte Werke, Bd. 12, Berlin 1955, S. 217–218.
272 AJ 8. 12. 41, S. 203.
273 AJ 8. 12. 41, S. 203.
274 AJ 5. 4. 42, S. 250.
275 AJ 25. 9. 43, S. 347.
276 AJ 25. 9. 43, S. 347.
277 G VI, 30–35.
278 AJ 24. 1. 42, S. 221.

279 SzP II, 294.
280 G VI, 38.
281 Bunge, 347.
282 St X, 304.
283 AJ 21. 7. 44, S. 373.
284 Hans-Joachim Bunge: Gespräch über Bertolt Brecht mit Ruth Berlau in Prieros [1959] (Typoskript), S. 152.
285 G VI, 154.
286 AJ 8. 5. 45, S. 403.
287 Berthold Viertel (1885–1953). Eine Dokumentation. Nachrichten aus dem Kösel-Verlag. Sonderheft. Dezember 1969, München 1969, S. 49.
288 AJ 3. 8. 45, S. 407.
289 St VIII, 195.
290 St VIII, 178.
291 St VIII, 181.
292 St VIII, 181.
293 SzT IV, 238.
294 SzT IV, 289.
295 SzT IV, 292.
296 SzT IV, 291.
297 SzT IV, 292.
298 Katalog Theater im Exil 1933–1945, Akademie der Künste, Berlin (West) 1973.
299 „Verhör vor dem Ausschuß zur Untersuchung unamerikanischer Tätigkeit". In: Brecht im Gespräch, 57–78.
300 Sinn und Form II, 449.
301 Eric Bentley: Folkways Records Album FD 5531, S. 10.
302 SzP II, 174.
303 SzP II, 177.
304 SzP II, 179.
305 Brief Korschs an Brecht vom 18. April 1947. In: „Alternative" (Berlin [West]), Nr. 105, 18. Jg., Dezember 1975, S. 256.
306 AJ 3. 11. 47, S. 431.
307 AJ 1. 11. 47, S. 431.
308 Tagebuchaufzeichnung Caspar Nehers vom 18. 1. 47. Nachlaß Neher, Nationalbibliothek Wien.
309 Erinnerungen, 143.
310 AJ 12. 4. 48, S. 444–445.
311 David Bronsen: „Brechts Rückkehr 1948. Warum das Berliner Ensemble kein Münchner Ensemble wurde". In: „Die Zeit" (Hamburg), 8. November 1968.
312 G IX, 236–239.
313 Brief Jacob Walchers an Brecht vom 25. November 1947.
314 Erinnerungen, 148.

315 Erinnerungen, 145.
316 BBA 211/46.
317 AJ 16. 12. 47, S. 432.
318 AJ 5. 1. 48, S. 439.
319 AJ 12. 1. 48, S. 442.
320 ND, 18. 2. 48.
321 St IX, 171.
322 St IX, 173.
323 AJ 15. 4. 48, S. 446.
324 AJ 2. 4. 48, S. 444.
325 Völker/Chronik, 177.
326 AJ 16. 3. 48, S. 443.
327 AJ 13. 4. 48, S. 445.
328 AJ 19. 8. 48, S. 450.
329 Max Frisch: „Tagebuch 1948". In: Erinnerungen, 140.
330 AJ 22. 10. 48, S. 454.
331 AJ 23. 10. 48, S. 454.
332 AJ 23. 10. 48, S. 454.
333 G VII, 46.

Kapitel IV

1 Alexander Dymschitz: Ein unvergeßlicher Frühling. Literarische Porträts und Erinnerungen, Berlin 1970, S. 312.
2 SzT VI, 52.
3 WA 12, 389.
4 AJ 24. 10. 48, S. 455.
5 SzP II, 201.
6 AJ 23. 10. 48, S. 454.
7 AJ 9. 12. 48, S. 460.
8 AJ 27. 10. 48, S. 457.
9 AJ 22. 12. 48, S. 468.
10 AJ 18. 1. 49, S. 473.
11 AJ 29. 12. 48, S. 469.
12 G VII, 35.
13 AJ 3. 12. 49, S. 475.
14 G VII, 50.
15 SzL II, 279–280.
16 Alexander Dymschitz: Ein unvergeßlicher Frühling, Berlin 1970, S. 314.
17 AJ 12. 12. 48, S. 465.
18 AJ 12. 12. 48, S. 465.
19 AJ 8. 11. 48, S. 458.
20 SzT VI, 184.

21 SzT VI, 185.
22 AJ 10. 9. 49, S. 480.
23 „New Yorker Staatszeitung & Herold“, 7. März 1943.
24 G VII, 51–52.
25 AJ 21. 12. 48, S. 480.
26 Heinrich Kilger: „Ähnlichkeit und Wahrheit im Bühnenbild“. In: Theaterstadt Berlin. Ein Almanach. Hrsg. von Herbert Jhering, Berlin 1948, S. 224.
27 AJ 12. 12. 48, S. 465.
28 SzT VI, 72.
29 SzT VI, 147.
30 AJ 1. 1. 49, S. 470.
31 Angelika Hurwicz: „Einige couragierte Mitteilungen über ‚Mutter Courage‘“. In: Mutter Courage und ihre Kinder. Materialien, Berlin 1968, S. 23.
32 St VII, 201.
33 SzT VI, 96.
34 Theaterarbeit, 351.
35 Theaterarbeit, 266.
36 Max Schroeder: „Bertolt Brechts ‚Bühnenstil‘“. In: Erinnerungen, S. 155.
37 SzT VI, 103.
38 SzT VI, 78.
39 AJ 17. 1. 49, S. 473.
40 SzT VI, 131.
41 G VII, 60.
42 Fritz Erpenbeck: Lebendiges Theater, Berlin 1949, S. 314–315.
43 „Die Weltbühne“, 3/1949, S. 103.
44 Paul Rilla: Literatur. Kritik und Polemik, Berlin 1950, S. 340.
45 Max Schroeder: „Bertolt Brechts ‚Bühnenstil‘“. In: Erinnerungen, 153–155.
46 SzT VI, 154–160.
47 SzT VI, 164.
48 SzT VI, 111.
49 SzT VI, 54–55.
50 SzT VI, 169–174.
51 SzT VI, 178–180.
52 G VII, 57.
53 Ludwig Berger: „Bertolt Brecht und der Kater Fritz. Aus meinem Schlangenbader Tagebuch“. In: „Darmstädter Echo“, 5. September 1964.
54 Thomas Höhle: „Bert Brecht in Leipzig“. In: „Tägliche Rundschau“ (Berlin), 11. Februar 1949.
55 St X, 386.
56 St X, 393.

57 St X, 419.
58 Brief Brechts an Eric Bentley vom 12. November 1949. In: B,589.
59 Brief Brechts an Helene Weigel vom 21. April 1949. In: B,568.
60 AJ Pfingstmontag 1949, S. 476.
61 Ernst Schumacher: „Begegnung mit Bert Brecht 1949". In: Brecht. Theater und Gesellschaft im 20. Jahrhundert, Berlin 1975, S. 6, und Berlin 1981, S. 7.
62 Herbert Jhering: „Der Volksdramatiker". In: „Sinn und Form", Sonderheft Bertolt Brecht 1949, S. 175 und 180.
63 AJ 14. 11. 49, S. 481.
64 Sinn und Form II, 465–468.
65 AJ 28. 8.–4. 9. 49, S. 480.
66 AJ 13. 11. 49, S. 481.
67 G VII, 55.
68 SzT VI, 256.
69 AJ 13. 11. 49, S. 481.
70 SzT VI, 257.
71 AJ 22. 12. 49, S. 483.
72 AJ 22. 12. 49, S. 482.
73 SzT VI, 307.
74 St XI, 214.
75 SzT VI, 285.
76 SzT VI, 264–265.
77 St XI, 121.
78 AJ 22. 12. 49, S. 483.
79 SzT VI, 307.
80 Theaterarbeit, 82.
81 SzT VI, 266.
82 Theaterarbeit, 94.
83 Max Frisch: Tagebuch 1966–1971, Frankfurt (Main) 1972, S. 39.
84 AJ 30. 4. 50, S. 485.
85 AJ Pfingsten 1949, S. 476.
86 Otto Grotewohl: Deutsche Kulturpolitik. Reden und Aufsätze, Dresden 1952, S. 15.
87 AJ 10. 6. 50, S. 487.
88 G VII, 71.
89 Erinnerungen, 293.
90 „Süddeutsche Zeitung" (München), 10. November 1950.
91 AJ Oktober 1950, S. 490.
92 SzT VI, 309.
93 SzT VI, 314.
94 SzT VII, 288.
95 Hans Lauter: Der Kampf gegen den Formalismus in Kunst und Literatur, für eine fortschrittliche deutsche Kultur, Berlin 1951, S. 51.

96 Lauter: a. a. O., S. 131.
97 Lauter: a. a. O., S. 131–132.
98 Lauter: a. a. O., S. 156.
99 Lauter: a. a. O., S. 162.
100 SzT VI, 315.
101 ND, 14. Januar 1951.
102 SzT VI, 316.
103 SzL II, 331.
104 SzL II, 330.
105 SzL II, 333.
106 SzL II, 334–335.
107 SzT VI, 328.
108 Brief Brechts an Walter Ulbricht vom 12. März 1951. In: B,615.
109 Paul Dessau: Notizen zu Noten, Leipzig 1974, S. 69.
110 ND, 22. März 1951.
111 St VII, 262–265.
112 ND, 19. Oktober 1951.
113 AJ 15. 1. 51, S. 492.
114 AJ 22. 8. 51, S. 499.
115 AJ 1. 7. 51, S. 497.
116 SzL II, 293.
117 SzL II, 294.
118 AJ 11. 7. 51, S. 498.
119 Erich Engel: Schriften. Über Theater und Film, Berlin 1971, S. 30.
120 Theaterarbeit, 176.
121 Theaterarbeit, 177.
122 SzT VI, 322.
123 G VII, 95.
124 G VII, 93.
125 AJ 1. 2. 52, S. 501.
126 SzL II, 312–319.
127 AJ 5. 5. 51, S. 493.
128 SzP II, 213.
129 SzL II, 297.
130 Brief Brechts an den Schauspieler Alois Grill, München, vom 5. Februar 1952. In: B,636.
131 Wekwerth, 99.
132 SzL II, 249.
133 AJ 2. 2. 52, S. 502.
134 AJ 15. 2. 52, S. 502.
135 AJ 18. 2. 52, S. 503.
136 AJ 6. 4. 52, S. 504.
137 ND, 27. Mai 1952.
138 SzT VI, 347.

139 SzT VI, 340–343.
140 SzT VI, 362–363.
141 SzT VI, 363–367.
142 Erwin Strittmatter: Schulzenhofer Kramkalender, Berlin 1966, S. 119.
143 Hanns Eisler: Johann Faustus. Oper, Berlin 1952, S. 77.
144 „Sonntag" (Berlin), 17. Mai 1953.
145 SzL II, 342–348.
146 AJ 15.–30. 10. 53, S. 517.
147 SzT VI, 264.
148 SzT VI, 357.
149 Walter Ulbricht: „Die gegenwärtige Lage und die neuen Aufgaben der Sozialistischen Einheitspartei Deutschlands", Referat auf der 2. Parteikonferenz der Sozialistischen Einheitspartei Deutschlands, Berlin, 9.–12. Juli 1952, Berlin 1952, S. 112.
150 SzT VII, 78.
151 SzT VII, 195.
152 SzT VII, 159.
153 SzT VII, 151.
154 SzT VII, 112.
155 SzT VII, 103.
156 SzT VII, 126.
157 SzT VII, 153.
158 SzT VII, 191.
159 Theater in der Deutschen Demokratischen Republik. Hrsg. vom Zentrum DDR des Internationalen Theaterinstituts, Berlin 1967, S. 15.
160 SzT VII, 76.
161 T, 217–218.
162 Erinnerungen, 332–333.
163 AJ 12. 1. 53, S. 513.
164 G VII, 105.
165 SzP II, 219–220.
166 G VII, 89.
167 G VII, 79.
168 SzP II, 223.
169 ND, 17. April 1953.
170 „Theater der Zeit" (Berlin), 5/1953, S. 7.
171 SzT VII, 223.
172 SzT VII, 225–227.
173 SzT VII, 233.
174 SzT VII, 234–235.
175 AJ 4. 3. 53, S. 514–515.
176 Wekwerth, 64.

177 BBA 7/03–04; „Theater heute“, Velber, 6. Jg. (1965), Heft 1 (Januar), S. 12.
178 Bertolt Brecht, Bad Godesberg 1966, S. 23.
179 SzP II, 225.
180 SzP II, 225–226.
181 Bertolt Brecht, Bad Godesberg 1966, S. 23.
182 SzL II, 352.
183 SzL II, 351–355.
184 G VII, 110.
185 G VII, 7–27.
186 Brief Brechts an Gottfried von Einem vom 7. Januar 1951. In: B,615.
187 SzL II, 251.
188 Albert Einstein: Mein Weltbild, Berlin 1955, S. 22–23.
189 St XIV, 7.
190 SzT VII, 339.
191 St XIV, 121.
192 SzP II, 224.
193 G VII, 9.
194 Erinnerungen, 336.
195 Brief Brechts an Peter Suhrkamp vom 8. März 1954.
196 G VII, 136.
197 G VII, 123.
198 „Sonntag“ (Berlin), 2. Januar 1955, S. 5.
199 BBA 42/08, 10, 11; und „Sonntag“ (Berlin), 28. März 1954, S. 5.
200 SzP II, 227.
201 SzP II, 229.
202 SzP II, 232.
203 SzP II, 234.
204 SzP II, 237.
205 Meilensteine zur Souveränität, Bonn 1955, S. 64.
206 SzP II, 243–244.
207 SzP II, 244.
208 Völker/Chronik, 151.
209 G VII, 162.
210 Agnes Hüfner: Brecht in Frankreich 1930–1963, Stuttgart 1968, S. 47.
211 SzT VI, 380.
212 SzT VI, 390–391.
213 AJ 7. 2. 54, S. 518.
214 Bertolt Brecht: Der kaukasische Kreidekreis. Materialien, Berlin 1968, S. 57–62.
215 SzT VII, 354.
216 Geschichten vom Herrn B. 111 Brecht-Anekdoten. Aufgeschrieben von André Müller und Gerd Semmer, Berlin 1968, S. 67.

217 Paul Dessau: Notizen zu Noten, Leipzig 1974, S. 74–82.
218 „Theater der Zeit“, Heft 12/1954.
219 SzT VI, 398.
220 Brief Brechts an E. F. Burian vom 20. September 1954. In: B,684.
221 Brief Brechts an E. F. Burian [Okt./Nov. 1954]. In: B, 685.
222 SzT VI, 402.
223 Brief Brechts an das Internationale Komitee zur Verleihung des Stalin-Friedenspreises, Dezember 1954. In: B,687.
224 „Tägliche Rundschau“ (Berlin), 23. Dezember 1954.
225 Erinnerungen, 315–316.
226 SzP II, 246–249.
227 AJ [Mai 1955], S. 520–521.
228 Bernhard Reich: Im Wettlauf mit der Zeit, Berlin 1970, S. 380 und 387.
229 Ilja Fradkin: Bertolt Brecht. Weg und Methode, Leipzig 1974, S. 453.
230 Brief Brechts an Harry Buckwitz vom 6. Juni 1955. In: B,707.
231 Sinn und Form II, 446.
232 Wekwerth 115–117.
233 SzP II, 224.
234 SzT VII, 63–72.
235 SzT VII, 309–317.
236 SzT VII, 338–342.
237 Brecht im Gespräch, 188–197.
238 SzT VII, 283–309.
239 SzT VII, 309.
240 Brief Schalls an Renate Schumacher vom 1. Dezember 1976.
241 Brief Brechts an Wolf Kaiser vom 17. Januar 1956.
242 SzT VI, 194.
243 SzT VI, 193–198.
244 SzT VI, 199–200.
245 SzT VI, 207.
246 SzT VI, 205–210.
247 SzT VI, 213–214.
248 SzT VI, 224–225.
249 SzT VI, 220–221.
250 SzT VI, 228–229.
251 SzT VI, 235–239.
252 Wekwerth, 197.
253 Wekwerth, 71.
254 Wekwerth, 198.
255 SzT VI, 187–188.
256 SzL II, 369–370.
257 IV. Deutscher Schriftstellerkongreß Januar 1956. Protokoll. I. Teil, Berlin 1956, S. 151–157.

258 Brecht im Gespräch, 174.
259 Brecht im Gespräch, 200–219, (146).
260 SzL II, 362.
261 Brecht im Gespräch, 205–208.
262 Brecht im Gespräch, 197.
263 SzT VII, 343.
264 SzT VII, 347–348.
265 Wekwerth, 117.
266 Brecht im Gespräch, 219.
267 „Aufbau“ (Berlin), 3/1956.
268 IV. Deutscher Schriftstellerkongreß Januar 1956. Protokoll. I. Teil, Berlin 1956, S. 151–157.
269 Brecht im Gespräch, 235, 238.
270 Wekwerth, 78.
271 SzT VII, 322–325.
272 AJ 18. 7. 55, S. 521.
273 SzT VII, 239–265 (265, 259, 264).
274 Brief Brechts an Ruth Berlau vom [November/Dezember 1955].
275 SzT VI, 334.
276 „Theater der Zeit“, Heft 7/1964.
277 St XI, 384.
278 SzP I, 175–177.
279 SzP II, 223–224.
280 Bertolt Brecht: Versuche 19, H. 14, Berlin 1955, S. 97–98.
281 Brief Brechts an Werner Heisenberg vom 18. Februar 1955. In: B,694.
282 AJ [Mai 1955], S. 520.
283 BBA 1206/13.
284 Giorgio Strehler: Für ein menschlicheres Theater, Frankfurt (Main) 1975, S. 80–88 (80, 83).
285 Brief Brechts an Ruth Berlau vom 11. Februar 1956. In: B,731.
286 Sinn und Form II, 269–321.
287 G VII, 140.
288 „Berliner Zeitung“, 16. August 1956.
289 Wekwerth, 76.
290 IV. Deutscher Schriftstellerkongreß Januar 1956. Protokoll. I. Teil, Berlin 1956, S. 153.
291 Wekwerth, 67–75.
292 SzP II, 252–253.
293 SzP II, 253–254.
294 Erinnerungen, 265.
295 SzT VII, 295.
296 SzT VI, 411.
297 Erinnerungen, 250.

298 Wekwerth, 78–79.
299 G VII, 135.
300 SzL II, 271.
301 ND, 19. August 1956.
302 „Sonntag" (Berlin), 26. August 1956.
303 „l'Humanité" (Paris), 16. August 1956.
304 ND, 16. September 1956.
305 G IV, 96.

Kapitel V

1 G III, 184.
2 Bertolt-Brecht-Archiv. Bestandsverzeichnis des literarischen Nachlasses, Bd. 1–4, Berlin 1969–1973.
3 Gerhard Seidel: Bibliographie Bertolt Brecht. Titelverzeichnis Band I. Deutschsprachige Veröffentlichungen aus den Jahren 1913–1972. Werke von Brecht. Sammlungen, Dramatik, Berlin und Weimar, 1975, S. 304.
4 Brecht-Dialog 1968. Politik auf dem Theater, Berlin 1968, S. 121.
5 Brecht-Dialog 1968, a. a. O., S. 116.
6 Programmheft des Berliner Ensembles zur Aufführung der „Dreigroschenoper" am 23. April 1960.
7 Manfred Wekwerth: VERSUCH einer Analyse der bisherigen Arbeit des Berliner Ensembles und einer Konzeption für die nächsten Jahre [Vervielf. Typoskript], Berlin 1969, S. 19, 21, 22, 25 f., 37 f., 52–53.
8 Berliner Ensemble 1949–1974, Berlin 1974, S. 16.
9 Berliner Ensemble 1949–1974, a. a. O., S. 16.
10 Berliner Ensemble 1949–1974, a. a. O., S. 21.
11 SzT II, 156, 157, 165, 210, 211, 225.
12 „notate", Jg. 1979, 3 (Juni 1979), S. 2.
13 Ebd.
14 „Süddeutsche Zeitung" (München), 5. April 1957.
15 ND, 23. Mai 1957.
16 Arbeitskreis Bertolt Brecht. Mitteilungen und Diskussionen, Nummer 3, Wiesbaden, Mai 1961.
17 Arbeitskreis Bertolt Brecht. Mitteilungen und Diskussionen, Nummer 5, Berlin-Zehlendorf, März 1962.
18 Johannes Jacobi: „Theaterabende ohne ‚Ruhestörungen'. Zwischenbilanz im Kampf um Brecht". In: „Die Zeit" (Hamburg), 19. Januar 1962, S. 16.
19 Bertolt Brecht: Die Mutter. Regiebuch der Schaubühneninszenierung. Hrsg. von Volker Canaris, Frankfurt (Main) 1971, S. 166.

20 „Brief aus dem Gefängnis" von Oskar Neumann. „Berliner Zeitung", 6. Dezember 1961/17. Jg. Nr. 335.

21 Sibylle Wirsing: „Der falsche Brecht oder falsche Zeugen? Das Kolloquium ‚Brecht mit 80 Jahren' in Frankfurt". In: „Frankfurter Allgemeine Zeitung" (Frankfurt [Main]), 4. Oktober 1978.

22 „Pankraz, Brecht und der Rohrstock der Nation". In: „Die Welt" (Bonn), 5. Oktober 1978.

23 Helmut Karasek: „Brecht ist tot". In: „Der Spiegel" (Hamburg), Jg. 1978, Nr. 9, S. 216.

24 „Kürbiskern" (München), 2/78, S. 138.

25 Ebd., 1/79, S. 128.

26 „notate", Jg. 1978, 2 (10. Februar 1978), S. 1–2, und Erich Honecker: Aus meinem Leben, Berlin 1981, S. 343.

27 Brecht-Dialog 1968. Politik auf dem Theater. Dokumentation 9.–16. Februar 1968, Berlin 1968, S. 291–299, zur Diskussion, S. 77–109.

28 Brecht '73. Brecht-Woche der DDR 9.–15. Februar 1973. Dokumentation Berlin 1973, S. 23–70 und 197–230.

29 „Theater der Zeit" (Berlin), Jg. 1975, H. 2, S. 44.

30 Brecht 78. Brecht-Dialog Kunst und Politik, 10.–15. Februar 1978. Dokumentation, Berlin 1978, S. 87–123.

31 SzT VII, 76.

32 Brecht-Dialog 1968. Politik auf dem Theater, Berlin 1968, S. 241.

33 Koreya Senda: „Die Bewegung des ‚Neuen Theater' in Japan. Ihre Entwicklung und ihr heutiger Stand". Vortragsmanuskript, Juni 1976, S. 26; vgl. auch: „Agitproptheater und Brecht in Japan. Ein Gespräch mit Koreya Senda". In: „Mitteilungen der Akademie der Künste der DDR" (Berlin), 2/77, S. 6–8.

34 Nick Wilkinson: „Mutter Courage in Westafrika". In: Brecht-Jahrbuch 1974, Frankfurt (Main) 1975, S. 117–124.

35 „notate", Jg. 1980, (April 1980), S. 6–7.

36 Karl-Claus Hahn und Elifius Paffrath: „Fünf Schwierigkeiten beim Umgang mit Brecht. Internationale Brecht-Tage 1980: Probleme der Brecht-Rezeption in jungen Nationalstaaten. Ein Resumee". In: „Theater der Zeit" (Berlin), Jg. 1980, H. 6, S. 30.

37 John Fuegi: „Gespräch mit Richard Schechner über seine New-Yorker Aufführung der ‚Mutter Courage'". In: Brecht-Jahrbuch 1976, Frankfurt (Main) 1976, S. 166–176.

38 „Erfahrungen mit Brecht im Off-Off Brodway – ein Gespräch mit Fritz Bennewitz". In: „Theater der Zeit" (Berlin), H. 7/1977, S. 6–9.

39 SzP II, 121.

40 SzP I, 126.

41 SzP II, 226.

42 G III, 183.

43 G VII, 143.

Bildnachweis

Akademie der Künste der DDR/
  Bertolt-Brecht-Archiv: 14, 56, 61, 91, 97, 102, 103, 140, 151, 168, 172, 182, 199, 262, 263, 265, 304, 347
  Wissenschaftliche Abteilung Darstellende Kunst, Fotoarchiv: 51, 52, 62 (Pisarek), 73, 100, 161, 272, 276, 289, 322, 347, 359, 429, 435
  Hanns-Eisler-Archiv: 101
  Erich-Engel-Archiv: 90, 200, 420
  Elisabeth-Hauptmann-Archiv: 69, 104
  John-Heartfield-Archiv: 312
  Herbert-Jhering-Archiv: 81

Akademie der Künste, Berlin (West)/
  Fritz-Kortner-Archiv: 25

ADN/ Zentralbild/ Bildarchiv: 21, 55, 63, 308 (Sturm), 353, 354 (Junge/Quasch), 364 (Tass), 368, 408

Berliner Ensemble/ Ruth Berlau: 128, 177, 180, 216, 219, 222, 226, 230, 232, 239, 242, 245, 248, 251, 255, 295

Bertolt-Brecht-Erben, Berlin: 8, 9, 16, 18, 23, 38, 48 (Li Osborne), 49, 54, 56, 58, 66, 66, 67, 70, 70, 72, 111 (S. M. Tretjakow), 119, 125, 125, 126, 146, 149, 160, 163, 166, 174, 178, 212, 227, 234 (CBS, New York), 243, 257, 288 (H. Klinge, Berlin), 292, 361

Privatarchiv Bronnen, Berlin: 71

Harry Buckwitz, Zürich: 438

Hermann Budzislawski, Berlin: 167

Hans-Joachim Bunge, Berlin: 39, 65, 75

Ernst Busch, Berlin: 107, 108

Deutsches Theater Berlin (Archiv): 98

Friedrich Fohrer, Königsbrunn: 29, 45

Gerda Goedhardt, Scheveningen: 346, 366, 368, 369, 374, 399, 400

Hertha Hanisch, Berlin: 132

Henschelverlag (Archiv): 19, 110, 190, 310

Wieland Herzfelde, Berlin: 64, 220

Hainer Hill, Dortmund: 326, 350

Harry Hirschfeld, Berlin: 423

Institut für Marxismus-Leninismus beim ZK der SED (Zentrales Parteiarchiv): 115

Karl-Heinz Lange, Berlin: 411

Roger Mehlis, Berlin: 413

Märkisches Museum, Berlin: 89, 94

Percy Paukschta, Berlin: 202, 278, 421, 425, 426
Abraham Pisarek, Berlin: 298, 349, 360
Collection Viollet, Paris: 142, 357
Willi Saeger, Berlin (West): 78, 270, 419, 422, 428
Herbert Sandberg, Berlin: 320
Gert Schaefer, Hamburg: 311
Werner Schloske, Stuttgart: 179
Heinz Schubert, Hamburg: 329, 341
Horst E. Schulze, Berlin: 356
Ernst Schumacher, Berlin: 34, 118, 166, 241, 341, 397
Maria Steinfeldt, Berlin: 432
Vera Tenschert, Berlin: 416, 418, 424, 451
Curt Trepte, Berlin: 162
Ullstein/ Bilderdienst: 53, 91, 267 (Engel), 302 (Engel)
Herta Walcher, Berlin: 218, 331
Manfred Wekwerth, Berlin: 370
Die Veröffentlichung der Abbildungen
5, 6, 11, 12, 15, 24, 26, 68 erfolgt mit freundlicher Genehmigung des Aufbau-Verlages Berlin (nach: Werner Frisch/K. W. Obermeier: Brecht in Augsburg. Erinnerungen, Dokumente, Texte, Fotos, Berlin und Weimar 1975)
Aus folgenden Publikationen sind Abbildungen entnommen:
Klaus Völker: Bertolt Brecht. Eine Biographie, Hanser Verlag, München 1976: 246, 249
Heinz Willmann: Geschichte der Arbeiter-Illustrierten Zeitung 1921–1938, Dietz Verlag, Berlin 1974: 114
Bertolt Brecht: Kriegsfibel. Eulenspiegel Verlag, Berlin 1955: 225
Die Veröffentlichung des Frontispiz erfolgt mit freundlicher Genehmigung von Gerda Goedhardt, Scheveningen
Umschlag unter Verwendung eines Fotos von Fred Stein, New York

Register

Hinweise zur Benutzung

Bestimmte und unbestimmte Artikel werden im Nominativ den Titeln nachgestellt (z. B. Bestie, Die).
Die Umlaute ä, ö, ü werden als einfache Vokale behandelt (z. B. Dürrenmatt, Friedrich/Durus, Alfred).
Werke, die im Text mit Kurztitel zitiert sind, werden im Werkregister mit dem vollständigen Titel angeführt (z. B. „Fatzer"-Fragment – s. Untergang des Egoisten Johann Fatzer, Der).
Folgt im Werkregister nach dem Titel kein Name in Klammern, ist Brecht der Autor.

Personenregister

Abraham, Pierre 355
Abusch, Alexander 144, 255, 322
Ackermann, Anton 266, 305
Adenauer, Konrad 237, 296f., 307, 324, 351, 363
Adorno, Theodor Wiesengrund 141, 208
Aischylos 427
Albers, Hans 94, 253
Altmann, Hans 160
Aman, Marie Rose 27
Ammer, Karl Ludwig 13, 92
Anders, Günther 209
Andersen Nexö, Martin 139, 188
Anderson, Alwa 193
Andreasen, Dagmar 154, 164
Apletin, Michail-J. 206
Appen, Karl von 284, 327, 358, 395
Athi (finnischer Revolutionär) 201
Auden, Wystan Hugh 209, 219, 225
Assisi, Franz von 210
Aufricht, Ernst Josef 91, 122, 165, 219

Bach, Johann Sebastian 301
Bacon, Francis 186
Baierl, Helmut 427, 443
Balanchine, George 99

Balzac, Honoré de 169
Banholzer, Frank Walter Otto 27, 224
Banholzer, Paula (Bie) 26f.
Barlach, Ernst 314f.
Barlog, Boleslaw 439
Barnowsky, Viktor 63
Barrault, Jean-Louis 244
Bartel, Kurt (KuBa) 344
Barthes, Roland 355
Basil, Friedrich 203
Bassermann, Albert 231
Bassermann, Else 231
Baum, Vicky 130, 207
Becher, Johannes R. 65, 122, 129, 144f., 148, 150, 169, 171, 282, 295, 297, 316, 348, 352, 362, 407, 409
Beck, Julian 447
Becker, Maria 199
Behrens, Manja 286, 390
Bellag, Lothar 286
Beneckendorf, Wolf von 286
Benjamin, Walter 59, 71, 83, 106, 127, 133, 137f., 141, 159f., 175, 196, 204, 206, 275
Benn, Gottfried 75
Bennewitz, Fritz 431, 445, 447
Bentley, Eric 209, 224, 240, 281
Berge, Dieter 285
Bergengruen, Werner 254
Berger, Ludwig 122, 280
Berghaus, Ruth 390, 424, 427, 430–433
Bergner, Elisabeth 208, 213, 219, 223, 225f.
Berlau, Ruth 134, 139, 153, 164, 167, 176, 187, 191, 193–195, 205f., 211, 213, 217, 228f., 233, 240, 246, 252, 277, 280, 292, 311, 371, 386–388, 391, 396, 398, 430
Berle (USA-Staatssekretär) 223
Besenbruch, Walter 382
Bessel, Ehmi 268
Bessie, Alvah 238
Besson, Benno 279, 282, 284, 292, 319–321, 323f., 344, 391, 395f., 401f., 406, 419, 421, 430, 437
Beyer 406
Bezold, Otto 24
Bienert, Gerhard 108, 268f., 285
Biermann-Ratjen, Hans Haider (westdeutscher Kultusminister) 409
Bildt, Paul 268–270, 273, 276
Birnbaum, Uta 425, 427, 430

Blacher, Boris 268
Bloch, Ernst 169, 218
Blücher, Wassilij Konstantinowitsch 158
Blum, Léon 156
Bohr, Niels Henrik David 172
Bois, Curt 208, 264, 279, 284f., 290
Borchardt, Hans Hermann 109, 158, 218
Bork, Kurt 266, 305
Born, Max 394
Bosch, Hieronymus 318
Böttcher, Wolfgang 309
Boyer, Charles 213
Brandt, Willy 180
Branting, Georg 176, 178, 193
Braun, Alfred 77, 109
Braun, Volker 434, 443
Braunbock, Carola 285, 427
Brecht, Barbara (Tochter) 68, 120, 122, 152, 165, 237, 241, 245, 255, 285, 396, 433
Brecht, Berthold Friedrich (Vater) 5–7, 26, 33, 36, 124f., 127, 181
Brecht, Karoline geb. Wurzler (Großmutter väterlicherseits) 9
Brecht, Stefan (Sohn) 68, 120, 152, 192, 195, 210, 230f., 237, 241, 391, 402
Brecht, Stephan Berthold (Großvater väterlicherseits) 9
Brecht, Walter (Bruder) 7, 35, 181
Brecht, Wilhelmine Friederike Sophie geb. Brezing (Mutter) 5–7, 25
Bredel, Willi 129, 170, 206
Breiner, Egon 208
Brentano, Bernhard von 83, 122
Brentano, Heinrich von 438
Breuer, Hans 441
Breughel d. Ä., Pieter 358, 402
Brezing, Friederike geb. Gammerdinger (Großmutter mütterlicherseits) 9, 14
Brezing, Josef Friedrich (Großvater mütterlicherseits) 9
Bringolf, Ernst 191
Bronnen, Arnolt 47, 50, 60–62, 67, 71
Brook, Peter 447
Bruckner, Ferdinand 123, 218
Brugsch, Theodor 401, 406
Brüning, Heinrich 116
Bucharin, Nikolai J. 158
Büchner, Georg 14, 55, 80, 274, 300
Buckwitz, Harry 59, 94, 217, 284, 328, 340, 367, 439

Budzislawski, Hermann 129, 218, 223, 238, 240
Bunge, Hans-Joachim 284, 385, 414
Büngolf, Ernst 191
Burian, Emil František 255, 363
Burkhard, Heinrich 106
Burri, Emil 68f., 108f., 283, 332, 340
Burrows, Abe 210
Busch, Ernst 104, 108, 110, 145, 276f., 285, 298f., 315f., 338, 358f., 398, 409, 418
Busoni, Ferruccio 89
Byrnes, James Francis 236
Caesar, Gaius Julius 175
Callot, Jacques 273
Cardella, Miguel 446
Carstens, Bruno 286
Carter, Jimmy 434
Catilina, L. Sergius 10
Cavalcanti, Alberto 284
Cervantes Saavedra, Miguel de 170
Chamberlain, Arthur Neville 156
Chambure, Guy de 425
Chaplin, Charlie 21, 203, 209, 235, 238, 367, 409
Cheifets, Gregory 240
Christian, Norbert 320, 328
Chruschtschow, Nikita Sergejewitsch 388
Churchill, Winston 224, 236, 260
Cicero, Marcus Tullius 10
Clurman, Harold 210
Cook, Helen 153
Corneille, Pierre 10
Craig, Edward Gordon 149
Credé, Paul 123
Cremer, Fritz 382, 407, 410
Curjel, Hans 250, 252
Czinner, Paul 208, 213, 223
Daladier, Edouard 156
Danegger, Mathilde 285
Davies, Howard 445
Davison, Robert 234
Delacroix, Eugène 46
Desch, Kurt 246, 297
Dessau, Paul 160, 219, 236, 261, 268, 270, 279, 284f., 301, 303, 305f., 334, 361, 390, 394, 407, 424
Diderot, Denis 204

Dieterle, William 193, 205, 207, 213
Diktonius, Elmer 194
Dimitroff, Georgi Michailowitsch 131, 143, 169, 188
Dinamow, C. C. 129
Dissel, Werner 286
Döblin, Alfred 65, 77, 122, 130, 208
Dollfuß, Engelbert 147, 203
Donath, Ludwig 208
Dorn, Erna 337
Dort, Bernard 355
Dos Passos, John 151
Dostojewski, Fjodor Michailowitsch 13, 148, 261
Drescher, Piet 454
Drew, Daniel 81
Dsershynski, Feliks Edmundowitsch 315
Dudow, Slatan 72, 88, 104–106, 110f., 116, 160, 252, 255
Dulles, John Forster 390
Dumur, Guy 355
Duncker, Hermann 71, 127, 218, 231, 280
Düren, Fred 286
Dürrenmatt, Friedrich 385
Durus, Alfred 105
Duvignaud, Jean 355
Dymschitz, Alexander 257f., 264

Ebert, Friedrich 264
Ebinger, Blandine 44, 54
Edfeld, Johannes 178
Ehrenburg, Ilja 409
Ehrlich, Peter 345
Einem, Gottfried von 247, 342
Einstein, Albert 159, 332, 343, 393–395
Eisenhower, Dwight David 305
Eisenstein, Sergei Michailowitsch 111
Eisler, Gerhard 164, 218, 237f., 306, 407
Eisler, Hanns 72, 89, 99, 104–107, 110, 116, 127, 132, 135, 138, 145, 152, 157, 169, 192, 208f., 213f., 216, 220f., 231, 237f., 259, 279, 284f., 296, 298, 306, 321–323, 363, 407, 439
Eisler, Hilde 218
Eisler, Lou 127
Eisner, Kurt 33f.
Elsholz, Peter 268
Enderle, August 179
Engel, Erich 44, 57, 76f., 92, 94, 246, 268–270, 278f., 283f., 288, 309, 357, 398, 407, 417f., 430, 439

Engel, Rudi 398
Engels, Friedrich 29, 43, 139, 230, 345, 450
Erko (finnischer Minister) 193
Erpenbeck, Fritz 268, 274f., 334, 361
Esser, Paul 269

Faber, Erwin 44, 51, 59
Fadejew, Alexander Alexandrowitsch 206
Falckenberg, Otto 50, 54
Farquhar, George 395
Fechenbach, Felix 34
Fedin, Konstantin Alexandrowitsch 151, 365, 409
Fehling, Jürgen 64, 76
Felsenstein, Walter 263
Ferrari, Friedel 160
Ferrer Guardia, Francisco 19
Feuchtwanger, Lion 35, 58, 60, 122f., 129f., 139, 193, 196, 207, 215–217, 223, 228, 230, 409
Feuchtwanger, Marta 35, 207
Fichte, Johann Gottlieb 407
Fisch, Günter 333
Fischer, Eduard 285, 427
Fischer, Ernst 322f.
Fischer, Ruth 237
Fleißer, Marieluise 58f., 68, 434
Flörchinger, Martin 286, 390, 418
Forke, Alfred 139
Fradkin, Ilja 258, 367
Franck, Hans 203
Franck, Walter 76
Franco, Francisco 156
Frank, Benno 247
Frank, Bruno 207, 222
Frank, Leonhard 65, 208
Frank, Liesl 207
Franz, Erich 286, 318, 328
Friedrich II., der Große 294
Friedrich, Walter 352
Frießner 305
Frisch, Max 245, 250, 254, 293, 442
Fugger 6
Fuhrmann, Ernst-Otto 286
Funcke, Ewald 128
Fürnberg, Louis 259

Galilei, Galileo 233, 240
Garbe, Hans 308f.
Garbo, Greta 208
Gaugler, Hans 252, 279, 292
Gaulle, Charles de 244
Gay, John 90
Geis, Jacob 57, 77
Gelsted, Otto 134, 164
George, Heinrich 50, 77, 131, 148
George, Stefan 75
Gersch, Wolfgang 414
Geschonneck, Erwin 277, 285, 288, 293, 317, 320
Gide, André 141, 244
Giehse, Therese 191, 253, 264, 271, 277, 279, 284–286, 288, 290, 296, 310, 317, 440
Girnus, Wilhelm 305
Gisselbrecht, André 315
Glückauf, Erich 164
Gnass, Friedrich 285, 293, 328
Goebbels, Joseph 123, 131, 220, 314
Goethe, Johann Wolfgang 29, 36, 109, 253, 274, 300, 317–319, 321, 323, 381, 383, 415, 417
Gogol, Nikolai Wassiljewitsch 148, 215
Gold, Käthe 264
Goldschmidt, Waldemar 178
Goodman, Henry 229
Gorelik, Mordecai 153, 209
Göring, Hermann 93, 130, 156, 220
Gorki, Maxim 106, 148, 264, 290, 434, 440
Gortschakow, Nikolai 336
Goslar, Lotte 234
Grabbe, Christian Friedrich 13f., 37f., 55, 76, 274
Graf, Oskar Maria 129, 218
Granach, Alexander 44, 54, 104, 148, 193, 206–208
Grassi, Paolo 397
Greid, Hermann 180, 192
Grieg, Nordal 279f.
Grimmelshausen, Hans Jakob Christoffel von 170, 188
Großmann, Stephan 50
Grosz, George 65, 116, 127, 145, 153, 218
Grotewohl, Otto 293, 297, 303, 305, 307, 338f., 351
Grotowski, Jerzi 447
Grube-Deister, Else 285
Gründgens, Gustaf 424
Grünert, Willi 127

Guderian, Heinz 305
Guilbeaux, A. 82
Guilbert, Yvette 164
Güldemeister, Horst 185

Haase, Annemone 285
Hacks, Peter 286, 396, 433, 443
Hager, Kurt 164
Hahn, Otto 172, 392
Halder, Franz 305
Hallstein, Walter 340, 362, 438
Hamacher, Hans 286, 373
Hambleton, Edward T. 210
Hamsun, Knut 13
Händel, Georg Friedrich 90
Hanisch, Herta 175
Harich, Wolfgang 274
Hase, Annemarie 286, 292
Hašek, Jaroslav 18, 85, 170, 204, 219
Hauptmann, Elisabeth 68, 76, 81, 91, 95, 109, 116, 121f., 124, 128, 153, 218, 223, 279f., 282, 284, 329, 391, 395f., 414, 430
Hauptmann, Gerhart 14, 36, 101, 123, 295, 309
Haus, Heinz-Uwe 445
Hauser, Harald 335
Hay, Julius 169, 171, 206, 259
Hays, Hofmann R. 192, 205, 209, 219
Heartfield, John 65, 316
Hebbel, Friedrich 13, 17, 36, 80
Hecht, Ben 210
Hecht, Werner 414, 425, 442
Heckert, Fritz 148
Hegel, Georg Wilhelm Friedrich 82, 139, 204, 407
Heidegger, Martin 83
Hein, Pieter 427
Heine, Heinrich 261
Heinz, Wolfgang 245, 431
Heisenberg, Werner 392
Hellmer, Kurt 236
Hennecke, Adolf 261
Hennig (westdeutscher Kultusminister) 409
Henreid, Paul 208
Henselmann, Hermann 313
Herrenreiter, Franz Xaver 10, 294
Herrnstadt, Rudolf 305
Herzfelde, Wieland 29, 65, 129f., 145, 148, 175, 219, 313, 316

Hesse-Burri, Emil s. Burri
Hesterberg, Trude 20
Heydrich, Reinhard 213
Heyer-Krämer, Willy 303
Hill, Hainer 284, 293, 318, 320
Hilpert, Heinz 276, 340, 403
Himmler, Heinrich 220
Hindemith, Paul 101, 106
Hindenburg, Paul von Beneckendorff und 123, 136, 203
Hinz, Werner 268f., 273, 276
Hiob, Hanne 27, 246, 424
Hirschfeld, Kurt 201, 244, 253, 281
Hitler, Adolf 60, 114–116, 120, 123, 130, 135–137, 139, 154, 156f., 175, 187f., 195, 203, 220f., 223–225, 229, 232, 255, 260, 264, 305, 343, 363
Hochi, Ryusake 445
Hoffmann, Gustav 285
Hoffmann, Jutta 433
Hofmannsthal, Hugo von 247
Höglund-Anderson 193
Hold, Mari 126f.
Hölderlin, Friedrich 250
Hollaender, Felix 62
Holtz, Jürgen 433
Homolka, Oskar 59, 193, 208, 212, 264, 279
Honecker, Erich 442
Hopf, Otto 303
Horaz (Horatius Flaccus), Quintus 12, 194
Hörbiger, Paul 271
Horkheimer, Max 141, 208
Horwitz, Kurt 44
Hosalla, Hans-Dieter 285
Hubalek, Klaus 309, 311
Huchel, Peter 282
Hülgert, Alfred 303
Huppert, Hugo 206
Hurwicz, Angelika 269, 271, 285, 358f., 395

Ibsen, Henrik 36, 80
Infeld, Leopold 332, 393f.
Ionesco, Eugène 357
Ipsen, Bodil 164
Isherwood, Christopher Wiliam Bradshaw 209
Ivens, Joris 147, 353

Jäger, Hanns Ernst 367
Jagoda, Genrich Georgiewitsch 158
Jayasena, Manel 444
Jecht, Dorothea 217
Jendretzki, Hans 266
Jensen, Fritz 261
Jensen, Johannes V. 42
Jerome, V. J. 152
Jessner, Leopold 64, 86, 207, 223
Jehring, Herbert 50–52, 54f., 59, 83, 235, 255, 257, 274, 283
Johst, Hanns 37f.
Joliot-Curie, Irène 394
Joyce, James 75

Kafka, Franz 195, 244
Kahlau, Heinz 286
Kahler, Ernst 269, 286, 293, 309, 316
Kaiser, Georg 36, 44, 55, 169
Kaiser, Wolf 94, 373, 375, 418, 425, 430
Kalidasa 261
Kalisch, Peter 286, 315
Kant, Immanuel 291
Kapp, Wolfgang 42
Karasek, Hellmuth 442
Karge, Manfred 424, 427, 430
Karl der Kühne 19, 76
Karusseit, Ursula 419
Kästner, Erich 95, 254
Katz, Conrad 361
Kaus, Gina 208
Kautsky, Karl 123
Kehler, Sonja 437
Keitel, Wilhelm 93
Kerr, Alfred 52, 54f., 57, 85, 92, 123, 130
Kesten, Hermann 118, 130
Khanolkar, C. Th. 445
Kieling, Wolfgang 204
Kiepenheuer, Gustav 50, 64, 119
Kilger, Heinrich 269, 284
Kilian, Isot 285, 373, 424
Kipling, Rudyard 13, 30, 35, 42, 76, 96, 145
Kipphardt, Heinar 427
Kirk, Hans 155
Kirsanow, Semjon 147f., 353
Kisch, Egon Erwin 67

Kläber, Kurt 122
Klabund 65, 123, 226
Klein, Erik S. 286, 373
Klein, Josef 74
Kleinoschegg, Willi 315, 328
Kleinschmidt, Karl 401
Kleist, Heinrich von 13f., 317, 381
Klemperer, Otto 250
Klopstock, Friedrich Gottlieb 291
Knaup, Dieter 286, 395
Knorin, Willis 150
Knuth, Gustav 201, 253
Knutzon, Per 134, 137, 154
Koch, Carl 89
Kollwitz, Käthe 314
Kolzow, Michail 129, 151, 158
Konfuzius 117, 144
Kopernikus, Nikolaus 30
Korsch, Karl 71, 83, 127, 155, 174, 210, 217, 231, 243f.
Kortner, Fritz 76, 109, 174, 193, 207f., 210, 213, 223, 235, 246, 263f., 279
Kraus, Agnes 285, 427
Kraus, Karl 47, 92, 121
Krauser, Lilly 34
Krauss, Werner 76
Krauter, Kurt 127
Krey, Franz 252
Kreymborg, Alfred 221
Kronacher, Alwin 61
Krtschil, Henry 285
Kruczkowski, Léon 332
Küchenmeister, Claus 284
Küchenmeister, Wera (siehe Skupin)
Kühl, Kate 268
Kulisiewicz, Tadeuz 361
Kun, Béla 148, 150
Kupke, Peter 433f.
Küppner, Hannes 74
Kurella, Alfred 104f., 382
Kutscher, Arthur 7
Kyllikki-Kilpi, Sylvie 195, 205

Lacis, Asja 59, 147, 158, 366
Lagerlöf, Selma 76
Lampel, Peter Martin 123

Landauer, Gustav 34f.
Landauer, Walter 130
Lander, Harald 155
Lander, Margot 155
Lane, Dorothy (Pseudonym von Elisabeth Hauptmann) 95
Lang, Fritz 193, 207, 213–215
Lange, Fritz 324
Lange, Horst 254
Langhoff, Matthias 424, 427, 430
Langhoff, Wolfgang 235, 245, 257, 263f., 266, 268, 294, 316f., 334f.
Lania, Leo 145
Lasky, Melvin 352
Laté, Lily 193
Laughton, Charles 209, 230, 232, 235, 237
Lauter, Hans 305
Laval, Pierre 196
Lawson, John Howard 210
Laxness, Haldor 192
Lazar, Maria 124
Legal, Ernst 77
Leiser, Erwin 339
Lenin, Wladimir Iljitsch 81–83, 105, 113, 117, 124, 137, 143f., 165, 210, 300, 315, 330, 340, 342, 345, 371, 402, 440
Lenja, Lotte (Lenya) 99, 219
Lenz, Jacob Reinhold Michael 290–292
Leonhard, Rudolf 67
Lernet-Holenia, Alexander 254
Lessing, Gotthold Ephraim 274, 427
Leventhal, Jules 229
Liebknecht, Karl 34
Lindbergh, Charles 101
Lindner, Gerda 192
Lindtberg, Leopold 190, 244
Lingen, Theo 108
Lisewski, Stefan 286, 427
Litwinow, Maxim Maximowitsch 117
Livius, Titus 138
Ljubimow, Juri 436
Ljungdal, Arnold 178
Lode, Margarete 206
Lo Ding 384
Loewen, Betty 286
Lohmar, Heinz 160
Lohner, Helmut 430

Lorca, García 264, 287
Lorre, Peter 78, 208, 215, 219, 221, 264, 279, 297
Losch, Tilly 99
Losey, Joseph 210, 234
Löwenthal, Richard 352
Lubitsch, Ernst 208
Ludendorff, Erich von 60
Ludwig, Emil 130, 207
Lukács, Georg 83, 105, 161, 169f., 206, 253, 301, 330, 410
Lukretius Carus 230
Lunatscharski, Anatoli Wassiljewitsch 117f.
Lund, Robert 134
Lutz, Regine 253, 279, 285, 288, 293, 395, 399
Luxemburg, Rosa 34, 83, 139, 264, 330, 342

MacArthur, Douglas 305
Mächtlinger, Otto 345
MacNamara, Reggie 74
Majakowski, Wladimir Jegorowitsch 112, 206, 366
Malina, Judith 447
Mann, Erika 188
Mann, Heinrich 65, 123, 139f., 157, 222f.
Mann, Klaus 129
Mann, Thomas 57, 74, 97, 130, 188, 208, 222–224
Manstein, Erich 305
Mao Tse-tung 261, 331
Marchwitza, Hans 332
Marcuse, Ludwig 116, 222
Marivaux, Pierre 434
Marlowe, Christopher 13, 57
Marshall, George Catlett 236
Martin, Karl Heinz 63, 94, 268
Martner, Frederik 124
Marx, Groucho 210
Marx, Henry 235
Marx, Karl 33, 43, 81f., 123, 127, 139, 230, 280, 345, 450
Matthis, Henry Peter 178, 193
Maurer, Friedrich 293
May, Gisela 418, 425, 434, 437
May, Karl 17
Mayer, Hans 280, 283
McCarthy, Joseph Raymond 237
Meier, Walter 285
Meier-Graefe, Julius 46
Mei Lan-fang 149, 184

Metha, Vijaya 444
Me Ti (Mo Di) 139
Meyer, Lotte 286
Meyerhold, Wsewolod Emilowitsch 113, 299, 436
Meyerinck, Hubert von 94
Michaelis, Karin 124, 127, 409
Mickel, Karl 431, 433
Milestone, Lewis 210, 215
Mittenzwei, Werner 434
Molière 10, 319
Møller, Andreas 155
Molotow, Wjatscheslaw Michailowitsch 188
Monk, Egon 284, 286, 292, 306, 309f., 317f., 324
Morgenthau jr., Henry 224
Mozart, Wolfgang Amadeus 301, 446
Mühsam, Erich 35, 65
Muller, Hermann Joseph 394
Müller, André 439
Müller, Gerda 296
Müller, Heiner 309, 433, 443
Müller, Otto (Müllereisert) 24, 35, 124, 127, 259, 406
Münsterer, Hanns Otto 24, 76
Münzenberg, Willi 130
Mussolini, Benito 156, 175, 221

Napoleon Bonaparte 160
Naumann, Günther 286, 390, 430
Neher, Carola 30, 55, 65, 68, 109, 147f., 158, 367
Neher, Rudolf Caspar (Cas) 12, 21–25, 28, 34f., 37, 57, 92, 97, 108, 122, 235f., 244, 246, 250, 252f., 279f., 282, 284, 288, 292f., 298, 303, 306, 398, 405f.
Nellhaus, Gerhard 283
Nero 19
Neruda, Pablo 410
Nestroy, Johann Nepomuk 13, 64
Neumann, Oskar 441f.
Niekisch, Ernst 283
Nietzsche, Friedrich 12, 27
Noerden, Joseph 320
Nürnberg, Rolf 207

Oboler, Arch 210
O'Casey, Sean 204, 264, 287, 427
Ochlowpkow, Nikolai 149, 365, 367
Odet, Clifford 153, 209

Oehler, August 195
Oelschlegel, Vera 437
Oelßner, Fred 299
Ohashi, Küchi 445
Oppenheimer, J. Robert 391, 393
Ossietzky, Carl von 123
Osten, Maria (Grässhöhner) 206
Ostrowski, Alexander Nikolajewitsch 300, 366, 395
Otto, Hans 131
Otto, Teo 172, 191, 199, 201, 217, 253, 269, 279, 284, 290, 328, 397
Ottwalt, Ernst 89, 110, 147, 158

Pabst, Georg Wilhelm 95
Palitzsch, Peter 204, 277, 284, 309, 311, 327, 371, 373, 386, 395f., 407, 421, 427
Palm, Kurt 284
Papen, Franz von 120, 203
Papuet, Alfons 80
Paris, Jean 355
Parker, Erwin 345
Parmet, Simon 196
Paryla, Karl 199
Pascal, Ernest 210
Pasternak, Boris 365
Pauling, Linus 394
Pekkala, Mary 193
Pepusch, Johann Christoph 90
Pétain, Henri-Philippe 194
Peters, Paul 152
Pfanzelt, Georg (Orge) 22, 124, 127
Picasso, Pablo 195, 284, 408, 412
Pieck, Arthur 148, 206
Pieck, Wilhelm 148, 168, 258, 287, 294, 303, 305f., 309, 364, 408
Pintzka, Wolfgang 418, 433
Pirandello, Luigi 123
Piscator, Erwin 63f., 80f., 85, 145, 147f., 153, 174, 193f., 212, 218, 231, 279, 179
Plenikowski, Anton 179
Pleven, René-Jean 297
Plivier, Theodor 151, 206
Pogodin, Nikolai Fjodorowitsch 149, 315f., 367
Polewoi, Boris 365
Polgar, Alfred 97
Pollock, Walter 141, 208

Pörschmann, Jürgen 433
Powell, Cecil Frank 394
Pozner, Vladimir 215, 240, 284, 353, 369
Prem, Georg 34f.
Pringsheim, Klaus 97
Prollius, Erla 345
Puschkin, Alexander Sergejewitsch 148

Quadflieg, Will 253
Quang, Nguyen Dinh 446

Rabe, Helmut 428
Radek, Karl 129
Rainer, Luise 226, 229
Ramthun, Herta 412
Rankl, Karl 104
Rawitz, Rhoda 210
Rayk, Laszlo 316
Rebello, Luiz Francisco 445
Redl, Wolf 440
Reich, Bernhard 59f., 147, 150, 206, 366f.
Reichel, Käthe 285, 318, 324, 348, 367, 377, 396, 419
Reichenbach, Hans 208, 222
Reigbert, Otto 50
Reinecke, Hans-Peter 432
Reinhardt, Andreas 431f.
Reinhardt, Gottfried 213
Reinhardt, Max 50, 52, 63, 198, 208, 252, 380
Remarque, Erich Maria 123, 130, 207
Renn, Ludwig 255
Replansky, Naoma 210
Reuter, Ernst 260
Reyher, Ferdinand 173f., 192, 209, 213, 215, 237
Richter, Renate 430
Richter, Walter 253
Ridgway, Matthew Bunker 305
Rieger, Hanna 286
Riess, Curt 286
Rietdorff, Gerhard 285
Rilke, Rainer Maria 13, 75
Rilla, Paul 274, 292
Rimbaud, Arthur 13, 30, 42, 92
Rincón, Carlos 415
Ritsch, Felicitas 433
Robeson, Paul 353

Rodenberg, Hans 206, 299
Röhm, Ernst 136, 203
Rojas, Fernando de 433
Rommel, Erwin 305
Roosevelt, Franklin Delano 193, 229, 393
Rosenberg, Ethel 343, 393
Rosenberg, Hilding 191
Rosenberg, Julius 343, 393
Rosenel, Natalja 117
Rost, Annemarie 285
Rotblat, G. 394
Rotter, Alfred 63
Rotter, Fritz 63
Rubens, Peter Paul 21
Rucker (westdeutscher Kultusminister) 409
Rudolph, Johanna 300
Rülicke, Käthe 284, 299, 308, 311, 326f., 330, 365, 378, 386, 398
Runeberg, Johan Ludvig 189
Ruppert, Karl 285
Ruschin, Günter 160
Russel, Bertrand 394
Rykow, Alexej Iwanowitsch 158
Ryti, Risto 194

Sagert, Horst 344
Sallustius Crispus, Gaius 10
Salter, Ernest 352
Samson-Körner, Paul 68f.
Sandberg, Herbert 248, 382
Sandig, Hans 306
Santesson, Ninnan 176, 181
Säuberlich, Lu 268
Schacht, Hjalmar 93
Schaefer, Gert E. 269, 286
Schall, Ekkehard 277, 286, 363, 373, 375, 390, 399, 421, 423, 425, 432f.
Schalla, Hans 438
Scharrer, Adam 206
Schechner, Richard 477
Schelcher, Raimund 286, 328, 373
Scherchen, Hermann 303
Scherfig, Hans 388
Schiller (antifaschistisches Ehepaar) 181
Schiller, Friedrich 7, 36, 109, 263, 274, 323, 382f., 417, 442
Schiller, Léon 332

Schklowski, Viktor 150
Schleef, Einar 433
Schmidt, Johann Lorenz (Laszlo Radvanyi) 122
Schmidt, Günter 433
Schmidt, Johannes 318
Schmidtbonn, Wilhelm 36
Schmitz-Rodenberg, Hanni 148
Schoenlank, Erich 160
Scholz, Gerhard 178
Schönberg, Arnold 72, 208
Schostakowitsch, Dmitri 353
Schreiner, Albert 218, 231
Schroeder, Max 252, 273–275
Schubert, Heinz 286
Schuenemann, Georg 106
Schumacher, Ernst 345, 384, 393, 410
Schwabe, Willi 286, 293, 425
Schwaen, Kurt 283
Schweikart, Hans 59, 296, 329, 340, 439
Schwiedrzik, Wolfgang 440
Scott, Walter 169
Seeler, Moritz 48, 64
Seghers, Anna 122, 129, 244, 273, 323
Seidel, Gerhard 414f.
Seitz, Gustav 382
Semjonow, Wladimir Semjonowitsch 338
Semmelweis, Ignaz Philipp 145
Senda, Koreya 446
Shakespeare, William 10, 58f., 80, 122, 144, 159, 203, 274, 291, 300, 315, 319, 323, 375, 383, 386f., 389f., 417, 423, 434f., 440, 442
Shaw, George Bernard 123
Shdanow, Andrej Alexandrowitsch 188
Shelley, Percy Bysshe 170, 210, 236
Silone, Ignazio 204
Simmgen, Hans-Georg 425, 427, 430
Sinowjew, Grigori Jewsejenitsch 158
Skupin, Wera 284, 309
Slánsky, Rudolf 316
Sophokles 250f.
Spinoza, Baruch 13
Spira, Steffi 160
Stalin, Josef Wissarionowitsch 139, 158, 188, 225, 315, 334, 337, 342, 388f.

Stanislawski, Konstantin Sergejewitsch 153, 274, 334–336, 380, 436
Staudte, Wolfgang 283
Steckel, Frank-Patrick 440
Steckel, Leonard 172, 199, 201, 244, 253, 264, 279, 286, 288, 290
Steffin, Margarete (verh. Juul) 108, 133f., 138, 146, 151, 159, 175f., 181, 189, 191, 193–197, 205f., 210, 264, 282, 367
Stein, Peter 440
Steincke, K. K. 176
Steinitz, Wolfgang 178
Steinrück, Alfred 51
Steinthal, Th. 207
Sternberg, Fritz 69, 114, 127, 175, 207, 218
Sternheim, Carl 169
Stettinius, Edward Reilly 247
Steuermann, Eduard 208
Stewart, Donald Ogden 244
Stewart, Ellen 447
Straßmann, Fritz 172
Straub, Agnes 76
Strawinsky, Igor 208
Strehler, Giorgio 94, 396f., 436
Strindberg, August 13, 38, 50, 123, 198, 433
Stripling, Robert E. 238, 240
Strittmatter, Erwin 286, 324–328, 355, 382, 410, 427
Strobel, Heinrich 98
Ström, Gerhard 178
Stromberg, Christine 427
Struck, Wolfgang E. 286
Stütz, Hannes 442
Suhrkamp, Peter 83, 235, 282, 338, 346, 401, 407, 414, 438
Swift, Jonathan 144, 170
Swinarski, Konrad 284
Synge, John Millington 162, 396

Tacitus, Publius Cornelius 10
Tairow, Alexander Jakowlewitsch 92
Tauber, Richard 174
Teege, Joachim 269
Teller, Edward 390
Tenschert, Joachim 390, 419, 424, 427, 430, 434
Tetzner, Lisa 122
Teubner, Hans 164
Thalbach, Sabine 285
Thälmann, Ernst 71

Thalmer, Doris 286
Thate, Hilmar 390, 423, 427, 430
Thiele, Hertha 110
Thieme, Gerhard 410
Thoeren, Robert 208, 213
Thomas, Parnell 238
Thomas, Solveig 328
Thomas, Wendelin 36
Thompson, Dorothy 193, 218
Tichonow, Nikolai Sergejewitsch 365
Tieck, Dorothea 389
Tillich, Paul Johannes 223
Todd, Mike 210
Toller Ernst 35, 65, 123, 130, 169
Tolstoi, Lew Nikolajewitsch 148, 169
Tombrock, Hans 180
Topitz, Anton Maria 104
Toporkow, W. 336
Tragelehn, B. Klaus 433
Trepte, Curt 180
Tretjakow, Sergej 113, 117, 147, 150, 158, 240, 258
Triebel, Axel 286
Trotzki, Leo Dawidowitsch 139, 158
Truman, Harry S. 297, 391
Tschang Fan 384
Tschu Dschin-nan 384
Tsiang 209
Tuchatschewski, Michail Nikolajewitsch 158
Tucholsky, Kurt 65, 92, 123
Tulpanow, Sergej 258

Uhse, Bodo 403f.
Ulbricht, Walter 302, 338f., 408f.
Unruh, Fritz von 123

Vala, Erkki 196
Valentin, Karl 18, 20, 44, 59
Vallentin, Antonia 393
Vallentin, Maxim 87
Vergil 341
Verlaine, Paul 13
Verner, Paul 179
Veth, Kurt 425, 427, 430
Viertel, Berthold 50, 175, 208, 218, 222f., 231, 235, 246, 253, 279, 284, 287, 290, 309

Viertel, John 208
Viertel, Salka 208, 213, 215, 228
Vilar, Jean 355
Villon, François 13, 37, 92
Vita, Helen 253
Völker, Wolfgang 303
Voltaire 117, 144, 170

Wachtangow, Jewgeni Bogrationowitsch 436
Wagner-Régeny, Rudolf 285, 395
Wajda, Andrzej 332
Walcher, Hertha 218, 259, 406
Walcher, Jacob 218, 231, 248, 259, 316, 330, 342, 406f.
Waldritter, Bella 286
Wälterlin, Oskar 244
Wandel, Paul 340, 407, 409
Wangenheim, Gustav von 88, 147f., 206, 235, 258, 263
Warnke, Herbert 179
Weber, Carl Maria 284, 395
Webster, John 219, 225
Wedekind, Frank 13, 19f., 27, 30, 38, 52, 123, 252, 433, 438
Weigel-Brecht, Helene 27f., 67f., 77, 104, 108, 116, 120–122, 124, 127, 136, 145, 148, 159–161, 163f., 177, 181, 190f., 195–197, 205, 214, 237, 240, 245, 247, 250, 252, 255, 257, 262, 264, 266, 269, 271, 273f., 279, 282–287, 293, 299, 324, 328–331, 333, 335, 338, 345, 357, 365, 375f., 390, 396, 406, 408, 410, 417, 427, 430f., 434, 436, 442f.
Weil, Felix 141
Weill, Kurt 89, 92, 96, 98f., 101, 122, 148, 153, 219f.
Weinert, Erich 148
Weise, Christian 247
Weisenborn, Günther 106, 248, 250, 392, 410, 439
Weisgerber, Elisabeth 439
Weiskopf, Franz Carl 121
Weiss, Peter 427, 443
Wekwerth, Manfred 277, 282, 284, 317, 323, 337, 363, 371, 379, 384–386, 390, 396, 401f., 406, 418, 421, 423–425, 427f., 430f., 433f.
Welles, Orson 210
Weltzer, Johannes 134
Wendt, Ernst 441
Werfel, Franz 75, 130, 207
Wessel, Horst 438
Wessely, Paula 271
Wexley, John 214

enarten des Berliner Ensembles 380
armige im Gehölz, Der 341
heitsfrontlied 409
nige Bemerkungen über mein Fach 268
nige Irrtümer über die Spielweise des Berliner Ensembles 374
nschüchterung durch die Klassizität 318
ementarregeln für Schauspieler 377
ičeskie dramy (Übers. Tretjakow) 147, 258
pistel an die Augsburger 231
pistel über den Selbstmord 32
innerung an die Marie A. 27
klärungen zu den Pariser Abmachungen 352
ziehung der Hirse, Die 333

nnische Erzählungen (Wuolijoki) 200f.
ichtlingsgespräche 10, 29, 122, 179, 204
ug der Lindberghs, Der 100
agen eines lesenden Arbeiters 165
iedenslied 313
inf Schwierigkeiten beim Schreiben der Wahrheit 143, 230, 282
ircht und Elend des Dritten Reiches 159, 180, 206, 231, 240, 268, 445

Garbe-Projekt 401
Gedanken über die Dauer des Exils 165
Gedichte im Exil 167, 228
Gegen die Objektiven 138
Gegenlied zu „Von der Freundlichkeit der Welt" 452
Gegen Verführung 31
Gemeiner Kerl, Ein 69
Gesang des Soldaten der roten Armee 35
Geschäfte des Herrn Julius Caesar, Die 10, 175, 191, 282f.
Geschichten vom Herrn Keuner 139, 259
Gesichte der Simone Machard, Die 215f., 258
Gewehre der Frau Carrar, Die 162–164, 173, 180, 189, 268, 271, 324, 432
Gleichnis des Buddha vom brennenden Haus 165
Glosse für die Bühne 51
Gösta Berling (Lagerlöf/Bearb. Brecht) 76
Großer Dankchoral 30f.
Große Zeit 342
rundlinie für eine Gesellschaft für Dialektik 82
ute Genossin M. S., Die 133
ute Mensch von Sezuan, Der 176, 197, 199, 201, 228, 245, 328, 345, 396, 419, 430, 436, 445

Weyrauch, Wolfgang 316
Wiede, Anna Elisabeth 286, 396
Wiegler, Paul 282
Wieland, Christoph Martin 405
Wieselmann, Ilona 155
Wifstrand, Naima 180, 189f.
Wilkinson, Nick 446
Winds, Erich Alexander 277
Winge, John Hans 208
Winter, Ella 218, 244
Wischnewski, Wsewolod Witaljewitsch 112, 427
Wisten, Fritz 263f., 266, 321
Wolf, Friedrich 123, 130, 146, 148, 258, 275
Wolfson, Victor 153
Wolz, Else 286, 373
Woroschilow, Klement(i) Jefremowitsch 188
Wuolijoki, Hella 193f., 200f., 205
Wurtele, Morton 210

Yamada, Tamino 445
Yanez, Ruben 447
Yano, Takashi 445
Yuan Miau-tse 384
Yukawa 394

Zenchiku 103
Zetkin, Clara 218
Ziegler, Lulu 134
Zimmering, Max 255
Zoff, Marianne 27
Zola, Émile 13
Zuckmayer, Carl 62, 123, 246, 254
Zweig, Arnold 75, 124, 130, 133, 259, 296
Zweig, Stefan 123, 130

Brecht-Werkregister

Abenteuer des braven Soldaten Schwejk, Die (Hašek/Bearb. Piscator) 85
Adresse an den Genossen Dimitroff 131
Agitprop-Theater und Arbeiterbühne 384
Alle wissen alles (Berlau/Brecht) 134
All our Yesterdays (Filmprojekt) 215
Als der Faschismus immer stärker wurde in Deutschland 116

Amt für Literatur, Das 340
Anachronistische Zug oder Freiheit und Democracy, Der 237
An den Schauspieler P. L. im Exil 279
An die deutschen Soldaten im Osten 224
An die Gleichgeschalteten 148
An die Kämpfer in den Konzentrationslagern 148
An die Nachgeborenen 121, 165
An meine Landsleute 287
Anmerkungen zum Volksstück 201
Anmerkungen zur „Mutter“ 85, 432
Anmerkungen zur Oper „Aufstieg und Fall der Stadt Mahagonny“ 83, 96
Antigone (Sophokles/Bearb. Brecht) 246, 250–252, 269, 427
Antigonemodell 1948 252, 277, 282, 371
Apfelböck oder Die Lilie auf dem Felde 31
Arbeitsjournal 1938–1955 171, 176, 201, 221, 229, 244 f., 255, 393, 415
Aufbau einer Rolle 233
Aufbaulied 259, 261
Aufbau und Verfall unter Ni-en 388
Auf einen chinesischen Theewurzellöwen 313
Aufhaltsame Austieg des Arturo Ui, Der 137, 203 f., 211. 344, 421
Aufruf an die Jugend 351
Aufruf für die deutsche Volksfront für Frieden, Freiheit und Brot (Deutsche Volksfront) 157
Aufstieg und Fall der Stadt Mahagonny 76, 96–99
Augsburger Kreidekreis 226
Aus der Zirkuswelt 235
Ausnahme und die Regel, Die 106, 437, 444
Autobibliographie 176
Autobiographische Aufzeichnungen 1920–1954 415

Baal 18, 26, 35, 37–40, 43 f., 50, 52, 54, 61, 97, 228
Baal tanzt! Baal frißt!! Baal verklärt sich!!! 35
Badener Lehrstück vom Einverständnis, Das 101, 433
Ballade von den Abenteurern 30
Ballade von den Seeräubern 30
Bargan läßt es sein 69
Bei der Lektüre eines sowjetischen Buches 342
Bei Durchsicht meiner ersten Stücke 19, 40
Bermudas Troubles (Filmprojekt) 213
Beschreibung des Spiels der H. W. 164
Bessons Inszenierung des „Don Juan“ beim Berliner Ensemble 321
Bestie, Die 69
Betrachtung der Kunst und Kunst der Betrachtung 181

Beule, Die 88, 94, 135
Bibel, Die 16
Biberpelz und Roter Hahn (Hauptmann/Bearb. Berlin[...] ble) 309 f.
Bitten der Kinder 306
Blumengarten, Der 342
Brecht-Abend Nr. 1: Lieder und Gedichte 1914–1956 4[...]
Brecht-Abend Nr. 2: Über die großen Städte 425
Brecht-Abend Nr. 3: Der Messingkauf 425
Brief an das Arbeitertheater Theatre Union in New York, [...] „Die Mutter“ betreffend 152, 440
Brief an den Darsteller des jungen Hörder in der [...] schlacht“ 375
Brief an einen Schauspieler 376
Brotkönig lernt Brot backen, Der (Filmprojekt) 213
Brotladen, Der 99, 109, 173, 427
Buckower Elegien 340
Büsching 309
Cäsars letzte Tage 213
Choral vom großen Baal, Der 38
Chronik aus dem dreißigjährigen Krieg, Eine 188, 275
Chroniken 165
Coriolan (Shakespeare/Bearb. Brecht) 315, 323, 386–390, 423, 434
Courage (Filmprojekt) 284, 332, 340
Couragemodell 1949 277

Dan Drew (Die Eriebahn) 89
Dansen 187
David 44
Deutsche Kriegsfibel 165
Deutsche Satiren 164
Deutsches Miserere 221
Deutschland 132, 225
Deutschland 1952 332
Dialektische Dramatik, Die 79, 85, 87
Dicke Mann auf der Schiffschaukel, Der 76
Dimitroff-Film 148
Don Juan (Molière/Bearb. Brecht) 319 f.
Dreigroschenoper, Die 13, 40, 90–95, 117, 119, 135, 14[...] 153, 164, 194, 196, 268, 332, 367, 396 f., 436, 438
Dreigroschenoper (Film/Pabst) 95
Dreigroschenprozeß, Der 88
Dreigroschenroman 134, 246
Dreihundert ermordete Kulis berichten an eine Internatio[...]

Hangmen Also Die (Film/Lang) 213f., 217, 224, 238
Hans im Glück 44
Happy End (Lane) 34, 95, 109
Happy End (Film/Wekwerth) 430
Hauspostille, Die 15, 23, 32f., 35, 74
Heilige Johanna der Schlachthöfe, Die 96, 109f., 147, 203, 383, 421, 424, 428
Held der westlichen Welt, Der (Synge) 396
Herrnburger Bericht 306
Herr Puntila und sein Knecht Matti 200f., 246, 253, 269, 281, 284, 289, 290, 433, 439
Herzogin von Malfi, Die (Webster/Bearb. Brecht) 215, 225
Himmel dieses Sommers, Der 342
Hitler-Choräle 15
Hofmeister, Der (Lenz/Bearb. Brecht) 290f., 294, 317f., 323
Hollywood 211
Horatier und die Kuratier, Die 138
Horenlied 271
Horst-Wessel-Legende, Die 152
Hundert Gedichte 313

Im Dickicht der Städte 37, 41, 43, 52, 57, 61, 76, 92, 431
Im Zweiten Jahr meiner Flucht 152
Inbesitznahme der großen Metro durch die Moskauer Arbeiterschaft am 27. April 1935 150

Jasager, Der 103
Jeanne d'Arc 1940 215
Joe Fleischhacker in Chikago 81, 89, 109
Jüdische Frau, Die 159

Kälbermarsch, Der 221
Kalendergeschichten 282
Kantate zu Lenins Todestag 410
Kassandra 196
Katzgraben (Strittmatter) 324f., 328, 336, 382, 427
Kaukasische Kreidekreis, Der 135, 219, 226, 228f., 232, 282, 357, 359, 362, 367, 369, 405f., 433, 444f., 447
Keiner oder alle 145
Kinderhymne 294
Kinderkreuzzug 1939 207
Kinderlieder 165, 294
Kinnhaken, Der 69
Klampfenfibel 35
Kleines Gespräch in der Dramaturgie 374

Kleines Mahagonny (Fassung Karge, Langhoff) 425
Kleines Organon für das Theater 184, 186, 253, 282f., 290
Komisches 342
Kommunistisches Manifest (Marx, Engels/Bearb. Brecht) 230f.
Kranlieder 73
Kriegsbriefe 12
Kriegsfibel, Die 165, 195, 271
Krisis und Kritik 83
Kuhle Wampe (Film/Dudow) 88, 110–112
Kulturpolitik und Akademie der Künste 339
Kunst und Politik 444
Künste in der Umwälzung, Die 264

Larrys Ballade von der Mama Armee 35
Laute 342
Leben des Einstein 392–395, 401
Leben des Galilei 99, 171–174, 180, 184, 211, 230, 232f., 235f., 245f., 264, 279, 391, 393, 397–400, 405, 418, 430, 434, 436, 439
Leben Eduards des Zweiten von England (Marlowe/Bearb. Brecht) 13, 57, 59f., 76, 433
Legende der Dirne Evelyn Roe, Die 30
Legende vom toten Soldaten 14, 35, 61
Legende von der Entstehung des Buches Taoteking auf dem Wege des Laotse in die Emigration 165, 295
Lehrgedicht von der Natur des Menschen 230f.
Lesebuch für Städtebewohner 72
Letzte Etappe: „Ödipus" 86
Lidicelied 214
Lied 107
Lied der müden Empörer 30
Lied der Ströme (Film/Schostakowitsch, Brecht) 353
Lied des Anstreichers Hitler 151
Lieder des Soldaten der Revolution 133
Lieder Gedichte Chöre 15, 132f.
Lied gegen die Ansprüche 31
Lied vom Fluß der Dinge 77
Lied vom Klassenfeind, Das 148
Lied von der Wehrlosigkeit der Götter und Guten, Das 198
Lob der dritten Sache 106
Lösung, Die 344
Luzifers Abendlied 31

Mahagonny (Songspiel) 89, 96
Mahagonnygesänge 74
Mann, der das Unmögliche wahrgemacht hat, Der (Fisch) 333

Mann ist Mann 55, 76, 78f., 112, 117, 154, 427
Maß für Maß (Shakespeare) 122
Maßnahme, Die 86, 103f., 106, 147, 238, 385f., 390, 394
Messingkauf, Der 60, 184f., 203, 253, 386, 425, 449
Me-ti/Buch der Wendungen 134, 137–141, 158, 388
Moritat vom Reichstagsbrand, Die 131, 147, 151
Mortimer Fleischhacker 76
Musen, Die 341
Mutter, Die (Gorki/Bearb. Brecht) 43, 55, 88, 106, 133f., 147, 152–154, 236, 238, 248, 271, 297–300, 323, 331f., 432, 436, 440
Mutter Courage und ihre Kinder 188–191, 196, 219, 245f., 250, 258, 267, 269, 271, 274–277, 279, 282–284, 287, 293, 296f., 311, 331, 355, 357, 369, 375, 403, 405, 410, 430, 434, 446f.
Mysterien eines Frisiersalons 44
Mysterium der Jamaikabar, Das 43

Nachgeborene, Der 32
Nachträge zum „Kleinen Organon" 371
Nachtrag zur Ballade, in der Macheath Abbitte leistet 94
Neinsager, Der 103
Neue Ballade vom angenehmen Leben 93
Neues Haus, Ein 262
99 % 160
Nicht feststellbare Fehler der Kunstkommission 340
Nicht so gemeint 340
Notate zu „Katzgraben" 382
Notizen über die Dialektik auf dem Theater 372
Notizen zur Barlach-Ausstellung 314

Oberen, Die 165
Offener Brief 307, 316
Offener Brief an den Deutschen Bundestag Bonn 403
Offener Brief an den Schauspieler Heinrich George 131
Other Germany, The 224
Ozeanflug, Der 101

Pauken und Trompeten (Farquhar/Bearb. Brecht) 395
Pflaumenlied, Das 253
Plattform für die linken Intellektuellen 143
Playboy of the Western World, The (Synge) 396
Politik auf dem Theater 444
Private Life of the Masterrace, The 231
Prometheus 395
Prozeß der Jeanne d'Arc zu Rouen 1431, Der (Seghers/Bearb. Brecht) 323, 336

Puntila (Film/Cavalcanti) 284
Puntila (Filmprojekt) 340

Radiotheorie 88
Radwechsel, Der 341
Rauch, Der 342
Rede über die Frage, warum so große Teile des deutschen Volkes Hitlers Politik unterstützen 157
Rede über die Widerstandskraft der Vernunft 171
Reisen des Glücksgotts, Die 40
Resolution der Kommunarden 145, 198
Robinsonade auf Assuncion (Bronnen/Brecht) 50
Rolle Rosa Luxemburgs in der deutschen Arbeiterbewegung nach Ausbruch des ersten Weltkrieges, Die (Walcher/Brecht) 330
Romantik 30
Rudern, Gespräche 342
Ruhrepos 89
Rundköpfe und die Spitzköpfe, Die 135, 145–148, 154, 169, 217, 236, 344

Sägespäneprinzessin, Die (Wuolijoki) 200
Salzburger Totentanz 247
Schauspielerin im Exil, Die 164
Schlechte Zeiten 268
Schneider von Ulm, Der 295
Schweyk im zweiten Weltkrieg (Hašek/Bearb. Brecht) 215, 219–221, 228, 230, 258, 264, 379, 418, 439
Selbstherrschaft des Ni-en 388
Sieben Todsünden, Die (Ballett) 122, 155
Sieben Todsünden der Kleinbürger, Die 99, 124
Silent Witness (Filmentwurf) 215
Simone (Feuchtwanger) 217
Singende Steyrwägen 74
Sinn und Form, Sonderheft Bertolt Brecht 282
Solidaritätslied 240
Sommersinfonie 44
Sonette 133
Sonett in der Emigration 211
Sonett Nr. 1 74
Sozialistischer Realismus auf dem Theater 373
Spartakus 34, 37, 40
Sprache der Weigel, Die 273
Steffinische Sammlung 133, 167
Stimmen, Die 215
Straßenszene, Die 185, 386

Streit der Fischweiber, Der 427
Streit um das Tal, Der 229
Studium des ersten Auftritts in Shakespeares „Coriolan“ 386
Stundenlied 247
Svendborger Gedichte 165, 167, 194

Tag des großen Gelehrten Wu, Der (Volksstück) 395
Tage der Commune, Die 198, 217, 280f., 290, 401, 414, 422, 440
Tal der Tränen, Das (Bronnen/Brecht) 50
Tannen, Die 342
Theaterarbeit 311, 313
Theater des neuen Zeitalters, Das 274
Thesen über die Aufgabe der Einfühlung in den theatralischen Künsten 184
Thesen zur Faustus-Diskussion 323
Traktat über den Mangel unserer Sprache im Kampf gegen den Faschismus 82
Trommeln in der Nacht 35, 37, 41, 44, 50, 52, 54, 57, 61, 99, 134, 434
Trophäen des Lukullus, Die 191
Trust the People (Vertrau auf das Volk) 214
Tui-Roman 137, 141, 208, 342f.
Turandot oder der Kongreß der Weißwäscher 17, 258, 342–345, 421, 433

Über das Theater 385
Über das Theater der Zukunft 385
Über die Arbeit am Berliner Ensemble 381f.
Über die Bauart langdauernder Werke 137
Über die Benutzung von Modellen 277
Über die Bezeichnung Emigranten 165
Über die Praxis 371
Über experimentelles Theater 181, 183f.
Über Kritiken 373
Über Malerei 384
Über niedrige Gesinnung 139
Über reimlose Lyrik mit unregelmäßigen Rhythmen 97
Über Stoffe und Form 86
Über Verwendung von Musik für ein episches Theater 107
Übungsstücke für Schauspieler 181, 427
Unpolitische Briefe 121
Unruhige Regierungszeit und der jammervolle Tod König Eduards II., Die (Marlowe) 57
Untergang des Egoisten Johann Fatzer, Der 99, 173, 309, 434, 440
Urfaust (Goethe) 317–319

Verfremdungseffekte in der chinesischen Schauspielkunst 149, 184
Vergnügungstheater oder Lehrtheater? 183f.
Verhör des Lukullus, Das 10, 191, 301, 306
Versuche 83, 101, 109, 122, 135, 139, 179, 282, 306, 391, 414
Verurteilung des Lukullus, Die 10, 305
Vögel warten im Winter vor dem Fenster, Die 294
Volksschauspieler Ernst Busch, Der 299
Volkstümlichkeit und Realismus 169f.
Vom armen B. B. 27, 32
Vom kriegerischen Lehrer Huber 294
Von allen Werken 451
Von der Freundlichkeit der Welt 31
Von der Kindesmörderin Marie Farrar 31
Voraussetzungen für die erfolgreiche Führung einer auf soziale Umgestaltung gerichteten Bewegung 389
Vorrede zur amerikanischen Fassung „Leben des Galilei" 232

Wagen des Ares 264
Wahrheit einigt, Die 340, 342
Wahrnehmung 255
Was erwartet man noch von mir? 32
Was kostet das Eisen? 187
Weite und Vielfalt der realistischen Schreibweise 170
Weizen 81, 109
Wettstreit des Homer und Hesiod, Der 427
Wiegenlieder 73, 149, 151
Winterschlacht (Becher) 362f., 373–375
Wir sind ja sooo zufrieden 87

Ziehtochter oder Wohltaten tun weh (Ostrowski) 395
Zitat 137
Zufluchtsstätte 126
Zukunftslied 216
Zweifler, Der 167, 345
Zwei Städte 259

Inhalt

I Von Augsburg über München nach Berlin (1898–1924) .. 5
II Im Berlin der Weimarer Republik (1924–1933) 47
III Stationen der Emigration (1933–1948) 121
IV In Berlin, Hauptstadt der DDR (1949–1956) 257
V Nachleben Brechts: Werk und Wirkung 412

Anmerkungen 453
Bildnachweis 478
Register 480